中国现代政治学史上的
张 慰 慈

李宗楼　吴汉全 等◎著

安徽师范大学出版社
·芜湖·

图书在版编目(CIP)数据

中国现代政治学史上的张慰慈 / 李宗楼,吴汉全等著. — 芜湖 : 安徽师范大学出版社,
2018.2
ISBN 978-7-5676-2725-3

Ⅰ. ①中… Ⅱ. ①李… ②吴… Ⅲ. ①张慰慈(1890 — 1976) — 政治学 — 思想评论
Ⅳ. ①B27

中国版本图书馆CIP数据核字(2017)第314945号

中国现代政治学史上的张慰慈 李宗楼 吴汉全 等◎著
ZHONGGUO XIANDAI ZHENGZHIXUESHISHANG DE ZHANGWEICI

责任编辑:陈 艳
装帧设计:任 彤
出版发行:安徽师范大学出版社
芜湖市九华南路189号安徽师范大学花津校区
网 址:http://www.ahnupress.com/
发 行 部:0553-3883578 5910327 5910310(传真)
印 刷:江苏凤凰数码印务有限公司
版 次:2018年2月第1版
印 次:2018年2月第1次印刷
规 格:700 mm×1000 mm 1/16
印 张:24.5
字 数:379千字
书 号:ISBN 978-7-5676-2725-3
定 价:138.00元

目　录

Contents

导　论

张慰慈是现代中国著名的政治学家、政治思想家，是一位值得研究的现代历史人物。

张慰慈曾在民国初年的1912年至1917年间留学美国，研究市政学，深受欧美自由主义思想的影响。他1917年回国后，积极关注与研究十月革命后俄国政治制度，以及苏俄新宪法、土地法、新银行法、婚姻制度等方面的研究。张慰慈在思想上是自由主义者，主张走政治改良道路，倡导个性自由，赞同胡适提出的《新青年》"移京编辑"主张，不仅参与了1920年的争取自由运动，在1922年的《我们的政治主张》上签名，而且参与《努力周报》创办及该报关于现实政治的讨论，并在1925—1926年的"仇俄友俄"讨论中对苏俄采取反对态度，成为五四时期中国自由主义阵营的重要成员。

张慰慈也是五四时期著名的政治学大家，为现代中国的政治学体系的建立作出了重要贡献。张慰慈作为著名学者，积极关注和研究劳动运动，参与社会上的政治活动及政治学的学术活动，推出以《政治学大纲》《政治概论》《市政制度》《英国选举制度史》等为代表的政治学著作，尤其是著作《政治学大纲》在学术架构方面有重要特色。值得注意的是，张慰慈对于政治学分支学科的发展也有开创性的努力。譬如，张慰慈在中国首创市政学学科，发表了市政学的系列文章，并在1925年出版《市政制度》专著，成为中国市政学研究的开创者。又譬如，张慰慈1919—1930年间重点研究过宪法，1930年出版的《宪法》专著以现代民治主义为其研究底线，体现以美国宪法为中心的研究思路，努力将历史研究与理论研究结合起来，提出西方政府是法治与人治兼而有之的法治政府，不易对宪法进行“成文”与“不成文”的分类，宪法所谓“柔性”与“刚性”没有绝对界限等观点，这是对宪法学研究的重要贡献。再譬如，张慰慈在《东方杂志》发表研究国际政治的系列文章，如《最近德国政治变迁》《俄国革命前后社会阶级状况的变迁》《欧战前后的国际政治》《战后的欧洲劳工阶级》《战后的欧洲中等阶级》《国际劳工组织》《民族主义与帝国主义》《战后的欧洲农民：绿色国际》等，研究欧洲战后国际政治的整体态势，分析欧战后各社会阶级的状况，关注波兰及波罗的海沿岸新国家的状况，为国际政治问题作出了开创性研究。又再譬如，张慰慈对西方政治制度也有重要的研究，其成果以1930年的《政治制度浅说》为标志，不仅以孙中山的三民主义政治学说为指导，而且重视各国政治制度的比较，有着比较政治学的研究特色。张慰慈的学术领域主要在政治学学科，1930年担任安徽大学教职时整理和出版了自己的代表性学术著作。尽管张慰慈中年以后从政[①]，但他的政治学研究在20世纪30和40年代的中国政治学界仍然有着重要的影响。

鉴于张慰慈在政治学界曾经发生过重要影响，我们试图将张慰慈对政治学发展的贡献梳理出来，为撰写《中国现代学术史》做一点基础性的工作。在安徽师范大学领导、学界专家的悉心关怀与大力支持下，我们终于撰写出这部《中国现代政治学史上的张慰慈》著作。本书除了“导论”及“结语”外，力图在著述架构上有点比较新颖的地方：

一是本书的“总论”是“五四时期重要的思想家和杰出的政治学家”，在于从总体上介绍张慰慈一生的思想、学术和道路，力图将张慰慈这个历史人物的形象整体地凸显出来。由于张慰慈研究在目前还是处于起步阶段，当今学界对张慰慈还不太熟悉，因而有必要从整体上说明张慰慈一生的情况，为今后的进一步研究提供基础，这是本书撰写“总

①张慰慈于1932年正式步入政界，1933年担任铁道部参事，新中国成立后留居上海从事文化与出版工作。

论”的目的。限于篇幅，“总论”只能采取粗线条的办法，将张慰慈一生的情况进行梳理，重点阐发其思想与学术的特点，为进一步研究提供基本线索。

二是本书的上篇是“现代思想史上的张慰慈”，主要阐发张慰慈的政治思想，凸显其政治思想家的地位。思想与学术不可分，有思想的人才能成为学者。故而，撰写学者的学术贡献也就需要涉及其思想，阐发其思想的特色。加上张慰慈是五四时期著名的自由主义者，与五四时期自由主义思想的领袖胡适有着特殊的关系，故而也需要专门阐发张慰慈的自由主义思想。再者，张慰慈的学术是以自由主义为其底色的，不说明清楚他的自由主义的政治思想，也就难以窥见他的学术研究特色。出于这样的考虑，本书将“现代思想史上的张慰慈”作为研究的一个重点，对其研究俄国政治制度、自由主义思想表现、妇女与婚姻问题上的看法以及与胡适的40年交往，进行较为具体的说明。这个问题说清楚了，不仅有助于理解张慰慈的学术和道路，而且能够为现代中国的自由主义思想研究提供一个特别的个案。

三是本书的中篇是“构建政治学理论体系的张慰慈”，主要是基于张慰慈的《政治学大纲》的文本分析，来说明张慰慈在构建政治学理论体系上的突出贡献，从整体上呈现张慰慈学者的一面。当今学界首先能够认知张慰慈的，大致源自他的《政治学大纲》，故而需要从文本上解读《政治学大纲》这一学术名著。但是，张慰慈在政治学理论上的贡献，尽管是以《政治学大纲》为重要表征的，但又不仅仅是这部著作，而是有着体系性的理论探索。这就需要从相互联系的角度，从政治学理论发展的视域，来考量张慰慈的政治学成就，因而也就必然关涉张慰慈对于政治学研究在内容上拓展、在科学化进程中的地位问题。由此，本篇以四章内容考察张慰慈在政治学理论体系上的卓越探索、《政治学大纲》的突出成就、政治学研究内容的拓展及其时代特点以及在政治学科学化系谱中的地位，藉以整体地呈现张慰慈在政治学理论上的建树及其学术地位。

四是本书下篇是“开创政治学分支学科的张慰慈”，在于具体地表征张慰慈对于政治学分支学科的开拓性贡献。20世纪上半叶的中国政治学主要还是推进西方政治学理论中国化、本土化，大致可以称之为“理论政治学”时代。但是，现代中国的政治学作为一门学科，亦逐步衍生出新的分支学科，这对于政治学学科体系的完善和发展有着极为重要的意义。在这样的学术进路中，张慰慈的贡献也是独特的。为此，本篇设置四章，具体地阐明张慰慈在市政学、国际政治、宪法学、政治制度研究方面的独特贡献，其目的在于说明这样一个事实：张慰慈不仅在政治学理论研究上有重要贡献，而且在政治学的分支学科开拓上亦有其独特性的努力，称“张慰慈是政治学大家”乃是实至名归。

《中国现代政治学史上的张慰慈》，是学术界研究张慰慈的第一部著作。为了写好这部著作，我们联系了全国许多著名学者，组成了一个近20人的课题组，协同攻关，开展了一年多的研究工作。这项工作主要包括：张慰慈资料的调查、研究选题发布、本书写作大纲的拟定、张慰慈《政治学大纲》《市政制度》等著作的点校与出版、张慰慈学术研讨会的召开、提出本书初稿修改意见、研究著作的正式定稿等。看来，要写成一部有价值的专著，并不是一件很容易的事。

这部《中国现代政治学史上的张慰慈》著作的出版，并不是使张慰慈研究的这项工作终结，而只是说开启了比较系统地研究张慰慈的道路。那么，对于张慰慈研究而言，今后如何在既有的研究成果基础上更进一步呢？在我们看来，张慰慈研究目前仍然处于起步阶段，需要将张慰慈作为历史人物进行研究，既需要从文献的基础方面着手，也需要在研究视域、研究方法、研究结论上有所规范。

第一，研究视域上，张慰慈研究应该注重三个重要方面：（1）中外文化交流视域。思想、学术根植于社会变迁，而近代中国的社会变迁乃是在特定的中外文化交流中的变迁，故而解读当时的历史人物、历史事件及社会思潮等，皆需要有中外文化交流的研究视域。具体言之，五四时期是中外文化交流中及其重要的时代，张慰慈本人及其思想、学术和道路，也是中外文化交流的产物。于此，研究者如果没有中外文化交流视域，就不能看到张慰慈学术的独特性及其所具有的融合中外、古今对接的鲜明特色。（2）中国现代政治思想史视域。强调近代中国的中外文化交流，并不是否定近代以来中国社会政治变迁的独特性内涵及其价值。事实上，近代中国社会的变动乃是政治上的大变动，这又直接地导致政治思想的大变动，故而政治思想史乃是我们考察近代中国历史人物的一个不可或缺的视角，张慰慈研究也不例外。在五四时期，自从马克思主义传播到中国之后，中国新思想界是马克思主义、自由主义、文化保守主义三足鼎立，任何进步人士在政治思想上皆有其所属的阵营，这是不可否认的事实。将张慰慈研究纳入中国现代政治思想史视域，不仅有助于凸显张慰慈的政治思想的特色及其对学术研究的影响，而且对于研究政治与学术的关系亦会有所启发。（3）中国现代学术史视域。张慰慈是一位学者，具有学者的本色，尽管他中年后从政。对于学者的研究，恐怕还不是仅仅揭示其学术主张的问题。学者是要提出学术主张，并且在某种程度上以学术主张作为自己安身立命之所，故而没有学术主张也就不能视为学者了。然而，学者不仅有学术主张，还有学术方法论、学术交往、师承关系、学科知识基础等各方面。对于现在的研究者而言，研究学者的学术思想，这就需要有中国现代学术史的研究视域，否则研究工作只能浮在表面，不能进入学术规律研究的层面。

第二，研究方法上，张慰慈研究要注重多种研究法的结合。这里，强调这样几点：

（1）理论逻辑与历史逻辑的结合。一方面，理论逻辑是引领，历史逻辑是基础；另一方面，理论逻辑需要以历史逻辑为前提，历史逻辑需要以理论逻辑提升其高度。譬如，张慰慈关注和研究苏俄政治制度，我们可以对其进行历史的研究，梳理出几个方面，说明张慰慈有几个重要的观点，但还需进一步抽象，说明张慰慈对苏俄的关注与研究，有着现代知识学的基础，有着追求现代民主政治的心态，有着全球化的研究视域，有着经世致用的价值取向，这只有运用理论逻辑才能做到。

（2）社会史研究方法，将张慰慈放在近现代中国社会中考察。需要重点研究的是，近现代中国社会为张慰慈成为历史人物、学术大家提供了怎样的条件，张慰慈又对推进近现代中国社会演进作出了怎样的贡献，从而呈现张慰慈与近代中国社会之间的互动关系。譬如，张慰慈成为现代中国政治学家，需要具备现代政治学理论、中国政治演进成果、政治学研究的基础、高校政治学教育、进化论指导思想等条件，那么，近代中国社会演进到底怎样提供了这些条件？这就回溯到近代中国社会中来寻找这些条件及其成熟程度，这既要分析成熟条件又要分析不成熟条件对张慰慈成为政治学家的具体影响。

（3）强化比较研究法的研究力度。事物是在比较中而显示其特色的，充分的比较研究能加强对事物规律性的认识。我们评价张慰慈的政治学研究的贡献，在现代中国政治学发展史上的地位，除了理论上的抽绎外，就是在比较中进行定位。不比较或比较的力度不够，何以能说明张慰慈的特别之处？因而，研究张慰慈，要强化比较的力度，如张慰慈学术体系的前后比较，张慰慈政治思想与同时代胡适等人的比较，张慰慈政治学思想与高一涵、张奚若等政治学思想的比较，以及与李大钊、陈启修等政治学思想的比较，等等。

（4）历史文献学方法使用，如版本学、校勘学等方法。张慰慈本人的著作特别是代表性的学术专著，需要我们进行文本研究，这没有任何疑义。关键是，传统的文献学方法，如何能够在张慰慈研究中有效地运用起来。我们注意到这样一个事实，张慰慈的不少文章曾在不同的杂志上发表，虽说“大同小异”，但毕竟还是有所不同，这说明什么问题？这就需要文本的对比与研究，才能加以说明。张慰慈的不少著作，是在相关论文基础上整合而成的，这大致也是五四时期以至现代中国时段中学人著书立说的一种样式，即由论文到专著的撰述范式。于此，我们就要研究论文到专著的转变相关问题，论文中哪些观点到成书时反而缺失了，又有哪些观点是原来论文中所没有的？论文中的观点到专著中的观点有着怎样的衍化轨迹，关涉哪些关键性问题？这也是需要详细地加以研究的。这就要用到版本学、校勘学等方法。从深化研究的角度来看，在张慰慈研究中还可以基于文献研究，进行学术范畴梳理、话语体系研究。

第三，研究结论上，张慰慈研究要重点把握四条：（1）现代知识分子，忠诚的爱国主义者。尽管张慰慈不赞同中国共产党的主张，他对苏俄亦颇有微词，但张慰慈在知识体系上是现代知识学体系，有着强烈的爱国主义思想。承认张慰慈是现代知识分子、忠诚的爱国主义者，在研究上就有着共同的认知基础，这将有助于分析历史人物在思想层面上的复杂性和变动性。(2) 自由主义思想家，现代民主政治的追求者。张慰慈追寻自由、民主，希望在中国建立民主政治，推进现代中国政治的发展，这是一个鲜明的特色。这样看，张慰慈中年之后以学者身份从政，也有其思想上、逻辑上的必然性。不能肯定张慰慈的自由主义思想家身份，不仅难以说明他以后从政的内在动机，也难以分析其学术研究中的自由主义底色，因而也就难以凸显张慰慈的思想革新和学术革新。(3) 现代中国著名学者，西方政治学本土化的积极推进者。(4) 政治学教育家，为高校政治学教育做出重要的贡献。张慰慈不仅在高校多年从事政治学教育，而且编写了教材《政治学大纲》，有理由被称为"政治学教育家"。任何研究皆有其理论假设，这是能够将研究关联的基础和前提，否则就没有相互间交流与探讨的平台，这就是我们今天常说的"共识"。以上这四条，是我们在研究张慰慈时需要注意的，也可以称之为"四点共识"吧。在这样的共识基础上，研究者的研究空间非常广阔，需要具体阐发的问题也很多。可以预见，张慰慈研究在不久的将来一定会取得更大的成绩。

【本篇导论由李宗楼、吴汉全撰写。】

总　论　五四时期重要的思想家和杰出的政治学家

后人书写的"历史"有时记载一些不该记载的人物，却将应该记载的历史人物有意无意地"遗漏"或"忘却"。五四时期的不少重要历史人物现今仍然处于"失语状态"，其事迹往往不为后来者所知晓，张慰慈便属于这类"失语状态"中的一位人物。当今即使是专门研究"五四"的专家，可能对张慰慈也缺少应有的认知，更难以说有"理解之同情"。张慰慈于1912—1917年间留学美国，获博士学位，回国后在北大担任政治学教授，重点研究过十月革命后苏俄的政治制度，参加了《努力周报》的编辑工作，撰写了《政治学大纲》等重要的政治学专著，在市政学、国际政治研究等方面皆有突出的成绩，是五四时期著名的政治学家，与五四时期的历史（特别是思想史和学术史）有着十分重要的关联。张慰慈回国后在《新青年》、《每周评论》、《努力周报》、《晨报》、《改造》、《东方杂志》、《社会科学季刊》（北京大学）等刊物发表了不少政论文章和学术论文，在思想上属于胡适一系的自由主义者，可谓是五四时期中国著名的自由主义学者。"五四研究"在当代中国的学术界可谓显学，有关五四时期的历史人物的文集、全集比比皆是，可张慰慈的相关文章却一直散落在五四时期及其以后的相关报刊中。近有李源先生编的《张慰慈卷》，收入张慰慈的一些重要论文及部分著作的节选，这为张慰慈研究提供了很好的机遇。另外，由于张慰慈与胡适有过密切的交往，故而可以从胡适的历史资料中得到不少关于张慰慈的相关情况。今根据有关历史资料，试图描述出张慰慈在五四时期的思想、学术和道路的大致情形，凸显张慰慈学者、思想家的形象，这或许对于复原“五四”的部分历史有些学术价值，或许能够为学术界认识“五四”历史增加某些新知。

一、留美博士

关于张慰慈的生平和出生的时间，目前所见的资料有几种说法。对于这些不同的说法，需要加以考辨。

其一，1888年或1889年说。《国立北京大学职员录（民国九年十一月）》中“本科政治学系”栏目记载：张祖训，别号慰慈，年岁32，江苏吴江人[①]。由此推算，张慰慈生于1888年（如记载的年龄为虚岁，则生于1889年）。这一记载，笔者认为是不正确的，因为这个“职员录”业已发现许多人的年龄记载是不准确的[②]。再者，这个“职员录”中关于张慰慈年龄的记载，并非是张慰慈本人填写的，其可信度也就值得考虑。

其二，1890年说。耿云志、欧阳哲生主编的《胡适书信集》中有这样的介绍：“张慰慈（1890—？）原名祖训，江苏吴江人。政治学家。留美归国后，曾在北京大学等校任教。”[③]李源编选的《张慰慈卷》一书有《张慰慈年谱简编》，该“年谱简编”中认为张慰慈是1890年1月22日出生于江苏吴江[④]。这里认为张慰慈生于“1890”年，在笔者看来也是不

①《国立北京大学职员录（民国九年十一月）》，转引自《李大钊史事综录》，北京大学出版社1989年版，第196页。

②中国习惯于以虚岁计算人的年龄，但有时也以实岁计算。在这1920年的北大档案中记载陈启修为36岁，而实际上陈出生于1886年，应为34岁或虚岁35岁，而不是36岁；记载朱希祖为42岁，而实际上朱出生于1879年，应为41岁或虚岁42岁，这里可见是按照虚岁统计的。由此可推知，当时档案记载北大教授的年龄有时是不准确的。

③耿云志、欧阳哲生编：《胡适书信集》（上），北京大学出版社1996年版，第212页。

④参见李源编：《中国近代思想家文库·张慰慈卷》，中国人民大学出版社2015年版，第470页。

正确的。

其三，1893年说。比较权威的工具书《中国文化界人物总鉴》，对张慰慈有这样的记载：张慰慈，字祖训，1893年生，江苏吴江人，依阿华大学哲学博士（Iowa，Ph.D.1917年），博士论文题为《美国市政之委员制与经理制的历史与分析》，历任北京大学及北京政法大学政治学教授，财政部秘书，沪宁沪杭甬铁路管理局运输科副科长，上海东吴大学法学院及中国公学政治学教授，北宁铁路管理局总务处长，安徽大学法学院政治学教授兼校图书馆馆长，铁道部参事兼南京中国政治学会干事等职，著有《英国选举制度史》《市政制度》《政治学大纲》《政治概论》《政治学》《宪法》等书①。

在以上几种对张慰慈的介绍中，笔者认为《中国文化界人物总鉴》中对张慰慈出生年的陈述是准确的。因为，据胡适1924年1月27日的日记记载，"慰慈生于壬辰十二月五日（阳历1月21日或22日）"②。从胡适与张慰慈往来的密切关系来看，胡适记载这样确切，可能直接来源张慰慈本人的陈述；且又从记载之日（1月27日）与所记载的张慰慈出生的日期（1月21日或22日）相距不远来分析，胡适的记载应为可信。壬辰年当为光绪十八年（1892年），但壬辰十二月五日换算为阳历应是1893年1月22日③。可见，张慰慈是出生于1893年1月22日，而不是1890年。

张慰慈早年在国内的求学经历，在胡适日记中多有涉及。张慰慈早年曾与胡适一起在上海澄衷学堂读书，胡适《归国记》中有"慰慈为澄衷同学"④一语可为证据。张慰慈自在上海澄衷学堂读书后，在国内是否还进过其他学校？据胡适在1910年正月十五（农历）所记的日记："慰慈自苏来，昨日已移入复旦，今日见访。"⑤这说明，张慰慈自上海澄衷学堂就读至留学美国前，曾在复旦公学就读，时间大约在1910年以后。又据胡适留美时于1911年6月12日的日记："慰慈为我寄《马氏文

①参见桥川时雄编撰:《中国文化界人物总鉴》,中华法令编印馆1940年版,第428页。

②曹伯言整理:《胡适日记全编》(4),安徽教育出版社2001年版,第169页。

③参见《中国近代史词典》,上海辞书出版社1982年版,第833页。

④曹伯言整理:《胡适日记全编》(2),安徽教育出版社2001年版,第607页。

⑤曹伯言整理:《胡适日记全编》(1),安徽教育出版社2001年版,第18页。

通》一部来，今日始到。读《马氏文通》，大叹马眉叔用功之勤，真不可及，近世学子无复如此人才矣。”①此条日记表明，胡适留美后的1911年6月，其时的张慰慈仍在国内求学。综合以上情况来看，张慰慈留美前曾在上海澄衷学堂读书而与胡适成为要好的同学，1910年后又在复旦公学求学，继续接受新式教育，在胡适留学美国后仍然与胡适保持密切的关系。

张慰慈何时留学美国，其早年留美情形又如何，这在胡适的《归国记》中也有相关的记载。胡适在《归国记》中记载了他回国的过程，说他是民国六年6月9日离开纽约，于20日到达文苦瓦（温哥华）的。在此之前，他曾约好与张慰慈在那里会面。《归国记》记载：6月“二十日到文苦瓦（Vancouver）。吾先与张慰慈（祖训）约，会于此。慰慈先二日到，今晨迎我于车站。同居于一旅馆。慰慈为澄衷同学，五年前来美，今在埃阿瓦大学（University of Iowa）得博士学位。其论文题为‘A Study of the Commission and City manager Plan of Municipal Government in the United States’【《美国市政府的市政委员会与市长规划研究》】。吾七年去国时，在上海旅馆中与慰慈及仲诚为别，今仲诚死已数年，与慰慈话旧，不胜今昔之感矣。”②胡适这里的陈述，大致能说明这样几个问题：（1）根据胡适说自己是“七年去国”留学而张慰慈是“五年前来美”，可以推断张慰慈大约在1912年也到美国留学，五年后两人又一起学成回国。胡适关于张慰慈留美时间的陈述是正确的，现据1917、1918年所汇编的《游美同学录》所载，张慰慈确实是1912年留学美国，并且是这一《游美同学录》所载的38名留美博士之一③。（2）张慰慈是在埃阿瓦大学（University of Iowa，今译为爱荷华大学）获得博士学位的，主要研究美国的市政问题。关于张慰慈钻研美国市政制度之所长，胡适后来多次予以介绍并加以赞扬。譬如，胡适为张慰慈的《政治概论》作序时称道：“慰慈在美国时曾专治美国最新起的城市制度，后来即用作他的博士论文的题目。”④又譬如，胡适为张慰慈的《市政制度》作序也有这样的说

①曹伯言整理：《胡适日记全编》(1)，安徽教育出版社2001年版，第104页。

②曹伯言整理：《胡适日记全编》(2)，安徽教育出版社2001年版，第607页。

③转引自黄利群：《中国近代留美教育史略》，辽宁大学出版社1990年版，第94页。

④欧阳哲生编：《胡适文集》(3)，北京大学出版社1998年版，第322页。

明："我的朋友张慰慈博士在美国留学时，他的专门研究是市政制度。"[①]

张慰慈早年的留美经历及其在政治学方面所受到的系统学术训练，对于他回国后的思想和道路有着重大的影响。新文化运动是陈独秀、胡适等归国留学生所领导的思想解放运动、文化革新运动、反帝救亡运动，这就决定了受到系统政治学训练而又积极关注世界政治形势发展的张慰慈，不会处于这一运动的边缘地位。张慰慈留学美国时比较系统地接受了西方文化价值观，再加上他此时与胡适的密切交往关系及其与胡适在思想方面的诸多一致性，又大致规定了他在《新青年》阵营分裂后所形成的中国自由主义阵营中将成为重要的角色。五四时期是中国现代学术的创建时代，现代学术体系、学科体系皆处于创建之中，这对于学有所长、研有所得且系统地受到现代知识学训练的张慰慈来说，一定会有用武之地的。张慰慈回国后进入北京大学的思想历程和学术经历，也充分证明了这一点。

二、对十月革命后俄国政治制度的研究

十月革命对于中国进步知识界来说皆是一个关注世界变动的观测点，张慰慈作为五四时期中国进步知识界中的重要成员也不例外。张慰慈回国后即任北京大学教授，在思想和学术上受到以陈独秀等新文化运动领导人的积极影响。根据陈独秀的自述，他不但本人"偶然发点关于政治的议论"，而且还"常常劝慰慈、一涵两先生做关于政治的文章"[②]。由此来看，张慰慈回国后立即受到陈独秀等一般关心政治的人的影响，从而积极地从事政治问题的研究。张慰慈进入北京大学后不久，很快成为《新青年》和《每周评论》的一位重要的撰稿人。他在《新青年》发表了一些研究城市制度、国际政治、劳动运动等问题的文

①欧阳哲生编：《胡适文集》(4)，北京大学出版社1998年版，第647页。

②任建树、张统模、吴信忠编：《陈独秀著作选》第2卷，上海人民出版社1993年版，第154页。

章，在引介西方学理和西方政治制度方面产生重要影响；而他在《每周评论》上也发表了一些很有影响的文章，这些文章主要是对俄罗斯苏维埃政府的政治制度进行介绍和研究（也有少数文章是研究其他问题的，如发表的《女子解放与家庭改组》则是支持和推进当时新文化运动的“伦理革命”的），这在当时的中国思想界引起了广泛的关注。

张慰慈留学美国的经历使他对欧美的西方文明有较好的感觉，承继着现代西方的学术传统，但他对世界政治的发展动态也注意考察和研究，有着关注国际政局变动的强烈兴趣。十月革命后，张慰慈积极关注世界格局的变化，将目光由欧美资本主义国家转向新生的苏俄，努力从事俄国问题的研究。当时，中国的“大多数人，听见‘俄国’这两个字，就觉得非常的害怕，因为俄国是‘布尔塞维克’主义出产的地方，恐怕这种主义传出来扰乱世界。大家差不多把俄国看作世界人民的公敌。至于俄国内里究竟是什么样一种情形，布尔塞维克究竟是什么样一种主义，十个人之中恐没有一人能够懂得明白”[①]。在此情形下，张慰慈特别注重研究新俄的政治制度，力图向国人介绍新俄的真实情况。他在《每周评论》上发表的评论俄国制度的文章有：《俄国的新宪法》《俄国的土地法》《俄国的婚姻制度》《俄国遗产制度之废止》等[②]，在介绍和研究十月革命后的俄国政治制度方面，起了积极的引领作用。

张慰慈高度关注俄国的宪法，并从政治学的见地加以系统地阐发，确认其在新的政治制度设计中的总领性位置。对于俄国1918年7月10日由“第五次全俄国大会议”议决的新宪法，张慰慈列举了其主要内容并加以分析，从政治学研究的角度进行了多层面的分析。（1）宪法发生情形（宪法如何发生）：俄国的宪法是由地方委员会的代表所组成的一个

①慰慈：《俄国的土地法》，《每周评论》第29期，1919年7月6日。

②《每周评论》上还有一篇《俄国的新银行法》（署名“心”，载《每周评论》第32期，1919年7月27日），笔者推测当为张慰慈的论文。依据有四，一是《每周评论》上研究俄国新制度的只有张慰慈，还未见到他人。李大钊研究、宣传十月革命的论文是在《新青年》等刊物上，他在《每周评论》上发表的《新纪元》文章是宣传十月革命的“新纪元”意义，而不是研究新俄的政治制度。二是《俄国的新银行法》的题目颇类似张慰慈发表的《俄国的新宪法》等文章，且也是研究俄国新的政治与法律制度，与张慰慈发表的《俄国的土地法》《俄国的婚姻制度》《俄国遗产制度之废止》等文章具有序列性。三是署名“心”有可能是“慰慈”的简化代号。四是文章的行文和赞赏语气都与张慰慈的文章有相同之处。

“会议”制定的，“这宪法不是一个皇帝给百姓的，不是由各地方会议通过的，也不是由人民直接认可的。制造宪法的国会是一种革命机关。”（2）修改宪法的方法：“该宪法第五十一节规定，修改这宪法的权在于‘全俄会议’，就是原来制造这宪法的机关。”（3）政府组成：“这宪法所规定的政府组成，尚属简单。做工的人举代表到地方会议，代表的数目与人数为比例。……最高的机关就是‘全俄会议’，又名‘会议之会议’，是由城市会议或省会议的代表组织成的。……俄国的政制是一种内阁制，但是没有一个国务总理。内阁对于‘全俄执行委员会’负责，全俄执行委员会又对于‘全俄会议’负责。”（4）政府各机关的权限：“中央与地方的权限，分得也还清楚。”（5）人民权利：人民有言论、集会、结社的自由，有受教育的权利，工人有带武器的权利。（6）公民的资格：“地方会议有权承认无论什么做工的人为俄国国民。”（7）选举权：“无论何人，不分男女，年及十八岁，现做生产的并与社会有益的工，或在‘会议’、海军或陆军服务的，或因受伤不能工作的，均有选举权与被选权。居留在俄国的外国人，如是工人也能享政治上各种权利。”在张慰慈看来，俄国的新宪法有这样几个显著的特点：一是该新宪法差不多有三分之一部分“讲到这种为‘会议共和国’所根据的主义”，“就此一层，俄国总算是在政治史上开一破天荒的事业”。二是该新宪法对外交方面规定更为详细，“俄国宪法有一最特别的地方，就是关系外交的规定”；“各国的宪法关于外交问题，说得非常简单，俄国宪法关于此问题说得狠（很）详”。三是该新宪法所规定的“俄国各地方的权非常之大，为别的联邦国所未曾有过的”，以至于“在俄国，宗主权在于地方会议，或在于地方上工业、军务与别的职业所举的代表委员会。各地方并且可以临时与中央政府脱离关系”。张慰慈从学理上概括俄国新宪法的同时，也对俄国宪法表示高度的赞赏，认为在第一次世界大战期间产生的许多新宪法中，“俄国的宪法最有研究的价值，因为此宪法根据于许多最新的政府组织法及政治哲学的最新思潮”①。他还认为，从俄国的新宪法来看，“俄国并不是在一个无政府的地位，并且他的宪法之中实在有几种最新式的政治组织法，如果能够试验有效，将来

①慰慈：《俄国的新宪法》，《每周评论》第28期，1919年6月29日。

也许有别国摹仿。例如政治权利限于工作的人民，和把工业团体作为代议的根据”[①]。从现有的材料来看，至少可以说，张慰慈是中国最早研究十月革命后新俄宪法制度并作出肯定评价的学者之一。

张慰慈对于俄国的新土地制度也进行积极的研究，认为土地法在俄国的新法律中占有极为重要的地位，“俄国现在的新法律，最重要的是土地收归国有的法律”。在张慰慈看来，该土地法规定：“所有在俄国境内的土地、矿产、水、树林，与各种天然物的私产权，一概取消”；“所有土地供全国工作人民之用，从前的地主，不得要求赔偿”。张慰慈指出，苏俄土地法中的这些规定有重要的制度创新意义，“这样的白纸上写了黑字之后，俄国就把数千年传下来神圣不可侵犯的私产制度完全取消”。关于《俄国的土地法》，张慰慈主要研究这样几个问题：一是什么样的人可以用俄国的土地？二是国家的土地是怎样分配于人民的？三是用土地的权利怎样可以取消？通过对这几个具体问题的研究和分析，张慰慈认为俄国的土地法虽然还有待根据试验的情况来进行最后的评价，但其制度设计中的创新意义是重大的，并且为社会制度的变革提供了新思路。他指出：“俄国的土地法，里边不妥当的地方，自然狠（很）多；不过狠（很）可以使大多数的人细细儿想一想，现在社会上的制度，我们还是要维持这种不公平的呢、还是想一个法子来改良改良呢？”[②]俄国的宪法是新俄国家的根本大法，而其土地法则又是新俄政治制度的重要基石，张慰慈在研究俄国宪法的基础上深入研究其土地法，比较具体地“记述俄国怎样置处这个在别国尚没有解决的土地问题”，这对于国人深入了解和认识新俄的政治制度是有积极意义的。

张慰慈对俄国的婚姻制度也进行了较为系统的研究，并在发表的《俄国的婚姻制度》一文对新俄的“结婚法”和“离婚法”予以重点探讨。在张慰慈看来，俄国的结婚法有两个鲜明的特点：一是使结婚的法律意义更为明确，这主要是通过采取“民事的结婚”形式而改变了西方那种“宗教的结婚”的传统。张慰慈指出，在欧美各国，结婚仪式大半是在教堂举行，即使是不在教堂举行，也要有牧师在场担当证婚人，

---

①慰慈：《俄国的土地法》，《每周评论》第29期，1919年7月6日。

②慰慈：《俄国的土地法》，《每周评论》第29期，1919年7月6日。

“俄国未革命之前，也通行这种宗教的结婚”；“不过革命以后，教堂的势力完全扫地。这结婚一事，以前非经过教士的手不成，现在完全用不到教士了。新法律第一条就说：‘从今以后，俄罗斯共和国只承认民事的结婚。’宗教式的结婚虽不禁止，个人仍旧可以随意举用，但是结婚要有法律上的效力，非经过民事的结婚式不可。愿意结婚的男女，须到他们所住的地方的‘结婚与生育注册部’声明他们的意思，双方签字。由该部部长注册后，该婚姻在法律上即发生效力。”张慰慈的介绍在于说明，俄国的新婚姻制度是在法律的保障之下，脱离了过去的“宗教结婚”仪式的束缚，这乃是苏俄中的显著变化。二是确立了私生子在法律上的应有地位，体现了法律的平等精神。在张慰慈看来，平等乃是法律所应持有的基本精神，俄国的婚姻法在私生子问题上首先确认其平等地位，这与各国法律上的相关规定有着很大的不同。张慰慈指出，“俄国法律与别国法律不同的第二层是关系私生子问题”。现今各国除了日本外，均不承认私生子在法律上享有各种权利，“私生子是在被斥逐的地位，不能与别人同等享受社会上法律上种种权利。我们要晓得这是一件最不公平最不道德的事”。但是，俄国的法律对私生子予以平等的权利并有特别的规定，“俄国的法律内有一条说：‘私生子对于父母、父母对于私生子的义务与权利，须与非私生子，一律看待。’”张慰慈对于俄国婚姻法特色的阐发与说明，有着比较研究的视域，充分说明该婚姻法与现行欧美各国法律的不同之处。张慰慈对俄国的“离婚法”也进行了讨论，认为俄国的离婚手续不仅较各国为简单，而且也更好地体现了当事人的意愿，这与西方国家的婚姻法有很大的不同。他指出：“俄国离婚法与别国的离婚法比较起来，俄国的离婚手续是比较容易得许多。……照俄国的法律，只要双方同意或一方面愿意离婚，就可以到地方法庭去陈请，由地方法官择日传集两方面的人、或他们的代表讯问。如地方法官确信这离婚请愿书是出于双方或一方面自己的意思，就可以判断离婚，并出一离婚证书。离婚后的种种问题，如子女分派、子女的费用及教育费由何人担任、妇人是否由男子给养等，如双方已经商议妥当，则法官判决离婚时可以同时判定；如双方未曾议定，则此种问题须由民事法庭判决。”[①]自然，张慰慈对俄国婚姻制度的研究也不仅仅是出于学理上研究的兴趣，他特别希望通过他自己的介绍和研究来还原本真，进而澄清人们对俄国的糊涂认识，从而为国人正确认识新俄提供新知，所以他在《俄国的婚姻制度》一文的结尾部分郑重写道：“这两条法律（指‘结婚法’和‘离婚法’，引者注）是列宁政府成立以后宣布的。可看得外边所传说的俄国妇女国有制度，完全是无据之谈。”[②]

不难看出，张慰慈对于俄国新宪法、土地法、婚姻制度的研究乃是比较全面的系统的研究，这说明此时的张慰慈对新生苏俄的研究花费了很大的精力，俄国问题研究也成为他此时学术研究的重点。需要指出的是，张慰慈在对苏俄研究中，不仅体现了研究工作的系统性与全面性，而且对于十月革命表现出积极的了解态度，承认十月革命具有划时代的意义。张慰慈说：“此次俄国的革命，完全是一种社会革命，他们的宗旨是想把现在社会上种种不公平、不道德的事完全废弃，重新改造一个新社会。”[③]又说：俄国十月革命所体现的是一种新的“主义”，其要点是“（一）承认现今国家的经济根本在于劳动；（二）想把政治的组织与实在的社会组织相应合。……无论我们是否赞成这种主义，我们不能不承认这种新式的政治思想应该使我们把从前的政治思想再来估一估价，看究竟还有什么价值”[④]。以研究十月革命和马克思主义著称的李大钊，对张慰慈研究十月革命也予以高度的重视和赞赏，他著文指出：“最近有了慰慈先生在本报（指《每周评论》，引者注）发表的俄国的新宪法、土地法、婚姻法等几篇论文，很可以供我们研究俄事的参考。”[⑤]当然，张慰慈虽然研究十月革命中的苏俄，但他对马克思主义有着天然的排斥情绪，对于早期先进知识分子研究马克思主义的行为不以为然，甚至认为他们是在“提倡空空洞洞的马克思主义”。不过，尽管张慰慈并不是马克思主义者，并没有从十月革命的研究中进而研究马克思主义，但他对俄

①慰慈：《俄国的婚姻制度》，《每周评论》第30期，1919年7月13日。
②慰慈：《俄国的婚姻制度》，《每周评论》第30期，1919年7月13日。
③慰慈：《俄国遗产制度之废止》，《每周评论》第31期，1919年7月20日。
④慰慈：《俄国的土地法》，《每周评论》第29期，1919年7月6日。
⑤《李大钊文集》第3卷，人民出版社1999年版，第5页。

国的积极态度很能说明五四时期新知识阶层的进步思想趋向①。

三、中国自由主义阵营的重要成员

张慰慈回国以后，中国的新思想文化界正悄悄发生深刻变动。俄国十月革命以及随之而来的五四运动，推进了中国新文化阵营分化的进程。以李大钊、陈独秀为代表的接受十月革命影响而信奉马克思主义的进步知识分子正在酝酿“走俄国人的路”，扩大了马克思主义在中国宣传的力度，中国马克思主义的思想阵营处于形成之中；而以胡适为代表的早期新文化运动的领导人继续主张学习传统的西方，以欧美社会来设计中国社会发展的前景，坚持自由主义的理念，力图通过社会改良的办法来变革中国的现实政治，中国自由主义的思想阵营也在形成之中。张慰慈正是在五四思想界变动之中加入中国自由主义阵营的，并且成为其中的骨干成员。

张慰慈在美国接受的是欧美的自由主义思想，回国初期的政治思想亦是以欧美自由主义为其显著特色的，这在他关于妇女解放问题的研究中就有着突出的表现。他在1919年的《每周评论》上发表《女子解放与家庭改组》文章中，反对封建的纲常名教，倡导女子的个性解放、思想自由，认为“解放女子就是解决女子问题的方法”，女子首先必须与男子在社会上具有同等的待遇。当然，张慰慈并不是认为“女子解放”就可以止步的，在他看来，“女子解放后，这女子问题仍旧没有完全解决”，因而还需要研究和解决女子解放后如何适应新社会的问题，亦即在“女子解放”之后还有一个“女子建设”的任务。他指出：“照我的意见看起来，女子问题最困难的一部分，就是解放以后怎样能够使他们的地位适宜于新式的社会。向来的女子，人家给他们什么，就有什么；解放的女子须自己去寻自己所须的东西。向来的女子是永远在人家势力

①张慰慈在这之后仍然关注苏俄，他曾在《新青年》第8卷1号翻译了美国学者洛史·伯尔曼的《俄罗斯苏维埃政府》文章，对于国人了解新俄也是有意义的。

范围之下，所谓在家从父，出嫁从夫；解放后的女子须自己去管理自己。向来的女子是在一个最小的世界，人家保护他，养活他；解放后的女子就要闯入一个最大的世界，没有人保护，又没有人养活。这大世界的种种情形，他懂得很少，他与这大世界的关系，连男子多没有懂得清楚。总而言之，这女子问题，同社会种种的改良问题一个样的，先解放后建设。在解放与建设的中间，有一条大沟，这条大沟可叫做放任时期：一个漂流与无定的过渡时代。欧美的女子此刻正在这一个时代。我们中国的女子不久也要到这地步了。”[①]那么女子解放之后如何通过“建设”阶段而使之能够适应新社会呢？张慰慈的办法是“家庭改组”，就是“将来大部份女子的工作在于用艺术与科学的方法重新组织家庭”，这就需要以“家庭改组”为中心，打破旧家庭的“个人主义”，“用分工的法子把家务一项一项的分开来，各项由专门公共加管理”，使大多数女子有一个职业，她们能得到工资，因而也“就能得经济上的独立”。张慰慈对于经过“家庭改组”而建立的新式家庭寄予很大的希望，他指出：“在将来的家庭之中，各种的天生能力多有发展的机会，各样的利益，女子多能享受。女子必须加入政治运动，因为家庭与各级的政府机关，如市政府、省政府、中央政府，均有种种的密切关系。至于教育一层，差不多也在女子手里，包括小学以上的教育，及现今所认为最紧要的教育时期，就是从婴儿的时代到初进学堂的时候。将来女子在家里的职务虽则是这样的多，他们可以不必每样有份，每样去做。女子的职务，可以用分工的法子，使每人都有一项专门的职业。此刻有许多的事务是各家各自管各的，但是将来这许多事务，可以由数家或数十家组织一个公共的团体，公共管理。”[②]张慰慈视域中的“女子问题”是一个极大的问题，认为女子解放只是“女子问题”解决的第一步，而将女子如何适应新式社会作为最终解决的问题，他的这个思想不仅是与婚姻制度变革相联系的，而且也是与女子在家庭和社会中的地位相关的。故而，他在1925年至1926年间仍然关注女子的婚姻家庭问题，翻译了法国学者巴尔沙克的《婚姻生理》、叔本华的《妇女论》等著作，并在《晨报

①慰慈：《女子解放与家庭改组》，《每周评论》第34期，1919年8月10日。

②慰慈：《女子解放与家庭改组》，《每周评论》第34期，1919年8月10日。

副刊》上发表了《巴尔沙克论婚姻》等文章，认为中国即使是真正的学者也是“明知这个性欲问题是很难解决的”，然而却“总想把礼教去抑制性的方面的欲望”，其“最大目的”也只是希望能达到“内无怨女，外无旷夫”的状况[①]。张慰慈又依据霭理斯（Havelock Ellis）的《论妇女的心智》文章，再加上“自己几些意思，写出这一篇《论妇女的智力》”文章在《晨报副刊》上发表，进一步强调研究妇女问题的极端重要性。张慰慈的观点是，“要知现在人有多少的痛苦都是发源于男女间的互相隔膜，如想免去这种隔膜，男子非得完全懂得妇女不可。要是懂得妇女，又非得仔细研究妇女不可”[②]。张慰慈在这些文章中，亦贯穿着自由理念、人格独立、个性解放的自由主义理念。

张慰慈作为五四时期的中国的自由主义者，在思想上与胡适是日益接近的，这在《新青年》分化过程中就有显著的表现。1920年底和1921年初，《新青年》同人关于《新青年》杂志的创办曾有过一次讨论。张慰慈参与了这一讨论，其主张与胡适大体一致，在思想立场上是站在胡适这一边的。事情的原委是，陈独秀于1920年12月16日致信胡适和高一涵，一方面表示对于“《新青年》色彩过于鲜明，弟近亦不以为然”的态度，另一方面则是主张《新青年》在上海继续办下去，且由陈望道负责[③]。此时的陈独秀接受了马克思主义，正努力将《新青年》转变为宣传马克思主义的阵地，故而对《新青年》作出这样的安排，并正式以书信的形式通知胡适等北方同人。胡适接到陈独秀信后，立即给陈独秀回信，对《新青年》“色彩过于鲜明”颇有些不满，说“北京同人抹淡的工夫决赶不上上海同人染浓的手段之神速”，言下之意是“上海同人”的“染浓的手段”与“北京同人”的“抹淡的工夫”很不合拍，亦即南北的《新青年》同人业已形成不同的思想阵营，故而胡适指出《新青年》此时有三条路可以选择：（1）“听《新青年》流为一种有特别色彩之杂志，而另创一个哲学文学的杂志”；（2）“将《新青年》编辑的事，自九卷一号移到北京来。于北京同人于九卷一号内发表一个新宣

①参见张慰慈：《巴尔沙克论婚姻》，《晨报副刊》，1926年1月18日。

②张慰慈：《论妇女的智力（续）》，《晨报副刊》，1925年11月25日。

③参见水如编：《陈独秀书信集》，新华出版社1987年版，第293页。

言，略根据七卷一号的宣言，而注重学术思想艺文的改造，声明不谈政治”；（3）《新青年》停办。胡适“此信一涵、慰慈见过。守常、孟和、玄同三人知道此信的内容。他们对于前两条办法，都赞成”[①]。胡适此信所表达的是“另起炉灶”“自成一系”的愿望，这在事实上是进一步促进了《新青年》群体的分化。胡适起草的这封信让高一涵、张慰慈过目，很显见此时张慰慈、高一涵等人与胡适之间的信任关系及其思想上的一致性成分。陈独秀接到胡适的回信，态度非常坚决，不仅不同意《新青年》“移京编辑”的办法，而且更不同意《新青年》杂志“声明不谈政治”。于是，陈独秀以书信形式将自己的想法和安排向《新青年》“北方同人”郑重告知：“守常、玄同、适之、孟和、一涵、慰慈、豫才、启明、抚五诸君：弟日内须赴广州，此间编辑事已请陈望道先生办理，另外新加入编辑部者，为沈雁冰、李达、李汉俊三人。……望道先生已移住编辑部，以后来稿请寄编辑部陈望道先生收不误。”[②]可胡适仍然主张“把《新青年》移到北京编辑”，并且提议在北京同人中就《新青年》办刊问题加以讨论，认为“若不先解决此问题，我们决不便另起炉灶，另创一杂志”。在这场讨论中，对于胡适的“移京编辑”主张，“慰慈赞成此议”，高一涵、陶孟和、王抚五等也表示赞成。在《新青年》的北方同人中，只有李大钊赞成陈独秀的意见。李大钊有这样的申明：“我还是主张从前的第一条办法（指‘听《新青年》流为一种有特别色彩之杂志’，引者注）。但如果不致‘破坏《新青年》精神之团结’，我对于改归北京编辑之议亦不反对。而绝对的不赞成停办，因停办比分裂还不好。”[③]在这场关于《新青年》办刊的讨论中，《新青年》在事实上分裂了，胡适成为北大自由主义阵营的领军人物，而张慰慈等则是这一自由主义阵营的重要成员。

张慰慈在《努力周报》创办前参与了1920年间北方学人所开展的争取自由运动，其自由主义理念有着较为充分的表达。1920年8月1日在《晨报》上发表的《争自由的宣言》，署名者7人：胡适、蒋梦麟、陶履

①耿云志、欧阳哲生编：《胡适书信集》（上），北京大学出版社1996年版，第258-259页。

②水如编：《陈独秀书信集》，新华出版社1987年版，第305页。

③耿云志、欧阳哲生编：《胡适书信集》（上），北京大学出版社1996年版，第266页。

恭、王徵、张祖训、李大钊、高一涵。7人署名的先后次序不是按照姓氏的汉语或英语拼音，也不是按照职务的高低排序，至于遵循何种排序原则，已不得而知；但很显然，这是以胡适为首的北方知识分子联合起来在社会上争自由权利“告白”。《争自由的宣言》以“争自由”为主旨，“认定政治如果不由人民发动，断不会有真共和实现”，认为“想使政治由人民发动，不得不先有养成国人自由思想、自由评判的真精神的空气”。《争自由的宣言》要求立即废止的有民国三年三月二日公布的《治安警察条例》、民国三年十二月四日公布的《出版法》、民国三年四月二日公布的《报纸条例》、民国八年公布的《管理印刷业条例》、民国三年三月三日公布的《预戒条例》等，对于“人民、身体、家宅、言论、著作、集会、结社、书信秘密、居住迁移和财产营业等自由”，“断不可让行政官自由处置”；政府也“不得滥行宣布戒严”。不仅如此，国家对于“四种自由”（言论自由，出版自由，集会、结社自由，书信秘密自由）“不得在宪法外设立制限的法律”，同时国家“应即实行《人身保护法》，保障人民身体的自由”①。《争自由的宣言》就其基本精神而言，是中国自由主义者要求实行在民主政治体制中最为基本的自由民主权利，表明“新文化自由主义者试图确立文化活动必须的价值准则和一种开明的、批判和自我批判的知识精英的生活方式，作为整个社会的规范”②。张慰慈参与这次签名活动，表明他此时积极主张自由的思想态度，并且是站在自由主义者阵营之中的。

张慰慈在《努力周报》创刊后不久即在《我们的政治主张》上签名，表达了改良现实中国政治的看法。《努力周报》于1922年5月发表了《我们的政治主张》③，这份由胡适起草的宣言提出“宪政的政府”、“公开的政府”、“有计划的政府”的原则来实现“好政府”的目标。《我们的政治主张》上签名16人，与前述的1920年8月胡适领衔发表的《争

①胡适等:《争自由的宣言》,《晨报》,1920年8月1日。

②[美]杰罗姆B.格里德尔:《知识分子与现代中国》,单正平译,南开大学出版社2002年版,第278页。

③《我们的政治主张》是北方学人面向中国社会的政治宣言书,此文曾于1924年4月25日先行在《东方杂志》第19卷第8号刊出,目的是表达“我们对于中国政治的主张”,希望得到“大家的批评、讨论或赞助”。

自由的宣言》有着以“自由”为基线的联系；而观其签名者，《争自由的宣言》上签名的7人中除了蒋梦麟外全部加入。只不过《我们的政治主张》中人数更多而已，而核心人物未变。《我们的政治主张》的内容在于贯彻自由主义主张，建设一个“好政府”。“所谓‘好政府’，在消极的方面是要有正当的机关可以监督、防止一切营私舞弊的不法官吏。在积极的方面是两点：（1）充分运用政治的机关为社会谋充分的福利。（2）充分容纳个人的自由，爱护个性的发展。”[①]这些主张就其思想动机及其表达的内容而言，确实体现了中国的自由主义者改革政治的良好愿望，但当时军阀横行的中国绝无实行之可能。好人政府的失败，表明自由主义知识分子论政的途径来参与现实政治的破产。张慰慈参与这一政治活动，反映他当时的思想认识程度和对建立“好人政府”的良好愿望。

胡适在1922年创办《努力周报》时，张慰慈是其中的主要成员之一。《努力周报》是胡适主编的政治与文艺综合性刊物，1922年5月7日创刊于北京，1923年10月31日终刊，共出版75期，其政治主张以及关于制宪问题、玄学与科学问题的讨论在当时的中国思想界产生重大的影响。除主编胡适外，高一涵、陶孟和、张慰慈等都是《努力周报》的重要负责人[②]。可以说，结集在《努力周报》的知识分子是一个以胡适为领袖的中国自由主义的思想阵营，而张慰慈则是这一自由主义阵营的主要成员。按照胡适的想法，《努力周报》的创办就在于继承《新青年》的精神，完成《新青年》“未竟的使命”（指《新青年》的文学革命与思想革命的使命，引者注），通过“二十年不绝的努力，在思想文艺上给中国政治建设建筑一个可靠的基础”[③]。其实，《努力周报》并非是只专注于“思想文艺”，现实政治始终是《努力周报》同人关注的重点，张慰慈也不例外。张慰慈是《努力周报》的主要的撰稿人，他在该报维持了一年半左右的时间中发表的文章10多篇，大致可归为三类：一是研究

①蔡元培等：《我们的政治主张》，《努力周报》第2期，1922年5月14日。

②在胡适养病期间，《努力周报》由高一涵、陶孟和、张慰慈、沈性仁（陶孟和的夫人）四人维持，胡适对此很是感激，曾给这四人写信致谢。参见耿云志、欧阳哲生编：《胡适书信集》（上），北京大学出版社1996年版，第321-322页。

③胡适：《致高一涵、陶孟和、沈性仁》，《努力周报》第75期，1923年10月21日。

中国现实政治的，如《制宪问题》、《政治改革的目标》等。二是研究西方政治格局变动的，如《什么叫近东问题》、《德国的经济议会》（连载）、《欧洲的新国家》（连载）、《普鲁士的新宪法》、《德国的赔款问题》、《罗尔问题》、《从英国最近的政党状况上说明这次内阁改组的原因》等。三是纯粹学理上的政治学论文，如《市政问题》（连载）、《多元的主权论》、《新旧国家立法部与行政部关系的比较》、《革命和政治改革》（连载）、《城市在文化史上所占的地位》（连载）等。

张慰慈在《努力周报》期间积极参加对变革现实政治的讨论，力图对中国的政治发展和思想进步有所贡献。固然，张慰慈有时对当时的中国政治现状有些不满情绪，甚至还说过“这中华民国十二年的历史是我们国民最大的耻辱。我们虽则挂起一块共和国的招牌，其内容却反而不如专制国”[①]这样过激情绪的话，但总体上他对中国政治改革的前景还是充满期待的，因而他积极参与对现实政治变革问题的讨论。如关于当时制宪问题的讨论，一般关心现实政治的知识分子注重于国会的合法性及制宪程序的公正性的讨论，而张慰慈则比较注重于宪法本身的研究，如他指出：“此刻我们人民所要求的是赶快制定一种好宪法，并不是要限定什么样机关才是合法的制宪机关。只要能够达到制定宪法的目的，什么样的方法都可以用。如果不注重目的一方面，专去讨论方法，那末，你有你的方面，我有我的方法，总不能讨论出什么结果来。”因而他主张在制宪问题上可以采取灵活与变通的办法，不要片面地只注意形式和方法，也不要问是南方政府或北方政府抑或是地方政府，只要是能制定一部好的宪法就行。所以他的结论是：“总而言之，此刻南北两方面如果协商得妥，把民国六年解散的国会召集起来，并责成国会克期完成宪法，确是一种最简易的方法。如果协商不妥，那末，由省议会举出代表，或由别种法定机关举出代表，组织制宪会议，也未始没有商榷的余地。只要有一种办法，在事实上是做得到的，并且是最简易的，我们人民当然可以承认的。”[②]宪法的制定问题是《努力周报》同人讨论的热点问题之一，也是当时国内政治各派所关注的焦点，张慰慈对此问题也

①慰慈：《政治改革的目标》，《努力周报》第63期，1923年7月29日。

②张慰慈：《制宪问题》，《努力周报》第3期，1922年5月21日。

十分热心，并表明了自己的主张。在讨论中，有人主张在宪法内规定“县自治制”，而张慰慈则认为“县自治制尽可将来由省宪法去规定，不可不必占国宪的篇幅”。进而，张慰慈以西方宪法制度和美国的地方自治制度为借鉴，具体地就制定省宪问题提出了“几条大纲”，并认为按照他的大纲“既可以省去许多无谓的争执，并且可以免去在国宪内死板板的规定县制的种种流弊”。张慰慈提出的“几条大纲”主要内容是：“（一）省宪中应该明确规定省政府和个县各地方的权限。（二）省政府所制定的法律，须适用于省内的各县各地方。省政府不得对某县某区制定特别法律。（三）在各县各地方的职权范围以内（如省宪所规定的），各县各地方可以自行规定其政府之组织，并有完全的自治权。”①这里不去讨论张慰慈关于省宪制定的“几条大纲”是否可行，但至少可以说他对当时的制宪讨论是积极参与的，并且是努力为中国的政治制度建设贡献自己的思想与智慧。不难看出，此时的张慰慈所说的“省宪”问题是其政治思想中的一个“重要”问题而已，在根本上乃是主张在现行制度设计中进行政治的改良。

张慰慈主张民主的政治与公开的政府，强调政治制度要因时而异，不可墨守成规，并且也强调民众政治素质提升的极端重要性，这可见其有着十分强烈的自由主义理念。可以说，当时的张慰慈十分热心于中国的政治改革，期待中国在政治制度建设方面取得重要进展，同时也希望民众的政治素质有很大的提高，在政治变革中能发挥其基础性的作用。关于人民素质在政治变迁中的作用，张慰慈在对中国“从满清专制国一变而成中华民国”的历史中看到这样的情形：“因为我们当初没有预备做共和国国民，而共和政体却偶然于无意之中得到，所以人民方面毫没有民治的精神，公民的当识，对于政治事务毫不晓得怎样去管理，怎样去监督。那般自私自利的官吏和政客就利用了这样的机会，做去种种丧权辱国损人利己的事情，把这中华民国弄到南北分离，各处土匪横行，人民的权利剥夺殆尽。”②在张慰慈看来，“人民是造成政府的原料，有怎样的人民，才能有怎样的政府”，故而政治改革与政治建设也就需要

①慰慈：《这一周》，《努力周报》第21期，1922年9月24日。

②慰慈：《政治改革的目标》，《努力周报》第63期，1923年7月29日。

在提高民众素质上着力，其重点是“提高人民的智识”。他指出：“一国政治的良否，全在人民自己：有了好人民，才能有好政治，没有好人民，永远不能有好政治。人民有公民常识，有辨别各种制度或政策好坏的能力，并且没有自私自利的心理，对于一切事务全以社会幸福为观念，对于政府各种机关能继续不断的监督其行动，公公平平的批评其政策，使全体人民能够明白其中的一切情形，使政治方面各种事务能完全公开，那末，各种黑暗势力就无存在的余地了，政治方面的各项改革就易举行了。”[①]正是如此，张慰慈曾有这样的希望：“近来改革政治的方法须从人民和制度两方面入手，一方面须提高人民的智识，使他们能尽公民的职务；又一方面须采用适当的制度，使人民易于执行他们的职权。这就是我们所应当采取的政治改革目标。”[②]这可见，张慰慈关于政治改革问题，一方面是重视制度的建设，另一方面就是要求整体地提升国民的政治素质，因而也体现了他关于政治上改良的思想。

张慰慈关于政治建设重在制度方面，而制度建设又以现实的政治需要为前提，这是其思想上一个很显著的特点。还在1922年，当时的大总统黎元洪曾出席内阁会议，结果引出社会的广泛议论，舆论普遍认为黎元洪不应该出席。张慰慈对此发表评论，指出：“此刻各种大小官吏的心目中确实是把总统的地位看做同从前的皇帝一样。从阁员现在的观念看起来，总统出席阁议，确是很不方便的。但是我们对于这个问题，不当就目前的状况而说，应当从根本上着想，去打破总统皇帝的观念。不把总统当做皇帝看待，阁员就可以不必因总统出席阁议而有所拘束。……并且现今政治的趋势是趋向公开一方面，议会里边既然可以任人旁听，阁议席上为什么就不能旁听呢?”他又说，“制度不是死板千年一律，万古不变的，制度是活的，是常因社会上情形的变迁而时时更改的”；“时期不同了，这一种制度就是在一国之内也往往发生出不同情形，不用说在别国了”，因此仅仅根据内阁制度“来反对总统出席阁议是说不出的”[③]。从张慰慈对黎元洪参加内阁会议一事的议论中，也可

①慰慈：《政治改革的目标》，《努力周报》第63期，1923年7月29日。

②慰慈：《政治改革的目标》，《努力周报》第63期，1923年7月29日。

③慰慈：《这一周》，《努力周报》第8期，1922年6月25日。

以看出他对现实政治的评价不完全拘泥于政治学的学理，而是强调政治运作与时而化、因境而变，以切合现实的政治实际。值得注意的是，张慰慈在《努力周报》上虽然有不少文章是专就学理上来讨论政治学问题的，但其现实关怀也是显而易见的，并且是一以贯之的。如他发表的《革命与政治改革》文章，虽然是研究革命与政治改革的关系，但其目的是说明“破坏是极容易的，建设却是极不容易的；推翻一个腐败的政府只须极短的时期，建设一个良好的政府非经过极长的时期不可”；是为了“鼓励我们努力奋斗，使我们对于现今的扰乱状况不致于灰心”①。张慰慈将政治制度建设与现实政治变革的现实相联系，这反映了中国的自由主义者政治改良的基本理念。

《努力周报》停刊后，张慰慈在思想上仍然信奉自由主义，但也有微妙的变化，尤其是在对待苏俄的问题上变化很大，这与中国自由主义的领袖胡适有些思想上的差异。1925年徐志摩主持《晨报副刊》，开展所谓“仇俄友俄”的大讨论，其时的《京报副刊》亦发表讨论苏俄的文章。当时的争论文章，有认为俄国是“白色”，也有认为俄国是“赤色”，对苏俄的态度有认为应该是“仇俄”，也有认为应该是“友俄”，一方以张奚若为代表，另一方以陈启修为代表。张慰慈于1925年11月在《晨报副刊》发表了《我也来谈谈苏俄》等文章来参与“仇俄友俄”问题的讨论，认为苏俄的存在及其对中国的影响是一个事实问题，这反映此时的张慰慈有着明显的“恐俄”情绪。在他看来，尽管在外交方面苏俄外长于民国九年（1920）照会中国政府，表示要取消俄国商人在中国的一切特权，放弃沙俄在中国的一切权利，退还庚子赔款，但事实上中国的南方广东“差不多已经在苏俄的势力之下，差不多可以算是赤化了，将来万一不幸，北方无论那一部份也被俄国人占了势力，变成赤化，这两头的赤色势力就很容易包围我们中部，使之不能不同化”，因而这是中国“最大的危险”②。当然，如果细致地研究就会发现，此时的张慰慈认为对苏俄不是一个“仇友的问题”，因而主张对苏俄采取研究的态度，这与“仇俄友俄”中的一方的张奚若及另一方的陈启修，在

①慰慈：《革命与政治改革（续）》，《努力周报》第66期，1923年8月19日。

②张慰慈：《我也来谈谈苏俄》，《晨报副刊》，1925年11月12日。

思想认识上应该说是有很大的不同，但很显然的是，从政治立场、思想认识的主要之点及希望“研究过俄国情形的学者以后不要再来空口的提倡亲俄或友俄政策，也不要高谈阔论，讲演那套赤色主义不是帝国主义的论调”来看，此时的张慰慈显然是站在张奚若的一方。张慰慈对于当时的“赤白仇友”之争，在《我也来探讨苏俄》文章中表达了这样的态度：

我们从前对于这个与我们有密切关系的俄国问题完全不大关心，现在觉悟这问题的重要，也只晓得从“赤白仇友”方面发表了许多个人的主观的意见，不晓得从客观方面切实去研究俄国的事实。这几天的报纸上，特别是《晨报副刊》和《京报副刊》都充满了仇俄与友俄两方面的辩论，甚而至于互相詈骂。这类的东西现在看看实在觉得讨厌了，并且这也不是学者所应有的态度。赤色主义不是一个仇友的问题，也不是一个学理的问题，完全是一个事实问题，就是在俄国的那种赤色主义之下，他们的经济组织究竟是怎样的，人民的生活又怎样的。我们对于这种具体的事实没有知道详细之前，一天到晚去争论俄国是我们的仇还是我们的友，这样的官司总是打不清的。所以我们希望那几位到过俄国的，懂得俄国文字，并且研究过俄国情形的学者以后不要再来空口的提倡亲俄或友俄政策，也不要高谈阔论，讲演那套赤色主义不是帝国主义的论调，我们总是希望大家能够平心静气，用一种客观的和科学的眼光去研究俄国的事实。俄国的新制度已经试验了八年，这八年的历史确是极好的资料，可以给我们不少教训①。

也许是因为张慰慈主张对俄国采取研究的态度，需要弄清楚俄国“经济组织究竟是怎样的，人民的生活又怎样的”这样的“具体的事实”，1926年2月张慰慈在《东方杂志》上发表了《俄国革命前后社会阶级状况的变迁》文章。这是一篇学术研究论文，但该文有着十分鲜明的“恐俄”、反“赤化”、反“过激化”的情绪，如他在文章说：“我们不明白革命以前俄国社会阶级的状况，我们就很难明白俄国为什么这样

①张慰慈：《我也来谈谈苏俄》，《晨报副刊》，1925年11月12日。

容易的过激化了；我们如果要预料中国将来是否有过激化的危险，我们只须看看中国现今社会阶级的状况。所以这几年来苏俄社会阶级状况的变迁很可以使我们得到一种极大的教训。”[①]张慰慈在这篇文章中，对苏俄政策和制度采取批评与指责的态度，说苏俄“在分配方面，共产主义的失败比之在生产方面更糟”，又说苏俄革命时期的“工人就变成小商人，投机者，或强盗”[②]。与这篇《俄国革命前后社会阶级状况的变迁》文章相关联是，张慰慈还在1926年5月在《东方杂志》第23卷第9号发表《苏俄政府的经济政策》文章，可见此时的张慰慈确实是在研究俄国的“具体的事实”，而不是“高谈阔论”。这也说明，《努力周报》后张慰慈的自由主义信念并没有减退，仍然积极关注现实的中国政治；只不过此时他对苏俄的态度已有很大的变化，与先前赞赏十月革命、积极研究新俄政治，不可同日而语。如果联系此时中国政治的变动情形，就可以发现：北方自由主义知识分子对南方势如破竹的北伐战争有着极为恐惧的态度，张慰慈应是其中的人物之一。

然而，此时的胡适虽然与张慰慈仍然保持良好的私人关系，思想上也同属于自由主义的阵营，并且还是中国自由主义的领袖，但没有参加“仇俄友俄”的大讨论，而且对张慰慈有关苏俄的言论显然也有很大的不满。1926年下半年，胡适赴英国出席中英庚款委员会议，在途经莫斯科时给张慰慈写过几封信。在信中，胡适显然对张慰慈在“仇俄友俄”讨论中对苏俄的态度有些看法。胡适在给张慰慈的一封信中写道：“去年许多朋友要我加入‘反赤化’的讨论，我所以迟疑甚久，始终不加入者，根本上只因我的实验主义不容我否认这种政治试验的正当，更不容我以耳为目，附和传统的见解与狭窄的成见。我这回不能久住俄国，不能细细观察调查，甚是恨事。但我所见已足使我心悦诚服地承认这是一个有理想，有计划的大政治试验。我们的朋友们，尤其是研究政治思想与制度的朋友们，至少应该承认苏俄有作这种政治试验的权利。我们应该承认这种试验正与我们试作白话诗，或美国试验委员会制与经理制的

①张慰慈：《俄国革命前后社会阶级状况的变迁》，《东方杂志》第23卷第4号，1926年2月25日。
②张慰慈：《俄国革命前后社会阶级状况的变迁》，《东方杂志》第23卷第4号，1926年2月25日。

城市政府有同样的正当。这是最低限度的实验主义的态度。”[①]这里，胡适不只是向张慰慈表达自己对苏俄的好感，也不只是仅仅为了说明自己先前没有加入“反赤化”的原因，而是婉转地但也是很明确地批评张慰慈对苏俄的态度。胡适说“我们的朋友们，尤其是研究政治思想与制度的朋友们，至少应该承认苏俄有作这种政治试验的权利”，又说应该承认苏俄的试验与“美国试验委员会制与经理制的城市政府有同样的正当”，明白人都能理解到胡适这里的话语之所指。如果说张慰慈只是胡适所说的“研究政治思想与制度的朋友们”之一的话，那么，当时在国内专门研究“美国试验委员会制与经理制的城市政府”的也只有张慰慈了。胡适是要规劝张慰慈改变对苏俄的态度，允许苏俄有试验的权利，同时也隐含着对张慰慈对苏俄指责的严肃批评。

对现实政治的关怀始终是张慰慈政治思想的突出之处，譬如他曾运用政治学知识对上海租界进行研究和评价，认为中国政府应该拥有主权，行使对上海租界的市政管理权。张慰慈注意到，当时在上海却是有“一种极大的反常的事实”，即：“上海各租界的市政权完全在外国人手里，非但中国地方官吏所管不到，就是在那里居住的中国人民也没有参与的权。但所有的外国人民，无论是那一国的，只须住在租界以内，无论那一国的租界，如果有一种相当的纳税资格，就能参与市政，管理租界以内的壹百多万中国人民。”张慰慈通过研究指出，上海的租界“市政委员会”只是外国侨民“自行组织起来的一个委员会，自动征收自己的市税，筹划一切款项，办理各项市政”，因而“没有法律上的根据”；而在上海公共租界里，“中国人民有纳税的义务，没有参与市政的权利。……将近二百万中国人民的生命财产都在于极少数外国人所举出来的工部局八个董事手里。但这样的制度却没有正式的法律依据”。张慰慈根据对上海各租界起源历史的考察，认定上海的“各租界只是划给外国商人居住的区域，不是中国政府租借给外国政府的土地，更不是外国政府依据条约所割据的。照南京条约所规定，上海只是一个通商口岸，中国政府准外国人在此通商，在此居住而已；除此之外，外国人并没有得到任何别种权利。所以凡关于上海的一切行政权及市政方面的事务都

①耿云志、欧阳哲生编：《胡适书信集》（上），北京大学出版社1996年版，第380页。

应当在中国地方官吏手里，因为中国政府对于上海地方并未放弃其主权”。因此，张慰慈的结论是，“上海的各国租界并不能算是一种租界，只是外国侨民的居留区域。在此区域之内，外国人能居住，能租借，但不能购买土地，但同时中国人民却能有土地所有权。外国侨民是没有土地所有权的，他们如想租借土地，能与中国地主直接交易、商议条件，但中国地主不能把该土地卖绝给外国人”①。张慰慈对上海租界问题的研究，在于希望中国政府对上海市政拥有主权和管理权，抛弃那种“‘宽洪（宏）大量，不与人争’的大国民心理”。

作为中国的自由主义政治思想家的张慰慈，也不只是局限于对现实政治的批评和对国内黑暗现实的揭露，有时也会将议论的范围扩展到国际政治领域，并对中国介入国际社会提一些积极的建议。譬如，张慰慈曾在《现代评论》上发表了《中国与国际劳工会议》一文，就中国政府对待国际劳工会议以及参与劳工问题的研究提出自己的设想。国际劳工会议是由国际劳工局每年召开的重要会议，目的在于集合各国政府主管劳工事务的官员，资本家和劳动界的代表，以及工业和劳工方面的学术专家，规定劳工立法的标准，以备各国政府采用而制定各该国的关于劳工方面的法律。由于国际劳工局是在巴黎和会时成立的，并且隶属于国际联盟，其组织大纲在《凡尔赛条约》之内，因而其所召开的国际劳工会议引起各国政府的重视。中国是国际联盟的成员，自然也是有权利派代表参加国际劳工会议的。张慰慈注意到，国际劳工局是由24人组成的理事会管理的，但是“中国政府向来没有代表在理事会中”；而中国作为国际联盟的成员国，只是“在瑞士设立一个叫做‘国际劳工事务处’，派了瑞士使馆的秘书充当处长，算是中国政府与国际劳工局传递消息的中间人”。张慰慈认为，中国在国际联盟和国际劳工局中担负了重要的义务，但中国在其中却没有什么权利，义务与权利的关系极为不对等，因而有必要加以改变。他指出：“国际劳工局的每年经费是由国际联盟的经费中拨发出来的，每年约计七百万瑞士金法郎（约合中国银元二百多万元）。国际劳工局的经费约占国际联盟的经费的三分之一，中国政府每年对于国际联盟的捐助约六十来万元，所以这二百多万元的

①张慰慈:《上海的租界》,《现代评论》第2卷第33期,1925年7月25日。

国际劳工会经费之中，中国政府也捐助二十来万元。中国政府尽了这样大的义务，同时却没有得到任何的利益。在国际劳工局的职员之中，差不多无论那一国的人都有，惟独没有中国人；在国际联盟之中，中国也只有一个小小的二等秘书，每年拿他们八千来块钱的薪水。”[①]张慰慈提醒中国政府注意，中国既然出了这样多的钱、尽了如此重大的义务，就应该在国际劳工会议中处于重要的地位，中国政府自身也应该对此引起重视。张慰慈认为，“中国政府以后如想参与此项会议，积极地进行劳工立法”，要注意这样几个问题：一是中国派代表团赴会“非派完备的代表团不可”，尤其要有工人代表的参加，应“选择一个关心于劳工状况，并以增加工人幸福为目的的人物，使之充当劳工代表”；二是“选派代表和专门顾问，至迟须于开会四个月之前派定”，“使代表和顾问有预备的时间”就会议的议程进行准备，“免得将来在会场上或专门委员会中非但不能发言，就是连所讨论的题目都不懂”；三是“所派的代表和顾问至少须懂得劳工问题的性质，并多少能说几句外国话，能在会场上表示意见，能与别国代表交换意见”。张慰慈的意见是，这三项是“中国代表团的最低限度的条件”，“如果连此都做不到，那就不如不派，免得政府花了钱还要被外国报纸笑话”[②]。张慰慈对中国与国际劳工会议关系的研究，不只是向国人一般地介绍国际劳工会议的情况，而在于使国人明白参与国际组织对中国的重要性，以便努力争取中国在国际舞台上的地位。

张慰慈在“五四”和后五四时期，在思想上是一个典型的自由主义者，力图通过改良的办法来变革当时中国的现实政治，隶属于胡适创办《努力周报》及之后的《现代评论》所集结的中国自由主义的思想阵营。这个自由主义的思想阵营以胡适为首，力图承继早期《新青年》的自由主义传统，在《新青年》分化之后发展为现代中国思想界一支重要的力量，并与马克思主义、文化保守主义形成三足鼎立之势。就大体而言，此时的张慰慈还只是以“文人论政”的形式来参与对现实的政治讨论，还不是那种政治活动家的身份。也许是张慰慈这一时期对现实政治

①慰慈：《中国与国际劳工会议》，《现代评论》第2卷第35期，1925年8月8日。

②慰慈：《中国与国际劳工会议（续）》，《现代评论》第2卷第36期，1925年8月15日。

的认识，体会到“文人论政”效果不大，他在20世纪30年代初走上文人从政的道路。

四、五四时期的政治学大家

张慰慈不仅是五四时期著名的自由主义思想家，而且也是政治学研究的著名学者。张慰慈的学术是在自由主义理念指导下的学术，坚持自由主义所设定的政治改良路径，恪守以自由为内在精神民主传统和民治主义的政治方向，故而张慰慈既是自由主义思想家，同时又是中国的自由主义学者。张慰慈留学美国的经历以及在政治学研究方面的专长，再加上新文化运动倡导民主、科学、自由的政治理念及研究并改造现实政治的迫切需要，使他能够进入北京大学而居于重要的学术位置。在20世纪的20年代初，北京大学的政治学在全国居于先导地位，拥有一批留学归来的政治学学者，出版了一批有影响的政治学著作，开创了中国现代政治学发展的新局面。张慰慈就是这一时期北大政治学群体中重要的一员。

张慰慈是五四时期中国政治学研究中的重要一员，在当时的中国政治学界有着重要的地位。中国的政治学作为一个重要的学科门类乃是“西学东渐”的产物，在晚清即已有相当的研究基础，严复、梁启超等人是重要的开创者。北京大学乃是中国政治学研究的发源地，京师大学堂于1902年设立政治学门，分大学预备科、大学专门分科和大学院三级，1903年又开设中国大学第一门政治学课程——政治科，并于1910年3月在政治学门中首次招收本科生。由于政治学是现代学科体系中的新学科，故而归国留学生在其中发挥了主导性的作用。笔者的看法是，“政治学在中国作为一个较为完备的学科体系的形成是在五四时期。五四时期中国政治学形成两大体系，即中国马克思主义政治学和中国自由主义政治学，而这两大体系都是由归国留学生构建的。前者以李大钊、瞿秋白等为代表，后者以张慰慈、高一涵等为代表。”[①]而就20世纪20年代的北大而言，李大钊、陈启修等乃是马克思主义政治学的代表，张慰慈、高一涵等乃是自由主义政治学的代表。据有的学者考证，20世纪20年代初的北大法科之政治系，有教授6人，他们是：陈启修（兼系主任）、陶孟和、李大钊、高一涵、周鲠生、张慰慈[②]。这6人都曾留学国外，受到系统的现代学术的训练。陈启修、李大钊、高一涵3人早年都曾留学日本，系统地学习政治学（陈启修留学于东京帝国大学、李大钊留学于早稻田大学、高一涵留学于明治大学）；周鲠生虽然早年也留学于日本早稻田大学，但后又于1913—1921年间先后留学英国、法国，并获英国爱丁堡大学博士学位和法国巴黎大学博士学位；陶孟和早年也曾留学日本，后又留学英国伦敦经济学院。6人中，只有张慰慈是留学美国的。北大的政治学教授群体是由留学日本和留学欧美的归国学人所组成的群体，在介绍西方的政治理论和宣传社会主义思潮方面起了积极的作用，开创了现代中国的政治学的新局面。在北大的政治学教授中，虽然各人政治思想有所不同，但在“兼容并包，思想自由”的学术氛围中，各人的思想和学术都得到存在和发展。值得注意的是，从1920年10月起，张慰慈与著名政治学家李大钊、陈启修、陶孟和一起，四人在北大政治学系共同承担《现代政治讲座》，系统讲授政治学理论和现代政治问题，这在中国政治学发展史上有着重要的影响。北大政治学系为什么增设现代政治讲座？据北大政治学系教授陈启修所说，这个讲座的目的就是“打算帮助大家一同研究”政治，“因为现代的政治问题日趋复杂，如劳农政府、巴黎和会、国际联盟等等亟待研究的很多。加以现在的社会，无论如何，总还脱离不开政治，所以实在不能不研究。这个讲座已定由陶孟和先生、李守常先生、张慰慈先生及兄弟四人担任，打算帮助大家一同研究”[③]。四人的讲题如下：《劳农政府》（陶孟和）、《中国劳工现况与现代各国劳工组织之比较观》和《现代各国之社会党》（陈启修）、《现代普选运动》（李大钊）、《平和会议与平和会条约》（张

①吴汉全、王中平：《留学生与近代中国社会变迁》，吉林人民出版社2012年版，第202页。

②陈明远：《20年代知识阶层经济状况——北京教育界和学者群体》，《社会科学论坛》2000年第5期。

③《陈启修先生演说词》，《北京大学日刊》，1920年9月17日。

慰慈）[①]。这反映了北京大学对现代政治问题研究的极端重视。北京大学政治系还自1920年秋季“添设演习一门”，其目的是使“以后关于政治原理，教员和学生可以经常有共同研究的机会”[②]。据北京大学的1920年10月6日的《政治教授会启事》：“本年演习之科目决定二年级为宪法，由陈启修及燕树棠担任。四年级为政治学，由陶履恭及张祖训担任。”[③]张慰慈参与现代政治讲座、担任政治演习的导师，本身就反映他对现实政治研究的兴趣和他在北大政治学建设中的地位。

张慰慈研究政治学的学理，但对当时世界范围内发生的劳动运动也予以密切的关注。在1920年“五一”劳动节期间，《新青年》出版了“劳动节纪念号”，李大钊、陈独秀、高一涵、张慰慈等都在“纪念号”上发表了重要文章，介绍世界劳动运动的概况，鼓吹中国的劳动运动，这在当时有广泛的影响。张慰慈在“劳动节纪念号”上发表的《美国劳动运动及组织》计有1万多字，对美国的劳动运动的状况及其各种组织情况作了较为详细的介绍。文章强调劳动运动的历史必然性，认为“劳动问题是完全根据于此刻工业时代的种种制度而发生的”，而“工资制度”和“工厂制度”是引发劳动运动的两个基本原因。在张慰慈看来，因为“有了工资制度，每个工人须自己担任去寻工做，去养他自己及他的家属。又因为他们的力量薄弱，一天不做工就一天没有饭吃，所以他们总是在资本家势力范围之内，资本家愿意给他们多少工资就是多少。他们个人的力量虽则薄弱，不过他们如能把全体集合起来，他们就有抵抗资本家的能力。所以同行同业的工人往往组织工党与资本家对抗。因此就发生同盟罢工及别种资本和劳动冲突的事情”。而“工厂制度”固然有好的方面，“不过在坏的一方面看起来，这工厂制度是有种种不满意的地方。……在此刻工业时代，每一个工厂起码要用几百或几千几万个劳工，所以他们永没有与雇主接近的地方，小的资本家是一天减少一天，劳动的人是永不能跳出劳动阶级，所以劳动和资本家的冲突，渐渐成一种阶级的冲突”。张慰慈研究劳动运动的起因，揭示劳动运动发生

①北京大学图书馆、北京李大钊研究会编：《李大钊史事综录（1889—1927）》，北京大学出版社1989年版，第202页。

②《陈启修先生演说词》，《北京大学日刊》，1920年9月17日。

③《政治教授会启事》，《北京大学日刊》，1920年10月7日。

的现实合理性及其所具有的“阶级的冲突”的性质，就在于说明“劳动家要与资本家决斗，必须有强有力的团体才有希望”的道理[①]，这对于劳动运动的发展是有意义的，也反映张慰慈政治思想的进步性及其政治学研究的致用性特征。

张慰慈在北京大学担任政治学教授期间，同时也经常参与一系列的社会政治活动与学术活动。1920年9月，张慰慈与蔡元培、李大钊、胡适等一起发起组织“北京大学赈灾会”，向北大的教职员和学生发出赈灾的启事，号召通过捐款的办法来对北方因为旱灾而流离失所的灾民进行救助，“以尽互助之谊”[②]。北京大学自1922年8月发行四种季刊，即自然科学、社会科学、国学、文艺，聘请各科教授担任“编辑员”，张慰慈与李大钊、陈启修、高一涵等被聘为社会科学组的“编辑员”进行刊物的编辑工作，担负起作为“编辑员，每年至少交稿一篇”[③]的任务。又据邵燕祥家传的《北京大学法科一览·自民国七年九月至八年六月（1918.9—1919.6）》所载，当时北大法科（后称法学院）专职教授11人，张慰慈为其中之一，每周担任12课时，月薪260元（约合今天人民币1万元）[④]。如果联系到当时毛泽东担任北大图书馆管理员的薪水只有8个大洋，则可见张慰慈每月260元的薪水乃是很高的收入，其生活待遇与社会地位自是不可与社会上的一般知识分子相比。

正是在北京大学的政治学教学和研究的生涯，张慰慈相继出版了一些有影响的政治学著作，如《英国选举制度史》（商务印书馆1923年版）、《政治学大纲》（1923年商务印书馆出版）、《政治概论》（商务印书馆1924年版）、《市政制度》（1925年亚东图书馆出版）、《政治制度浅说》（神州国光社1930年版）、《政治学》（1932年上海商务印书馆出版）、《宪法》（1932年上海商务印书馆出版）等。译著有《妇女论》（神州国光社1930年版）、《现代民治政体》（商务印书馆1931年版）等。同时，张慰慈还发表了一些有关市政方面有影响的论文，如《美国城市自

①张慰慈：《美国的劳动运动及组织》，《新青年》第7卷第6号，1920年5月1日。

②《北京大学赈灾会启事》，《北京大学日刊》，1920年9月23日。

③《8月1日季刊编辑员讨论会议决之条件》，《北京大学日刊》，1922年8月19日。

④参见陈明远：《20年代知识阶层经济状况——北京教育界和学者群体》，《社会科学论坛》2000年第5期。

治的约章制度》（《新青年》第7卷第2号，1920年1月1日）、《美国委员式的和经理式的城市政府》（《新青年》第7卷第3号，1920年2月1日）、《美国劳动运动及组织》（《新青年》第7卷第6号，1920年5月1日）、《市政问题》（载《努力周报》第9期，1922年7月2日；《努力周报》第10期，1922年7月9日；《努力周报》第12期，1922年7月23日）、《城市在文化史上所占的地位》（载《努力周报》第68期，1923年9月2日；《努力周报》第69期，1923年9月9日）、《二十年来美国城市政府的改革》（载《东方杂志》1924年第1期）等。张慰慈的这些著作和学术论文，奠定了他在中国政治学史上的地位。

张慰慈在1924年初出版了《政治概论》著作，在中国政治学史上也有重要地位，为普及政治知识做出了重要的贡献。胡适为本书作序时"对于此书的全体，都表示满意的赞同"，并有这样的介绍："我的朋友张慰慈博士做的这部《政治概论》，虽是预定作高级中学教科书用的，其实是一般国民应该阅读的一部政治常识教科书。慰慈着手编这部书时，便认定'常识'一个标准，所以他这书里处处注重政治生活的训练和政治制度的意义。他的选择去取，都是很有分寸的；取的是必需的政治概念和制度历史；有许多今日方在试验时期中的新奇学说，往往不能不割爱。……这一点就可以见他的慎重的态度了。"①张慰慈在《政治概论》中强调"民治的政治制度"的重要性，但他对于民众政治能力的训练也并不完全迷信于制度。在当时的政治学界，有人相信制度万能，将人民置于完全被动的地位，认为"好人民须由民治或共和政体中造出来"，人民只有在民治制度之下才能得到政治上的训练，才能变成好公民；换言之，这种观点是认为，人民如果没有执行政治的权利，永不能得到那种相当的政治训练，永没有做好公民的机会。张慰慈不同意这样的看法，他在《政治概论》的第七章中对这种观点进行辨析："这样一种观念，在理论上也许是对的，但在事实上却是没有根据的。民治或共和制度决没有单独制造良好公民的能力，就是在那几个人民自治权力最大的国家中，政治上的弊病也不能完全免去，执政者方面也不免有舞弊

①欧阳哲生编：《胡适文集》(3)，北京大学出版社1998年版，第322页。

的事实，也不免时有压制被统治者的行动。”[1]张慰慈的观点，提示出这样一个问题，即政治研究不能仅仅强调制度设施，将民众的政治能力训练完全寄托在制度上，这应该说是很有见地的。

张慰慈1923年出版的《政治学大纲》是一部研究现代政治学理论的学术专著，在20世纪的中国政治学界很有影响，到1930年已印刷了第8版，在建构中国现代政治学研究的基本框架，奠定中国政治学的科学化、体系化方面具有开创性的地位。对此，有的学者评价道：“1920年代初中国政治学界最有影响的一部政治学著作可能就是张慰慈的《政治学大纲》。”[2]应该说，这样的评价是十分中肯的。在笔者看来，张慰慈在中国政治学史上的地位很大一部分是由该书的学术地位决定的。

张慰慈的《政治学大纲》有多个版本，1928年的版本是比较成熟的版本，故而笔者以1928年的版本进行研究。张慰慈在《政治学大纲》中对政治学有这样的定义：“政治学是研究国家如何发生，如何进化，找出因果变迁的公例；并观察现在国家的性质及组织，和所处的环境，所发生的变端；更从这性质、组织、环境、变端之中，找出根本观念和具体的原理原则，拿来做怎样应付现在政治环境，解决现在政治问题，创造新政治局势的工具。这就是政治学的涵义。”[3]张慰慈以科学概念来认定政治学是具有科学性的学科，亦即政治学是科学。在他看来，科学有三种性质：第一，科学是假定的真理；第二，科学是进步的东西；第三，科学是现在用的工具。而且科学家求科学律例，至少要用三层工夫：第一层在搜集事实，搜集的方法为观察与试验；第二层在暂定假设；第三层在实地试验，检验与证明假设的真理。所以，他认为：“政治学当然是包括在科学的范围之内，政治学的原理原则是人造的假说，拿来解说政治社会中万事万物现象的，这些原理原则都是应付环境的一种工具。”就内容来看，该书有这样几个显著特点：

一是对知识分子在社会政治变革中的作用予以高度的重视，认为知识阶层虽具有一定的中立性，但如果知识分子对被压迫阶级予以支持的

①欧阳哲生编：《胡适文集》(3)，北京大学出版社1998年版，第322页。

②孙宏云：《中国现代政治学的展开：清华政治学系的早期发展(1926—1937)》，生活·读书·新知三联书店2005年版，第365页。

③张慰慈：《政治学大纲》，商务印书馆1928年版，第8-9页。

话，将对于革命的发生有积极的推动作用。他指出："社会上的阶级大概可分为压迫阶级与被压迫阶级，中间还有一种中立的知识阶级。假如知识阶级与被压迫的人民站在一条战线上，那末，革命是一定要发生的。知识阶级能在消极方面使被压迫阶级把他们的攻击集中在几点，提出几个很明显的标题，如辛亥革命是驱逐满清政府，十六年的国民革命是打倒军阀，打倒帝国主义。再在积极方面又提出几个目标，使革命的人民都向这条路上跑，如法国革命时候的'自由、平等、与博爱'，国民革命的'民族、民权、与民生'这类的目标都是理想的观念，革命以后能否达到目的是另一个问题，可是在革命发生时候及革命时期确有极神秘的势力，能激动人民的革命精神。"①

二是在政治学史提出国家四要素的主张。政治学的研究自然离不开对国家问题的研究，政治学在有些情况下也被称为国家学。于是，"从来的政治学家惯把政治学看成关系国家活动的学问，所以他们的政治学的研究，也往往都从国家的构成要素入手，首先提出所谓国家三要素的问题，把土地，人民，权力，三种要素，逐一详加说明"②。张慰慈认为，从国家的角度来研究政治学是必要的，但国家的要素不只是"土地、人民、权力"三方面，还应有"组织"这一要素。他说："如果分析起来，国家的要素就有四种：（一）有为公共目的而活动的一群人民，（二）占定地球上的一定的土地，（三）有表示和执行公共意志的机关，（四）只受一个最高统治权的支配。简单说起来，就是土地，人民，组织和主权。"他的理由是："如果没有一定的土地，虽然有许多人民存在，象犹太人一样，散在各国，自己没有一定的组织，一定的国土，便不能算一个国家。至于无人民的一块空地不能成为国家，那就更不用说了。如果有人民又有土地，却没有表示和执行公共意志的机关，如一群无结合的人民，散在荒岛中间，却是自然世界，不能算做国家。不过单有人民，有土地，有政府，没有最高的统治权，听受别国权力的支配，只可算得别国的属地，或变成一国的地方政府，也不能算做国

①张慰慈：《政治学大纲》，商务印书馆1928年版，第214页。

②陈豹隐：《新政治学》，上海乐群书店1929年版，第25页。

家。所以凡是国家都有这四种必不可少的要素。”[①]张慰慈将“组织”列为国家的要素，这是对国家学说的发展，在政治学史上有重要的学术意义。

三是在继承西方政治学传统的同时而有所发展，对于国家的目的和国家的职能进行新的解释，提出使国家统治的目的和国家的职能由政治领域进到社会领域的主张。关于国家的目的，张慰慈指出：“国家的初步目的在维持个人的和平秩序安全及正义。这就是建设一种保障民权和划定民权范围的法律，在这个范围之内，无论是私人是团体是国家都不能侵犯。第二步的目的在超过个人的需要，注意到社会的更大的群集的需要，——人群的幸福。因为公共幸福必定要得国力的帮助，不是单独的个人所能做到的。要想达到这个希望，便不得不发展国力，便不得不完成国家的生活。最后的目的，在鼓励人类的文明。这就是德国学者浩遵道夫，斯特恩，瓦格那，伯伦智理等‘文明使命的学说’。综结起来，国家有三个目的：（一）是增进个人的幸福，（二）是鼓励社会的幸福，（三）是提倡世界的文明进步。”[②]关于国家职能，张慰慈认为国家要担负起经济管理的使命，他指出：“国家的职务不但在秉公裁判，不但在保障生命财产，并且要做社会的进步和经济进步的工具。因为个人如果受了社会的压迫，或受经济的压迫，不但不能自由发展个人的才性，并且连生命都不能保了。所以古代柏拉图的共产主义，把经济的势力排除在政治的范围之外，现代的社会主义却把经济的势力放在政治的范围之中。以为要想免掉政治上的不自由，必先排除经济上的不自由；要想免掉政治上的不平等，必先排除经济上的不平等。”[③]张慰慈关于国家目的和国家职能的论述，不仅在政治学理论上深化了关于国家问题的认识，而且又很鲜明地吸收了西方社会主义者关于国家的学说，表明了张慰慈政治学思想进步性色彩。

四是对于“民族”及由此而产生的“民族国家”问题进行研究，使“民族国家”在政治学上成为一个重要的学术概念。张慰慈认为，研究

①张慰慈：《政治学大纲》，商务印书馆1928年版，第36–37页。
②张慰慈：《政治学大纲》，商务印书馆1928年版，第225–226页。
③张慰慈：《政治学大纲》，商务印书馆1928年版，第228页。

国家则不可避免地要关注到民族问题，他认为民族有三种重要的要素，即："（一）种族的关系——由一个血统或一个人种传下来的。（二）地理的关系——在一个山脉，河流，丛林地方之中居住，为地势气候所隔，不容易和他族往来。（三）文化的关系——有同一言语，同一文学，同一历史，同一风俗、习惯，和同一道德观念。"在他看来，具备这样三个要素就标志着某一民族的形成，于是"自然可以发生一种共同的感情，组织一种统一的政治团体"；"但是有时候虽然在同一的政治组织之下，民族的区别依然存在"，甚至"历史的界限还在，所以他们就难免年年互相冲突"①。张慰慈在对"民族"有所研究的基础上对民族问题的探讨，认为"民族国家"的出现有着现实的因素，有其政治的与历史的必然性。他指出："民族国家之所以发生的原因，是因为团体国家和世界帝国有种种的缺点，不能适用于近代社会上的状况。团体国家的缺点是：（一）内部的争斗，（二）不能有广大的政治组织。世界帝国的缺点是：（一）各部分因有特别的利害关系，所以往往不能相容，（二）世界统一后，进化力势必至于停顿。民族国家就是调和上述两种国家的性质而发生的，其特质有二：（一）注重天然的地理上之界限，（二）注重同一民族的人民。"②鉴于这样的研究，张慰慈认为"民族国家"符合现代政治发展的方向，因为"现今政治发展的趋向，很注重民族统一和地理统一。所以国家最大的职务就是对土地一方面，把在同一地理单位的地方，合并起来；对于人民一方面，把属于同一民族的人，联合起来"③。张慰慈将政治学研究推进到关于"民族国家"的研究，在当时的政治学领域是有显著特色的，与当时世界范围内的民族主义的兴起也是有密切的联系的，如他就说："现在的民族主义，就想把同一民族的人民组织在一个国家之下，让他有平等的发展机会，不致酿成许多待遇不平的无谓的纷争。"④张慰慈注重研究"民族国家"问题，对扩大和深化政治学的研究领域是很有学术价值的，对于引起人们更加注重民族问题的研究也是有启示意义的。

①张慰慈：《政治学大纲》，商务印书馆1928年版，第41–42页。

②张慰慈：《政治学大纲》，商务印书馆1928年版，第131页。

③张慰慈：《政治学大纲》，商务印书馆1928年版，第76–77页。

④张慰慈：《政治学大纲》，商务印书馆1928年版，第42页。

五是对社会主义国家开展了重要的研究，从学术的视角论证了社会主义国家学说的现实合理性。张慰慈认为，社会主义国家学说反映国家发展的趋势，他指出："就是在不共产的国家之下，政府一方面应该有管理或监督那些容易被人垄断的实业行为；一方面又应该为社会的利益起见，把几种与全体人民有关系的营业收为国家的营业。国家对于实业固然要让社会去自由竞争，但是因为放任的结果，发生竞争不能自由的情形，国家便应该出来阻止私人垄断的害处。从经验上看来，放任主义在情形复杂的今日社会之中，既不能使人得到自由竞争的好处，又不能使人得到经济平等的机会，因此便不得不有社会主义的国家职权说出来代替个人主义的国家职权说了。"[①]关于社会主义国家的情形，张慰慈在国家历史与发展的趋势中进行推测，认为社会主义国家体现出"治事"的职能，与历史上的国家的"治人"职能有根本的不同。他指出："在社会主义之下的国家中，性质上并不是治人的国家，只是治事的国家。在治人的国家之中，国家以主权者的资格做事，所以办理警察和军政，便是国家最重要的职务。在治事的国家之中，国家以事务员的资格做事，所以经济的管理乃是国家最重要的职务。因为最近的国家注重经济的职务，所以发生两大趋向：（一）国家所用的生产工人增多，（二）国家所收的营业余利增多。……我们看见在私产制度之下的国家营业这样增多，就可以推想到将来国家的职务一定要朝着经济事务方面走。由此可见从前的国家职务，专重在治人，现在的国家职务，专重在治事。"[②]由张慰慈对社会主义国家问题的研究来看，他的政治学思想显然是受到当时社会主义思潮的影响，并表现出进步的色彩。

张慰慈的《政治学大纲》在中国政治学史上有重要的学术地位，对推动中国政治学的发展是有积极贡献的。继张慰慈之后，中国政治学得到很大的发展。政治学专著在20世纪的20年代末和30年代初相继出版，如恽代英的《政治学概论》（中国国民党中央军事政治学校政治部

①张慰慈：《政治学大纲》，商务印书馆1928年版，第229–230页。

②张慰慈：《政治学大纲》，商务印书馆1928年版，第230页。

1926年版）、王恒的《现代中国政治》（革新评论社1928年版）、陈豹隐（陈启修）的《新政治学》（上海乐群书店1929年版）、邓初民的《国家论之基础知识》（新生命书局1929年版）、高一涵的《政治学纲要》（神州国光社1930年版）、邓初民的《政治科学大纲》（昆仑书店1931年版）、田原（邓初民）的《政治学》（新时代出版社1932年版）、桂崇基的《政治学原理》（商务印书馆1934年版）、李剑农的《政治学概论》（商务印书馆1934年版）、陈占甲的《政治人才论丛》（人文书社1934年版）等。张慰慈的《政治学大纲》可以说是中国政治学建设的奠基性著作。张慰慈关于政治学以国家为研究对象，主要采自美国政治学家韦罗贝（W.W.Willoughby）的观点，但在中国政治学界产生很大影响。譬如，其后的武汉大学政治学教授李剑农在关于政治学研究对象上就与张慰慈的观点有很大的一致，李剑农认为："政治就是国事；政治学便是以国家为研究的对象的，或竟可称之曰国家学。"[①]另据有的学者研究，张慰慈的《政治学大纲》是1920—1930年代国内的主要大学政治学系"政治学概论"这门课程使用的主要教材之一[②]。20世纪20年代末的《京报副刊》曾进行了一个"青年必读书十部"应征书目活动，要求社会各界向青年推进十部重要的参考书，有一个名为"韩介生"的人在他所开列的"中学以上的学生及服务社会的青年智识阶级必读的十部书"中，就有张慰慈的《政治学大纲》[③]，可见这部书在当时社会上的影响。胡适对张慰慈研究政治学的学识、水平给予很高的评价，承认其学术见解非同一般。如胡适在日记中就有这样的记述："慰慈说我的《哲学史》中《淮南》一章的政治思想一节，颇有把近世思想读进古书去的毛病。我细想去，此一节确有此病。"[④]虽然大约在20世纪30年代初期，张慰慈弃学从政而离开政治学的学术研究领域，但他在五四时期对政治学的研究在中国现代学

①李剑农：《政治学概论》，商务印书馆1934年版，第2–3页。

②孙宏云：《中国现代政治学的展开：清华政治学系的早期发展（1926—1937）》，生活·读书·新知三联书店2005年版，第146–147页。

③王世家辑录《〈京报副刊〉"青年爱读书十部"、"青年必读书十部"资料汇编》，《鲁迅研究月刊》2002年第9期。

④曹伯言整理：《胡适日记全编》（5），安徽教育出版社2001年版，第767页。

术史上是有重大贡献的，在中国政治学史上应该记上一笔①。

五、国际政治问题的创造性研究

作为政治学家的张慰慈，在20世纪20年代后半期曾重点研究国际政治问题，这在当时的中国政治学界对于进一步拓宽研究领域也是很有意义的。张慰慈在1926年将学术研究的重点由市政学转向国际政治，在《东方杂志》上发表了不少文章，重点研究第一次世界大战的欧洲政治，并取得了较为突出的成绩。这是张慰慈在政治学研究方面的一个重要贡献。

从张慰慈学术历程来看，张慰慈关于国际政治的研究主要是集中在1926年及其以后，但他比较早地就很关注并研究国际政治问题。早在1920年，他就在《新青年》上发表了《最近德国政治变迁》的长篇论文，重点研究了“德国政治中的横流”“德国的政党”“欧战时的德国政局”“德国革命”“德国的新政府”这样五个问题，对“一战”前后的德国政治变迁提出了比较系统的看法。该文的特色是，在比较系统地梳理德国在“一战”前后政治变迁历史的基础上，紧紧抓住“政党”“革命”“政府”等政治变迁的主要内容，并将德国政治情形与当时欧洲其他国家加以比较，从而展示了德国政治变迁的图景及其特点。譬如，张慰慈在该文中认为，德国政党并不是两党制而是多党制，所以“没有一个政党能在下议院里占了极大的势力，能牵制行政方面的事务”；由于德国政党并不是全国各种人民联络起来而组织的，是由各地方各阶级或各民族各自组织的，故而“德国政党是局部的，不是普通的或全国

①张慰慈弃学从政后，仍然关注中国政治学的发展，而且他本人在中国政治学界继续享有重要的地位。如1932年9月，杭立武、高一涵等45人在南京发起成立中国政治学会，张慰慈即为发起人之一；张慰慈同时也是政治学会成立会（1931年9月）、第一届年会（1935年6月）、第二届年会（1936年7月）所选举的第一届、第二届和第三届干事会的11名理事之一（参见孙宏云：《中国现代政治学的展开：清华政治学系的早期发展（1926—1937）》，生活·读书·新知三联书店2005年版，第286-295页中关于“中国政治学会”的论述）。由此也可见张慰慈在政治学界的地位。

的”。张慰慈的这种分析，是基于他对德国政党有这样的看法：“我们要想明白德国现在政变的情形，须得先要晓得德国政党的历史及其性质。德国人民对于政治生活虽则也有几方面是很热心的，但是德国政党在政府中所占的地位，远不及英法意等国的政党。这理由是很明了的。在英法各国，国家的政策是由人民选举时候决定的，人民组织了政党，就能由政党去组织政府，所以这种政府就叫做政党政府。德国人民没有这样的权利；他们为自卫起见，为传布他们所提倡的主义起见，也组织了许多政党，但是这种政党是管不到国家大政方针的。政府在政党之上，并不受政党的拘束。虽然也有几个政党帮助德皇做了许多事务，但对于国家的政策，他们全不与闻，全不负责的。”①又譬如，张慰慈在此文中研究了德国各政党与德国革命的关系，并认为德国革命与其他国家的革命“有大不同的地方”：“普通的革命的时候，总有几天流血和决战，总要用强力去夺到政权，总有扰乱的事情，总有人民和兵士在街上冲突的事情，——总而言之，总有旧政府推倒新政府成立的日子。但是这次德国革命并不曾发生这种事情。街上争斗和流血等事，自然是有的，不过这种事情，只在激烈派想推翻军政府，或想强迫军政府宣言积极政纲的时候，偶然发生的。至于单在革命一方面，实在没有流血。爱白忒组织的临时政府，不过是德国旧政府瓦解的末一步。”②再譬如，张慰慈在此文中考察了临时政府的组成，认为德国的“临时政府是由多数社会党和独立社会党联合起来组织的”，“多数社会党领袖爱白忒做了临时国务总理”③。可见，张慰慈研究德国政治变迁不仅以主要的政治因素作为分析的重点，而且是以政党变迁为基础的，反映了政党在德国政治变迁中的作用。张慰慈的这篇《最近德国政治变迁》的长篇论文，不仅在内容上紧扣当时国际政治研究的热点问题，而且在研究范式上也体现了历史研究与理论诠释相结合的路数，因而此文也可以说是张慰慈1926年全面系统地研究国际政治的先导。

需要指出的是，张慰慈在1926年重点研究战后国际政治问题，不仅

①李源编：《中国近代思想家文库·张慰慈卷》，中国人民大学出版社2015年版，第53页。

②李源编：《中国近代思想家文库·张慰慈卷》，中国人民大学出版社2015年版，第61-62页。

③李源编：《中国近代思想家文库·张慰慈卷》，中国人民大学出版社2015年版，第68页。

是站在“中等阶级”立场上的，而且也是有着自身的“反赤”思想的基础。对此，慰慈在《俄国革命前后社会阶级状况的变迁》中有这样的表白：

在中国现今的状况之下，过激化的势力是否能得到最后的胜利，完全要看中国人民，特别是中等阶级，是否有抵抗的能力。我并不是说中等阶级是社会上最优秀的分子，所以应当永远把持一切权力的；我所要说的，只是在现今的社会组织，中等阶级要算是一个社会中的台柱子。并且在西欧各国，中等阶级所占的重要地位也可以算是他们应得的权利。从前封建贵族的势力是他们打倒的，专制君主的权威也是他们所推翻的，就是现今各国民治政体的成立，也完全是他们的功劳。现在虽则有很多人民对于中等阶级（特别是资本家，因为资本家也是中等阶级人民），有种种不满意的表示，但他们在民治主义发展一方面的功绩，确是很大的。关于这一层，凡读过欧洲历史的人总应当晓得的。西欧各国的中等阶级又有一种很坚实的内部团结力，确有能力抵抗各种各样的势力。因此，劳工党和社会党的势力，无论怎样的大，现在还没有机会去打倒中等阶级在社会上所占的特殊地位，至于将来是否有这种机会，此刻当然没有人敢预料。西欧各国在几年之内没有赤化，就是因为中等阶级的抵抗能力[①]。

张慰慈转向国际政治问题的研究，首先是从研究俄国的社会阶级状况而开启的，其代表性著作是1926年2月发表在《东方杂志》上的《俄国革命前后社会阶级状况的变迁》。该文不仅对俄国在革命前社会中“有势力的阶级”（贵族、中等阶级及官僚）作出具体研究，而且对于俄国革命以后“智识阶级、城里的劳工和乡下的农民”这“三种人民”进行分析，体现出社会阶级状况的研究范式。

根据张慰慈1926—1928年间发表的论文来看，张慰慈对于国家政治研究主要集中在两个方面：

一是研究欧战后国际政治的整体态势。主要代表作是《欧战前后的

①张慰慈：《俄国革命前后社会阶级状况的变迁》，《东方杂志》第23卷第4号，1926年2月25日。

国际政治》（载《东方杂志》第23卷第20号，1926年11月10日；《东方杂志》第23卷第21号，1926年11月25日）、《民族主义与帝国主义》（载《东方杂志》第25卷第15号，1928年8月10日）、《国际劳工组织》（载《东方杂志》第23卷第1号，1926年1月10日）等文章。张慰慈对于1914年至1926年间国际政治变更的具体情形进行过系统的研究，认为欧洲前后的国际政治发生了重大的变化，这就是“欧战以后，各大国的势力并没有像欧战以前的那样大”，亦即欧洲的大国在战后处于“失势”的状态；并且因为“欧战后各大国的失势发生了两种有连带关系的现象：（一）国际组织的势力增加，（二）欧洲大陆在国际方面的失势”。在张慰慈看来，国际政治的“这种变动并不是因为新势力的发生，也不是因为从前旧有的势力发生了什么忽然的变更”，故而在欧战以后“国际间的主要原动力还是工业革命和民族运动”[①]。张慰慈特别强调工业主义和民族主义对于国际政治变迁的作用，将其视为“国际间的主要原动力”，认为所谓的“大国”乃是工业主义和民族主义的出产品，最突出的表现就是德意志帝国的崛起、意大利的政治经济统一，皆是因为工业主义和民族主义的有力作用；但在另一方面，工业主义和民主主义也造成既有大国地位的丧失。他指出：“从事实上说起来，工业革命的进行使从前最大的国家不能在经济上独立，并使全世界各区域在经济方面变成一个单位。因此，各大国在经济方面存在的理由差不多可以算是根本推翻了。同时又因民族运动的发生，有几个大国还有分裂的趋势。在欧洲发生以前，各大国的势力早已受到工业革命和民族运动的打击；欧战的结果使他们不能保持原有势力。”[②]据张慰慈分析，国际组织势力的增加乃是欧战后国际政治一个突出的表征，欧战前的国际组织如国际邮政联合会、国际电政联合会等“其职务大都限于国际间的经济方面”，但欧战后的国际组织如1920年1月成立的国际联盟“已经侵入了国际间的政治方面”；至于欧洲大陆在国际政治中地位的失势则是更为突出，这就是“欧洲几个大国以后就不能再像从前那样的把持国际事务了”，这是由于“全世界的势力早已超过了欧洲一部份的势力”。据

①张慰慈：《欧战前后的国际政治（续）》，《东方杂志》第23卷第20号，1926年11月25日。
②张慰慈：《欧战前后的国际政治（续）》，《东方杂志》第23卷第20号，1926年11月25日。

此，张慰慈有这样的判断："从此以后，欧洲本身就没有本地方的国际组织，处理那种纯粹欧洲的事务，并且战后的欧洲又特别需要一种公共机关，实行种种有统系的改造计画。欧洲在国际间的地位是改变了，从世界政治的中心点，堕落到一个普通的地位。"[①]张慰慈基于民族主义在国际政治中的"原动力"地位的认知，又进一步研究了民族主义国家的形成及其所经历的两个阶段。他指出："欧洲在中世纪的扰乱时代，社会上阶级无论怎样多，人民早已觉得他们是英国人，或法国人，或波兰人，或俄罗斯人。他们所想望的团结是民族的团结。所以他们就帮助国王，扩充其权力，把贵族教会与一切社会阶级打倒；或者捧出一个势力最大的贵族，打倒其他小贵族。这种运动的结果就产生现代的民主主义国家。……民族主义国家把社会上种种阶级合并后，组织成一个强有力的政治团体，同时又扩张君权，一方面结合封建时代遗传下列的势力，把权力集中，行政统一；又一方面攻击教会的势力，把政教分开。内部冲突的乱源，就从此免除；巩固的政治组织，也就从此成立。所以民族主义国家成立后第一个时期是君主专政时期。民权运动还得要再等二百来年才发现。到了民智开通，工业革命发生后，欧洲各国人民才有把君主神权的学理基础打破，实现民治主义的。这是民主主义国家的第二个时期。……但在欧洲范围以外，欧洲各国在近一百年来设立了许多殖民地，组织了殖民帝国，差不多把民族主义国家的民族基础与地理基础根本推翻。"[②]张慰慈正是在研究民族主义国家的过程中，认识到帝国主义对于民族主义国家的极大危害，同时又看到"欧战的结果打倒了一个德国的帝国主义，可是别国帝国主义的势力反而增加许多"的现实，故而又研究了帝国主义产生的历史及"现今帝国主义国家的大概情形"，认为"近世欧洲政治史只可以算是帝国主义侵略史"、"帝国主义确是世界政治的基础"，但他坚信"世界帝国是决不能存在于现今的政治状况之下了"，民族主义可以抵抗帝国主义的蔓延并最终消灭帝国主义。张慰慈指出："那种被帝国主义国家所压迫的民族现在就渐渐儿觉悟起来了。在最近的几年内，各被压迫民族之间充满了民族自决的反抗精神，

①张慰慈：《欧战前后的国际政治（续）》，《东方杂志》第23卷第20号，1926年11月25日。

②张慰慈：《民族主义与帝国主义》，《东方杂志》第25卷第15号，1928年8月10日。

并且在这最短期内已有可观的成绩。土耳其民族已经可以抵抗得住欧洲的侵略，埃及民族已经达到独立目的，印度的民族主义也已有很大的势力，波斯与阿富汗的民族也能把英国的势力推翻，解脱所有一切的束缚，菲律宾人民也更严厉与更激烈地要求他们的独立。世界被压迫的民族的抵抗力充分养成时，便是帝国主义的末日了。”①张慰慈在国际政治研究中高度重视国际组织的作用，因而又具体研究了国际劳工组织，发表了《国际劳工组织》②的论文，对劳工组织的发展及其作用的发挥寄予了很大的希望。

二是研究欧战后各社会阶级的状况。主要代表作是《战后的欧洲农民——绿色国际》（载《东方杂志》第23卷第13号，1926年7月10日）、《战后的欧洲劳工阶级》（载《东方杂志》第23卷第22号，1926年12月10日）、《战后的欧洲中等阶级》（载《东方杂志》第23卷第23号，1926年12月25日）等系列文章。张慰慈虽不是马克思主义者，但马克思主义的阶级观点对其学术研究却有较大的影响，这使得他在国际政治研究中比较重视各阶级状况的研究。对于马克思主义的阶级观点，张慰慈有这样的看法：“照社会主义家的眼光看起来，人类的历史只是各阶级互相竞争的历史。假定我们不能承认这样一种笼统的观念，我们大概也得要承认各社会阶级的状况及其变更确是人类历史中最重要的一部份。从历史方面着想，凡大变动发生时候，社会阶级的状况也跟了发生一种大变动，旧阶级打倒了，新阶级发生了。历史上社会阶级状况的变更与现今社会的组织确有很大影响，很值得我们研究的。”③在张慰慈看来，欧战的结果使各社会阶级间都“发生了一种重大的变更”，因而需要专门就欧战对社会各阶级的影响及战后各阶级的状况进行研究。正是基于这样的看法，张慰慈对战后的农民阶级、工人阶级、中产阶级进行了分门别类的具体研究，并形成了系列性的研究成果。需要说明的是，张慰慈是文人知识分子，他本来还想专门研究战后的“欧洲智识阶

①张慰慈：《民族主义与帝国主义》，《东方杂志》第25卷第15号，1928年8月10日。

②张慰慈的《国际劳工组织》一文载《东方杂志》第23卷第1号，1926年1月10日。此文是以《中国与国际劳工会议》（《现代评论》第2卷第35、36期，1926年）为蓝本经少许修改而成的，基本内容相同。

③张慰慈：《战后的欧洲农民——绿色国际》，《东方杂志》第23卷第13号，1926年7月10日。

级”，他在《战后的欧洲中等阶级》文章最后，曾表示有该项研究的打算，但最终未能实现这个愿望。

第一，关于战后农民阶级状况的研究。张慰慈对于战后的农民阶级有重要的研究，他在《战后的欧洲农民——绿色国际》中，具体说明了农民在战后的基本状况。据他看，“欧洲可以算有两个世界，一个是城市的工业世界，一个是乡村的非工业世界。这个区别是很重要的，并且在现今时代更为重要。因为这次欧战已经把这两个世界的地位更变了，其结果也许能更改欧洲全部人民生活的趋势。在大战以前，欧洲是向工业化这一条路上跑的，城市的势力实在超过于乡区之上。欧战的结果却改变了欧洲进行的方向，工业的根基受到了极大的动摇，城市中各级人民都因此受到了极大的损失；但农民在经济和政治方面的地位反而抬高了。并且依照欧战以后的趋势看起来，农民在战时所得到的利益确能保守得住。欧洲各国的重心点好像已经从城市转移到乡区方面，受其利益者自然是农民。这种趋势确能从根本上更变欧洲社会的组织。”[①]张慰慈认为，欧战后农民阶级状况有这样几个表征：一是农民与城市工人的联合，但这种联合乃是暂时的。张慰慈指出：“在欧战期内，因为爱国观念的关系，乡区和城市并没有发生冲突。……战事结束后，又因为各处发生革命的潮流，乡区农民和城市人民还能联合起来，互相利用，各自进行各的目的。城市无产阶级所想望的是城市资本家和中等阶级的财产；乡区农民所想望的是地主贵族的地产。因此，就有所谓老农的联合团体，最好的例就是俄国的老农政府。俄国革命是由城市的无产阶级发动的，可是因为得到农民的赞助，才能成功。但老工和农民的联合也只是暂时的，决不是永久的结合。城市和乡区的利害冲突不久就使劳工和农民分离了。”[②]二是农民与地主的关系有重大的变化。在张慰慈看来，欧战后农民与地主之间的紧张关系将进一步激化。故而，“欧战以后，农民和地主的关系也经过一种极大的变动”，特别是俄国的“农民就以武力逐出地主，瓜分其土地”，这是因为俄国农民在反革命发生的时候，“他们深恐地主阶级能够恢复他们的土地，所以就帮助苏俄政府打

①张慰慈：《战后的欧洲农民——绿色国际》，《东方杂志》第23卷第13号，1926年7月10日。
②张慰慈：《战后的欧洲农民——绿色国际》，《东方杂志》第23卷第13号，1926年7月10日。

倒白党的势力”[①]。三是农民自身的团结将进一步加强，农民运动“变成一种国际性质的运动”。张慰慈认为，欧战结束后各阶级的国际组织皆有发展，除了工人阶级的“赤色国际”和上中阶级的“白色国际”外，也就有了农民阶级的“绿色国际”，因而“农民运动早已超过国家疆界，变成一种国际性质的运动”。然而，“欧战以后的农民运动与战前的农党有一个重大的区别。战前的农党是由农民和地主共同组织的，其重心在大地主方面，农民只是其中的附属品。战后的情形却大改变了。农民在战时所得到的利益实在不少，其势力也大大的增加。他们觉得机会到了，很可以利用他们的新势力，增加他们自己团体的利益。抱定了这样的宗旨，他们不能容忍地主的把持，又不肯容纳城市工人的共产观念。他们一方面须抵抗赤化，又一方面抱定瓜分地主产业的决心。”[②]张慰慈关于战后农民阶级状况的研究，就其研究范式而言，主要的不是对农民的经济地位进行考察，而是从社会组织与社会运动视角说明农民在欧战后的状况，故而他的这种阶级状况的研究尽管有其突出之处，但还是有很大的局限的。

第二，关于战后劳工阶级状况的研究。张慰慈所说的“劳工”并不是通常所说的“靠劳力或劳心过生活的人”，而是特指工业革命以来的城市无产阶级。他指出：“现今的所谓劳工问题和劳工阶级决不是这样笼统的问题和笼统的阶级。我们常听人说起，劳工问题和劳工阶级是工业革命以后才发生的，可见得现今的劳工阶级是一种特种的劳工，是城市工业方面所雇用的劳工。因为城市工业方面的劳工大都是集中于小小的一块地方，他们的状况与境遇是相同的，他们又能时时见面，互相交换意见，讨论种种增进他们公共幸福的方法。因此，他们就逐渐发生一种‘阶级自觉心’。从此以后，他们就变为社会上一种特别的阶级。他们的状况，他们的观念非但和社会中其他人民不同，就和那般同样以劳力为生的农民也有不大相同的地方。”[③]张慰慈以工业革命为时代背景，具体地考察了工人阶级产生的过程及其地位的变化，认为在工业革命的

①张慰慈：《战后的欧洲农民——绿色国际》，《东方杂志》第23卷第13号，1926年7月10日。

②张慰慈：《战后的欧洲农民——绿色国际》，《东方杂志》第23卷第13号，1926年7月10日。

③张慰慈：《战后的欧洲劳工阶级》，《东方杂志》第23卷第22号，1926年12月10日。

初始阶段“劳工阶级所受到的痛苦确是最厉害”，所以“直到十九世纪的中期，欧洲工人确是困苦的阶级，他们并没有得到一种公平的待遇”；然而，十九世纪中期以后的情形却又更改了，各处劳工阶级的地位都比从前任何时期更高了。欧洲各地方工人所享受的权利与幸福，胜过工业革命以前手艺时代的工人，因而工人阶级的社会地位总体上说是随着工业革命的行进而不断提升的，但“欧洲工人地位的太高，幸福的增加，一半也是他们自己奋斗的结果”。在张慰慈看来，工人阶级作为与工业革命相联系的阶级，有着突出的优点，“就是在从前最痛苦的时期，劳工阶级的地位也有两个极重大的优胜之点：第一，他们的人数逐渐增加，第二，他们的团结力逐渐增加。”[①]张慰慈基于工人阶级状况的考察，认为战后工人阶级有这样两个突出的地方：一是工人阶级与资本家的冲突不可避免。在张慰慈看来，这是因为“欧战的结果使各国人民大大的失望，尤以劳工阶级为更厉害”，故而“劳工和资本家的冲突变成一种不可免去的事实”。张慰慈指出：“因为当时的恐怖情形，人人存了一种自危的心理，都觉得非极力的奋斗，就没有存在的希望，所以一切的状况，更弄得糟不可言。在物价飞涨时期，工资又有减少的趋势，工人更觉得非用全副精力，争夺他们的利益。……资本阶级看见这种情形也只有极力抵抗，寸步不让。欧洲各国战后的工业状况实在是扰乱不堪的。没有一国能够免去工人罢工，资本家关闭工厂的事情，尤以西班牙的情形为更糟；西班牙的劳工阶级和资本阶级都用了极激烈的手段，互相争斗。”[②]二是工人阶级内部的激进与缓进之间存在严重的分歧。张慰慈认为，劳工阶级内部在欧战以后的分歧是在不断加大。他指出：“在劳工阶级之内，急进和缓进两派的冲突也是很厉害的。缓进派只想在现今的社会组织之内，改善劳工的状况。激进派却想采用俄国鲍尔希维克党的方法，根本推翻现在的社会。每一个工团，每一个工党差不多都变成这两派的战场。”[③]张慰慈研究战后欧洲劳工阶级状况，其结论就是欧洲劳工阶级已经没有赤化的危险：“总而言之，现今西欧与中欧劳

①张慰慈:《战后的欧洲劳工阶级》,《东方杂志》第23卷第22号,1926年12月10日。
②张慰慈:《战后的欧洲劳工阶级》,《东方杂志》第23卷第22号,1926年12月10日。
③张慰慈:《战后的欧洲劳工阶级》,《东方杂志》第23卷第22号,1926年12月10日。

工阶级的趋势已偏向于缓进这一方面，他们并且也已恢复了战前的团结力。……欧洲人民特别是劳工阶级，已经有了觉悟，他们只想在可能的范围内，改革一切状况。劳工领袖都愿意在资本制度之下进行一切改革计画。照他们的意思，资本制度的缺点并不在于劳工与资本的关系方面，只是资本家自己的错误政策。他们要求将来对于工业政策方面也得有几句话。他们自认除了苦力之外，还能供献多少智力。他们承认生产的减少，与劳工和资本都不利的。他们所希望的只是一种较为完备的资本主义的组织，错误的政策能减少，出产能增加。……这一层已经可以证明欧洲劳工阶级是没有赤化的危险。”①观于此后国际上工人阶级斗争的历史，张慰慈这个结论显然并不符合客观的实际，这也反映自由主义理念在其研究工作中起着主导性的作用。

第三，关于战后中产阶级状况的研究。张慰慈在具体地研究了欧洲的农民阶级、劳工阶级之后，又专门研究“欧洲中等阶级的状况”，发表了《战后的欧洲中等阶级》文章。张慰慈对于欧战后的中等阶级的整体状况，有一个总体的说明：“欧洲中等阶级战后的困苦情形，较之社会上任何那一级人民都要超过好几倍。在欧洲各国，无论是交战国，或是中立国，中级的人民——如那般靠薪俸过活的人，有职业的各种人民，店铺里的东家，或小资本家——所受到的经济方面的痛苦实在是最大最厉害的。他们确是这次欧战的牺牲品。可是欧洲各国中等阶级的灾况也各不相同，不能概括的说定。在俄国，这一个阶级的人民差不多等于完全毁灭了。在中欧，他们也逐渐衰败了。在西欧，他们在极重大的负担之下，也差不多要站不住脚跟了。但各处的趋势却是相同的。在无论什么地方，中等阶级人民自从一九一四年后，确是一天比一天贫穷，一天比一天困苦。中等阶级人民最痛苦的时期是否已经过去，现在的趋势是否已经改了方面，还得要看将来的情形，才能说定。但中等阶级人民经过了这次的灾患以后，他们确已觉悟了他们地位的危险，发生了一种‘阶级自觉心’。他们的团结力比之从前更加坚实，他们的奋斗精神比之从前更加厉害。这种情形在现今欧洲各国已经发生了极重大的政治

①张慰慈:《战后的欧洲劳工阶级》,《东方杂志》第23卷第22号,1926年12月10日。

结果，将来也许有更重要的事实发现，也说不一定的。”[①]之所以引述这样长的文字，是因为这段文字真实地透露出张慰慈对于中等阶级的褒扬态度，及其所表现出的全力支持的政治立场。在张慰慈看来，工业革命给中等阶级带来了极大的发展机会，中等阶级的“极盛时代是在十九世纪”，故而“十九世纪的欧洲文化”也就是“中等阶级的文化”。他指出：“他们（中等阶级）的极盛时代是在十九世纪时候。就在十九世纪之前，各城市商人的地位与职业的境况已经是很好的了。但工业革命却给了中等阶级一种绝无仅有的机会。只因他们所处的优胜地位的关系，又因经济发展的趋势的关系，他们能够收获那工业革命所产生的大部份财富。他们是富足了，他们的人数也增加了，他们在各方面的势力也大了，所以同时他们又能够得到政治方面的权力。中等阶级的势力充满了全社会，凡人们日常的行动，差不多都带有中等阶级的色采。所谓十九世纪的欧洲文化，只是一种中等阶级的文化。”[②]张慰慈考察了战后英国、法国、意大利、德国、奥国等国家中等阶级的状况，认为中等阶级在第一次世界大战中遭遇到重大的打击与牺牲，但“在最近的三四年之内，一切情形又改变过来了。除了俄国之外，其余各处中等阶级的境遇似乎是好得多了。可是建设的速度无论怎样都赶不上破坏的速度。……但这几年内一切的趋势确是都向建设这条路上跑，中等阶级虽不能完全恢复原状，确有改善他们境遇的可能。”[③]在张慰慈看来，尽管有改善境遇的这种可能，但欧洲中等阶级在短期还不可能恢复到欧战以前的原状，即使有这种恢复原状的机会“恐怕也得要到了他们儿子或孙子时候，方能爬得到他们原来的地位”。张慰慈认为，战后中等阶级一个重要的趋向，就是在“阶级自觉心”的基础上而增长中等阶级的阶级意识，以及在“阶级自觉心”发达下的“中等阶级运动”。他指出：“在这几年之内，中等阶级那几个有能力与奋斗的份子早已觉着一种新希望，很想联合全阶级的人民，通力合作的恢复他们战前的原状。换句话说，中等阶级也已发生了一种‘阶级自觉心’。……在欧战以前，中等阶级

①张慰慈：《战后的欧洲中等阶级》，《东方杂志》第23卷第23号，1926年12月25日。

②张慰慈：《战后的欧洲中等阶级》，《东方杂志》第23卷第23号，1926年12月25日。

③张慰慈：《战后的欧洲中等阶级》，《东方杂志》第23卷第23号，1926年12月25日。

差不多没有表示过他们的‘阶级自觉心’。他们尝过了战期与战后的痛苦味道，才受到一种教训，才晓得在现代的社会上，非有一种团体的势力，决没有胜利的希望；他们也晓得他们的人数是多的，他们的潜势力又是很大的，其结果就是这几年来欧洲各处所发生的中等阶级运动。”[①]由此，张慰慈具体地研究了中等阶级的运动，指出：“欧洲中等阶级运动又可以分作两种：第一种是纯粹中等阶级的，其态度是消极抵抗；第二种是联合社会上其他阶级，特别是上等阶级，一致积极反抗他们的共同仇敌——城市中那般激烈的无产阶级。英国的中等阶级联合会（Middle Classes Union）是第一种运动的例；意大利的法西党（Fascisti）是第二种运动的例。”[②]张慰慈研究欧洲中等阶级，对这个阶级的前途抱有乐观的态度，认为“在现今的欧洲社会之中，中等阶级是少不了的；就像俄国那样完全毁灭了旧的中等阶级，这几年新经济政策实行后，也有一种新中等阶级发生的趋势”[③]。张慰慈研究战后中等阶级的状况，就在于能够保持和发展中等阶级的地位，并积极地对抗共产主义运动的发展，所以他说：“他们（中等阶级）的运命，实在是与欧洲的工业和社会生活分不开的。假使欧洲的工业制度不至于推翻欧洲，欧洲的社会秩序不至于被共产主义所扰乱，中等阶级总能占到一部份的势力。他们如果能够同心合作，自然能增进他们全体的幸福，不过恐怕也能改变社会发展的大势罢。”[④]明白张慰慈的写作意图，也就比较容易分析张慰慈对中等阶级所作出的结论。

可以说，对于欧洲后国际上阶级状况的研究，是张慰慈的国际政治研究的一个重要方面。

此外，张慰慈还对于波兰当时的政治状况及波罗的海沿岸几个新国家的政治状况进行研究，发表了《波兰的恢复及其最近的政治状况》《波罗的海沿岸的几个新国家》（两文皆载《东方杂志》第24卷第2号，1927年1月25日）等文章，反映张慰慈此时对欧洲一些新国家状况的高度重视。

①张慰慈：《战后的欧洲中等阶级》，《东方杂志》第23卷第23号，1926年12月25日。

②张慰慈：《战后的欧洲中等阶级》，《东方杂志》第23卷第23号，1926年12月25日。

③张慰慈：《战后的欧洲中等阶级》，《东方杂志》第23卷第23号，1926年12月25日。

④张慰慈：《战后的欧洲中等阶级》，《东方杂志》第23卷第23号，1926年12月25日。

张慰慈研究国际政治问题有着十分鲜明的特色：一是国际政治研究具有个案研究的基础，这就是对俄国革命前后阶级状况的先期研究，从而为整个国际政治问题研究奠定了坚实的学术基础；二是将国际政治研究的重点集中在欧战后这段时期，力图体现欧战后国际政治的整体面貌及演进态势，显示出研究工作的现实性指向；三是在国际政治研究中将阶级状况研究作为理解国际政治的基础，故而在研究中重点地凸显农民阶级、劳工阶级、中等阶级的生存状况及在政治变革中的地位；四是国际政治研究中具有历史研究视域，研究相关问题皆追溯其源头并梳理其演变轨迹，如关于战后阶级状况的研究追溯到“一战”前甚至是工业革命开始的时代。

六、中国市政学研究的开创者

张慰慈是中国市政学研究的重要开创者。市政学亦称市政管理学，主要研究城市政府的法律地位以及城市政府对城市公共事业、公共事务的管理，包括城市规划的制定和实施、城市各项基础设施的建设与管理、城市公共生活服务设施的建设与管理、城市环境管理、城市治安和公共秩序管理、城市财政税收的管理、城市各类公共事业的管理等。市政学是现代工业社会的产物，同时也是政治学研究具体化、现实化、实用化的需要。正是随着工业社会中城市作用的凸显和城市管理的复杂化，因而产生了以市政为研究对象的市政学。市政学作为政治学的一个新的分支学科，在学科上属于政治学的范围，有着政治学研究的基本范式，但也有其独到的学科话语，并且因为与管理学有着密切的关系，因而也就成为一门很有特色的新学科。张慰慈在美国留学时专门研究市政问题，并且特别擅长于市政学的研究，回国后又发表了大量的市政学研究论文，并且还出版了这方面的专门著作，因而成为中国市政学理论的开创者。张慰慈归国后，随即于1920年在《新青年》上发表《美国城市自治的约章制度》，继而又于1922年在《努力周报》上发表《市政问题》文章、1923年在《努力周报》上发表《城市在文化史上所占之地位》文章，最后于1925年在既有市政学研究成果的基础上写成了《市政制度》这一代表性的著作。可以说，张慰慈回国后致力于市政学研究，这不仅与他在美国留学所学的专业有关，而且也是与他回国以后一直致力于市政学的研究及其所作出的努力分不开的。

张慰慈为什么要开展市政问题的研究呢？这乃是他基于市政问题重要性的认识，同时也是基于他的实用主义的治学理念。在他看来，市政问题是随着城市的发达而兴起的，“这市政问题是一个极大的极重要的问题”，而“市政问题中最主要的问题就是（一）城市与中央政府的关系，（二）城市政府的组织”。但在中国，还没有人注意这个市政问题并进行相关的研究，因而此时也就需要提出市政问题，以推进这方面研究的开展。他指出：

所谓市政问题，是新近发生的问题。现今人民的老祖宗并没有晓得什么叫城市生活和市政问题。那时候就是有几个城市，城市中的生活又是非常之简单，城市政府的组织就可以随随便便，无须十分完备。以后各处的城市虽则逐渐发达，人民又因有别种较大较重要的中央政治问题没有解决，那自然顾不到地方上的政治问题了。我国自从光复以来，直到现在，已经过了十一年，宪法还未制定，统一还未成功，全国人民中关心政治者能有多少人，这几个人对于宪法、统一等问题，还没有办法，那里还有精力还有空闲工夫去研究新近发生的市政问题呢？所以这市政问题至今还没有彻底的研究过①。

张慰慈在中国率先开展市政问题的研究，还在于他认为市政问题中的“城市政府是全国政府的基础”，这个“城市政府”问题不仅与中央政府、省政府有关系，而且直接地与当时人们的现实生活息息相关，因而需要引起高度重视并给予切实的研究。他指出：

城市政府是顶重要的一个政府，在市民方面着想，较之中央政府或

①慰慈：《市政问题》，《努力周报》第9期，1922年7月2日。

省政府更加来得有密切的关系。普通人民大概与中央政府或省政府不时常发生什么关系的，每年除了纳税以外，如果不做犯法的事或不发生特别事故，可以永不见一个中央官吏。不过对于城市政府，是完全不同了。我们一出门，就看见警察，我们平常一举一动，如有不得当的地方，就有警察来干涉，我们的生命，我们的财产，全靠几个警察来保护。还有市民子弟的教育，公共卫生，市民权利的保障等，完全须靠办理市政的人有良善的计画，和适当的方法，才能发生良好的结果。现今工商业渐渐发达，城市人民一天多一天，市政问题的复杂，城市政府的重要，亦一天更甚一天。城市政府并且又是极难监理的。现今城市的生活是非常复杂——人口渐渐加多，工商业渐渐发达，各种各样的特别利益，渐渐发现——要管理这种种复杂的事情，实在的最不容易的，非普通的官僚，所能办得了的①。

不难看出，张慰慈从社会生活的实际来看待市政问题的重要性，并依据实用主义的治学理念来提出市政学研究这个新学科。张慰慈是属于陈独秀所说的"谈政治"一类的人，但张慰慈本人对于"谈政治的人往往容易误把政治的范围限于中央政府的政治"，甚至是"用了全副精力去讨论宪法问题，总统制，内阁制，和委员制"有很大的不满；同时，张慰慈对于"谈政治"而具体地研究马克思主义、基尔特社会主义、布尔什维主义也表示不满，说这些"主义"皆是"空空洞洞的抽象主义"。在张慰慈看来，就中国而言，"近来中国的情形却很像有从农村生活变到城市生活的趋势；上海，广州，汉口，天津，北京等处的人口逐渐增加，各处的商埠也逐渐发达。但多数人民虽住在城里，至今还脱不了农村生活的习惯，还不能明白城市生活所需要的新习惯是干涉的政治，严肃的纪律，系统的组织，和消极的做事"，故而"谈政治"就应该研究"那种切身的市政问题和地方政治"②。这可见，张慰慈当时的思想倾向及学术努力方向之所在。

张慰慈回国后不久，就在《新青年》上发表了《美国城市自治的约

①慰慈：《市政问题》，《努力周报》第9期，1922年7月2日。

②李源编：《中国近代思想家文库·张慰慈卷》，中国人民大学出版社2015年版，第253页。

章制度》等研究市政问题的学术论文，这可以说是在中国政治学界独树一帜。由此，张慰慈也成为中国市政学研究的重要先驱者。张慰慈所研究的“城市自治的约章制度”，在英文中就是Municipal Home Rule Charter System，是属于城市自治制度的一部分，在当时的中国政治学界还未有人进行专门的研究。Charter在英文中有多种涵义，其重要的意思就是宪章或规章（A document outlining the principles, functions, and organization of a corporate body; a constitution）。张慰慈据此解释为“关系城市的一种根本法律：举凡城市与邦政府的关系，城市的权限，城市政府的组织等，均由此根本法律规定之。城市的这种根本法律，和国家的宪法一样。简单一句话，Charter就是城市的宪法”；而“所谓城市约章，就是城市的根本法律”。在此文中，张慰慈讨论了“城市自治的意义”“美国城市制度及自治约章所以发生的原因”“城市自治约章制度的历史”“制定自治约章的手续”等重要学术问题，其重要结论是“自治约章制度的唯一目的，就是要给予城市一种有限的自治权利。……这新制度不是想设立一种完全独立的城市。城市所得到的权利只不过制定他们自己的根本法律，组织他们自己的政府，包括所有一切关于纯粹地方事务的自治权利”；而目前“美国的市政制度是前几十年城市生活最简单的时候组织的，所以用来管理现在城市实在是非常不适用”，改进的办法是“只有城市人民才能明白他们自己城市的特别情形、特别需要，才能制定一条法律适合于种种的情形、种种的需要”①。张慰慈关于城市自治约章的思想，奠定了后来中国的市政研究的学术基础。

张慰慈在1922年的《努力周报》上连载《市政问题》的长篇论文，对市政问题又进一步进行较为系统的研究，这使得他的关于市政学的思想得到很大的发展。在张慰慈看来，当时研究政治学的学者有一种倾向，“往往很容易把政治的范围限于宪法问题，总统制，内阁制等类，……对于他们切身的市政问题和本地方的政治，他们反而不十分注意。这是差不多各国政治学者的通病”②。张慰慈认为，现今的城市有两种地位，一是城市“作为中央政府的机关，处理凡与全国有关系的事

①张慰慈：《美国城市自治的约章制度》，《新青年》第7卷第2号，1920年1月1日。

②慰慈：《市政问题》，《努力周报》第9期，1922年7月2日。

务”，二是城市“作为地方自治的机关，处理一切纯粹的地方事务”；故而，“市政问题中最主要的问题就是（一）城市与中央政府的关系，（二）城市政府的组织”[①]。在这两个问题中，第一个问题是对外的，“就是城市自治应该自治到怎样一个情形”；第二个问题是对内的，也就是“城市政府的内部应当有怎样的组织”。具体而言，城市与中央的关系，是说现代城市与中央政府应该是一种自治的关系，是在中央政府规定的范围内独立自主地处理本城市的事务，故而“现今所谓城市自治并不是要城市完全脱离国家的关系，完全独立；此刻所谓城市自治，只不过一种有限的自治罢了”[②]；至于城市政府的组织，是说市政府是具体管理本市市政的机关，城市政府的组织与中央政府的组织应有区别“城市政府组织最重要的原则就是职权必须集中，责任必须确定，民选的官吏万不可过多”[③]。张慰慈研究市政问题，总结西方城市政府组织的得失，目的就在于中国的城市建设能够有所借鉴，希望中国能够避免西方城市化过程所走过的弯路。他说：“我国各处的情形和外国不同，当然不能纯粹仿效他们的制度。不过从它们所经历的历史方面，我们很可以得到种种的教训，至少我们可以不再向他们已经失败的那一条路上去走。”[④]在他看来，由于中国土地广大，各处的情形有很大的不同，因而西方那种“划一的市制万万不能适用”，所以中国在市政问题上也就不能“规定统一的办法”。由此，张慰慈就中国的城市组织提出具体的四点建议：城市组织“不当采用三权分立的城市政府组织”；“市议员的额数愈少愈好，市议员不当采用分区选举法选出”；“除出市议员外，城市政府中不当再有别种民选的官吏”；“市长当由市议会选择，并不必限于本市市民”[⑤]。这可见，张慰慈在市政问题上的经世致用的研究取向。

张慰慈不仅在中国开辟了政治学研究的市政学领域，而且对市政学给予文化史的研究。他发表的《城市在文化史上所占之地位》的论文，就是从文化史的角度对城市的历史地位予以说明。在此文中，张慰慈从

①慰慈：《市政问题》，《努力周报》第9期，1922年7月2日。

②慰慈：《市政问题》，《努力周报》第9期，1922年7月2日。

③慰慈：《市政问题》，《努力周报》第12期，1922年7月23日。

④慰慈：《市政问题》，《努力周报》第12期，1922年7月23日。

⑤慰慈：《市政问题》，《努力周报》第12期，1922年7月23日。

城市发生和演变的历史来论述城市地位由经济中心、政治中心到文化中心的过渡，认为“文化史最重要的一步是从乡村的生活变化到城市的生活”，而城市生活则在其中扮演了重要角色：“新的经济生活是由城市发生的；新的政治观念，新式的社交形式，新的交换意见方法，也是均由城市提倡的”，因而城市生活在推进乡村文明到都市文明占有重要地位[①]。张慰慈关于市政问题的文化史解读是颇具特色的，这也为他的《市政制度》一书理论体系的建构奠定了厚实的学术基础[②]。

张慰慈于1925年出版的《市政制度》一书，今天已经很难以找到，但据胡适为此书所写的序可以略窥其内容一二。此书“专论市政制度”，将市政建设与文化的建设联系起来，强调市政建设与发展现代文明的关系，如张慰慈在绪论中说：“凡一种民族没有建设城市的能力，其文化必不能十分发达。”又说：“文化史上最重要的一步是从乡村的生活变化到城市的生活。”此外，张慰慈“这部书的后半很详细地叙说市政的具体组织，末两章还介绍他所专门研究的委员制与经理制”[③]。张慰慈在书中研究市政制度，要求人们能培养起“市政观念”，根本了解现代城市生活的意义与性质，建设良好的市政。如他在书中对美国的“工具主义的市政观念”有这样的介绍：“近来【美国】政治观念的改变大概是向那条所谓‘工具主义’的路上跑；这就是利用城市政府的组织，想达到个人幸福和社会安宁的目的；例如要求城市为人民设备种种方法，使他们能利用种种机会，得到最高度的幸福，满足他们美术上的需要。最完备的公共卫生设备，最清洁的自来水，最贱价的和最完备的交通设备等等，变成城市人民所应得的权利。”[④]今据李源编选的《张慰慈卷》，可以看出张慰慈的《市政制度》一书有这样几个主要部分：第一章是“绪论”，该章曾以《城市在文化史上所占之地位》为题，在《努力周报》第68期（1923年9月2日）和第69期（1923年9月9日）上连载；第二章是“城市的发达”，主要是考察世界上主要国家（涉及英

①慰慈：《城市在文化史上所占之地位》，《努力周报》第69期，1923年9月9日。

②张慰慈的《市政制度》一书的第一章“绪论”，就是由这篇《城市在文化史上所占之地位》文章整理而成的。

③欧阳哲生编：《胡适文集》（4），北京大学出版社1998年版，第647页。

④欧阳哲生编：《胡适文集》（4），北京大学出版社1998年版，第647页。

国、苏格兰、澳洲、比利时、普鲁士、美国、法国、丹麦、西班牙、意大利、加拿大、瑞士、奥国、日本等）城市发达的历史；第三章是“工商业和城市的发达”，主要阐明工业和商业这两者的关系及其对于推动城市发达的意义；第四章是“城市发达的结果——社会的”，主要是阐明城市发达对于社会的重要影响，认为城市发达乃是一种“最显著的社会现象”，其主要表征就是“乡间人民继续不断的移居到城市中过生活”；第五章是“城市发达的结果——政治的”，主要是分析城市发达在政治方面的影响，认为这种影响不仅是在“人民的政治思想或政治行为”方面，而且也表现“城市发达对于全国人民的政治生活所发生的影响”。张慰慈的这部《市政制度》著作，就其基本架构及所研究的问题来看，在当时的中国政治学界确实是填补空白的开创之作。

通观张慰慈的《市政制度》一书的主体内容，可以看出该著作有这样几个特别的地方：

一是该著集中体现张慰慈归国之后研究市政问题的主要看法，因而属于他这几年研究市政问题的结晶。该著以多年的市政问题研究为基础，许多内容皆是以过去发表的市政问题文章修改而成的。譬如，该著的“绪论”就是以在《努力周报》上发表的《城市在文化史上所占之地位》文章为蓝本修改而成的；又譬如，该著的第十七章和十八章内容，就是在《东方杂志》第21卷第1号（1924年1月10日）上发表的《二十年来美国城市政府改革》文章整理而成，而该文最早的版本则是在《新青年》第7卷第3号（1920年2月1日）上发表的《美国委员式和经理式的城市政府》文章。可见，张慰慈的这部《市政制度》一书乃是他归国后自1920年至1925年研究市政问题的集大成著作。

二是该著主要以美国的市政问题研究为重点，尽管涉及世界上的其他不少国家，但在资料的引用、观点的印证等方面有着美国的特色，但也开始联系中国的城市状况，因而也有着市政研究“中国化”的趋向。美国的城市具有发达的历史，张慰慈又是在美国留学而攻读博士学位的，故而对于美国城市的状况有着较为深刻的研究与了解，这就使得《市政制度》这部著作有着鲜明的美国特色，这也是可以理解的。在张慰慈看来，美国的城市化进程富有成效，市民自治有显著的成绩，故而城市化与市民自治这两者能够相互影响、相互促进、相得益彰，从而形成了良性互动的格局。但值得注意的是，张慰慈在该著中也考察了其他国家的城市发展，并且也注意到中国的城市问题，因而在研究取向上亦有学术研究本土化的追求。譬如，张慰慈在《市政制度》第四章中论及“公共观念”时指出：“在中国，人民向没有公共的观念，每人只顾自己的方便，不晓得顾全别人的利益。所以在马路上，无数汽车，马车，洋车，横冲直撞，站岗的巡警不能执行马路章程，行人处处有极大的危险。行人走道之处，时有住户或店铺堆积各种物件，阻碍行人的来往道路。但普通人民却把这种情形看惯了，很少有人提出抗议，行人的走道塞住了，他们只得走马路。这种种现状确与城市人民的利益很有妨碍的。城市的环境决不是和乡间的环境一样的，市民的行为和道德观念决不能和乡间人民相同。在城市之中，人民必须处处想到他的一切举动，将于全体社会方面有何影响。……所以城市人民的个人行动须以社会福利的标准为定夺。”[①]这里，张慰慈以中国的例证说明，个人与社会关系的观念乃是城市进步的重要方面，实际上也是期待中国人在公共观念方面能够有所提升。

三是该著从工业与商业的发达来探求城市的起源与发展，将社会生活中经济变动视为城市兴起的主因，这是一种很值得肯定的研究范式。张慰慈接受的是近现代西方的知识学体系，十分重视工业和商业在推进社会进步中的重要地位，这使得他在《市政制度》一书中对于西方文明有着深刻的认识，并有着独特的研究范式。他在该著第三章“工商业和城市的发达”中，将工业和商业视为城市发达的动因，指出：“工业和商业是城市发达的两种主要原因。但工业和商业却有连带的关系，商业不发达，工业也决不会发达的。没有商业，一切的工业只能供给本地方的需要，其销路是有限的。工业之所以能发达，全靠商业推广其销路；商业之所以能发达，全靠交通的方便。交通的方便又得要靠政府有维持社会秩序，保护人民的能力。在城市发达的时候，人民必须已经进化到一种较高的文化时期，那时候一切的战争是不常发生的，那时候的政府确已有维持治安的能力。所以城市的发达与否确能表示一国人民的政治

①李源编：《中国近代思想家文库·张慰慈卷》，中国人民大学出版社2015年版，第201页。

能力，及其文化的程度。”[①]这里，张慰慈不仅将工业与商业看成城市发达的两大主因，而且十分重视两者的相互关系及其影响，认为工业和商业之间有着“连带关系”且基于交通便利这个条件，并提出政府在发展交通方面的责职所在及“维持治安的能力”乃是城市发达的重要因素，同时也指出人民的文化程度对于城市发达与否的影响，这实际上了指明了城市建设的方向。自然，张慰慈并不认为在城市发达的问题上，工业的影响与商业的影响是同等的。在他看来，特别是在大城市的形成与小城市的形成方面，工业的影响与商业的影响是有显著区别的，故而他说：“工业和商业的影响，在城市发达一方面，也有一种显明的区别。大凡商业有一种向心力能使大多数人民集中在几处，发生几个最大的城市，各小城市却未必能得到商业发达的利益；工业决没有这样一种永久的向心力，工业的发达也能同时使那种小城市发达。”[②]张慰慈认为城市的兴起及城市的发达乃是由多种因素造成的，人口向城市流动也是由于社会的原因和经济的原因。他指出：“我们如果把乡间的和城市的状况约略比较，我们就明白为什么大家愿意迁移到城市居住。乡间一切状况差不多是日日如此，年年如此，毫没有所变动，人民就觉得这种永远不变的生活非常乏味，非常无聊。城市生活却有种种的快乐，种种的刺激，种种的变更。在乡间人民的眼中看起来，这两种生活确有天渊的区别。他们对于城市方面的吸引力，实无抵抗的能力。并且城市的快乐又可以不用化钱，个个人都可以享受的：热闹的街道，极大的市场，公园和一切公共地方均可以随意游览。所以凡在休息的日子，或空闲的时期，城市人民总能有无尽期的娱乐机会。再加以城中的工资又高，工作的时间又短，和乡间比较起来，相差实非浅鲜，城市人民那能不增加呢？……除了这种种社会的原因之外，还有别种经济的原因，也能引诱乡间人民迁移到城市居住。城市中工业方面的机会这样多，各种各样的人才均有发展他们能力的机会。所以那班有才能的和勇敢的人民总不能永居在乡间。城市中教育的机会也多于乡间，非但普通学校较乡间为完备，并且城市中还有各种职业学校，公共陈列所，公共图书馆，公共演

①李源编：《中国近代思想家文库·张慰慈卷》，中国人民大学出版社2015年版，第191–192页。
②李源编：《中国近代思想家文库·张慰慈卷》，中国人民大学出版社2015年版，第195页。

讲等，乡间的所谓智识阶级自然愿意到城市去利用这种机会，增加他们的智识。”[①]张慰慈关于工业与商业发达与城市发达关系的梳理，体现了社会经济为中心的研究理念，因而是一种重要的市政研究范式，这对于今天的城市建设也是有着借鉴意义的。

四是该著在研究方法上将历史研究与理论阐释相结合，一方面是基于城市发达历史的考察，另一方面则是重点研究城市发达对于社会的、政治的重要影响，从而比较科学地说明了城市发达在整个社会进化中的地位。张慰慈在城市历史的研究中，得出这样的结论：“总结一句，我们可以说，只有一国的经济状况能使一部份人民不靠农业为生，城市才有发达的可能。如想使人民脱离农业的生活，却还得要有两种主要的状况：第一，采用新式的改良的农事方法，使一部份人民工作所得的出产品就能供给全国人民的需要；第二，开垦的那种新的和较肥的土地，产生各种食料和原料。没有这种状况，工商业决不能发达；工商业不发达，城市也决不能发达。除此之外，当然还有别种方法也能改变人民的职业，使他们从农民变成工人。”[②]张慰慈认为，城市发达既有社会性的影响，同时也有政治性的影响，故而他不赞成市政研究仅仅限于城市行政方面的研究。他指出：“大凡市政学者往往偏重于城市行政一方面，把全副精力研究各种行政方面。但这一方面的城市问题是浮面的，不澈底的；城市生活方面的各种势力，包括社会的和政治的，才是决定城市进步的标准。所以我们在讨论城市政府组织和城市行政之前，还得先从社会方面和政治方面讨论城市发达的结果，就是城市发达后，人民生活的各方面究竟受到什么样的影响。”[③]就张慰慈的这部《市政制度》著作来看，张慰慈研究市政问题有着历史研究的特点，善于从城市演进的历史中总结城市的特点，并以此进一步探求城市发达对于社会的具体影响，这又显示出理论研究的特色，从而使历史研究与理论的研究有着较好的结合。这种研究范式对于今天的城市问题研究也是有重要的借鉴意义的。

张慰慈的《市政制度》使市政学形成了一个比较系统的体系，这是

①李源编:《中国近代思想家文库·张慰慈卷》,中国人民大学出版社2015年版,第197页。

②李源编:《中国近代思想家文库·张慰慈卷》,中国人民大学出版社2015年版,第189页。

③李源编:《中国近代思想家文库·张慰慈卷》,中国人民大学出版社2015年版,第195-196页。

张慰慈对现代中国政治学发展的重要贡献。胡适对张慰慈的《市政制度》一书评价很高，指出："他（张慰慈）现在著的这部专论市政制度的书，是一部很好的市政研究的引论。……但这部书的特别长处在不偏重制度的介绍，而兼顾到制度背后的理论与历史。单介绍外国的制度，而不懂得这些制度的意义，是没有益处的。但制度的意义不全在理论的如何完美，而在他的历史背景，——在他的如何产生。慰慈的书的长处就在这里。"[①]

1925年以后，张慰慈在学术上虽然转向了国际政治问题的研究，并将国际政治作为学术研究的重点，但仍然发表有关市政学研究的问题。譬如，张慰慈在1925年发表《市民与市政》[②]、《欧美诸国市长》[③]等文章，在1927年发表《革命以后的德国市政》[④]文章，这说明他对市政学研究还是予以关注的。张慰慈在《市民与市政》文章中，特别强调市民对于城市发展的重要意义，主张将"社会福利"作为市政建设的标准，认为市民按照"社会福利"的要求就应获得这样的权利："（一）个人和公共卫生的设备；（二）平衡的市税率；（三）有目的的市教育；（四）保障市民不为商人、房东和雇主所剥削；（五）防止人民或财产方面的种种损害；（六）房屋足够市民居住，房金公道；（七）清洁的、铺平的、晚上光明的街道；（八）种种'公共用具'，如电灯电话自来水等的设备完善；（九）公共娱乐的设备；（十）防止种种因死亡疾病失业所发生的困苦；（十一）公开市政方面的一切计画和结果。"[⑤]张慰慈在《欧美诸国的市长》文章中，考察了欧美各国城市政府的市长在任用方法、任期、职权和势力等方面的不同，非常重视市长在城市管理中的地位与作用，认为美国市长具有很大的权力，这种权力包括在市议会中提出议案、任命城市官吏、编制城市预算案、监督城市行政等，因而要有效地治理城市就必须向美国那样扩充市长的职权。张慰慈指出："在这五十年以来，美国市长的职权确已大大的增加，世界各国的市长没有一

①欧阳哲生编：《胡适文集》(4)，北京大学出版社1998年版，第647页。
②参见张慰慈：《市民与市政》，《晨报七周年纪念增刊》，1925年。
③参见张慰慈：《欧美诸国市长》，《北京大学社会科学季刊》第3卷第2号，1925年。
④参见张慰慈：《革命以后的德国市政》，《东方杂志》第24卷第5号，1927年3月10日。
⑤张慰慈：《市民与市政》，《晨报七周年纪念增刊》，1925年。

个能与他相比。纽约市长是世界上最有势力的市长，在他的职权范围以内，他差不多能同别国皇帝那样的专制。他的权力比各邦邦长更大，很可以同欧洲的立宪君主相比。”[①]张慰慈还在《革命以后的德国市政》文章中，分析了“德国城市在宪法上的地位”“德国市民的选举资格”“德国城市政府的组织”“德国城市的财政”等问题，肯定了“革命以后德国市政的成绩”，认为德国城市有着“社会主义的发展”趋向，其表现就是：“把城市从前旧有的事业照旧归城市政府办理，换句话说，凡与人民日常生活有关系的事业，特别是自来水、煤气与电气，还是归城市所有，由城市办理。管理手续方面也有多少的改良。……大概的说起来，凡与人民日常生活有关系的事业在表面上还保持一种市有的性质，可是其管理的方法与形式却更改了。关于私有与市有这问题，现在德国各城市已经承认一种原则：凡私人能办理较为完善的事业由私人办理，但人民的利益如因市有而能得到较为完备的保障，这类事业都归市有市办。”[②]张慰慈在市政学方面的研究在20世纪20—30年代的中国政治学界有重大影响，清华大学政治学系学生徐雄飞曾向清华大学政治学系主任进言：“我们需要多几个专任教授”，因而须聘请校外“素有特别研究”的政治学教授到清华任教；而“关于市政方面”，“张慰慈先生对于这项具有较深的研究，他的博士学位就是靠这次论文得到的”，应聘请张慰慈到清华政治学系任教[③]。不久，清华大学政治学系聘请了张慰慈担任市政方面的课程，满足了清华大学政治学系同学的要求。这可见张慰慈的市政问题研究，在当时的政治学界有着重要的地位。

①张慰慈:《欧美诸国市长》,《北京大学社会科学季刊》第3卷第2号,1925年。

②张慰慈:《革命以后的德国市政》,《东方杂志》第24卷第5号,1927年3月10日。

③参见徐雄飞:《提醒政治学系同学》,《国立清华大学校刊》第75期,1929年5月31日。

七、宪法学研究的积极探索

张慰慈作为五四时期著名的政治学家，在宪法学方面亦有积极的探索与努力，为宪法学这门学科的发展作出了重要贡献。1930年张慰慈在安徽大学工作期间，乃是其学术研究的成熟期和总结期，他所出版的三部著作中就有《宪法》一书，可见宪法学的研究在其学术体系中的重要位置。

五四时期的中国法学界对于宪法问题的研究处于起步阶段，这也为张慰慈的宪法学研究提供了研究空间。“五四”以后的中国法学界关于宪法学的研究，大致有这样三个研究方向：一是宪法学理论的研究。这方面在五四时期主要还是移植西方的宪法学理论，到20世纪30年代及以后才有具有本土化的宪法研究理论，如张知本的《宪法论》（上海法学编译社1933年版）、张友渔的《中国宪法论》（生生出版社1944年版）、刘士笃的《新中国宪法论》（读者之友社1945年版）、邓充闾的《中国宪法论》（湘行社1947年版）等。二是关于孙中山“五权宪法”的诠释。“五四”及其以后一段时期的这方面研究成果，主要有谢瀛洲的《五权宪法大纲》（1926年）、魏冰心的《五权宪法释义》（1929年）、汪波的《五权宪法研究》（1929年）、陈白虚的《五权宪法之原理及应用》（1929年）、陈戴耘的《五权宪法浅说》、金鸣盛的《五权宪法创作论及试拟案》（1930年）等[①]。三是比较宪法学的研究。“五四”及其以后一段时期这方面的代表性研究成果，主要有王黼炜的《比较宪法学》（1921年）、王世杰的《比较宪法》（1927年）、郑毓秀的《中国比较宪法论》（1927年）等著作[②]。中国的宪法学研究在20世纪20年代末30年代初至40年代才形成体系，故而对于五四时期的张慰慈来说，也就有着巨大的发展空间。这种空间主要是在宪法学理论方面，亦即建构本土化的

①参见沈国明、王立民主编：《二十世纪中国社会科学·法学卷》，上海人民出版社2005年版，第99页。
②参见沈国明、王立民主编：《二十世纪中国社会科学·法学卷》，上海人民出版社2005年版，第98页。

宪法学研究的理论体系。观诸张慰慈1930年的《宪法》著作，该著从体系的层面论述了宪法的性质、种类、产生、内容及修改等问题，可见该著正努力建构体系性的宪法学研究理论。

张慰慈撰写《宪法》这一专著的动机，与当时的现实政治尤其是所谓的“训政”有着密切的关联，故而该著亦可以说是张慰慈“以学议政”的一种表达，或者说该著本身就有着资政之意。张慰慈以政治学研究为其专长，而那时的政治学也有着国家学的特色，故而受到严格政治学专业训练的张慰慈对于宪法这个国家的“根本大法”乃是熟知的、关注的，但并不能就此就说明张慰慈一定能够从事宪法学理论的研究，并创建具有本土化的宪法理论研究体系。现实关怀可能是推动张慰慈将宪法研究推进到建构宪法学理论的重要原因。如果联系到当时国民政府的“训政”现实及其所关涉的问题，也就不难得到答案。1928年8月，国民党在南京召开二届五中全会，宣布“军政时期”结束，“训政时期”开始。1928年10月国民党常务委员会通过《训政纲领》，内容：（1）规定在“训政”时期，由中国国民党全国代表大会代表国民大会领导国民行使政权；（2）由国民党训练国民逐渐行使选举、罢免、创制、复决四种政权；（3）国民政府总揽行政、立法、司法、考试、监察五项治权，并由其“执行之”；（4）国民政府重大国务的施行，要受国民党中央执行委员会政治会议的指导；（5）国民政府组织法之修正及解释，由中国国民党中央执行委员会政治会议“议决行之”①。国民党在颁布《训政时期纲领》的同时，又于1928年10月8日由国民党中央执行委员会常务委员会通过了试行五院制的《国民政府组织法》，规定国民政府由行政、立法、司法、考试、监察五院组成，并声称这个组织法在于“训练人民行使政权之能力，以期促进宪政，奉政权于国民”。这一组织法共计46条，其要点如下：（1）国民政府设主席1人，委员12至16人。主席兼任中华民国陆、海、空军总司令，其权力比初期国民政府的权力提高了。但此时整个国家事务仍然采取合议制，由国务会议处理。公布法律与命令，需由主席会同五院院长共同署名。（2）国民政府设置行政、立法、司法、考试、监察五院。各院长、副院长由中央执行委员会于国

①参见彭明主编:《中国现代史资料选辑》第3册,中国人民大学出版社1988年版,第34页。

民政府委员中选任。各院彼此独立，凡院与院之间不能解决的事项，由国务会议议决之。（3）规定了行政、立法、司法、考试、监察各院在国民政府中的地位、职权及组织法要点[①]。国民政府各院正是依据这个《组织法》建立起来的，也是在这个《组织法》上运行的。故而，这个《组织法》奠定了国民政府五院制的基础。当时的张慰慈在政治上已经完全认同成立的南京国民政府，不再担心苏俄政府对中国的影响了，故而也寄希望于南京国民政府能够将“训政”推进到“宪政”阶段。在张慰慈的思想逻辑之中，既然现在是“训政”阶段，则将来必将走到“宪政”阶段，因而加强宪法研究乃是以后“宪政”的必要准备。这样看，张慰慈此时集中时间专门撰写《宪法》专著也就合情合理了。

张慰慈从1919年研究俄国新宪法到1930年形成《宪法》这部著作，前后也有十多年的历史。就张慰慈研究宪法学的历程而言，他起先是在研究十月革命过程中注意到俄国的新宪法，并因研究俄国而涉及革命的德国而研究德国的新宪法，故而他在1919年就发表过《俄国的新宪法》及《德国新宪法中的联邦制度》等文章。可见，此时的张慰慈的宪法研究已经逐步超出了“俄国新宪法”的范围。1922年的《东方杂志》推出了“宪法研究号”，发表了国内知名学术的宪法研究成果，如政治学家高一涵就在这个“宪法研究号”上发表了《我国宪法与欧洲新宪法》。张慰慈也接受了邀请，于1922年11月在《东方杂志》第19卷第22号上发表《欧洲的新宪法》文章。这也可见，张慰慈的宪法学研究已经不只是革命后的俄国和德国，而是“一战”后整个欧洲的“新宪法”。也就是在1922年至1923年间，张慰慈一方面关注欧洲的新宪法，另一方面也关注国内的制宪问题，故而他在《努力周报》上先后发表了《制宪问题》《普鲁士的新宪法》等文章。张慰慈在1924年出版的《英国政府纲要》著作中，其第三章就是“现在的宪法与政府”，该章详论“英国宪法的性质”、“英国宪法的发展”以及在英国宪法之下的“政府制度的重要特点”，认为宪法的“成文”与“不成文”乃是相互联系的，并且也是相对的，“从广义一方面说起来，一国的宪法就是关于政府组织及其职权的一切规定，无论是成文的或不成文的”；因而，美国宪法虽

①参见彭明主编:《中国现代史资料选辑》第3册，中国人民大学出版社1988年版，第35–39页。

然是成文宪法，“可是美国的宪法也并不是完全成文的，美国选举总统的方法并不是依照宪法条文所规定的，美国政党及政治方面其他种种重要的手续与方式，宪法上并没有提及一字”；而就英国宪法而言，尽管“英国宪法是一种不成文宪法，可是其中却有许多成文的规定”①。这说明，张慰慈能够在1930年出版《宪法》专著不是偶然的，而是有着比较充分的宪法学研究基础的。

张慰慈的《宪法》一书1930年由商务印书馆出版，收在“小百科系列丛书”之中。该著共分六章，第一章是“绪论——法治与人治”，第二章是“宪法的性质”，第三章是“宪法的种类”，第四章是“宪法的产生”，第五章是“宪法的内容”，第六章是“宪法的修改”。该著篇幅虽不大，只有两万字的样子，但特色鲜明，观点鲜明，且架构紧凑、自成体系，系统地表达了张慰慈在宪法学方面的研究主张。

张慰慈的《宪法》一书在全面解析宪法历史与现实的关系中，提出了诸多创新性的观点。譬如，一般政治学与法学著作皆认为现代西方的政府是法治性政府，而张慰慈的《宪法》一书则认为西方的政府既具有法治的性质又具有人治的性质，是两者兼而有之。该著在“绪论”中指出：“世界各国所有的政府都是人治的政府，同时又是法治的政府。所谓政府只是人类的一种组织，法律也是人造的。政府没有人执行，法律没有人解释，都是死的，不能自动的发生结果。我们有时候觉得法律比人重要，又有时候觉得人比法律重要；法律与人究竟哪一方面更重要完全要看我们对于当时解释与应用法律的方法是同意或不同意为定的。假使法庭解释与应用法律的方法是与我们有利益的，我们就觉得法律的重要，并且又以为这是一种法治的政府，但同时其他的人民因同样的方法而受到损失就要觉得人是重要的，这是一种人治的政府。”故而，该著认为“法治政府与人治政府的区别只是数量上的区别，不是质地上的区别”，而“这种数量上的区别却是一种很重要的区别”。又譬如，一般的宪法学著作皆依据“成文法”与“不成文法”的区分，将宪法区分为刚性宪法与柔性宪法，并以此来判定宪法在运行中的特点。张慰慈不同意“成文”与“不成文”这样的分类，他指出：“把宪法分为成文的与不成

①李源编:《中国近代思想家文库·张慰慈卷》,中国人民大学出版社2015年版,第111页。

文的，既没有科学的价值，又很容易乱事实。例如意大利的宪法是认为成文的，但其中不成文的部份却很多很重要，依照成文与不成文宪法分类标准，意大利宪法是与美国宪法归入一类，但在事实上，其性质是与英国宪法很像的。”张慰慈也不同意刚性与柔性的绝对界限，他指出：“柔性与刚性的区别并不在于成文的或不成文的。柔性的宪法也许是成文的，但其修改的手续却很简单，大致与普通法律的修改手续一样。刚性宪法是与普通法律的界限分得很清楚的，并且也不能像普通法律那样的容易修改。”学界认为刚性宪法的修改程序比较复杂，故而称其为“刚性”。而在张慰慈看来，刚性宪法其实也是可以有简便的修改程序，否则就不能适应社会生活变动的需要。他指出：“刚性与柔性宪法的区别有时候也很难分别的。因为那种所谓刚性宪法，虽有法定的特别的修改手续，但除了这种特别的手续之外，却另有其他简便的修改方法，如法庭的解释，风俗习惯的发生等类，都能在事实上，不在形式上，更变宪法的规定。依照刚性与柔性的宪法的区别，美国宪法自然是刚性的，英国宪法自然是柔性的。假使美国宪法只能依照宪法内规定的手续修改，那么美国宪法的性质就极其刚性的，因为这是一种极复杂的手续，宪法修改案是很不容易通过，正式成立的。但在美国，除了正式的修改手续之外，还有别种简单方法，也能更改宪法。美国宪法所以能应付现代社会上一切的需要，完全是因为这宪法是随时可由种种非正式的手续更变的。”张慰慈在《宪法》中依据宪法在现行社会中实施的具体情形，提出了许多的创新性观点，这使得《宪法》这部著作有着较高的学术价值。

张慰慈的《宪法》著作在研究范式上将历史研究与理论研究结合起来，不仅有专门部分探讨宪法产生问题，而且在考察宪法的具体问题时亦十分注重其历史的演变，同时又在理论上给予重要的说明。譬如，张慰慈在《宪法》一书中论述宪法性质问题时，在考察中国及欧洲法制史中“宪法”语义的基础上，提出这样的看法：“世界各国都有一种宪法，或类似宪法的法度与法典。但从其历史上的来源，形式，内容，固定性，与永久性方面着想，这许多宪法都是各不相同的。”也正是基于这样的看法，他对于宪法的性质有这样的论断：“各国宪法无论怎样的不同，这一点总是相同的，既称为宪法，那就是根本的法律，是一种基础，凡法律与政府其他的规定无论怎样的重要，只是基础上部的建筑物。”又譬如，关于英国宪法的“柔性”与美国宪法的“刚性”问题，张慰慈主要是通过比较来说明“柔性中有刚性，刚性中有柔性”的主张，而这种比较乃是建立在对两国宪政历史考察的基础上。张慰慈指出：“假使我们把关于美国政府组织及其运用的一切根本法律及重要惯例都包括在‘美国宪法’这名词以内，那末，这宪法的柔性也未必一定比不上英国宪法。我们可以举一个例来说明这一点。在这一百年之内，英国宪法的一种重要改革是一八三二年与一八六七年的选举改革，推广选举权的范围。全世界人民都知道这是英国宪法史上的重要时期，是英国宪法经过重要改革的纪念日。但在十九世纪的上半期，美国也经过同样的改革，选举权的范围也同样的推广；可是美国的选举改革不是修改宪法的结果，却是各邦制定新选举法的结果。在宪法初成立时期，美国各处的选举权是限制很严格的，现在却已全国实行普通选举制度。美国选举权的资格不是联邦宪法，却是各邦自行规定的，所以能够不经过修改宪法的手续，从根本上改革了。”[①]张慰慈的《宪法》是一部理论性的学术著作，但该著渗透着历史研究的精神，体现了历史研究的底蕴，这是该著在研究范式上一个很显著的特色。

此外，张慰慈的《宪法》一书还有不少突出的地方。譬如，该著以现代民治主义为其研究底线，渗透着建立民主宪法体系的学术追求。又譬如，该著视域开阔，举凡欧美各国的现行宪法皆有所涉及，但该著又以美国宪法为基本的分析案例，体现了以美国宪法为中心的研究思路。再譬如，该著在社会变动中看待宪法问题，体现出以进化论为指导的宪法观，故而该著不仅重视宪法与国家关系的考察，而且特别注重宪法对社会生活变革的影响，因而也就特别强调宪法要不断根据社会生活的变化而修改。又再譬如，该著不仅分析透彻，寓理于事，而且文字简洁，深入浅出，通俗易懂，可读性强，这在宪法理论大众化方面有着显著的贡献。

张慰慈的《宪法》一书在现在看来还比较浅显，篇幅也不大，有些

①李源编：《中国近代思想家文库·张慰慈卷》，中国人民大学出版社2015年版，第404页。

学术主张也未能得到进一步的展开，但在当时是具有开拓性的，对于宪法学成为一个比较成熟的学科有着重要的贡献。尽管张慰慈在中年以后因从政而离开学术界，没有能就宪法学再做进一步的研究，将业已形成的宪法学思想予以完善和发展，但张慰慈在20世纪20年代末30年代初所进行的宪法学研究，在中国现代法学史上仍然有着重要的学术地位，这是我们在撰写中国现代学术史时所不应“忘记”的。

八、西方现代政治制度研究方向的开辟

政治学研究必然要关涉政治制度的研究，政治制度研究在张慰慈的学术生涯中也有着重要的位置。张慰慈1930年由神州国光社出版的《政治制度浅说》，是张慰慈在政治制度研究方面的集大成著作，代表了张慰慈在政治制度方面的研究水平，并且也是张慰慈对政治学研究的重要贡献。

张慰慈从事西方政治制度的研究，在回国以后即已开始。在1919年前后，张慰慈重点研究俄国的制度，对于俄国的新宪法、新银行法、土地制度、婚姻制度、遗产制度等进行了较为系统的研究，这开启了张慰慈制度方面研究的先河。其后，张慰慈将“新俄”研究转向“一战”后德国政治变迁的研究，尤其是对德国新宪法中的联邦制度研究颇有建树，形成了《德国新宪法中的联邦制度》的代表性成果，这使得他的政治制度研究有了新的突破。继而，张慰慈在1922年至1923年间集中精力研究英国的政治制度，相继出版了《英国选举制度史》《英国政府纲要》等著作，这是张慰慈对于英国政治制度的个案研究，从而为张慰慈以后的政治制度的系统研究奠定了坚实的学术基础。也正是在英国政治制度研究过程中，张慰慈对于欧洲其他国家的政治制度有了新的认识，尤其是对欧洲政治制度的特色及发展的态势有了全面的把握与理解，其研究视域业已触及欧洲大陆的法国、瑞士等诸多国家。这说明，张慰慈的《政治制度浅说》虽然是在1930年出版的，但也有着十余年政治制度

研究的相当积累，故而《政治制度浅说》一书是有着比较充分的研究基础的。

张慰慈的《政治制度浅说》一书，主要侧重于现代西方政治制度的研究，阐明了西方现代国家的各项制度及其特色，并比较详细地介绍了西方现代国家的各种政府形态，因而以今天的学术眼光来看，该著以“西方现代政治制度浅说”作为书名更为合适。该著共25章，就“政府”方面来看，就有“人民与政府”“什么是政府”“政府的起源”“政府的职务”“专制政府与立宪政府”“政党政府”“现代政府的组织”“联邦政府”“地方政府”等专章；就“制度”方面而言，也有“直接民治制度与代议制度”“区域代表的制度与职业代表的制度”“选举制度”“人民的直接立法制度”“文官考试制度”“英国式的内阁制”“欧洲大陆的内阁制”“美国式的总统制”“瑞士式的委员会制”“俄罗斯式的苏维埃制”等专章①。可见，《政治制度浅说》一书将制度研究与政府研究有机地结合起来，阐明了在西方政治制度设计下的政府组织形态及运作模式，形成了以“政治制度”为中心的学术研究体系。

张慰慈的《政治制度浅说》是以孙中山的三民主义政治学说为理论指导的，并且在书中的相关部分突出孙中山政治学说的价值。譬如，在关于“政治”的释义上，张慰慈认为孙中山说的“政就是众人的事，治就是管理”以及“管理众人的事便是政治”的言论，是“非常透彻”的。他依据孙中山对“政治”的定义，提出政府乃是一种政治组织的主张。张慰慈指出：“政治既是管理众人的事，那么，‘政治’两个字所包含的事实就是人群的现象，就是与人在社会上所发生的关系中的一种，换句话说，就是上一章所述政府所管理的一切事务。照这样说起来，政府也就是很明了的一种组织。我们只看一看这一个世界，所有的人民都是群聚在几个政府之下过生活的。我们首先注意到的是一群一群的所谓民族团体。中华民国就是这样一个团体，约共有四万万人民。在我们的东面，有五千六百万人的日本民族，在日本政府的统治权之下过生活的。再向东去，经过太平洋，就有一万万人的美国，在美国的北面是八

①参见张慰慈：《政治制度浅说》，神州国光社1930年版。以下征引《政治制度浅说》一书的内容，皆指此版本，不一一注明。

百万人的加拿大，南面另有一个民族团体，叫墨西哥，约有人民一千四百万。从美国再向东去，经过大西洋，我们又找到一个有四千七百万人民的法兰西，有五千九百万人民的德意志，有一万三千万人民的俄罗斯苏维埃共和国，及其他很多较小的民族团体。”又譬如，张慰慈在该著中强调孙中山提出的选举权、罢免权主张的重要意义，认为“孙中山先生的四个民权之中有两个是管理官吏的”，而罢免权在政治制度建设中的价值则更为重大。为此，张慰慈以美国行使罢免权的事实予以佐证：“罢免权可以算是美国所创造的政治制度，并且除了美国之外，别国很少采用。所以我们就拿美国的制度说明这罢免权的性质与方法。依照美国的办法，实行罢免官吏的方法是由人民的特别投票大会表决的，罢免的动议是由法定数目的合格选民正式提出的。一切手续与方法都与创制权复决权相同，其目的与作用也为增加人民监督政府的大权，与创制权复决权相同。”张慰慈的《政治制度浅说》遵循孙中山的政治主张，积极地弘扬孙中山政治学说的现代政治价值与现实意义，这可见张慰慈在治学上有着强烈的政治倾向及其所表现出的意识形态性特征。

张慰慈在《政治制度浅说》中将比较方法运用其中，重视各国各种政治制度的比较研究，有着比较政治学的显著特色。譬如，该著对于英国和法国的内阁制度就进行过比较，认为“法国的所谓内阁制是与英国的内阁制不相同的”。张慰慈认为其中的原因主要是“英国是两党制的政党政府，法国是多数党制的政党政府”。正是“因为政党的复杂，没有一党能在法国下议院占据多数席位，每次的内阁只是由好几个党或好几派联合起来组织的。这样的内阁当然是很不稳固的，差不多天天在风雨飘摇之中，其寿命也一定是很短的。”此外，还源自“法国人民的性情似乎与内阁制很不相宜的”。其表现就是，“在英国，国会有了监督行政最后的大权，自愿受内阁的指导。英国国会议员都肯服从领袖，他们选定了领袖以后，就即受其指挥，凡领袖所提议的，他们大都是赞同的。但在法国，人民是好像没有这种服从的天性，所以国会与内阁的地位就差不多是倒转来了，内阁非但不能领导国会，并且关于立法与行政方面的极细微事物也得处处要受国会的干预；虽则宪法上明确规定内阁只负责一切普通政策的责任，但法国内阁往往因极细微的问题被国会推翻。”这里，张慰慈认为英法两国虽然皆有所谓的“内阁制度”，但在许多方面也是有着较大的差别。又譬如，张慰慈认为地方制度上，英美与欧洲大陆有着显著的不同。他指出：“英美与欧洲大陆各国地方政府制度是绝对不同的。在法国，省长是中央政府的代表，他对于省议会议决案有同意权，或转呈中央政府请示办理；他不但决定一切法律问题，并且还得要决定对于执行政策的方法，可是他对于方法的态度完全是中央行政部的态度，因为他要维持他的地位，是不能不遵从中央的意志。法国区长的地位更要不稳固，假使他不依照中央意志执行职务，省长可以停止他一个月职务，内务部长可以停止他三个月职务，法国总统可以免他的职。但在英国，假使民选的地方议会与中央行政部发生冲突，或超过法定的职权范围，或违背中央意志，中央政府除了交付法庭解决以外，差不多没有其他的办法。美国的地方制度也与英国相同。”那么，为什么会产生这样的不同呢？张慰慈从历史事实方面作出这样的解释：“英美与欧洲大陆地方制度的不同可以拿历史上的事实来说明。英美的地方政府区域大都原来是独立的政治区域，中央政府只有逐渐扩充其权力，推广到各地方。地方人民虽则也很愿意有一个强有力的中央政府，执行一切与全国有关系的事务，他们却始终把地方自治看做他们应得的权利，并不是中央政府特许他们有的。但在法国与欧洲大陆其他各国，当初中央政府推广其势力时候，并且没有顾虑到地方区域的自治权，其结果就把从前的地方政府机关都推翻了。以后中央政府职务增加，一个集权的政府不能管理所有的事务，新的地方行政区域不得不武断的任意设立。地方政府既经是这样设立的，其地位当然不能与英国那种地方政府相同。”再譬如，张慰慈认为美国和英国都采行文官制度，但两国的文官制度却有很大的不同。关于英美两国文官制度的不同，张慰慈指出：“美国那种所谓政治官又不像英国那样，与其他一种所谓事务官又确定区别。有时候政府的职位是因政治的关系而派新人接任的，有时候在职的旧人又因习惯的关系，能够继续充任，差不多有一种永久性质的职位。其结果往往使那高级的职位须受考试任用的限制，较低的职位反而不受考试任用的限制。在英国政治官与事务官的界限是分得很清楚的，只有行政部部长及几种最重要的官吏，如财务次长之类才算是政治官，是与政党同进退的，其他的官吏都算是事务官，就是最高级的如管部次长也是由考试出身，从下级升任的。所以在英国，很多的大学卒业生都愿意参与文官考试，因为政府职位也是一种很好的终身职业。但在美国，大学卒业生大都不愿意参与这种考试。这就可以见得美国的文官考试并没有多大的引诱力。”又指出：“美国考试文官的方法也与英国大不相同。在美国，考试权也是几种在一个考试委员会，可是其所采用的考试方法是要试验那般谋官职的人是否有实际的能力，执行其所谋的事务。比方对于谋做邮差的人，就给与一种关于邮政方面的考试；对于谋充簿记员的人，就考试其簿记方面的智识，诸如此类的考试不知有多多少少。美国的文官考试并不像英国那种学校式的考试，都是很具体的，很切于实用的。从美国人的眼光看起来，一切的考试自然是应当这样办的。并且这种办法又是很合于民治主义的原则，任何年级的男女如有一艺之长，一技之能，都能参与政府的文官考试，谋到一个终身的吃饭地方。这是美国考试制度最主要的优点。英国的考试制度当然没有像美国的那样合于民治原则，但确实能够引诱一班有能力的，受过高深教育的年轻男女参与考试，录取以后在经过几年的训练变成一种有用的，很能干的，并且能负责的官吏。美国文官考试所录取的人员大都是能够执行一切例行事务么，但他们恐怕也只能终身做这类事务而已，讲到那种真能充当高级职位的人才在考试录取的人员中是很少发现的。”这里，张慰慈对于英美两国文官制度的比较是十分细致的，充分说明两国文官制度的差异所在。张慰慈在《政治制度浅说》一书中将比较方法运用得十分到位，这使得该著有着比较政治制度研究的鲜明特色。

张慰慈的《政治制度浅说》对既有的不少政治主张都提出自己的判断与主张，这使得该著有着鲜明的创新性特色。

譬如，关于政治制度起源的问题，学术界提出了神权说、契约说、血统说、强权说，借以说明政治制度的起源。在张慰慈看来，这几种学说皆有其缺点，“神权说与契约说纯粹是哲学家想像创造的，毫没有事实上的根据”；血统说“不能说明最初那许多很小的，分立的，性质不同的团体是怎样能够合并起来，成为一个政治团体”；强权说“太注意于武力一方面，没有同样的注意到其他造成政治社会的势力，如地理的，经济的，宗教的主动力等类”。张慰慈提出研究政治制度起源的新思路，他指出：

政治制度起源的问题实在包含两个问题，一个是最初时代政治制度的起源，又一个是国家的起源。

关于最初时代政治制度的起源，我们在这几十年之内已经晓得了不少的事实。人类学者研究的结果已经证明政治制度是与社会同时发生的，无论怎样的社会总有一种政治制度。在最初那种父系家庭中，家长是最长最有势力的人，一家之中的人民也许因为惧怕家长，也许为血统或习惯的关系，也许因为生活方面有合作的需要，才团结起来，成为一个社会团体。这种家长组织当然不是普遍于最初的人类社会，可是现今的政治制度确实从这类的社会生活中变化出来的。同样的状况当然能使最初人民组织范围较大的团体，如宗族，部落等类。凡在一个山谷中或河流旁边居住的人民自然能有一种一致的态度与团结的观念，他们同时也许还有血统的关系，也许还有相同的宗教信仰，也许还要抵抗共同的仇敌，也许过惯同样的渔牧生活，也许服从一个共同的首领；假使他们有这类共同的关系，他们的团结力自然能更加坚固，有永久的性质了。

在人类社会从野蛮进化到文化时期的路程中，那最初的政治组织就以确定的土地区域为根据变为一个国家的组织。依照多数学者们的意见，当时更变的方法是完全依靠武力的，但同时我们也不能不注意到其他的势力。国家组织的主要特点就是人口众多并且一切状况又逐渐复杂，他们居住在确定又广大的区域中，同时还有一个势力极大的政府，在这区域以内执行一切对人对物的极广大的势力。政府权力是很显明的与习惯，宗教及其他社会制裁方法分开了，并由确定的人或机关执行。世界上最先发现的国家就是古代许多东方帝国。

又譬如，关于创制权与复决权问题，不少学者认为这是新近发生的，并称之为“民治制度的新方法”，而张慰慈却认为这是“一种错误的观念”。张慰慈在《政治制度浅说》中，从制度史角度提出自己的新看法：

创制权与复决权并不是新发生的，其历史差不多与民治主义本身同样的久长。大概最初的政府不是专制的，就是直接发生的，一切政策不是国王替人民决定，就是人民自己决定。罗马时代的历史家塔西伦（Tacitus）考察日耳曼民族的状况，就发现他们以部落的人民大会，解决一切重要问题。只因后来人口增加，社会问题与社会上的种种关系逐渐复杂，这种直接立法的方式也就逐渐消减。代议制度发生，例如在英国，这类国会就是代表人民意志，提议与制定法律。但在瑞士的各小邦之内，有一种所谓人民会议还是继续存在，所以这直接立法制度也是继续生存。在这种与外界隔绝的森林区域中，一种最古老的民治制度能够经过好几百年的历史变迁保留到现在。……所以瑞士是创制权与复决权的发源地。瑞士各邦早已实行各种样式的创制权与复决权。从瑞士的发源地，创制权与复决权才推广到美国，推广到战后设立的各新国家。

再譬如，当时有不少学者认为“世界各国的政府组织是依照确定的主义，一定的计划，创造出来的，如同各工厂中制造机器一样”。张慰慈不同意这种看法，认为“这种观念当然是大错而错的”。他指出：

在现今的世界上，凡能适合于人民政治生活的政府组织是经过长期的历史逐渐变化出来的。比方美国的宪法虽则是于1787年由制宪会议制定的，但每一个懂得美国宪法的学者都晓得宪法中所规定的政治制度的来源是在一二百年以前英国殖民地时代的历史。美国政府是这样的，其他各国的政治制度的来源也都能追溯到好几百年以前的历史。

张慰慈的《政治制度浅说》是十多年来政治制度研究的集大成著作。该著中对于“俄罗斯式的苏维埃制”的研究，是以他在1919年前后研究新俄政治制度的成果为基础的；该著中关于“英国式的内阁制”及选举制度的研究，直接承继了《英国选举制度史》《英国政府纲要》等专著中的成果；该著中关于德国相关政治制度的研究，也直接地与他先前对德国新宪法研究及德国政治变迁历史的研究密切相关。当然，该著不是先前相关研究成果的简单叠加，而是在“政府”与“政治制度”相结合的著述体系中有机地融合并提升了自己先前的研究成果，因而是在承继本人成果基础上的重大创造，故而也是张慰慈在政治制度研究方面具有总结性、标志性的成果。政治学家高一涵在为张慰慈的这部书所作的序中指出：“慰慈兄这本书完全以叙述各国实际的政治制度为主，即有理论，也是从实际的政治制度中抽出的理论，绝不是不谈理论的著作，也绝不是专谈理论的著作。我很希望慰慈兄这本小书，收得转移国人研究政治的方向的效果。”这可见张慰慈这部著作在政治学史上的地位。张慰慈在《政治制度浅说》这部书中，尽管是以叙述欧美各国政治制度为主，但也将政治学理论及相关原理与西方政治制度的实际状况紧密结合起来，从而开辟了政治制度研究的新方向。

九、中年以后的从政生涯

张慰慈研究政治学及市政问题，是当时的治国理政的专家，他在中年时期选择从政的道路也是可以理解的。在张慰慈看来，民主的政治必须由专家来治理，只有优秀的人才集中到政府中来，才能将国家治理好，并使国家成为真正的民治国家。张慰慈将“人民智识”作为良好政治建设的基础，认为“想打破黑暗势力又非先提高人民智识，使他们有监督政治能力不可”，故而只有“有了好人民，才能有好政治，没有好人民，永远不能有好政治”；而人民本身在政治建设中有着重要的作用，“理想政治决不能自动的发生效力，也要人民去执行”①。张慰慈关于专家入政的逻辑是，民治政府是以“人民智识”的提升为条件的，“并且在现今的民治政府，普通人民也往往执行政府一部份的权力”②，因而政治的改进就得使政府中“执行政府一部份的权力”的“人民”，具有较高的智识与治国理政的能力，故而也就需要专家、学者加入政府

①张慰慈：《政治改革的目标》，《努力周报》第63期，1923年7月29日。

②张慰慈：《政治改革的目标》，《努力周报》第63期，1923年7月29日。

之中，从而形成“专家治理”的格局。张慰慈本人之所以能够弃学从政，不仅源自他所认为的民治政府需要“专家治理”的学理，而且有着政治上对南京国民政府的政治合法性的认同，希望自己能够为政治建设做出自己的贡献，推进政治由“军政”到“训政”再到“宪政”的转变。他在1928年所写的《革命》这篇文章中，认为“十六年的民国历史可以算是各军队争夺地盘的历史，是我们中国历史上一个黑暗时期”，但“现在这个黑暗时期已经过去了。我们希望从此以后，一帆风顺，早早由军政变为训政，再由训政变为宪政时代，于最短时期内制定我们国民想望了十七年的根本宪法，使政治走上正轨，使一切情形恢复常态，使全国人民能安安稳稳的过日子”[①]。这可见此时的张慰慈在政治上对南京国民政府的认同态度。南京国民政府成立后，延揽专家进入政府，一批学者相继从政。受此影响，张慰慈开始了弃学从政的生涯。1930年张慰慈曾到青岛担任市政府代理参事，后因胃病辞职休养。张慰慈担任青岛市政府代理参事虽然时间不长，并且还因为身体原因而辞职，但也可见此时的张慰慈业已从政的愿望开始付诸实践。

张慰慈在正式步入政界的过程中，还有一段在安徽大学担任教职的经历。在1930年，杨亮功被聘为安徽大学校长，延聘专家到学校任教，张慰慈被聘为安徽大学法学院教授、校务会议委员兼校图书馆馆长。在安徽大学期间，为了教学的需要，张慰慈整理出自己多年来的学术著作，出版了《政治学大纲》《宪法》《政治制度浅说》这三部著作。在这三部著作中，《政治学大纲》最初是张慰慈在北大讲授的讲义，有多个版本，这次主要是增补相关内容的修订本；《宪法》1930年由商务印书馆出版，这是张慰慈多年研究宪法问题的结晶，属于他在宪法问题研究方面的总结性学术著作；《政治制度浅说》1930年由神州国光社出版，该著不仅与张慰慈1924年出版的《政治概论》有着承继的关系，而且也是张慰慈多年来研究政治制度的总结。当然，从进一步研究的角度来看，这三部著作的形成轨迹与学术传承谱系，仍需依据张慰慈的学术生涯加以认真地梳理与研究。但大致可以认为，张慰慈1930年出版的《政治学大纲》《宪法》《政治制度浅说》这三部著作，乃是张慰慈一生中学

①张慰慈：《革命》，《东方杂志》第25卷第18号，1928年9月25日。

术研究主要成果的汇总与总结，并且也是张慰慈学术研究达到成熟的重要标识。五四时期的中国学者有一个重要的特点，就是有着严谨的治学理念，学术著述工作十分严肃，学术专著大都是在相关论文基础上整理而成，而专著出版之后也会在不断的修订中而再版，从而使专著不断完善、体系构架也更加合理。明乎此，则不难看出这三部专著在张慰慈学术生涯中的位置，也不难认识张慰慈在安徽大学的短暂阶段在其著述历程中的重要地位。1931年，张慰慈又在1930年三部著作的基础上写成了简便读本《政治学》，由商务印书馆出版；同时又翻译了英国政治学家詹姆斯布赖斯的《现代民治政体》，并书写了“译者序”。这可以说是张慰慈贡献给中国学术界的最后学术成果。

张慰慈在1932年后正式步入政界，以学者的身份从政，自此也就难以看到张慰慈的学术成果了。在20世纪30年代初期，国民党统治处于稳固之中，张慰慈也就加入从政的行列，是当时知识分子从政的一个典型。张慰慈进入从政的行列，自然也就离开了北京大学。他当时居住在上海，但仍然与北方学人如胡适等保持着密切的联系。1931年1月，胡适赴上海出席中华教育文化基金董事会会议，于17日“到任光家中吃饭，慰慈夫妇在座”①。1月19日的胡适日记记载，“慰慈来，同饭”②。1月22日，胡适到徐志摩家看望陆小曼，后又到“（徐）新六家打牌，有慰慈、潘、王，诸家夫妇”③在座。可以看出，此时的胡适与张慰慈仍然保持极为密切的关系，与学术界还是有一线联系的。

张慰慈进入政界，自然与国民党政界要人有着交往上的关系。据现有的材料来看，在胡适与国民党要人汪精卫的沟通中，张慰慈起了一个中间人的地位，由此也可见此时的张慰慈与国民党上层人物的关系非同一般。在1933年3月底，汪精卫曾托张慰慈给胡适带信，请胡适出任教育部长。由张慰慈转呈汪精卫致胡适的信，内容如下：

适之先生：

我有一件事，专诚求你。

①曹伯言整理：《胡适日记全编》（6），安徽教育出版社2001年版，第29页。

②曹伯言整理：《胡适日记全编》（6），安徽教育出版社2001年版，第34页。

③曹伯言整理：《胡适日记全编》（6），安徽教育出版社2001年版，第38页。

翁文灏先生已决计不就教育部长职了，我想之至再至三，专诚求你答应我担任教育部长。明知此是不情之请，但你如果体念国难的严重，教育前途关系的重大，度亦不能不恻然有动于中。

你如果慨然允诺，我愿竭我的能力，与你共事，替国家及教育，做出一点事来。

我专诚企候你的回答，并祝你的健康。

汪兆铭　三，三十一[①]

汪精卫当时是以行政院长身份兼任铁道部部长，由此来推测，当时张可能已经在铁道部做事，并且与汪精卫的私交非同一般。胡适接到张慰慈转交的汪精卫的来信后，表示自己对于直接参政没有很大的兴趣，而是想在政府之外，保持一点独立地位，以便“为国家做一个诤臣，为政府做一个诤友”。为此，他拟了一封给汪精卫的信，向汪精卫推荐王世杰（字雪艇）担任这个职务，此信仍请张慰慈代为转呈。胡适致汪精卫的信中这样写道：“慰慈兄带来的手书，使我很感动，又使我很惭愧。……但我细细想过，我终自信在政府外边能为国家效力之处，似比参加政府为多。我所以想保存这一点独立的地位，决不是图一点虚名，也决不是爱惜羽毛，实在是想要养成一个无偏无党之身，有时当紧要的关头，或可为国家说几句有力的公道话。一个国家不应该没有这种人；这种人越多，社会的基础越健全，政府也直接间接蒙其利益。我深信此理，故虽不能至，心实向往之。以此之故，我很盼望先生容许我留在政府之外，为国家做一个诤臣，为国家做一个诤友。”信的最后，胡适极力推荐王世杰担任教育部长一职：“教育部长一缺，翁咏霓先生之不肯担任，此间朋友均已深知。翁君有治学的天才，实不宜使他离开学术研究。如一时不易得继任者，先生何不试与王雪艇先生一商，请他告假来京暂任此职？雪艇办学成绩极好，又平时对政治甚有见地，教部在此时虽无大可为，然他在政府定可为先生，为政府，添一个有识力的助

①中国社会科学院近代史研究所中华民国史研究室编：《胡适来往书信选》中卷，中华书局1979年版，第204页。

手。”[①]张慰慈在汪精卫与胡适之间充当联系人，于此可见他在政府要人与学术名流间相互沟通的角色。由此也可以推断，此时的张慰慈与政府上层有着较为密切的交往。

张慰慈在铁道部工作后，只要一遇到胡适南下，总是要亲自接待。1933年6月13日胡适到南京，据胡适这一天的日记记载：“八点到浦口，慰慈、亮公、歆海在站接我。……到铁道部慰慈处，洗了一澡。……饭后与书贻同去看陈仲甫；慰慈、仙槎（何）同去。”[②]6月14日晚十时半，胡适由南京乘火车去上海，“诸人送我上车”，而张“慰慈送我到上海”。到了上海，胡适“即往慰慈家中”，并在张慰慈家中吃饭、会客[③]。18日胡适离开上海，“送行者甚多”，张慰慈也到码头送行[④]。1933年12月，张慰慈担任铁道部参事。其后张慰慈工作尽管很忙，但仍然对胡适的到来予以热情的接待。如，胡适于1934年初赴南京，1月31日“午后三点到浦口，慰慈、（杨）亮功来接，我同他们过江”[⑤]。张慰慈与胡适于2月3日晚，又一同乘火车去上海。据胡适第二天的日记记载：“昨夜慰慈预料今天火车必误点，因为各方的黑暗势力都恨京沪路局长黄伯樵的弊绝风清，故用种种黑暗手段，要使伯樵不安而去。火车误点，即是一个方法。果然今早火车误了一点钟！”[⑥]张慰慈将胡适送到上海后，又回到南京，而胡适在上海呆了几天后也打算回北平。胡适于2月10日从上海到南京，以便回北大，到南京时“慰慈来，刘英士来，我们大谈。同到益州吃午饭。饭后同去地方法院看守所访问独秀”。这天晚上，“慰慈与Michon【米桥】同来吃晚饭，……慰慈十一点回上海”[⑦]。以上说明，张慰慈从政后，与胡适仍然保持良好的关系。

自1933年12月开始，张慰慈担任铁道部参事，负责铁路建设相关事宜，后担任铁道部法规委员会副主任委员，并兼任铁道部法规委员会

①中国社会科学院近代史研究所中华民国史组编：《胡适来往书信选》中卷，中华书局1979年版，第208-209页。

②曹伯言整理：《胡适日记全编》（6），安徽教育出版社2001年版，第216页。

③曹伯言整理：《胡适日记全编》（6），安徽教育出版社2001年版，第221-222页。

④曹伯言整理：《胡适日记全编》（6），安徽教育出版社2001年版，第227页。

⑤曹伯言整理：《胡适日记全编》（6），安徽教育出版社2001年版，第309页。

⑥曹伯言整理：《胡适日记全编》（6），安徽教育出版社2001年版，第312页。

⑦曹伯言整理：《胡适日记全编》（6），安徽教育出版社2001年版，第319-320页。

第六组副主任。全面抗战后，张慰慈加入翁文灏主持的资源委员会，并于1938年1月担任资源委员购置室主任，为抗战事业服务。张慰慈在资源委员会工作期间，可能也常有不如意的事，对其他人的做法也有些看法，故而也就曾有辞职的意愿。1938年底，张慰慈在致胡适的信中说："在所谓抗战时期，决不是我们讲建设的时候，因为所谓厂矿决非立时立刻可以办得起来，等到办了一半停止，不是前功尽弃，白费金钱？但乙藜（按：钱昌照字乙藜）先生一类人物只晓得海阔天空，乱吹乱唱，今天办这样，明天办那样，至于怎样去办，办了以后又有怎样影响，他们毫不计及，到了今年秋天，湖南湖北江西等处的厂矿就拆的拆，搬的搬，毁的毁，不晓得白费了多少金钱。可是经过了这样的教训以后，他们还是不能觉悟，照样的要买这样，买那样，还是大刀阔斧的去干。但我却不愿意把有用的金钱由我的手里白花出去，所以借了另外一个题目，打了几个电报向资源委员会辞职。"①由此看来，张慰慈从政后并不能得心应手。抗战后期及抗战以后，张慰慈曾担任经济部参事、战时生产局参事等职务。新中国成立后，张慰慈居住在上海，一直从事出版文化工作，尽一个知识分子的责任来服务于社会，直到1976年3月去世②。

以上主要是就"五四"及后五四时期张慰慈的生平活动和学术经历作了简要的研究，从中不难看出张慰慈是五四时期有重要影响的历史人物，是五四时期重要的思想家和杰出的政治学家，在中国现代政治思想史和中国现代学术史上有重要的历史地位。作为政治学家的张慰慈，其学术研究领域主要在政治学理论、市政学、国际政治、宪法学、西方政治制度等方面，取得了代表性的学术成果。市政学是张慰慈攻读博士学位期间研究的课题，回国后一直到1925年底皆将市政学作为重点研究方向，其市政学研究成果在中国可谓独树一帜，为市政学在中国成为一门学科作出了开创性的贡献；这期间，张慰慈以其政治学的学术训练又专门从事政治学理论的研究，形成了以《政治学大纲》等为代表的政治学理论的研究成果，在中国政治学界产生重要的影响；而自1926年开始，

①中国社会科学院近代史研究所中华民国史研究室编：《胡适来往书信选》中卷，中华书局1979年版，第392页。

②李源编：《中国近代思想家文库·张慰慈卷》，中国人民大学出版社2015年版，第473–474页。

张慰慈系统地研究欧战后的国际政治，在研究“一战”后国际政治发展态势的基础上，重点研究欧战后的阶级状况，从而又开辟国际政治研究的新领域；张慰慈自1919年开始研究俄国新宪法，继而研究德国的新宪法、普鲁士的新宪法，显示出“新宪法”的研究旨趣，在国民党宣布“训政”后的1930年撰成《宪法》的研究专著，构建了宪法学理论的研究体系；张慰慈的政治学研究还特别重视政治制度方面的研究，他在苏俄政治制度、德国政治制度、英国政治制度研究的基础上，于1930年出版了《政治制度浅说》这一代表性的政治制度研究成果。从张慰慈研究政治学的历程及学术成果的谱系来看，他在一个时期有一个重点研究的领域，待时机成熟时就拿出其标志性的成果，但同时也在其他领域相继展开，将多年学术积累而趋于成熟的成果不断地推出，因而走的是重点突破、多领域并举的研究路线。张慰慈系列性的学术研究成果及其在多个学术领域的开辟，充分显示他作为著名政治学家的身份。而作为中国自由主义思想家的张慰慈，留学归国后迅即加入新文化运动的阵营，在政治思想上受胡适的影响比较大，参与了《新青年》群体分裂后胡适创办《努力周报》的工作，积极传播西方的民主、自由的思想，在1925年以后对苏俄采取排斥的态度，但思想上仍然隶属于中国的自由主义阵营。虽然张慰慈在1932年正式从政，但很显然的是，他的从政生涯并不成功，他晚年回到文化事业方面就是明证，故而不能称其为政治家或政治活动家。就张慰慈的一生而言，他仍然属于文人、学者、文化人、政治学家、政治思想家、治国理论专家的身份，这并不因为他中年以后的从政生涯而改变。于今而言，研究五四时期进步知识分子关注俄国的激进趋向，探讨中国自由主义阵营形成的历史过程，梳理中国现代学术尤其是政治学产生的历史轨迹，则无法撇开张慰慈这一重要的历史人物。也许通过对张慰慈的深入研究，有可能使五四时期的历史更为具体一些，更为符合当时的历史实际。

【作者后记：笔者1999年至2002年在北京师范大学读博撰写《李大钊与中国现代学术》博士论文时，涉及中国现代政治学史问题，接触到张慰慈相关的政治学著述，当时就想做一篇比较系统的研究张慰慈的文章，使张慰慈这位五四时期的重要人物为学术界所知晓。2003年笔者在徐州师范大学（现江苏师范大学）重点查阅了张慰慈在《新青年》《每周评论》《东方杂志》《晨报副刊》《改造》等杂志上发表的文章，阅读了张慰慈的《政治学大纲》（商务印书馆1928年版）等著作，撰写了《张慰慈：五四时期重要的政治学家》文章。该文以《张慰慈与中国自由主义政治学的发展》为题，收入笔者撰写的《留学生与近代中国社会变迁》（吉林人民出版社2012年版）一书中。这些年来，笔者一直关注张慰慈这位人物。2017年3月23日下午接政治学家杨海蛟先生的电话，希望我写一篇比较全面的研究张慰慈的文章。于是，笔者在《张慰慈与中国自由主义政治学的发展》文章基础上，花费了几天时间写成了这篇《张慰慈：五四时期重要的思想家和杰出的政治学家》文章。从2003年比较系统地研究张慰慈的相关资料，至今已有14年。现在这篇文章尽管还不完善，但大体上形成了初步的体系，算是比较系统地表达了自己对张慰慈的看法，因而总算完成了自己多年的一个心愿。在此，对于杨海蛟教授的鼓励与支持表示感谢！】

【本篇总论由吴汉全（南京审计大学马克思主义学院教授、南京航空航天大学马克思主义学院博导）撰写。】

上　篇

现代思想史上的

张慰慈

第一章　对俄国政治制度的研究

张慰慈是五四时期追随时代潮流的政治思想家，对于十月革命后的俄国表现出积极的研究兴趣，发表了不少文章专门研究苏俄的政治制度，其自身思想亦在研究苏俄制度的过程中发生变化。在“五四”及后“五四”时代，张慰慈政治思想呈现出西方自由主义的底色，追求西方的民主政治，重视研究妇女解放问题，对中国的政治变革提出了不少主张，是以胡适为代表的中国自由主义群体中的重要代表，并与胡适保持着深厚的友谊。张慰慈在现代中国政治思想史上有着重要的地位。

一、关注和研究十月革命后的俄国政治制度

张慰慈是现代中国具有较好政治学基础的知识分子，积极关注当时政治发展的状态，故而从事政治学的研究工作有其必然性。1917年，张慰慈从美国埃阿瓦大学（University of Iowa，现译为爱荷华大学）获得博士学位后回国，在北京大学担任教授，主要教授政治学选读、现代政治以及政治学原理等课程，是中国最早的一批政治学学者。

张慰慈在思想和学术上受到陈独秀等新文化运动领导人的积极影

响，这使他成为当时新文化运动中的重要成员。根据陈独秀的自述，他不但本人“偶然发点关于政治的议论”，而且还“常常劝慰慈、一涵两先生做关于政治的文章”[①]。由此来看，张慰慈回国后立即受到陈独秀等关心政治的人物的影响，积极从事政治问题研究。他在进入北京大学后不久，很快就成为《新青年》和《每周评论》的重要撰稿人。张慰慈在《新青年》杂志发表了一些研究城市制度、国际政治以及劳动运动等问题的文章，在引介西方学理和西方政治制度方面产生重要影响；而他在《每周评论》杂志上也发表了一些很有影响的文章，这些文章主要是对俄罗斯苏维埃政府的政治制度进行介绍和研究（其中也有少数文章是研究其他问题的，如发表的《女子解放与家庭改组》是支持和推进当时新文化运动的“伦理革命”的），这在当时中国的思想界引起了广泛的关注。

张慰慈留学美国的经历使他对欧美的西方文明有较好的感觉，承继着现代西方的学术传统，但他对世界政治的发展动态也注意考察和研究，有着关注国际政局变动的强烈兴趣。十月革命后，张慰慈积极关注世界格局的变化，将目光由欧美资本主义国家转向新生的苏俄，努力从事俄国问题的研究。当时，中国的“大多数的人，听见‘俄国’这两个字，就觉得非常的害怕，因为俄国是‘布尔塞维克’主义出产的地方，恐怕这种主义传出来扰乱世界。大家差不多把俄国看作世界人民的公敌。至于俄国内里究竟是什么样一种情形，布尔塞维克究竟是什么样一种主义，十个人之中恐没有一人能够懂得明白”[②]。

在这种情形下，张慰慈特别注重研究新生的苏俄的政治制度，力图向国人介绍苏俄的真实情况。其中，在1919年6月至7月间，他在《每周评论》上密集地发表的评论俄国制度的文章有：《俄国的新宪法》《俄国的土地法》《俄国的婚姻制度》《俄国遗产制度之废止》《俄国的新银行法》[③]等，在介绍和研究十月革命后的俄国政治制度方面，起到了积极的引领作用。

---

①任建树、张统模、吴信忠编：《陈独秀著作选》第2卷，上海人民出版社1993年版，第154页。

②张慰慈：《俄国的土地法》，《每周评论》第29期，1919年7月6日。

③《俄国的新银行法》，《每周评论》第32期，1919年7月27日，署名为“心”。

张慰慈提出，从在法律中的地位看，宪法是极顶的、超过于一切法律之上，是一国的最高法律，从与其他法律关系看，是一国的根本法律，其他一切法律靠其维持，依其原则，因而又是最低一层的基础[①]。具有实验主义倾向的张慰慈认为，好宪法需要根据实际情况不断进化生长，逐渐适应历史，既不能把制度规定的一成不变，也不能经常因为革命而变来变去。他提出良好宪法的三种标准，即“（一）意义广阔，（二）文字简单，（三）界限明确”[②]。

基于这样的认识，张慰慈对苏俄的研究首先从其宪法开始，并对俄国新宪法给予高度关注，而且从政治学视角进行系统阐发，确认其在新的政治制度设计中的总领性位置。文章一开头张慰慈就指出，大战以后欧洲产生了许多新宪法，其中有旧国家重组团体而改用新宪法的，如德国与俄国；也有新组织成的新国家的新宪法，如波兰、斯拉夫共和国。但在“此数种新宪法之中，俄国的宪法最有研究的价值，因为此宪法根据于许多最新政府组织法及政治哲学的最新思潮”[③]。该宪法原名为《俄国社会联合共和国的根本法律》，于1918年7月10日由俄国“第五次全俄国大会议”议决通过，共分六编、十七章、九十节，编目如下：

“（一）劳工与被侵夺的人民的权利宣言。

（二）总则（关系财产、劳动、教育、教堂，与公民）。

（三）‘会议’（Soviet）权限的组织（就是中央与地方政府的组织）。

（四）选举权利。

（五）预算表。

（六）国章与国旗。”[④]

张慰慈指出：“差不多全宪法的三分之一，是讲判这称为‘会议共和国’所根据的主义。就此一层，俄国总算是在政治史上开一破天荒的事业。”[⑤]而且由于俄国的具体国情同美国瑞士等的差异，“俄国的新国家，是一种最散漫的联邦政体，差不多是多数‘地方共和国’组织成的

①李源编:《中国近代思想家文库·张慰慈卷》,中国人民大学出版社2015年版,第399页。
②李源编:《中国近代思想家文库·张慰慈卷》,中国人民大学出版社2015年版,导言第7页。
③李源编:《中国近代思想家文库·张慰慈卷》,中国人民大学出版社2015年版,第1页。
④李源编:《中国近代思想家文库·张慰慈卷》,中国人民大学出版社2015年版,第1页。
⑤李源编:《中国近代思想家文库·张慰慈卷》,中国人民大学出版社2015年版,第1页。

一个邦联国。每一个地方会议，无论是城镇的或乡村的，均可照地方情形，随意组织、同邻居地方合并，成独立的区域团体，或自决是否能加入联邦团体。所以俄国各地方的权非常之大，为别的联邦国所未曾有过的。……在俄国，宗主权在于地方会议，或在于地方上工业、军务，与别的职业所举的代表委员会。各地方并且可以随时与中央政府脱离关系。”[①]张慰慈还明确指出了俄国宪法最特别的地方，就是关于外交上的规定，关于此问题，说得很详细，并将该宪法所主张的内容列举出来[②]。

张慰慈列举了新苏俄宪法中最主要的内容，并从政治学视角进行了多层面的分析。因为这些内容是大凡政治学者在讨论一国宪法时所最注意的：

（1）宪法发生情形即宪法是如何发生。俄国的宪法是由地方委员会的代表所组织成的一个大“会议”制定的，“这宪法不是一个皇帝给百姓的，不是由各地方会议通过的，也不是由人民直接认可的。制造这宪法的国会是一种革命机关。”[③]

（2）修改宪法的方法。“该宪法第五十一节规定，修改这宪法的权在于‘全俄会议’，就是原来制造这宪法的机关。”[④]

（3）政府组织。“这宪法所规定的政府组织，尚属简单。做工的人举代表到地方会议，代表的数目与人数为比例。……最高的机关就是‘全俄会议’，又名‘会议之会议’，是由城市会议，或省会议的代表组织成的。……由大会议从代表之中再举出一个不过二百个人的执行委员会，在大会议闭会后，下次大会议未开之前，行使俄国国家的一切主权……俄国的政制是一种内阁制，但是没有一个国务总理。内阁对于‘全俄执行委员会’负责，全俄执行委员会又对于‘全俄会议’负责。”[⑤]

①李源编：《中国近代思想家文库·张慰慈卷》，中国人民大学出版社2015年版，第2页。

②“（一）反对秘密条约。（二）主张和平条约，不能有赔款及并吞土地。（三）不承认侵夺属地人民。（四）赞成芬兰独立，撤退驻在波斯的外国兵。（五）主和取消外债。（六）所有条约须有‘全俄会议’赞同。”参见李源编：《中国近代思想家文库·张慰慈卷》，中国人民大学出版社2015年版，第2页。

③李源编：《中国近代思想家文库·张慰慈卷》，中国人民大学出版社2015年版，第2页。

④李源编：《中国近代思想家文库·张慰慈卷》，中国人民大学出版社2015年版，第2页。

⑤李源编：《中国近代思想家文库·张慰慈卷》，中国人民大学出版社2015年版，第2–3页。

（4）政府各机关的权限。“中央与地方政府的权限，分得也还清楚。”属于中央方面的权限主要有外交、疆界等。地方会议可以实行上级机关的训令。至于财政，地方会议可收地方税，也可向中央请领津贴金，但只能用于领款时所指明的项下。关于租税的限制，与中央与地方分权的地方，均由“全俄会议”定义[①]。

（5）人民自由权。“人民自由权为宪法所规定”，张慰慈主要列举了包括信仰、言论、集会自由，以及受义务教育的权利等。在他看来，俄国人民自由权包括甚广，但“对于现在欧美各立宪国所注意的，如出庭状、裁判及□罚的种种方法与私人财产的保护法均没有明文的规定”[②]。

（6）公民资格认定。“地方会议有权承认无论什么做工的人为俄国国民。”[③]

（7）选举权与被选举权。“无论何人，不分男女，年及十八岁，现做生产的并与社会有益的工，或在‘会议’、海军或陆军服务的，或因受伤不能工作的，均有选举权与被选权。居留在俄国的外国人，如是工人也能享政治上各种权利。”同时，张慰慈还列举了八种人民不得有选举权的情况[④]，对于具有选举权的条件作了说明。

张慰慈不仅从学理上概括介绍了俄国的新宪法，而且对俄国新宪法表示高度赞赏，认为俄国的宪法最有研究价值，同时他还认为，“俄国并不是在一个无政府的地位，并且他的宪法之中，实在有几种最新式的政治组织法，如果能彀试验有效，将来也许有别国摹仿。例如政治权利限于工作的人民，和把工业团体作为代议的根据。……无论我们是否赞成这种主义，我们不能不承认这种新式的政治思想应该使我们把从前的政治思想再来估一估价，看究竟还有没有价值。”[⑤]

因此，从现有材料来看，我们可以说，张慰慈是中国最早研究十月革命后俄国新宪法并作出肯定评价的学者之一。

俄国的新宪法是国家的根本大法，而土地法律是新俄国家政治制度

①参见李源编：《中国近代思想家文库·张慰慈卷》，中国人民大学出版社2015年版，第3页。
②李源编：《中国近代思想家文库·张慰慈卷》，中国人民大学出版社2015年版，第3页。
③李源编：《中国近代思想家文库·张慰慈卷》，中国人民大学出版社2015年版，第3页。
④参见李源编：《中国近代思想家文库·张慰慈卷》，中国人民大学出版社2015年版，第4页。
⑤李源编：《中国近代思想家文库·张慰慈卷》，中国人民大学出版社2015年版，第5页。

的重要基石，“俄国的农夫问题与土地问题为此次社会革命的一个大原因”[①]，“俄国现在的新法律，最重要的是土地收归国有的法律”，张慰慈在研究俄国宪法的基础上对于俄国的新土地制度也进行了富有见地的研究，具体记述了“俄国怎样置处这个在别国尚没有解决的土地问题”[②]，这对于国人深入了解和认识新俄的政治制度具有积极意义。

在张慰慈看来，该土地法规定：“所有在俄国境内的土地、矿产、水、树林，与各种天然物的私产权，一概取消”，而且“所有土地供全国工作人民之用，从前的地主，不得要求赔偿”[③]。张慰慈认为，苏俄土地法中的这些规定具有重要的制度创新意义，因为“这样的白纸上写了黑字之后，俄国就把数千年传下来神圣不可侵犯的私产制度完全取消”[④]。

但是私产制度的取消，还并没有真正完全解决土地问题。“他们所最信任的公产制度或集产制度，也不是容易实行的。内里有许多问题必须先行解决之后，才可把这制度实行。”[⑤]

为此，张慰慈指出，土地收归国有之后，第一，什么样的人可以用俄国的土地？即用土地的权利，怎样才可以得到？第二，国家的土地是怎样分配于人民的？第三，土地的权利怎样可以取消？这几条是实行公产或集产制度最难解决的几个问题，因为“新制度究竟能通行与否，全在乎用什么法子去实行。因为土地归了国有之后，国家不过是一种无形的观念，至于耕种土地的事，仍须人民去做。我们可以把俄国的土地法里边关于解决这几条问题记出来，看他想用什么法子去实行共产主义”[⑥]。

关于什么样的人可以使用土地问题，张慰慈指出：“我们须时时记牢俄国土地的所有权是属于全体人民的，但是各机关团体或个人，为能于法律无侵犯，须用土地的时候，可以向政府的土地部请领暂时用土地

①李源编：《中国近代思想家文库·张慰慈卷》，中国人民大学出版社2015年版，第17页。
②李源编：《中国近代思想家文库·张慰慈卷》，中国人民大学出版社2015年版，第5页。
③李源编：《中国近代思想家文库·张慰慈卷》，中国人民大学出版社2015年版，第5页。
④李源编：《中国近代思想家文库·张慰慈卷》，中国人民大学出版社2015年版，第5页。
⑤李源编：《中国近代思想家文库·张慰慈卷》，中国人民大学出版社2015年版，第5–6页。
⑥李源编：《中国近代思想家文库·张慰慈卷》，中国人民大学出版社2015年版，第6页。

的权利。”[①]但是立法的人认为，除此之外恐怕还有人要用土地时却得不到土地，所以该法又指明，为了于社会有用的教育的事、为个人工作的农业的事、为建造的事以及为造公众所急需的道路的事等，也可以有权使用俄国土地[②]。

接下来需要解决国家的土地用什么样的法子分配于人民的问题。在俄国，有一附属于“会议”的土地部，该部不仅有权决定什么样的机关、团体、个人为了什么样的事情所需土地的轻重缓急和先后次序，而且“该部的重要职务，是平均分配土地于农民，及善用天然物产。分配的法子是根据于个人的耕种能力，使每人尽其力之所能，作有用之工作，但同时不得使各人有所缺需”，“个人分得的土地，以彀食用为限，但是不能过一定的标准”[③]。在此基础上，张慰慈介绍了这土地法关于用地权利的次序及标准的计算方法[④]。与此同时，张慰慈在《战后的欧洲农民——绿色国际》一文中还介绍了农民取得土地的方式和手续，“农民费尽了心血和精力，才把土地夺到手”，他们“是以武力从地主手中抢到土地，像俄国那样”；但“因为各处情形不同，所以这土地所有权从地主转移到农民所经过的手续也各不同。假使农民和地主间的感情向来是很坏的，比方像俄国那样，那末，农民就以武力逐出地主，瓜分其土地”[⑤]。

最后张慰慈还说明了使用土地的权利如何取消的问题。由于俄国的土地是国家所有，不可能通过买卖、租借、遗传等方式得到，“人民只能得国家的许可，暂时有权利耕种或利用一块土地。但是这种权利，国家随时可以收回。”[⑥]同时列举了俄国法律可以立即取消土地使用权利的九种事况[⑦]。

关于《俄国的土地法》，张慰慈在对上述三个具体问题研究和分析

①李源编:《中国近代思想家文库·张慰慈卷》,中国人民大学出版社2015年版,第6页。
②参见李源编:《中国近代思想家文库·张慰慈卷》,中国人民大学出版社2015年版,第6–7页。
③李源编:《中国近代思想家文库·张慰慈卷》,中国人民大学出版社2015年版,第7页。
④参见李源编:《中国近代思想家文库·张慰慈卷》,中国人民大学出版社2015年版,第7–8页。
⑤李源编:《中国近代思想家文库·张慰慈卷》,中国人民大学出版社2015年版,第292–293页。
⑥李源编:《中国近代思想家文库·张慰慈卷》,中国人民大学出版社2015年版,第8页。
⑦参见李源编:《中国近代思想家文库·张慰慈卷》,中国人民大学出版社2015年版,第8页。

的基础上指出，“这种的法律究竟是好是歹，一时不能下断语，须俟该法律试验出来的结果究竟是什么样，才可以说句公道话。但是我们要明白世界上最没有公道的事就是这种神圣不可侵犯的私产制度”，“俄国的土地法，里边不妥当的地方，自然狠多，不过狠可以使大多数的人细细儿想一想现在社会上的制度，我们还是要维持种种不公平的事，还是想一个法子来改良改良呢？”[①]

虽然张慰慈提出要根据试验结果来评价俄国的土地法律，而且其中有诸多不完善、不妥当的地方，但对于创新制度设计具有重大意义，并且也为社会制度变革提供了新思路。

张慰慈认为婚姻问题和家庭制度是共产社会的重大问题[②]，所以他对俄国的婚姻制度进行了较为系统的研究，并在发表的《俄国的婚姻制度》一文中对新俄的“结婚法”和“离婚法”予以重点探讨。

俄国的结婚法，在张慰慈看来，有两个鲜明特点：第一个特点是规定手续上的新变化，使结婚的法律意义更为明确。这主要是通过采用“民事的结婚”形式去改变西方“宗教的结婚”的传统。张慰慈指出，在欧美各国，结婚仪式大半是在教堂举行，即使是不在教堂举行，行礼时也必定有牧师在场做证婚人，“俄国未革命之前，也通行这种宗教的结婚。不过革命以后，教堂的势力完全扫地。这结婚一事，以前非经过教士的手不成，现在完全用不到教士了。新法律第一条就说：‘从今以后，俄罗斯共和国只承认民事的结婚。’宗教式的结婚虽不禁止，各人仍旧可以随意举用，但是结婚要有法律上的效力，非经过民事的结婚式不可。愿意结婚的男女，须到他们所住地方的‘结婚与生育注册部’声明他们的意思，双方签字。由该部部长注册后，该婚姻在法律上，即发生效力。”[③]张慰慈的介绍意在说明，俄国的新婚姻制度是在法律的保障之下，脱离了过去的“宗教结婚”仪式的束缚。此乃俄国结婚法显著变化之一也。

第二个特点是确立了私生子法律应有地位，体现了法律的平等精

①李源编：《中国近代思想家文库·张慰慈卷》，中国人民大学出版社2015年版，第8–9页。
②参见李源编：《中国近代思想家文库·张慰慈卷》，中国人民大学出版社2015年版，第215页。
③李源编：《中国近代思想家文库·张慰慈卷》，中国人民大学出版社2015年版，第10页。

神。张慰慈认为，平等乃法律所应有的基本精神，俄国的婚姻法在私生子问题上与其他各国法律上的相关规定有很大不同，承认私生子在法律上享受各种利益的权利，确认其法律上的平等地位。现今各国除日本外，均以为“私生子是在被斥逐的地位，不能与别人同等享受社会上法律上种种权利。我们要晓得这是一件最不公平最不道德的事”①。张慰慈指出，虽然私生子的父母做了不规则的事，但私生子并没有犯罪，没有做不道德的事，不应被逐出社会之外。所以，俄国法律对私生子予以平等的权利，“俄国的法律内有一条说：‘私生子对于父母，父母对于私生子，的义务与权利，须与非私生子，一律看待。’”②张慰慈主要采用比较研究的方法阐释俄国婚姻法律的特色，说明俄国婚姻制度与现行欧美各国的不同。

在对结婚法进行比较说明的基础上，张慰慈对俄国的“离婚法”也进行了讨论。他认为俄国的离婚法与其他国家的离婚法相比较，不仅在手续上比较容易，而且也更好地体现了当事人的意愿，“照俄国的法律，只要双方同意，或一方面愿意离婚，就可到地方法庭去陈请，由地方法官择日传集两方面的人，或他们的代表讯问。如地方法官确信这离婚请愿书是出于双方或一方面自己的意思，就可以判断离婚，并出一离婚证书。离婚后的种种问题，如子女分派，子女的费用及教育费由何人担任，妇人是否由男子给养等，如双方已经商议妥当，则法官判决离婚时，可以同时判定；如双方未曾议定，则此种问题须由民事法庭判决。”③

当然，张慰慈对俄国婚姻制度的研究不仅仅是出于学理上研究的兴趣，他希望通过自己的介绍和研究还原本真，澄清人们对俄国的糊涂认识，为国人正确认知新俄提供新知。因此，他在《俄国的婚姻制度》文尾处郑重写道：“这两条法律（指结婚法和离婚法——引者注）是列宁政府成立以后宣布的。可看得外边所传说的俄国妇女国有制度完全是无据之谈。”④

①参见李源编:《中国近代思想家文库·张慰慈卷》,中国人民大学出版社2015年版,第10页。
②李源编:《中国近代思想家文库·张慰慈卷》,中国人民大学出版社2015年版,第11页。
③李源编:《中国近代思想家文库·张慰慈卷》,中国人民大学出版社2015年版,第11页。
④李源编:《中国近代思想家文库·张慰慈卷》,中国人民大学出版社2015年版,第11页。

在对《俄国的婚姻制度》进行宣介一周后，张慰慈又在《每周评论》上撰文对《俄国遗产制度之废止》进行了阐释和分析。

张慰慈指出，近来欧美各国大多数的经济学家和政治学家们都认为承继遗产制度是一项极不公平的制度，都在讨论要废除这种制度，但因有人认为这样的主张可能太过激烈，一时万难实行，于是大家没有胆子去完全废止它，所以就采用遗产税这么一个折中的法子，想渐渐地减少这制度的害处。该税虽然没有把遗产完全充公，但其中的一部分却归入公家，用意是想减轻贫民对于国家的负担，而加重富人的负担。

张慰慈认为，俄国在实行土地国有，取消私产制度之后，遗产制度当然不能存在，而且普通人反对废弃遗产制度的议论是极容易打破的，因为“此次俄国的革命，完全是一种社会革命，他们的宗旨是想把现在社会上种种不公平不道德的事，完全废弃，重新改造一个新社会。这承继遗产制度，当然在废弃之列。此刻俄国是一个极好的政治试验场，看他这种新法子试验出来结果何如”①。所以1918年4月27日，俄国政府在其宣布废止遗产制度法律的第一条就规定：“遗产制度，无论照法律或照遗嘱所规定的，均一概废止。产主死了之后，所有一切财产，无论是动产或不动产，均为俄国政府所有。”②

但可能因为俄国立法人明白如果照这法律规定硬生生执行的话，是万万办不到的。因为在产主死后，如果把其产业充公的话，那么他家里未成年子女以及年老的父母或妻子等一班人怎样过活？所以在规定废止遗产制度的同时又立了许多的例外。“该法律第二条就说‘产主的亲属如兄妹妻之类，如没有最低度之养活费用并不能工作者，可以从遗产之中，取得费用’。”③至于具体数目，或由政府社会事部决定，或由工人与农人“会议”会同各该亲族共同决定，或由地方法庭决定。

但按照这法律第二条的规定执行又可能出现两种情况：一是如果遗产不够养活妻子及亲戚的话，则要最先供给最穷困者；如果遗产不超过一千罗布，或不过一间农房等，可由妻子与亲族直接管理，既可由双方

①李源编：《中国近代思想家文库·张慰慈卷》，中国人民大学出版社2015年版，第13-14页。

②李源编：《中国近代思想家文库·张慰慈卷》，中国人民大学出版社2015年版，第12页。

③李源编：《中国近代思想家文库·张慰慈卷》，中国人民大学出版社2015年版，第12页。

协定，也可由法庭处置；二是所有遗产作为妻子与亲族养活费用外，其余产业归地方“会议”管理，且须按照关于管理此项财产的费用、妻子与亲族的养活费用和债主的款项这一法律规定分配次序[①]。

对于俄国实行遗产制度之废止的做法，自然会产生一些争议，有人认为其结果必致全国人民没有一个肯工作生产的。因为一个人死后，如果子孙不能继承其积蓄，他就不肯工作，不肯积蓄。对此，张慰慈指出：“专为子孙而作事作工的人，全人群之中，居一极少的数目。这一部少数人的思想，将来是很容易改变的。”但由于“人家工作的原动力是非常复杂的”[②]，例如：（一）许多人不工作就没有饭吃；（二）许多人如画工、发明家等把工作当做“一种消遣法子”；（三）“好名的人”为了使大家知晓世界上有他这样一个人，“一定要做出一些事业出来”；（四）许多大商人、大实业家所想的“不过是一种从作事中所能得到的快乐而已”[③]；等等。所以，张慰慈驳斥道：“这个意思，大多数的人以为很对的，不过细细想一想，是差谬极了。”[④]

同一期的《每周评论》还刊载了张慰慈的另一篇名为《俄国的新银行法》的短文。张慰慈认为，“银行家的宗旨”与“国家银行的宗旨”是完全不同的。其中，“银行家的宗旨完全是一种营利的性质，他们不管人民的利益怎样，只晓得他们自己怎样才可多赚几个钱，为他们自己的利益起见，所以他们想做的事，往往与社会的利益相反”，而“国家银行的宗旨”是“为全俄人民及一班贫穷百姓的利益起见，同时并想把从前私人银行所做的种种弊端——例如投机事业及剥削小民之类——都一齐除尽”[⑤]。

因此，政府对于银行家们的自由行动不能完全听之任之，使人民遭受种种经济上的痛苦，需要有“极详细的法律，监督银行的营业，保护存户的利益”，“一个根本解决的方法，把银行变为国家的机关，为全国

①参见李源编：《中国近代思想家文库·张慰慈卷》，中国人民大学出版社2015年版，第12–13页。
②李源编：《中国近代思想家文库·张慰慈卷》，中国人民大学出版社2015年版，第13页。
③李源编：《中国近代思想家文库·张慰慈卷》，中国人民大学出版社2015年版，第13页。
④李源编：《中国近代思想家文库·张慰慈卷》，中国人民大学出版社2015年版，第13页。
⑤李源编：《中国近代思想家文库·张慰慈卷》，中国人民大学出版社2015年版，第15页。

人民谋幸福，并不为一二个资本家谋私利。”[①]所以俄国新政府成立后，“就宣布一条法律，把银行事业改为国家专利。所有一切私立银行并合于国家银行，他们的财产收没于国家银行，他们的债务也由国家银行担负。所以俄国的银行事务充全集中于一个国家银行。”[②]

而在一切私立银行充公收归国有后，银行的东家何去何从？小款存户的利益又怎么保证？对于前者，张慰慈评介道：“银行的东家自然是大资本家，他们平时作孽也作够了，钱也积得不少了，此刻把他们的事业收为国家专利，把他们的不动产充公，他们仍旧可以逃到外国去做富家翁。”[③]

而对于小款存户及其利益，张慰慈提出，“我们要晓得银行事业与人民生计有绝大的关系，因为此刻大多数人均与银行有直接或间接的关系”，如果把在私立银行里无数小款存户的钱——“全靠这几个钱过日子”——也一并充公的话，“岂不是使他们不能过活吗？”所以法律特别声明，“小款存户的利益须特别保护”，于是俄国新银行法规定：“银行的债务，由国家银行担任。”[④]

1926年，张慰慈在《东方杂志》第23卷第4期发表了《俄国革命前后社会阶级状况的变迁》一文。写作此文的目的，正如他文中所指明的那样，如若不明白“几年来俄国社会阶级状况变更的大概情形，不明白这种情形，决不能懂得苏俄的政治，更不懂得什么叫赤化”[⑤]，“不明白革命以前俄国社会阶级的状况，我们就很难明白俄国为什么这样容易的过激化了”[⑥]，意在通过分析、对比和研究革命前后社会各阶级状况的变化，尤其是要说明在社会组织中，中等阶级算是社会的“台柱子”，因为“西欧各国在几年之内没有赤化，就是因为有中等阶级的抵抗能力”[⑦]。同时也是想对当时中国社会建设提供一定的借鉴和参考，“在中

①李源编：《中国近代思想家文库·张慰慈卷》，中国人民大学出版社2015年版，第15页。
②李源编：《中国近代思想家文库·张慰慈卷》，中国人民大学出版社2015年版，第15页。
③李源编：《中国近代思想家文库·张慰慈卷》，中国人民大学出版社2015年版，第15页。
④李源编：《中国近代思想家文库·张慰慈卷》，中国人民大学出版社2015年版，第15页。
⑤李源编：《中国近代思想家文库·张慰慈卷》，中国人民大学出版社2015年版，第284页。
⑥李源编：《中国近代思想家文库·张慰慈卷》，中国人民大学出版社2015年版，第274页。
⑦李源编：《中国近代思想家文库·张慰慈卷》，中国人民大学出版社2015年版，第274页。

国现今的状况之下，过激化的势力将来是否能得到最后胜利，完全要看中国人民，特别是中等阶级，是否有抵抗的能力"[①]，"我们如果要预料中国将来是否有过激化的危险，我们只须看看中国现今社会阶级的状况。所以这几年来苏俄社会阶级状况的变迁很可以使我们得到一种极大的教训。"[②]

在对西欧社会中等阶级的作用和功劳进行宣介后，张慰慈指出，虽然过激主义——本应称鲍尔希维克主义——在俄国取得胜利的原因是复杂的，但本应是社会上最优秀的分子、应当永远把持一切权力的中等阶级人民，因为"人民对于他们是不能信任的"，"大都是一般自私自利的人，只顾自己，不顾全体，绝对的没有团结力"，且"在历史上未曾有过什么功绩"[③]，因而也是不中用的，确是一个很重要的原因。

接着张慰慈对专制时代俄国社会最有势力的三个阶级，即贵族、有钱的中等阶级和官僚在革命前后状况的变迁进行了具体分析。

（一）贵　族

张慰慈指出，专制时代俄国社会上最有势力的三种阶级中，最重要的是贵族，其中俄皇是"俄国第一个贵族"[④]。这些贵族大都是大地主，但不论是从经济方面还是从政治方面看，"这般贵族却不是立于同等地位的"[⑤]。因为俄国政府抱定提倡工业的决心，处处为工业着想，而对农业利益却不能全顾，只能赔偿他们的损失。这一政策使地主贵族自行分裂，有的乐意接受政府政策，有的却攻击政府偏向工业的政策。于是贵族分裂为"贵族的贵族"和"地方的贵族"两派。虽然"一派是极端反动的，专制的，一派是自由的，趋向于立宪主义"[⑥]，但在革命时期，他们之间的"区别差不多于忽然之间就消灭了，在专制时代的死仇就忽而变为联盟"[⑦]。但这

①李源编：《中国近代思想家文库·张慰慈卷》，中国人民大学出版社2015年版，第274页。
②李源编：《中国近代思想家文库·张慰慈卷》，中国人民大学出版社2015年版，第274–275页。
③李源编：《中国近代思想家文库·张慰慈卷》，中国人民大学出版社2015年版，第274页。
④李源编：《中国近代思想家文库·张慰慈卷》，中国人民大学出版社2015年版，第275页。
⑤李源编：《中国近代思想家文库·张慰慈卷》，中国人民大学出版社2015年版，第275页。
⑥李源编：《中国近代思想家文库·张慰慈卷》，中国人民大学出版社2015年版，第275页。
⑦李源编：《中国近代思想家文库·张慰慈卷》，中国人民大学出版社2015年版，第275页。

般贵族到了军阀失败的时候都同归于尽，是完全消灭了。之所以如此，一是因为俄国革命是从社会最下级人民发动起来的，取消除农民耕种的土地以外的所有权；二是因为趋向民治主义的地主很不中用，得不到农民的信任；三是因为农民世代对于地主是仇恨的，甚至把仇恨心扩至未曾做过工的人；四是因为贵族自由派领袖对时局存有错误的见解①。

（二）中等阶级

俄国中等社会阶级也有种种特点，如对地方贵族反对得很厉害；受根据帝国政府计划发展的资本主义影响；有自己的不成文宪法，能使政府不得不依照他们的意思制定法律、执行政策，甚至“俄国的中等阶级差不多对于什么事都能有法办到的”②；俄国资本主义在经济生产和政治方面有一种根本上的自相矛盾的特点；在俄国守旧派方面没有什么势力；没有内部的团结力，未曾组织有势力的党派等③。“所以俄国的中等阶级既不能引导那般被压的民众，又不能得到智识阶级的赞助”④，因此“到了革命以后，过激派得势时候，中等阶级只有束手待毙，毫无抵抗的能力。差不多没有争斗，他是已经打倒了”⑤。

虽然在最初时代，俄国中等阶级与社会党联络组织混合政府，但在危急存亡的时候，他们却又露出本来面目，既不能也不肯为公共事务尽力合作。虽然他们在表面上处处离不了种种爱国的口头语，但他们确是很贪心的，很短视的，不肯顾虑全国的利益，“所以俄国的中等阶级是自愿脱离俄国的政治和社会舞台，自愿让出地方帮助过激党的成功。”⑥

不仅俄国的农业和农村在欧战等时期陷入极度困境，而且工业方面也处于十分混乱的状态。虽然过激党曾经试验过各种各样的政策，改了又改，改来改去，但总是改不出好结果来。因此，苏俄政府“最后一次就不得变通办理，共产主义的政府也不得不牺牲共产主义的根本原则，承认一种半

①参见李源编：《中国近代思想家文库·张慰慈卷》，中国人民大学出版社 2015 年版，第 276 页。
②李源编：《中国近代思想家文库·张慰慈卷》，中国人民大学出版社 2015 年版，第 276 页。
③参见李源编：《中国近代思想家文库·张慰慈卷》，中国人民大学出版社 2015 年版，第 276–277 页。
④李源编：《中国近代思想家文库·张慰慈卷》，中国人民大学出版社 2015 年版，第 277 页。
⑤李源编：《中国近代思想家文库·张慰慈卷》，中国人民大学出版社 2015 年版，第 277 页。
⑥李源编：《中国近代思想家文库·张慰慈卷》，中国人民大学出版社 2015 年版，第 278 页。

国家半私人的资本主义。这是共产主义在生产方面的结果”[①]。

共产主义在分配方面的失败比在生产方面的情况更糟。尽管法律有严格规定，但因为货物奇缺，“种种的投机事业到处皆有。……在一个时候，俄国所有的人民差不多都变为投机家，并且什么事都能作为投机用的。……有人讥笑苏俄政府，说他们的国有政策只在一种事业方面有了成绩，这就是‘投机’。换句话说，公开的资本主义是打倒了，但秘密的资本主义却跟了发生出来。”[②]实行共产主义的苏俄政府所打倒的只是旧式中等阶级，在共产制度下，却产生了一种新式中等阶级，其中的人物是从各方面收集拢来的，甚至当权的共产党人也在内。

由于产生的环境和生存的条件存在极大差异，这新的未曾得到过政府保护的中等阶级对苏维埃制度中的各种情形非常明白，但他们没有旧式中等阶级那种坚实、自治力、文雅和可靠特质，不明白最简单的商业原理原则，完全不受习惯或道德束缚，“因为他们是在那种赌博的空气中得法的，……从他们职业的性质上着想，这般代表秘密资本主义的人物都是强盗世界的人民”[③]。这些没有政治的根本原则的新的中等阶级在革命时候“抢强盗”的时代，他们得到了极大的利益，他们的财富是以不正当手续得到的。所以他们虽则希望设立中等阶级式的稳固社会，以保障他们已经得到的财产，但“他们实在说不出口，财产是神圣不可侵犯的。他们所利用的是革命时代的口号，他们所注意的是抢夺的权利”[④]。所以，在主义方面，虽然他们承认苏维埃制度，但却想在暗底下改变这种制度；在政治方面，他们是依附于过激主义，甚至希望把过激主义变成一种俄国式的拿破仑主义。

这样，在共产制度的苏俄，社会上并不是没有阶级的，其中大地主阶级是完全消灭了，虽然中等阶级已经很显明地发现了，但已改换了人物，不再是旧时的人物了，他们在最初的时候秘密行动，待势力增加后，尤其是在新经济政策实行后，他们变为合法的了。

①李源编：《中国近代思想家文库·张慰慈卷》，中国人民大学出版社2015年版，第279页。
②李源编：《中国近代思想家文库·张慰慈卷》，中国人民大学出版社2015年版，第279页。
③李源编：《中国近代思想家文库·张慰慈卷》，中国人民大学出版社2015年版，第280页。
④李源编：《中国近代思想家文库·张慰慈卷》，中国人民大学出版社2015年版，第280页。

（三）官　僚

帝制时代俄国的第三个台柱子是官僚，他们分为宗教的和政府的两种。前者是因为俄国的宗教是国教，教士薪俸由政府供给，且与普通官吏一样，在俄皇直接管理权之下。后者又分为军事和民事两种。虽然过激党以为国家机关民治化了，但官吏的平民化与行政机关的民治化完全是两件事。过激党非但没有打破官僚制度，并且又把这制度范围推广至极点，甚至把从前私有事业中一切雇员都归入官吏范围，把所有文化和经济职务都变为官僚职务，而且旧官僚的种种恶习和腐败情形重又发现，他们很愿意带上共产党的假面具，加入新官僚团体。

与旧式官僚不同，新式官僚与实际生活离得太远，或是一班理想家，或是只有一些浅薄智识，没有本领，没有才智，但他们的精力很大，不管死活地对于什么事物都去试验，把全社会翻了一个身，结果是弄得乱七八糟。这样，不但在民事方面，而且在军事方面，过激党只能寻觅和依靠已经驱逐出去的专家。

在宗教方面，过激党首先实行政教分离，把教士完全驱逐出官僚范围以外，并且宣告宗教是人民的毒药，鼓励反宗教运动。俄国教会本来是已经死了，但过激党的压迫政策却事与愿违，反而惊醒了他们，像打了吗啡针一样，又活起来了。所以过激党不得不另想方法，与一部分教士得到谅解，保护他们。

最后，张慰慈指出，革命以后，社会上另外三种人民占了重要地位，这就是革命的智识阶级、城里的劳工和乡下的农民。

虽然智识阶级最能关心全国利益，但最暴烈的过激党分子使国家几次三番经过极危险的时代，所以智识阶级大部分人民是很反对过激党的。他们害怕革命，对人民很失望，对民治主义也失去了信仰。由于过激党政策态度的不断调变，他们的经济状况是最苦最可怜的，不仅志气消磨完了，而且自信力也没了。

俄国工人阶级的状况也同样随着过激党政策的变化而或好或坏。其中革命以前因为势力较大且集中在范围极小的区域内，能实行另外所不能实行的无产阶级专政制度；欧战时期死去大半，但又因战时需要，又召集拢来一班没有经验、未曾训练的过激党党员；工业试验时期，工厂停工，他们都又离开城市回到乡下耕种，但因“无产阶级专政的制度恐怕要没有无产阶级参与其间了”[①]，于是苏俄政府不得不承担各种损失，养活这班工人。他们变成了小商人、投机者、或强盗，或者变成政府食客，或者把工厂的东西偷到市场上去卖，或者享有到粮食区域贩卖粮食的特权，或者加入“收集粮食的队伍”，直接或间接抢夺农民粮食。但到了1926年的时候，情形已经好多了。

劳工阶级的命运也因形势的不断变化而起伏波动。革命时代，他们所得到的利益是最大的。虽然在战时共产主义时期，政府甚至使用武力去抢，强迫他们交出所有“余粮”，但由于全国的生产掌握在他们手里，最后的胜利一定属于他们。所以，苏俄政府在城市实行新经济政策时，对于农民也采用了新的政策，尤其是新的土地所有权制度和新的赋税制度。因此，他们后来的状况已经好得多了。

同年，张慰慈在《东方杂志》第23卷第9期上发表题为《苏俄政府的经济政策》一文，并明确指出，这篇文章主要是讨论“俄国共产制度失败的原因，和新经济政策的成绩”[②]。

张慰慈首先指出，俄国共产党根据马克思主义原则改组经济生活，打破旧式的资本主义经济组织，设立新式的共产制度。虽然劳工阶级的权利不能任由资本家剥夺，工人拥有至尊无上的经济地位，一切生产和分配事务要依照工人利益执行，他们自以为翻身的日子到了，此后可以永远享受劳工神圣的幸福，但是“俄国试用了几年的共产制度，工人还没有踏进天堂的门，社会上其余多数人民却都跌下地狱里去了。苏俄政府也就为时势所逼迫，不得不自行取消其共产政策，改变方针，实行一种新经济政策”[③]。

在苏维埃政府成立的时候，俄国经济状况已经到了一种不可收拾的地步，共产党当权以后，对于经济问题他们却只能说而不能行，在讲到事实问题时他们没有确定的经济计划。尤其是在经过三年欧战和一次革

①李源编：《中国近代思想家文库·张慰慈卷》，中国人民大学出版社2015年版，第283页。
②张慰慈：《苏俄政府的经济政策》，《东方杂志》第23卷第9号，1926年5月10日。
③张慰慈：《苏俄政府的经济政策》，《东方杂志》第23卷第9号，1926年5月10日。

命后，俄国经济损失重大，且军需却不断增加，粮食缺少时有发生，加之布尔什维克党又不能失去劳工阶级的信任，必须兑现革命时期的承诺，所以新政府立刻按马克思主义的方式打倒有产阶级，命令工人夺据工厂，逐出经理，所有工业方面的生产和分配，各工业商业公司、银行等类的财政都归工人全权管理[①]，甚至把雇用五人以上的工业也都收归国有、完全集中。与此同时，工人组织工人会议，政府设立最高经济议会，各行政机关设立单独管理商业特别事务的委员会等。虽然旧式经济制度宣告死刑，但由于收归国有的法令没有规定根本原则和确定手续，尤其是工人把他们所夺据的工厂看作自己的财产，看作是自己取之不竭、用之不尽的大财源，结果却使全国工业破产。

对于苏俄政府这一时期的经济政策，托洛茨基评述道："我们的经济政策是同从前中等阶级当权时代的制度完全打断的。从前有一个市场，现在是取消了。从前有自由贸易的，现在没有了。从前商务方面的那种竞争和投机也都取消了。现在所有的是一个集中的，最高的，神圣不可侵犯的经济议会，凡关于经济方面的一切事务，都由这个议会支配和监督，材料的购置，机械的设备，出产品的处置，都由这个议会经管。"[②]

在各工业、商业和银行收归国有后，共产党曾想利用科学的眼光加上实际的经验，规划长期的经济政策，甚至连经济学书本上的原理和原则也都丢开了。对此，张慰慈评价指出："不过我们一定要晓得他们共产党人所谓科学只是学理，经验只是试验，我们才能明白他们所说的话。"[③]

在工业方面，马克思主义者自然看得很重，并想借用美国大规模工业计划改组俄国工业，在全国设立了由经济议会全权管理的几个最有势力的大规模工业，但依照共产主义原则的种种试验都归失败，"但共产党人还不觉悟，还是继续的设立种种新机关，想利用政府的势力，强迫增加各项工业的出产力。"[④]虽然政府用尽种种方法和新计划救济经济，

①参见张慰慈：《苏俄政府的经济政策》，《东方杂志》第23卷第9号，1926年5月10日。

②张慰慈：《苏俄政府的经济政策》，《东方杂志》第23卷第9号，1926年5月10日。

③张慰慈：《苏俄政府的经济政策》，《东方杂志》第23卷第9号，1926年5月10日。

④张慰慈：《苏俄政府的经济政策》，《东方杂志》第23卷第9号，1926年5月10日。

但布尔什维克党不得不承认他们没有达到目的。俄国革命以后的工业一天坏似一天，工人的地位也一天不如一天。结果不仅导致许多工人不能在城市生活而回到乡村，而且致使工人的生产力大大减少①。即使托洛茨基把军队方面的制度用到工人方面，用处置军队的方法来处置劳工，也无法挽救国家直接经营管理工商企业政策失败的命运。

由于苏俄政府尚且对付不了城市事务，根本没有时间兼顾农村事务，所以对于农民，苏俄政府想得到的只是他们的不抵抗，最初关于农业的政策也只是一种手段。为了暂时满足农民的欲望，在布尔什维克党当权后就把掌握在大地主和教会手里的农田交给了地方土地委员会和地方苏维埃，各地农田的重新分配由农民自行执行。但到了1918年夏天，苏俄政府就改变了对农村的不干涉态度，一是因为需要农民向政府提供食料，二是因为政府认为农民眼光看不远，只是一种小财主，反对共产主义，任由他们自由发展对共产制度不利。因此，苏维埃政府为了把持农村势力，在农村试行共产学说并开展试验，便把阶级竞争方法从城市输送到农村，纠集一帮最无聊最没出息的坏蛋组织权力较大的贫穷委员会强迫农民交出食料。他们虽然抢夺农民的粮食，但并没有交给政府，而是留下来自己享用。因此，政府通过这种方法非但没有得到什么利益，反而使农民怨恨得不得了，引起他们的坚决反对和抵抗。

第一招失败后，苏俄政府仍想根据共产原则改组农业，便在1919年2月14日的法令中提出，“根据于社会主义的农业组织一定要有一种集中的生产机关，供给苏维埃政府最高限度的农业出产品”②。这次所采用的方法是苏维埃社会和苏维埃农田。政府通过拨付大宗款项让退伍士兵和城市工人到处设立这类农田，以保证城市和工业人民粮食独立。但因为：一是农民决不肯把田地让给他们，只能从大地主那里获得田地，二是虽然这类农田管理权在城市和工业人民手中，但一切劳作仍需强迫农民去做。因此，不仅苏维埃农田数目很少，出产力薄弱，而且差不多99%的农业出产还是在农民手里。所以，苏俄政府的农业政策又一次失败了，那种想把农民共产化的计划又一次破产了。

①参见张慰慈:《苏俄政府的经济政策》,《东方杂志》第23卷第9号,1926年5月10日。

②张慰慈:《苏俄政府的经济政策》,《东方杂志》第23卷第9号,1926年5月10日。

为了解决最困难的粮食问题，革命后成立的临时政府通过以工业品与农民直接交换粮食的办法获得食料。布尔什维克党当权后，一方面继续使用这种政策，另一方面却又根据共产主义原则，硬把工业品和机械平分予所有农民，想让那些贫穷农民强迫其余农民多交粮食，却因工业破产而无法继续。同时又因工商业收归国有，官吏数量大大增加，即使困难重重，苏俄政府还是决定继续其共产政策。在1918年5月设立粮食专政者，要求农民除了个人需要和下年种子之外，须把剩余粮食都交给政府。后来苏俄政府又设立粮食部，派出由城市工人和退伍士兵组成的粮食军队到农村抢夺食料。由于政策急需粮食，政府对粮食军队的一切行动不加干涉。这样他们便无所不为，无恶不作，抢尽夺完农民所有粮食，甚至下年的种子也不留。

这些暴行立即引起了农民的反抗，在许多地方他们杀死粮食委员，甚至减少土地耕种面积，除了自己所需食料外，不肯多种一粒米麦。面对这种状况，苏俄政府惊慌起来，急于想补救的方法。1920年2月，列宁指出："我们最重要的问题就是要晓得怎样能够利用国家的势力，强迫增加农业方面的生产力。"[①]虽然国家规定农田的耕种，并强迫农民按国家计划实行，但却未曾执行过。"全国经济因试验共产制度到了破产的地步，苏俄政府也就不得不取消其共产政策。"[②]苏俄共产经济政策的再一次失败不仅使人民受到无尽的痛苦，也使别国醉心共产的人民得到教训，结果不仅使俄国土地减少，而且也使人口减少，尤其是城市人口锐减，同革命前相比，不仅生育率下降，而且死亡率上升，从城市人口方面看，俄国退化了25年[③]。

粮食危机不仅使城市和乡村人民的食料缩减到战前的一半以下，而且政府的专制政策引发农民反抗和农民革命。尤其是1921年3月波罗的海水师反叛，使苏俄政府认识到其经济政策的失败，从而不得不从根本上改变其经济政策。所以，列宁在俄共第十次会议上宣告："在别国未曾发生革命之前，我们只有承认农民的要求，才能维持现今的地位，不

①张慰慈：《苏俄政府的经济政策》，《东方杂志》第23卷第9号，1926年5月10日。
②张慰慈：《苏俄政府的经济政策》，《东方杂志》第23卷第9号，1926年5月10日。
③参见张慰慈：《苏俄政府的经济政策》，《东方杂志》第23卷第9号，1926年5月10日。

至于全功尽弃。……照现今的状况，我们不能不承认中等农民经济方面的需要，否则我们就无法维持无产阶级的权力了。”[①]

此后，苏俄政府不得不取消其农村共产试验，改变粮食政策，采用新的赋税制度，并规定：(1) 农民可以自由选择耕种方法；(2) 在法律上确认农民对其农田土地永久所有权；(3) 政府尽力鼓励农业生产等。这种改革最显明的结果就是耕种区域的增加，农业合作组织日渐发达。但“因苏俄政府的时常干涉，不能完全恢复战前的原状。这几年来，苏俄的农业经济确有进步的希望。如果没有新经济政策的种种阻力，农业的恢复还得要快哩”[②]。

虽然“新经济政策实行后，政府的政策似乎是完全更改了”[③]，但“共产党却决不愿意放弃他们的根本主义：这就是维持他们政党在经济方面和政治方面的大权”[④]。虽则共产党不肯放弃政治大权，但在万不得已的时候，他们只能在经济范围之内稍为让弃几许有限制的权力，正如一位共产党首领所说：“我们一定要增加我们的权力，我们是决不能在政治方面让步的。但在经济方面，我们是可以在可能的范围之内，尽量的让步。……事实上，我们在经济方面让步，就是要免去将来政治方面的让步。”[⑤]共产党虽则在经济方面作了让步，但却没有放弃对国家经济的管理权，“无产阶级的国家决不能自相矛盾，承认商业的自由，和资本主义的发展。至多，我们只能相当的承认这类制度，并且就是这样，还得要有一种极重要的条件，就是私人商业和私有资本的发展须受国家的严格管理。”[⑥]

工业方面，苏俄政府根据营业方法进行改组，但必须使国家能够得到利益；农业政策是要恢复农民的自觉能力，取消从前勒索粮食方法，启用一种叫做国家资本主义的新的赋税制度。但共产党人仍然不肯放弃共产主义原则。对此，托洛茨基指出：“我们希望俄国社会主义的发展

①张慰慈：《苏俄政府的经济政策》，《东方杂志》第23卷第9号，1926年5月10日。
②张慰慈：《苏俄政府的经济政策》，《东方杂志》第23卷第9号，1926年5月10日。
③张慰慈：《苏俄政府的经济政策》，《东方杂志》第23卷第9号，1926年5月10日。
④张慰慈：《苏俄政府的经济政策》，《东方杂志》第23卷第9号，1926年5月10日。
⑤张慰慈：《苏俄政府的经济政策》，《东方杂志》第23卷第9号，1926年5月10日。
⑥张慰慈：《苏俄政府的经济政策》，《东方杂志》第23卷第9号，1926年5月10日。

是根据于三种要素：（一）共产党的政治权力，（二）生产机关收为国有，（三）国外商务的专利。这几种要素如果失去一种，我们全部的计画就得失败。”[①]

新经济政策对苏俄经济最显明的影响是经济生活的恢复和国家经济的进步。但张慰慈评价道，这并不是政府的功劳，新经济政策非但没有帮助国家经济发展，而且是国家经济发展的阻力，当初苏俄政府并没有一种建设的经济计划，凡是经济上的一切发展都是与政府政策相反的，这就是说政府非但不能鼓励经济的发展，并且还是经济发展的阻力，所以苏俄政府经济问题不久还得重新解决。

新经济政策实行的最显明结果就是私人商业的大发展。虽然苏俄政府起初想利用受到政府严格监督的合作会社组织以抵抗私人商业，但这类合作会社不仅多数人民不赞助，而且把它们看做共产党的机关，因而不能同私人商业相竞争。只因政府要利用这种组织，所以才免于破产。“从各方面看起来，工业国有和国家直接管理生产和分配事务的政策可以算是完全失败。这尤以在商业方面为更利害。”[②]对此，张慰慈指出：“照现今社会的情形，私商实在是免不了的。……凡私商和国家商业或合作会社竞争，私商总是占胜利的。”[③]同时苏俄政府知道国家商业和合作会社不可能有余利，在财政困难、急于花钱的情况下，政府采用抽税的方法从私商等资本社会所得款项比从国家社会主义组织所得款项要多出好几倍。“在一九二〇年，苏俄政府也承认那投机的市场是人民需要品最重要的来源。苏俄政府早就觉悟没有解决分配问题的能力，如同它没有解决生产问题的能力一样。人民是总得要生活的，并且总得要有种种生活的需要品，但政府却没有供给这种需要品的能力。因此无论什么人都不得不去经营私商的营业了。”[④]所以，虽然一开始共产党完全禁止私商，但不论采用什么样的重刑，也不能完全禁止私商。私商方法虽则和共产主义根本原则相冲突，但能屈能伸的共产官僚决不会打破自己的财源，“只得老着面皮，硬着头皮的一方面

①张慰慈：《苏俄政府的经济政策》，《东方杂志》第23卷第9号，1926年5月10日。
②张慰慈：《苏俄政府的经济政策》，《东方杂志》第23卷第9号，1926年5月10日。
③张慰慈：《苏俄政府的经济政策》，《东方杂志》第23卷第9号，1926年5月10日。
④张慰慈：《苏俄政府的经济政策》，《东方杂志》第23卷第9号，1926年5月10日。

说共产，一方面承认私商。”[①]

工业方面，新经济政策首先把一切小工业和家庭工业归私人经营。这类工业由于没有受到共产试验的影响，在新经济政策实行后很快恢复，而且在国家经济中的地位比以前更重要了。但抱有国家资本主义宗旨的苏俄政府对这种情形非常不满意。对于其余工业，苏俄政府归为国有，并通过租借和特许的方法鼓励俄国和外国资本投入。同时，苏俄政府仍想直接管理如铁路之类的最重要工业，且不许私人资本加入，而为了增加其生产力，苏俄政府决定依照托拉斯组织重新改组。这种企业虽为国有，但却完全采用营业性质的方法。

新经济政策实行后，国有大工业都采用营业的办法进行改组，主要是把一个区域内独立的工厂合并组织成托拉斯。虽然从法律上讲，这些组织是国有的，但其成绩主要属于从前的工业首领。他们一方面推广商务范围，相互自由发生商务关系，一方面要脱离政府死板的管理方法，也能和外边进行交易。所以过了不久，工厂管理就很像样子了，工人的生产力也增加了。到了1924年，全国工业出产已达战前的50%。虽然这类托拉斯组织管理权掌握在私人手里，政府不得无理由干涉，取得了不错的成绩，但他们仍需要政府为其提供大宗资本。而政府却无法增加收入，资本供给不断缩减，于是他们便向国家银行举债。为了偿还债务，得到较多的流动资本，他们只能立即高价出卖产品，从而导致工业品的价格飞涨。加之政府规定农产品只能贱价销卖，农民买不起贵价的工业品，于是绝对拒绝购买并抵制工业品，这便发生了完全因为管理不善所导致的工商业恐慌。结果许多工厂不得不关门了事，许多工人加入失业大军中去。

除此之外，对于工业，苏俄政府还采取了租借或特许几种指定工业给资本家投资的方法，不仅要求他们自备资本且要将一定数目的余利交给政府，同时政府还特派官吏专任监督并在苏俄最高经济议会设立特别机关专任管理等。虽然苏俄政府想方设法使本国或外国资本投资，但因严格的规定和多重履约条件，效果甚微，不少公司因不能履行条件而不能开工或自愿取消契约和特许权。这就是苏俄新经济政策的结果。“总

---

①张慰慈:《苏俄政府的经济政策》,《东方杂志》第23卷第9号,1926年5月10日。

而言之，苏俄新经济政策的结果实在是出于共产派经济学者的意料之外。……苏俄政府对于各方面的要求实在是没有办法的。共产党将来也许再让一步，实行一种新新政策。可是苏俄政府就是在现今的时候，还不肯承认这新经济的失败。”①

时隔近一个世纪之后，我们重新学习和发掘张慰慈对于苏俄十月革命前后政治制度变迁的关注和研究，不仅是了解民国学人及其闪光思想的一扇窗户，而且对于现实也不乏借鉴和参考。

第一，作为知识分子代表，张慰慈对处于革命时期苏俄的关注和研究，既与我国知识分子长期密切关注国际社会变动和社会发展变化的传统相吻合，与新文化运动和五四时期的主题相一致，同时也是我国知识分子密切关注时局变化的典型代表。张慰慈的研究和宣介对于国人了解苏俄起到了一定的促进作用。

不难看出，张慰慈对于俄国的新宪法、土地法、婚姻制度、遗产制度及银行法等的研究是比较系统、全面、具体的，这说明此时的张慰慈对新生苏俄的研究花费了很大的精力，对俄国问题的研究也成为他此时学术研究的重点。需要指出的是，张慰慈在对苏俄研究中，不仅体现了研究工作的系统性与全面性，而且对于十月革命表现出积极的了解态度，承认十月革命具有划时代的意义。张慰慈说：“此次俄国的革命，完全是一种社会革命，他们的宗旨是想把现在社会上种种不公平不道德的事，完全废弃，重新改造一个新社会。”②又说：俄国十月革命所体现的是一种新的“主义”，其要点是“（一）承认现今国家的经济根本在于劳动；（二）想把政治的组织与实在的社会组织相应合。……无论我们是否赞成这种主义，我们不能不承认这种新式的政治思想应该使我们把从前的政治思想再来估一估价，看究竟还有没有价值。”③

以研究十月革命和马克思主义著称的李大钊，对张慰慈研究十月革命也予以高度重视和赞赏，他著文指出：“最近有了慰慈先生在本报（指《每周评论》——引者注）发表的俄国的新宪法、土地法、婚姻法等几篇论文，

①张慰慈：《苏俄政府的经济政策》，《东方杂志》第23卷第9号，1926年5月10日。
②李源编：《中国近代思想家文库·张慰慈卷》，中国人民大学出版社2015年版，第13页。
③李源编：《中国近代思想家文库·张慰慈卷》，中国人民大学出版社2015年版，第5页。

很可以供我们研究俄事的参考。”[①]当然，张慰慈虽然研究十月革命中的苏俄，但他对马克思主义有着天然的排斥情绪，对于早期先进知识分子研究马克思主义的行为不以为然，甚至认为是在“极力提倡空空洞洞的马克思主义，基尔特社会主义等”[②]。不过，尽管张慰慈并不是马克思主义者，并没有从十月革命的研究中进而研究马克思主义，但他对俄国的态度很能说明五四时期新的知识阶层的进步思想趋向[③]。

第二，重视中产阶级的培育及其作用的发挥。虽然张慰慈关于中产阶级的具体内涵与我们现今存在一定的差距，但他认识到中产阶级在社会发展中的中流砥柱的作用，充分重视中产阶级作用的发挥，对于我国当前经济社会改革和发展具有借鉴意义。张慰慈认为，“革命将会造成流血牺牲与‘革命恐怖’，……缺少具有自治能力的中间阶层，是中国与俄国这些专制国家在危急关头时常发生革命的重要原因。俄国由于贵族阶层和资产阶级较为软弱，才会引发革命。”[④]张慰慈对于法西斯国家的社会起源——中等阶级的软弱无能——的分析，也具有重要参考意义。

庞大而稳定的、理性而文雅的中产阶级不仅掌握着巨量的社会财富，能够在社会各层面起到支撑和决定性作用，而且与社会的上层和下层交往密切，存在千丝万缕的联系，起到承上启下的沟通作用。不论是从经济地位还是从政治地位，不论是从文化地位还是从受教育程度等方面看，他们都能在社会各群体、各阶层产生较大的影响力和示范性作用。中等阶级的价值取向与政治诉求决定了他们在政党组织、社会治理以及改革发展等方面具有榜样和引领作用，他们的支持对于社会的和谐稳定起到决定性作用，是社会的稳定剂和中坚力量，是社会的台柱子。在阶级、阶层存在固化危险的情况下，注重中产阶级的培育及其价值观的塑造，对于社会的长治久安和良性发展不可或缺。

第三，坚持理论联系实际，密切关注社会现实的文风，以及坚持历

①《李大钊文集》第3卷，人民出版社1999年版，第5页。

②李源编：《中国近代思想家文库·张慰慈卷》，中国人民大学出版社2015年版，第77页。

③张慰慈在这之后仍然关注苏俄，他曾在《新青年》第8卷1号翻译了美国学者洛史·伯尔曼的《俄罗斯苏维埃政府》文章，对于国人了解新俄是很有意义的。

④李源编：《中国近代思想家文库·张慰慈卷》，中国人民大学出版社2015年版，导言第6页。

史主义的分析方法。著名学者胡适在为张慰慈的《市政制度》所作的序中指出："这部书的特别长处在于不偏重制度的介绍，而兼顾到制度背后的理论与历史。单绍介外国的制度，而不懂得这些制度的意义，是没有益处的。但制度的意义不全在理论的如何完美，而在他的历史的背离——在他的如何产生。慰慈的书的长处就在这里。"[①]对于欧洲新政体变迁有着敏锐觉知力的张慰慈，善于从中寻找优秀的政体介绍给国人，希望为我所用，也为我们分析当时社会的主要矛盾提供了较为直接的文献。张慰慈所发表的系列文章，以满怀热情的笔调介绍俄国革命，同时强调俄国革命对于当时中国社会进行民主实验的重要作用，"我国各处的情形和外国完全不同，当然不能纯粹仿效他们的制度。不过从它们所经过的历史方面，我们很可以得到种种的教训，至少我们可以不再向他们已经失败的那一条路上去走。"[②]

张慰慈正确地认识到现实环境和历史方法在研究中的重要作用。虽然在他的大量的政体和政府结构研究著作与文章中，鲜明地刻着英美经验主义分析方法的烙印，但他曾经明确指出："用历史的研究法，把政治现象变迁进步的因果探求出来，抽出进化的原因，找到进化的路线，更把各国各时各种制度各种学说，用比较的方法研究其长短优劣，拿来做我们现在的人研究政治现象的政治制度工具，做指导现在的人应付现在环境的方针"，并认为"把特别环境看得太轻，把现有制度看作无根之果，确是一桩很危险的事"[③]。他在比较了大量欧美政体之后，最欣赏瑞士的委员会制度（合议制），希望中国能够采用和借鉴。因为这样的制度实在是最理想的政体，不仅效率极高，而且能整合成一个民众爱国、有效民治的国家[④]。

张慰慈指出："我们对于无论什么政治制度，要想明白其现在的情状和将来的变迁，必定要对于这种政治制度从前情状和怎样变成现在的情状的种种原因，有个精密的观察，有系统的研究；万不可学那'断章取义''断代为史'的办法。……我们要想研究政治制度，应该观察从

①张慰慈：《市政制度》，亚东图书馆民国十四年版，第2页。
②李源编：《中国近代思想家文库·张慰慈卷》，中国人民大学出版社2015年版，第82页。
③李源编：《中国近代思想家文库·张慰慈卷》，中国人民大学出版社2015年版，导言第7页。
④参见李源编：《中国近代思想家文库·张慰慈卷》，中国人民大学出版社2015年版，导言第9页。

前的政治运动和现在民族的政治生活，考求那些政治思想怎样发生，和发生后怎样影响于实际的制度。从这些情形之中找出一个进化的原由，和进化的路线，做现在或将来政治改革的指南针。这就是历史方法的用处。”①

虽然张慰慈全面地批判了苏联制度，并开始思考在民治与党治之间寻求中间道路，同时也对民治政府的缺陷进行理论与经验分析，尽管其中不乏偏激之处，但反对割裂传统的政治实验，主张有步骤有选择地创新进步，结合国情借鉴外国传统，力求寻找适合我国的政体形式，仍是我们认识、思考问题的基本路径。

第四，正确的政治观和革命观。张慰慈指出，“革命是社会的改组，并不是社会的分裂。革命时期并不是无政府时期，却是极专制的时期”②。“所谓革命就是取消一种向来存在的制度，另行设立一种新的制度。普通人民总以为革命是忽然而来的，不能预料的，进行很速的。这是错误的见解。革命却是一种很慢性的社会运动。人类历史上所有重要的革命都是酝酿了百数十年才发生的。……最近的俄国革命都不是偶然爆发的事情，追溯每一革命的原因，至少有一百来年的历史”③。“俄国革命是乡下农民的革命，是从社会上最下级人民发动起来的”④。

张慰慈认为，革命政体是重要的政治实验，“政治是人造的，是为人造的。国家退到客体的地位，人进到主体的地位。由国家为人生目的说，变到国家为人生工具说。这也可算是政治哲学上一大革命”⑤。“无论何种制度，虽然离不掉人工的制造，但是这种人工的制造，并不是凭空无着，突然而有的；是随时改造，一步一步变到现在情形的。所以从历史上看来，各种制度似乎是一点一点生长起来的，不是制造出来的”⑥。

第五，坚持言行一致、知行合一的实践观。张慰慈不仅注重从理论上和制度上宣介欧美的先进典型，加强对苏俄等的研究和借鉴，而且坚

①李源编：《中国近代思想家文库·张慰慈卷》，中国人民大学出版社2015年版，第437页。

②李源编：《中国近代思想家文库·张慰慈卷》，中国人民大学出版社2015年版，第386页。

③李源编：《中国近代思想家文库·张慰慈卷》，中国人民大学出版社2015年版，第384页。

④李源编：《中国近代思想家文库·张慰慈卷》，中国人民大学出版社2015年版，第276页。

⑤李源编：《中国近代思想家文库·张慰慈卷》，中国人民大学出版社2015年版，第437页。

⑥李源编：《中国近代思想家文库·张慰慈卷》，中国人民大学出版社2015年版，第436–437页。

持把所讲所学的理论应用于当时的中国现实社会。张慰慈坚持思想逻辑与行为实践的统一，坚持把政治思想付诸实践活动。所以，他在1931年之后逐渐从理论界淡出，而投身到政府实务界，到政府中去任职，注重实践操作，希望通过参与政治实践改变中国，并得到了胡适的鼓励与支持。张慰慈是言行一致、知行合一的代表。

当然，张慰慈侧重于从政治、宪法和法律制度等上层建筑方面的研究，注重发挥先进理论对社会变革的引导和促进作用；注重社会各阶级阶层联合统一的重要性，社会各阶级应克服短视短见的毛病，只有兼顾其他社会成员的利益，才能更好地保存和维护自身势力和利益；认为政府只是人类的一种组织，政府和法律既因人而设立，也因人而起作用，也因人而有意义，所以应用政治学应把人看作国家的主体，把一切政治看作人类心理作用的表征；认为共产制度是一种公平的理想的制度，而不只是一种无产阶级专政的制度，不只是没有钱的人瓜分有钱人的财产的行为，而是一种高尚的理想，目的在于打破社会上种种不平等状况；认为专家政治是解决诸多问题的关键，提出好的行政机关不一定就是民选的，多数政治应该由专家来治理，好的民治国家必须能选出优秀的人才来治理国家，这样可以有效防止行政首领不会处理实际事务的问题；等等。以上论述都具有重要的现实意义。

当然，张慰慈的学说也有许多地方需要我们慎重对待，应该引起我们的警惕，需要批判地加以认识。

一是坚持自由主义立场，奉行自由主义方法。张慰慈的论著堪称20世纪20年代中国自由主义政治学研究的高峰，是以胡适为代表的政治学家群体重要成员，曾经留学欧美，他所主张的思维方式是欧美自由主义，他曾猛烈批判革命，并在《东方杂志》等刊物发表文章批判苏维埃制度。由于深受西方政治学传统影响，张慰慈强调权力分立制衡、契约主权、政党、议会、宪政与国家——社会分立等学说，通过对其著作的解析，我们可以深入自由主义者内部，找到一个新的视角，把握其对现实政治问题分析存在分歧的源头所在。

二是对人民的作用存在的错误认识。虽然张慰慈提出应从人民和制度两方面入手改革政治的改革目标，但对于人民在社会历史发展中的地位和作用存有认识不清、定位不准的嫌疑，他认为政治方面发生的种种弊端“人民自己实不得辞其咎，所以一国政治的良否，全在人民自己；有了好人民，才能有好政治，没有好人民，永远不能有好政治”①。这样，他便把政治的优劣完全归罪于人民身上，实则不当。

三是对列宁和列宁主义以及苏维埃政府存在错误评价。张慰慈把列宁主义称为“过激”主义，把苏维埃政党称为“过激党”，认为列宁与克林威尔一样，虽不是无政府主义者，但“却是极端的专制者”②，并提出：“苏维埃俄罗斯政府把列宁看作一个大教主，列宁主义看作神圣不可侵犯的信条，又模仿宗教的形式在政府各机关中实行纪念周，对于那般表示不满意于现政府的人民，即以反革命三个字定其罪名，或处死刑，或驱逐出国。这就是承认政府一切权力都是正当的，也就是神权说的用意。”③

四是主张从政治学角度研究和了解俄国历史和国情，提倡运用政治的方式解决国家、革命前途问题，主张“文人论政”的政治参与方式，为好人政府代言。但是“文人论政”的实践活动方式并不是解决利益根本对立对抗阶级之间矛盾的根本方法，在革命尚未成功的形势下，往往需要借助革命的力量推翻反革命的力量。

二、苏俄制度研究中的思想转变

十月革命后，世界上诞生了第一个社会主义国家，建立了社会主义制度。作为一名政治学者，张慰慈对在苏俄建立的新制度及其产生的新事物高度关注，而且是持续关注，他的态度也经历了由最初的赞赏到有所保留直至“比较消极”的转变。

①李源编：《中国近代思想家文库·张慰慈卷》，中国人民大学出版社2015年版，第88页。
②李源编：《中国近代思想家文库·张慰慈卷》，中国人民大学出版社2015年版，第386页。
③李源编：《中国近代思想家文库·张慰慈卷》，中国人民大学出版社2015年版，第418-419页。

（一）站在"右"的阵营却做了"左倾"阵营的事

张慰慈从美国回国至北京大学任教时，新文化运动已经进入第三个年头。新文化运动阵营一开始就隐含着两个不同群体：一个是以陈独秀、李大钊等为代表的激进民主主义者群体，这个群体后来又成为中国的早期马克思主义者群体；一个是以胡适为中心的自由主义知识分子群体，蒋梦麟、傅斯年、罗家伦、张慰慈、丁文江、段锡鹏、王芸生、赵元任等与胡适交往密切的一班人是这个群体的主体和骨干。两个群体构成新文化运动阵营的左、右两翼，他们为了完成"文化启蒙"的使命走到一起，在"新文化"的大旗下结成"统一战线"，共同提倡民主科学，反对专制迷信，提倡个性解放，反对封建礼教，提倡新文学，反对旧文学，号召人们"冲决过去历史之罗网，破坏陈腐之囹圄"，在众多领域掀起思想解放的浪潮。然而，由于他们的政治选择、学术思想、精神追求和人格风范不同，因而在对新文化运动关注重点、话题选择、发展走向等方面的主张也不尽相同。如果说当初在文化启蒙的诉求之下，这种分歧被遮掩住，但随着新文化运动的深入，特别是十月革命推动马克思主义在中国广泛传播之后，两个阵营之间的分歧则逐渐显露出来。大约从1918年12月陈独秀与李大钊、张申府等一起创办《每周评论》专门讨论时政以有别于《新青年》专注思想文化（非政治）起，两个阵营的分歧开始显露。1919年5月出版《新青年》第5号，有一半篇幅介绍马克思主义，进而引起"问题与主义"之争，到1920年随陈独秀去上海，《新青年》也由北京迁回上海编辑出版，逐渐走向政治斗争的鼓吹宣传，成为宣传俄国革命和马克思主义的专门刊物。至此，两个阵营开始了公开裂变，而这种"裂变"在当时是围绕《新青年》是否要成为有"特别色彩"刊物以及是否迁往北京举办等问题的争论展开的。1920年12月，胡适致函陈独秀说，《新青年》"色彩过于鲜明"已成事实，今虽有意抹淡，但绝非易事，且"北京同人抹淡的工夫决赶不上上海同人染浓的手段之神速"。胡适向陈独秀提出解决这一问题的三个办法：第一，"听《新青年》流为有特别色彩之杂志，而另创一个哲学文学的杂志"；第二，将《新青年》迁回北京出版，由北京同人发表一个新宣言，恢复“不谈政治”的戒约，仍“注重学术思想艺文的改造”；第三，《新青年》“暂时停办”。陈独秀阅信后大为恼火，在回信中针锋相对地说，《新青年》就在上海办，不同意“声明不谈政治”[①]。后来因为《新青年》被查封，胡适、陈独秀的态度也有缓和，可是新文化运动阵营的分裂已势在必然。

张慰慈与胡适私交甚好，又同样受到欧美教育，是新文化运动中的自由主义者，同胡适一样，更多地倾向于以“文人论政”方式涉入政治、影响国家政治生活，这与陈独秀、李大钊等主张建立马克思主义政党，直接参与政治斗争有很大不同。所以，在关于《新青年》的争论中，张慰慈对胡适的提议完全赞成[②]。1922年5月，以胡适、丁文江为主，《努力周报》创刊，张慰慈也紧随胡适成为该刊物主要骨干。《努力周报》的创刊象征着现代中国自由主义分子的最初聚集，也意味着新文化阵营的分裂正式公开。胡适、张慰慈等人以《努力周报》为阵地继续从事着“文人论政”的“努力”。然而与胡适不同的是，对当时社会热议和流行的社会主义、俄国十月革命、布尔什维主义以及现实政治问

①张静庐辑注：《中国现代出版史料　甲编（1919—1927）》，中华书局1954年版，第8页。

②在胡适与陈独秀的争论中，胡适曾就《新青年》举办的有关问题征求全体编委意见，当时在北京的《新青年》同人也大都发表了意见。张慰慈、高一涵完全赞同胡适的意见。陶孟和、王星拱赞成移回北京，“如实不能则停刊，万不可分为两种杂志，致破坏《新青年》精神之团结”。李大钊签署的意见是：“我还是主张从前的第一条办法。但如果不致‘破坏《新青年》精神之团结’，我对于改归北京编辑之议亦不反对，而绝对的不赞成停办。因停办比分裂还不好。”后来，李大钊取消此议，“改主移京编辑之说”。周作人与鲁迅的基本意见是都赞成迁回北京编辑，只是周作人签署的意见，明确有此顾虑：“我看现在《新青年》的趋势是倾向分裂的，不容易勉强调和统一。无论用第一、第二条办法，结果还是一样，所以索性任他分裂，照第一条或者倒好一点。”鲁迅后又补充了一条：“但不必争《新青年》这一名目。”钱玄同的意见和周氏兄弟差不多，觉得还是分裂为两个杂志好。一定要这边拉过来，那边拉过去，拉到最后，两败俱伤，不但无谓，且使外人误会，以为《新青年》同人主张“统一思想”，这才是最丢脸的事。对于停办的主张，钱玄同也是绝不赞成的：“《新青年》这个团体，本是自由组合的，即使其中有人彼此意见相左，也只有照‘临时退席’的办法，断不可提出解散的话。极而言之，即使大家对于仲甫兄感情真坏极了，友谊也断绝了，只有他一个人还是要办下去，我们也不能要他停办。至于《新青年》精神之团结与否，这是要看各人的实际思想如何来断定，断不在乎‘新青年’三个字的金字招牌！”张静庐辑注：《中国现代出版史料　甲编（1919—1927）》，中华书局1954年版，第9-10页。关于《新青年》的分裂，参见耿云志：《胡适与〈新青年〉》，《胡适研究丛刊》第2辑，中国青年出版社1996年版，第13-32页。以上内容转见章清：《“胡适派学人群”与现代中国自由主义》，上海古籍出版社2004年版，第119页。

题，政治学科班出身的张慰慈则有着浓厚兴趣，先后发表了多篇研究俄国十月革命和苏维埃政治制度的文章，并对其表露出明显的肯定和赞赏。

张慰慈指出，十月革命“完全是一种社会革命，他们的宗旨是想把现在社会上种种不公平不道德的事，完全废弃，重新改造一个新社会”[①]。由于专业的缘故，张慰慈对苏俄的关注更侧重于政治制度，并以政治学家的眼光对俄国的宪法、婚姻法、土地法、银行法、遗产制度等作了评说。他认为，“俄国的宪法最有研究的价值，因为此宪法根据于许多最新政府组织法及政治哲学的最新思潮”。“这宪法不是一个皇帝给百姓的，不是由各地方会议通过的，也不是由人民直接认可的。制定这宪法的国会是一种革命机关”，“在政治史上开一破天荒的事业”[②]，在苏俄国家政权成熟后，定有“别国摹仿”[③]。除宪法外，在苏俄新法律中“最重要的是土地收归国有的法律”。它明确宣布“所有在俄国境内的土地、矿产、水、树林，与各种天然物的私产权，一概取消”。“所有土地供全国工作人民之用，从前的地主，不得要求赔偿”。这就把“数千年传下来神圣不可侵犯的私产制度完全取消”[④]。俄国的婚姻法虽然没有什么新奇的法则，但它在法律上否定了“宗教的结婚”，虽不禁止举办宗教仪式，但其强调“结婚要有法律上的效力”。同时，这一法律与现今各国法律不同，它充分肯定了私生子的权利，认为“私生子的父母虽做了社会上所谓不规则的事”，但与私生子本人无关，“他并没有犯罪，并没有做了不道德的事”，所以私生子对于父母、父母对于私生子的义务和权利“须与非私生子，一律看待”[⑤]。对于俄国的新银行法，张慰慈指出，银行事业与人民生计有绝大的关系，但是银行家的宗旨完全是一种营利的性质，他们不管人民的利益怎样，只晓得多赚几个钱，为他们自己的利益起见，做他们想做的事情，往往与社会的利益相反。因为这种种关系，政府不能完全听他们自由行动，使人民受种种经

①李源编:《中国近代思想家文库·张慰慈卷》,中国人民大学出版社2015年版,第13页。
②李源编:《中国近代思想家文库·张慰慈卷》,中国人民大学出版社2015年版,第1–2页。
③李源编:《中国近代思想家文库·张慰慈卷》,中国人民大学出版社2015年版,第5页。
④李源编:《中国近代思想家文库·张慰慈卷》,中国人民大学出版社2015年版,第5页。
⑤李源编:《中国近代思想家文库·张慰慈卷》,中国人民大学出版社2015年版,第10–11页。

济上的痛苦，所以各国均有极详细的法律监督银行业，保护存户的利益，“俄国的新银行法更进一步想一个根本解决的方法，把银行变为国家的机关，为全国人民谋幸福，并不为一二资本家谋私利”[①]。

张慰慈还对俄国的政党制度、选举制度进行了详细的介绍并给予很高评价。他指出：“布尔塞维克是一个政党，苏维埃是一种政治制度。”“俄罗斯社会主义的苏维埃共和国，是在一千九百十七年十一月，布尔塞维克派用武力推翻克伦斯基政府后，由第三次全俄罗斯苏维埃议会设立的。”“苏维埃共和国是一种苏维埃的阶级制度，从乡村苏维埃，城市苏维埃，到全俄罗斯苏维埃会议全包在内。这制度最小单位，在农人方面，是农村，由农村里边的劳工选举出几个代表，组织有关农村苏维埃。在一区里边所有的农村苏维埃又举出一个区苏维埃。在一县里边所有区苏维埃又于每一千人之中举出一个代表来，组织一个县苏维埃。再高一级就是省苏维埃，省苏维埃里边有城市人民的代表，又有乡村人民代表。乡村人民代表由县苏维埃直接举出来的，每一个代表代表一万人民。城市代表是由城市苏维埃举出来的，每一个代表代表二千选举人。城市苏维埃除了在省苏维埃有代表之外，还可以由二万五千选举人中直接举出一个代表到全俄罗斯苏维埃议会里边去。其余的议员是由省苏维埃举出来的，每一个代表代表十二万五千人民。”“全俄罗斯苏维埃议会是俄国最高机关，每年至少须开会二次，这议会又根据于比例代议制度，从各党人员之中，举出二百人，组织执行委员会。这委员会是永久的，在全俄罗斯苏维埃议会开会时，便成为俄国政府最高机关。所有负责任的各部部长也是由这委员会举出来的。”[②]这种制度对于执政党来说，“实有极大的利益”，执政党“可以利用这制度永久维持他们政权”[③]。张慰慈对苏维埃政治制度人民民主性的深刻揭示与当时北洋军阀的专制独裁形成鲜明对照，无疑会吸引和加深国人对苏俄的研究，而他对这一制度有益于执政党持久执政的判断则显示出他作为一个政治学家的独到眼光。

①李源编：《中国近代思想家文库·张慰慈卷》，中国人民大学出版社2015年版，第15页。

②张慰慈：《俄罗斯研究》，《新青年》第8卷第1号，1920年9月1日。

③张慰慈：《俄罗斯研究》，《新青年》第8卷第1号，1920年9月1日。

（二）在"仇友赤白"之争中对苏俄政治制度的评价渐趋保守

1923年10月，《努力周报》被北洋政府勒令停办。1924年12月胡适好友徐志摩等办起了《现代评论》。1925年10月至1926年10月，徐志摩又入主《晨报副刊》，担任总编辑，包括张慰慈在内的中国自由主义知识分子依托这些刊物继续纵论于"庙堂"和"民众"之间，而有关苏俄问题则是他们此时关注的一个重点，对苏俄认识的分歧也出现了复杂的局面，直至引起"仇友赤白"之争。徐志摩主持的《晨报副刊》成为这场争论的重要舞台。他曾在"记者声明"中写道："先前有人告诉我办副刊的一个秘诀是引起问题的争论。照往例看，问题越浅薄，告奋勇的人越多。编辑先生只要在旁边扇，越扇越旺，副刊就不愁填不满空白了。"

"也真巧，我来了，问题就跟着到。""自从陈启修张溪若在本刊对垒以来，来稿真不少，有的说是仇，有的说是友，有的说是赤，有的说是白。""我现在特辟这'仇友赤白的仇友赤白'一栏，专为登载关于中俄关系乃至联起的中国将来国运问题，盼望国内有思想的特权与责任的朋友们共同讨论这件大事。"①

1925年11月13日，《晨报副刊》设立《对俄问题讨论号》，其中编者按语又这样写道："本刊创立，即发起对俄国问题的讨论。对于俄国问题，不是局部问题，实是目前中国如何建国之大问题。有心之士，此时应各抒所抱，不容缄默，盼望国内周刊继起讨论，以资攻错。"②

当时学界的名流梁启超、陈启修、张奚若、徐志摩等均参与了这场讨论，张慰慈同样也未置身事外。他在《晨报副刊》发表了《阿玛那——一个试验共产制度的社会》《论苏俄》《我也来谈谈苏俄》《俄国革命前后社会阶级状况的变迁》等文章，在争论中曾产生了较大影响。

在《阿玛那——一个试验共产制度的社会》一文中，张慰慈以赞许的口吻介绍了试验于美国中部埃爱瓦邦的"阿玛那"共产主义社会，但是他强调"他们的观念是根据于耶教圣经，并不是发源于马克思学说或

①志摩：《前言：记者声明》，《晨报副刊》，1925年10月22日。

②《晨报副刊》，1925年11月13日。

列宁的‘过激’主义”[①]。他指出：“真真的共产主义却是一种很高尚的理想，其目的是想打破现今社会上的不平等状况，实行一种公平的制度。”历史上，共产制度已经作过多次试验，有的成功，有的失败，美国的“阿玛那”是成功的实践，其成功在于“有相当的环境，相当的人物”，人民之中有相当的“团结力”及“适当的组织”[②]。“一种制度的好坏，一小半是靠这制度的本身，一大半还得靠那执行这制度的人民。人民不好，无论那样的制度都是不行的”，而好的人民“决不是几年之内可以训练出来的。但没有这样的人民，共产制度就很难有成功的希望”[③]。张慰慈的言下之意是，当下中国并没有“这样的人民”，因而不可能实行“共产制度”。

在《论苏俄》《我也来谈谈苏俄》《俄国革命前后社会阶级状况的变迁》等文章中，张慰慈对苏俄政治制度的态度与此前相比有了更多的保留和批评。他认为，要了解苏俄的真实情况是很困难的，因为“这几年来，苏俄在国外的种种宣传早已失去信用，并且其结果差不多毁灭了一切和外界传递消息的方法，这也是苏俄应得的报应”[④]。他指出：“列宁主义是由两种绝不相同的东西结合而成的，这就是宗教和营业。但在这几百年内欧洲人民的心理中，这两件事总是碰不到一起的。因此他们的宗教之新使我们惊骇；并且他们把营业附属于宗教之下，不像我们倒转过来那样办法，结果十二分低化了营业上的效率，这又引起我们的鄙夷。”[⑤]“列宁主义只是一种宗教”，其影响力“并不是从多数人民方面得到的，只是靠几个少数热心的信仰者”，这些人的信仰和热诚以及“他们的专暴”，使“他们每一个人抵上一百个不关心的人民的力量”。“主持这新宗教的，正如别的新宗教情形一样，是一班有新精神的领袖并且又比其余的党员见解来得高明，深知人情世故的政客们”。“这种新宗教的特色，也正如别的新教，就在剥夺了人民日常生活的颜色与活泼

①李源编：《中国近代思想家文库·张慰慈卷》，中国人民大学出版社2015年版，第213页。
②李源编：《中国近代思想家文库·张慰慈卷》，中国人民大学出版社2015年版，第212页。
③李源编：《中国近代思想家文库·张慰慈卷》，中国人民大学出版社2015年版，第216页。
④李源编：《中国近代思想家文库·张慰慈卷》，中国人民大学出版社2015年版，第218页。
⑤李源编：《中国近代思想家文库·张慰慈卷》，中国人民大学出版社2015年版，第218页。

与自由，给回代替的只是信徒们方板板的脸上的灰色表情”[①]。

此时的张慰慈依然肯定研究苏俄问题之必要，认为“无论如何，俄国的一政策和行动，与我们中国确有最密切的关系”，“中国的将来，确实要看俄国问题怎么的解决”[②]。但是他强调，在对有关苏俄的认识上，我们当中的一些人极容易被苏俄宣传所迷惑，“看见当初苏俄政府的宣言，就以为俄国真能够帮助我们抵抗别国的侵略政策，一心一意的把他们看做朋友。我们中国人向来有一种只知注重空言而不求了解事实的趋向，自然很容易被苏俄政府那种花言巧语所诱惑。”[③]张慰慈担忧中国被苏俄彻底赤化，认为“现在南边广东差不多已经在俄国人的势力之下，差不多可以算是赤化了，将来万一不幸，北边无论那一部分也被俄国人占了势力，变成赤化，这两头的赤色势力就很容易包围我们中部，使之不能不同化，这一层确是最大的危险”[④]。

在《我也来谈谈苏俄》一文中，张慰慈还对俄国的新经济政策作了比较准确的介绍，但则答出俄国乡村“早已没有共产主义制度”的结论。他认为新经济政策特别关注的是农民问题，其重要特点有二：“（一）规定一种新的土地所有权制度，（二）一种新的赋税制度。土地法典是于一九二二年的十月编制的。依照这法律土地国有的根本原则还是维持的，但关于共产制度的种种试验却废除了。从此以后，农民得到土地以后，这块土地能终身为他所有。至于赋税一层，农民从此以后须把收成中确定的百分之若干交给政府，其余的数目可以留给自己用。苏俄政府从此以后对于农村方面事务又采用一种不干涉主义，赤色主义势力只在于城市一方面。俄国的乡村早已没有共产制度了。”[⑤]在《俄国革命前后社会阶级状况的变迁》一文中，张慰慈用了很多笔墨描述苏俄实行共产制度的种种“乱象”。他指出，在工业方面，“过激党曾经试验过各种各样的政策，但都没有效果。在过激党初当权的时候，各工厂的工人委员会有管理工厂事务的全权，但其结果却在各处发生无政府组织

①李源编：《中国近代思想家文库·张慰慈卷》，中国人民大学出版社2015年版，第218页。

②李源编：《中国近代思想家文库·张慰慈卷》，中国人民大学出版社2015年版，第224页。

③李源编：《中国近代思想家文库·张慰慈卷》，中国人民大学出版社2015年版，第223页。

④李源编：《中国近代思想家文库·张慰慈卷》，中国人民大学出版社2015年版，第224页。

⑤李源编：《中国近代思想家文库·张慰慈卷》，中国人民大学出版社2015年版，第227页。

的状况；苏俄政府的政策改了又改，末了变成一种极端集权的组织，关于工厂事务都由几个人从上边发施号令下去，不过无论怎样的改变政策，改来改去，总是改不出好结果来。各工厂的出产大大的减少，在经济方面只有亏损，没有盈余。”[①]分配方面的情况更糟糕，“实行共产主义的苏俄政府能把所有的财产收归国有，但无法禁止人民方面种种杂乱的买卖，法律条文完全不能发生效力，犯法的人民发觉以后就须受死罪，但私人的买卖却不能禁止。种种的投机事业到处皆有。货物的缺少又增加投机家的盈余，但其大部分却是贿赂政府官吏的。在一个时候，俄国所有的人民差不多都变为投机家，并且什么事都能作为投机用的。就是政府各机关间的互相交易也免不了有一种投机的性质。”“回扣和贿赂差不多是到处通行的”。所以，人们讥讽苏俄政府，“说他们的国有政策只在一种事业方面有了成绩，这就是‘投机’”[②]。基于以上认识，张慰慈得出结论：苏俄实行的共产制度实际上已经失败。

有趣的是，张慰慈在参与“仇友赤白”之争时对苏俄态度的变化及其所阐述的观点却引起他的好友胡适的不满。1926年，胡适途径俄国去欧洲，在莫斯科逗留了3天。他把在苏俄的见闻和考察感受记录下来，写信给他在国内的朋友张慰慈等人。胡适在信中说：“原有人希望我加入‘反赤化’一方，因为之前不知晓‘赤化’到底是什么样子，所以不便发言。此次途径莫斯科如不实地详细调查一下实是一件憾事。苏俄正在做一个空前伟大的政治新试验，他们意志专笃，有计划，有绝对的信心，只此三项就让我们愧死，我们这个醉生梦死的民族怎么配批评苏俄？研究政治制度和民主思想的朋友们，我们最少要承认苏俄有试验社会主义政治制度的权利，如同美国经理制城市政府的试验一样，他们共同拥有试验的权利，这是最低限度的实验主义态度了。”[③]胡适认为，张慰慈在参与“仇友赤白”之争中掺杂了过多的个人好恶和情感表达，没有从政治学专业的角度客观严谨地审视苏俄政治制度的实践。

①李源编：《中国近代思想家文库·张慰慈卷》，中国人民大学出版社2015年版，第279页。

②李源编：《中国近代思想家文库·张慰慈卷》，中国人民大学出版社2015年版，第279页。

③张涛甫：《报纸副刊与中国知识分子的现代转型——以〈晨报副刊〉为例》，广西师范大学出版社2007年版，第126页。

（三）结 语

自鸦片战争开始，向西方学习的浪潮一路高歌，可结果则事与愿违。苏俄革命的胜利给近代中国带来新的希望和选择。在中国知识分子看来，苏俄革命具有双重意义，一是纵向序列社会现代化升级问题，按照社会进化理论的逻辑，苏俄社会主义制度的建立比资本主义社会跃升了一个层级、跳了一个台阶；二是从横向序列看，在世界范围内实现了民族独立解放的问题，而民族独立和解放正是中国人急切渴望的目标。加上苏俄新政府改变了沙俄时期帝国主义的侵略政策，赢得了中国人对俄国的好感。在这种情况下，十月革命后便在中国兴起了一股赞叹、歌颂、接受俄国革命的热潮。张慰慈在新文化运动期间对苏俄政治制度的赞赏便是这种状况的反映。当时，来中国讲学的罗素看到中国人对于苏俄社会主义的兴趣曾感到十分兴奋。他说："青年之中对于西方知识有一种迫切的欲望，同时又想分辨西方的缺点来。他们很想科学化，但非机械化；想工业化，但非资本主义化，他们对于主张社会主义的人看作中国教员中最出色的人才。"①然而，罗素看到的只是他所了解的片面的现实，中国人对苏俄革命的认识和理解实际上要比罗素所言复杂得多，并不是一条直线走过来的。苏俄革命和建设的实践在发展，中国的社会现实在变化，由此，中国知识分子对苏俄的了解也在变化。1924年，瞿秋白以《晨报》特派记者的身份赴苏俄考察，可所见所闻并不理想。当时恰恰是苏维埃政府最困难的时期。由于政权根基未稳，建设经验不足，新生的苏俄面临严重的经济困难。对此，瞿秋白写道："他们确实反对布尔雪维克的所谓'共产主义'，而欢迎新经济政策。""布党在经济上虽可让步，但于政治上则毫不宽容。"更让瞿秋白吃惊的是，革命并没有给俄国劳农阶级带来多大变化，这些发现大大超出瞿秋白的意料。他把自己的见闻传到国内，在知识分子中间产生的影响可想而知。以前在听别人说，可信可不信，这次是自己人的"耳目"从现场发回来的报道，岂能不信？②在瞿秋白之前，来自异邦的华德博士也曾说道：

①罗素：《中国的高等教育》，《晨报副刊》，1922年11月11日。

②参见张涛甫：《报纸副刊与中国知识分子的现代转型——以〈晨报副刊〉为例》，广西师范大学出版社2007年版，第126页。

"世人反对共产主义者，多谓新经济政策为苏俄共产主义试验失败将退返于资本主义之表征。许多经济学者，多谓新经济政策系'国家资本主义'。俄之资本家为政府耳。故谓国家资本主义。"此时，张慰慈对苏俄政治制度认识的转变或许是受到上述情况的影响所致。然而，他们的问题在于，把苏俄由战时共产主义政策调整为新经济政策误认为是共产主义的失败。

中国的自由主义者有一个共同的特征，那就是对激进的社会思潮怀有深深的担忧和恐惧。这种担忧和恐惧在对苏俄问题的认识上也表现了出来。苏俄根据马克思主义理论建立起一种有别于资本主义社会的新制度、新国家，对中国人产生了巨大吸引力。受其影响，以陈独秀、李大钊等为代表的中国思想文化界的一批精英纷纷向"左"转，融入激进主义思潮的阵营，在他们的影响下，中国共产主义运动由星星之火，迅速燃烧并蔓延开来。苏俄所信奉的暴力革命、阶级斗争、无产阶级专政理论，与自由主义者所坚守的自由理念、理性原则、渐进式改良的政治思路在根本上是水火不容的。张慰慈受欧美教育多年，对自由理念、理性原则、渐进式改良的政治思路笃信不移。他曾经说过："如果一国的政治太坏了，政府太不能尽他所应尽的义务，我们也不能因此就否认一切政府，想从根本上推翻政府的制度，而采用极激烈的无政府主义派的主张。"政治改革的正确路径并不是推翻现在的政府，重点在"提高人民的智识，使他们能尽公民的职务。"[①]这一论述无疑深深地刻上了自由主义政治改良的印记。由于秉持自由主义的理念原则，当中国共产主义运动成星火燎原之势时，张慰慈对苏俄政治制度的评价由赞赏到有所保留甚至有些消极也在情理之中。

无论怎么评说，张慰慈对苏俄政治制度的介绍和宣传都功不可没。李大钊指出：俄国的十月革命是"二十世纪中世界革命的先声"[②]，是"人道的警钟""自由的曙光"，不是"现在资本家的政府所能防遏得住的"[③]，"只能迎，不可拒"[④]。"试看将来的环球，必是赤旗的世

①李源编：《中国近代思想家文库·张慰慈卷》，中国人民大学出版社2015年版，第89页。

②《李大钊文集》第2卷，人民出版社1999年版，第240页。

③《李大钊文集》第2卷，人民出版社1999年版，第246页。

④《李大钊文集》第2卷，人民出版社1999年版，第239页。

界”[①]。张慰慈身在自由主义的阵营，在新文化运动期间能够与李大钊等早期马克思主义者一样，积极投身苏俄革命的研究和宣传实属难能可贵，而他作为一个在学术界和社会上有着影响力的知名学者能够这么做，无疑在一定程度上促进了社会主义在中国的传播。除此以外，张慰慈在新文化运动期间还发表了大量的介绍国际劳工运动、议论时政的文章，如《美国劳动运动及组织》《最近德国政治变迁》《中国与国际劳工会议》《战后的欧洲劳工阶级》等。在这些文章中，张慰慈以一个政治学家的眼光，不仅较为系统地介绍了世界劳工运动的历史、现状，劳工运动的组织等情况，而且深入剖析了世界劳工运动出现的根本原因，认为它“完全根据于此刻工业时代的种种制度而发生”，而且断言，“劳动和资本家的冲突”将会变成“一种阶级的冲突”，强调“劳动家要和资本家决斗，必须有强有力的团体才有希望”[②]。这些介绍既是张慰慈研究苏俄政治制度的延伸，也是五四前后社会主义在中国传播的一部分，而且他对世界劳工运动发生原因分析的水准丝毫不亚于当时马克思主义者的判断。最后还要指出的是，无论是对苏俄政治制度的研究，还是对劳工运动的介绍、对时政的议论，即使是在他的思想发生转变之后，张慰慈对一系列政治问题的看法还都能够保持历史主义的态度。他总是把政治问题置于历史中去考察，努力探寻政治概念、政治问题背后的历史缘由，站在历史角度看问题，因而能够使他答出更为中肯的结论。比如，他在参与“仇友赤白”之争中虽然对苏俄政治制度的认识已经有所保留，但他依然劝导人们“用一种客观的和科学的眼光去研究俄国的事实”。那种不顾俄国实际情况，一味地陷于“仇俄友俄”的辩论，甚至相互谩骂，“这类的东西现在看看实在觉得讨厌了，并且这也不是学者所应当有的态度。赤色主义不是一个仇友的问题，也不是一个学理问题，完全是一个事实问题”。“俄国的新制度已经试验了八年，这八年的历史确是极好的资料，可以给我们不少教训”。[③]这种以事实为依据，历史地看待苏俄问题，与一些自由主义者把西方民主政治神话和普遍化而贬斥苏俄社会主义政治制度有着根本的区别。以上这些，连同张慰慈在

①《李大钊文集》第2卷，人民出版社1999年版，第246页。

②李源编：《中国近代思想家文库·张慰慈卷》，中国人民大学出版社2015年版，第36–37页。

③李源编：《中国近代思想家文库·张慰慈卷》，中国人民大学出版社2015年版，第224–225页。

政治学专业领域所作的贡献无疑是其留给后人的一笔宝贵财富。

【本章第一部分由李祥（南京审计大学马克思主义学院副教授、副院长、博士）撰写；本章第二部分由王先俊（安徽师范大学教授、博导、博士）撰写。】

第二章　五四时期的自由主义思想

张慰慈是五四时期著名的自由主义思想家，此一论断既表现为他对自由主义思想的宣传和与胡适等自由主义学者的唱酬，又表现在他运用自由主义观点对中国与世界问题的观察。与胡适的实验主义不同，张慰慈的自由主义自成体系，自由、民主构成其自由主义的两条红线，立足现实而不囿于学理是其自由主义的鲜明特征。这一点在张慰慈对苏俄政权从“肯定”到“恐俄”再到“仇俄”的态度转变中得到进一步的验证。缘此，将其称为现实的自由主义者可能更为恰当。

一、西方自由主义思想的底色

1917年留美归来的张慰慈恰逢中国新文化阵营分化：受十月革命影响，以李大钊、陈独秀为代表的进步知识分子扩大马克思主义在中国的宣传力度，正在酝酿“走俄国人的路”；而以胡适为代表的早期新文化运动的领导人则坚持自由主义的理念，力图通过社会改良的办法来变革中国的现实政治。在马克思主义思想阵营和自由主义思想阵营之间，张慰慈选择了后者，并成为其中的骨干成员。

人是思想的载体，思想的表达主要通过人们的著作与言行。张慰慈是自由主义思想大家，其既表现在他对自由主义思想的宣传，又表现在他与胡适等自由主义学者的唱酬。

强调个性解放、人格独立是张慰慈自由主义思想的首要涵义。张慰慈在美国接受的是欧美的自由主义思想，回国初期的政治思想亦是以欧美自由主义为其显著特色，这在他关于妇女解放问题的研究中有着突出的表现。1919年，他在《女子解放与家庭改组》一文中，态度鲜明地反对封建纲常名教，倡导女子的个性解放、思想自由，认为“解放女子就是解决女子问题的方法”，女子首先必须与男子在社会上具有同等的待遇。当然，张慰慈并不认为“女子解放”就可以止步，在他看来，“女子解放后，这女子问题仍旧没有完全解决”，因而还需要研究和解决女子解放后如何适应新社会的问题，亦即在“女子解放”之后还有一个“女子建设”的任务。那么，女子解放之后如何通过“建设”阶段而使之适应新社会呢？张慰慈的办法是“家庭改组”，就是“将来大部份女子的工作在于用艺术与科学的方法重新组织家庭”，这就需要以“家庭改组”为中心，打破旧家庭的“个人主义”，“用分工的法子把家务一项一项的分开来，各项由专门公共家管理”，使大多数女子有一个职业，她们能得到工资，因而也“就能得经济上的独立”[①]。由此可见，张慰慈视域中的“女子问题”不限于学理上的探讨，更着重于实际问题的解决。1925年至1926年间，张慰慈通过译介名著、发表文章更多地关注妇女、婚姻、家庭问题，如通过译介《妇女论》介绍叔本华对女性的歧视观点而引发大量讨论；如发表《巴尔沙克论婚姻》批评了中国学者“明知这个性欲问题是很难解决的”，却“总想把礼教去抑制性的方面的欲望”的做法；[②]又依据霭理斯（Havelock Ellis）的《论妇女的心智》文章，再加上“自己几些意思，写出这一篇《论妇女的智力》”，进一步强调研究妇女问题的极端重要性。总之，张慰慈认为，“要知现在人有多少的痛苦都是发源于男女间的互相隔膜，如想免去这种隔膜，男子非

①慰慈：《女子解放与家庭改组》，《每周评论》第34期，1919年8月10日。
②张慰慈：《巴尔沙克论婚姻》，《晨报副刊》，1926年1月18日。

得完全懂得妇女不可。要是懂得妇女，又非得仔细研究妇女不可”[①]。这些文章，皆贯穿着人格独立和个性解放的自由主义理念。

重视人的因素，是张慰慈自由主义思想的重要内容之一。在《政治学》一书中，张慰慈指出，“在现在的世界上，绝对没有纯粹孤立的个人。只有做社会之一员的个人。个人所以有个人的能力与特性，都是社会养成的。个人并不是有机体的一个官能，也不是无机体的一个机械。换句话说，他并不是全体的一部分，却是一个缩小形状的全体。”[②]因此，国家是“应人群需要而生的”，“近来国家权力，可以支配一切社会，这种权力并不是无意得来的，确是因适应人类需要而逐渐扩充的。”[③]另外，把提升民众的政治素质视为建设民主政治与公开政府的基础，张慰慈期待中国在政治制度建设方面取得重要进展，同时也希望民众的政治素质有很大的提高，并在政治变革中发挥基础性的作用。关于人民素质在政治变迁中的作用，张慰慈在对中国“从满清专制国一变而成中华民国”的历史中看到这样的情形：“因为我们当初没有预备做共和国国民，而共和政体却偶然于无意之中得到，所以人民方面毫没有民治的精神，公民的常识，对于政治事务毫不晓得怎样去管理，怎样去监督。那般自私自利的官吏和政客就利用了这样的机会，做去种种丧权辱国损人利己的事情，把这中华民国弄到南北分离，各处土匪横行，人民的权利剥夺殆尽。”[④]在张慰慈看来，“人民是造成政府的原料，有怎样的人民，才能有怎样的政府”，故而政治改革与政治建设需要在提高民众素质上着力，其重点是“提高人民的智识”。他指出：“一国政治的良否，全在人民自己：有了好人民，才能有好政治，没有好人民，永远不能有好政治。人民有公民常识，有辨别各种制度或政策好坏的能力，并且没有自私自利的心理，对于一切事务全以社会幸福为观念，对于政府各种机关能继续不断的监督其行动，公公平平的批评其政策，使全体人民能够明白其中的一切情形，使政治方面各种事务能完全公开，那末，

①张慰慈：《论妇女的智力（续）》，《晨报副刊》，1925年11月25日。

②张慰慈：《政治学》，商务印书馆1931年版，第7页。

③张慰慈：《政治学》，商务印书馆1931年版，第8页。

④慰慈：《政治改革的目标》，《努力周报》第63期，1923年7月29日。

各种黑暗势力就无存在的余地了，政治方面的各项改革就易举行了。”[①]正是如此，张慰慈曾有这样的希望：“近来改革政治的方法须从人民和制度两方面入手，一方面须提高人民的智识，使他们能尽公民的职务；又一方面须采用适当的制度，使人民易于执行他们的职权。这就是我们所应当采取的政治改革目标。”[②]这可见张慰慈关于政治改革问题，一方面是重视制度的建设，另一方面是要求整体地提升国民的政治素质，体现了他对政治改良过程中人的重要性的认识。

对于法治与人治关系的解释，进一步凸显张慰慈自由主义的理念。张慰慈主张法治与人治是不可断然分开来的，“世界各国所有的政府都是人治的政府，同时又是法治的政府。所谓政府只是人类的一种组织，法律也是人造的。政府没有人执行，法律没有人解释，都是死的，不能自动的发生结果。”“所以在现代的民治状况下，我们是不能把人治政府与法治政府的界线划分出来。法律是出产品，人是产生法律的。……没有人解说与执行的法律既没有意识，又没有生气。”而“没有法律的人治政府在事实上也是不可能的。……凡是群居的人民或是自愿，或是默认一种权力的制裁；但对于人群执行权力就不得不需要法律。有了法律，无论是治者或被治者方面，都觉得较为方便，这是普通常识”。但是，法治与人治毕竟不同，张慰慈认为这种不同是数量上的不同，而非质的区别。法治的政府“所注重之点还是法，不是人，法治与人治的数量比较起来还是更为重要更为永久”。人治的政府“所注重之点却与法治政府相反，是人而不是法”。“但这种数量上的区别却是一种很重要的区别，因为同时又包含精神上的区别；在政府如同在人类其他制度一样，精神是主要的特点”[③]。基于此，张慰慈在倾向于法治政府的同时，进一步强调了人的能动性。

与自由主义学者的唱酬表明了张慰慈的自我认同。作为五四时期中国的自由主义者，张慰慈在思想上与胡适等人是日益接近的，这在《新青年》分化的过程中就有显著的表现。1920年底和1921年初，《新青

①慰慈：《政治改革的目标》，《努力周报》第63期，1923年7月29日。

②慰慈：《政治改革的目标》，《努力周报》第63期，1923年7月29日。

③李源编：《中国近代思想家文库·张慰慈卷》，中国人民大学出版社2015年版，第397-398页。

年》同人关于《新青年》杂志的创办曾有过一次讨论。张慰慈参与了这一讨论，其主张与胡适大体一致。1920年12月16日，陈独秀致信胡适和高一涵，一方面表示对于“《新青年》色彩过于鲜明，弟近亦不以为然”的态度，另一方面则是主张《新青年》在上海继续办下去，且由陈望道负责[①]。此时的陈独秀接受了马克思主义，正努力将《新青年》转变为宣传马克思主义的阵地，故而对《新青年》作出这样的安排，并正式以书信的形式通知胡适等北方同人。胡适接到陈独秀信后，立即给陈独秀回信，对《新青年》“色彩过于鲜明”颇有些不满，说“北京同人抹淡的工夫决赶不上上海同人染浓的手段之神速”，言下之意是“上海同人”的“染浓的手段”与“北京同人”的“抹淡的工夫”很不合拍，亦即南北的《新青年》同人业已形成不同的思想阵营，故而胡适指出《新青年》此时有三条路可以选择：（1）“听《新青年》流为一种有特别色彩之杂志，而另创一个哲学文学的杂志”；（2）“将《新青年》编辑的事，自九卷一号移到北京来。于北京同人于九卷一号内发表一个新宣言，略根据七卷一号的宣言，而注重学术思想艺文的改造，声明不谈政治”；（3）《新青年》停办。胡适“此信一涵、慰慈见过。守常、孟和、玄同三人知道此信的内容。他们对于前两条办法，都赞成”[②]。胡适此信所表达的是“另起炉灶”“自成一系”的愿望，这在事实上是进一步促进了《新青年》群体的分化。陈独秀接到胡适的回信，态度非常坚决，不仅不同意《新青年》“移京编辑”的办法，而且更不同意《新青年》杂志“声明不谈政治”。于是，陈独秀以书信形式将自己的想法和安排向《新青年》“北方同人”郑重告知：“守常、玄同、适之、孟和、一涵、慰慈、豫才、启明、抚五诸君：弟日内须赴广州，此间编辑事已请陈望道先生办理，另外新加入编辑部者，为沈雁冰、李达、李汉俊三人。……望道先生已移住编辑部，以后来稿请寄编辑部陈望道先生收不误。”[③]可胡适仍然主张“把《新青年》移到北京编辑”，并且提议在北京同人中就《新青年》办刊问题加以讨论，认为“若不先解决此问题，

①参见水如编：《陈独秀书信集》，新华出版社1987年版，第293页。

②耿云志、欧阳哲生编：《胡适书信集》（上），北京大学出版社1996年版，第258–259页。

③水如编：《陈独秀书信集》，新华出版社1987年版，第305页。

我们决不便另起炉灶，另创一杂志”。在这场讨论中，对于胡适的“移京编辑”主张，“慰慈赞成此议”，高一涵、陶孟和、王抚五等也表示赞成。在《新青年》的北方同人中，只有李大钊赞成陈独秀的意见。在这场关于《新青年》办刊的讨论中，《新青年》在事实上分裂了，胡适成为北大自由主义阵营的领军人物，而张慰慈则是这一阵营的重要成员。

在《努力周报》创办前，张慰慈还参与了1920年间北方学人所开展的争取自由运动，其自由主义理念有着更为充分的表达。1920年8月1日，《晨报》发表《争自由的宣言》，署名者7人：胡适、蒋梦麟、陶履恭、王徵、张祖训、李大钊、高一涵。这是以胡适为首的北方知识分子联合起来在社会上争自由权利的“告白”。其以“争自由”为主旨，“认定政治如果不由人民发动，断不会有真共和实现”，认为“想使政治由人民发动，不得不先有养成国人自由思想、自由评判的真精神的空气”。宣言要求立即废止民国三年公布的《治安警察条例》《预戒条例》《报纸条例》《出版法》，民国八年公布的《管理印刷业条例》等，对于“人民、身体、家宅、言论、著作、集会、结社、书信秘密、居住迁移和财产营业等自由”，“断不可让行政官自由处置”；政府也“不得滥行宣布戒严”。不仅如此，国家对于“四种自由”（言论自由，出版自由，集会、结社自由，书信秘密自由）“不得在宪法外设立制限的法律”，同时国家“应即实行《人身保护法》，保障人民身体的自由”[①]。这一宣言的基本精神是中国自由主义者要求实现民主政治体制中最为基本的自由民主权利，表明“新文化自由主义者试图确立文化活动必须的价值准则和一种开明的、批判和自我批判的知识精英的生活方式，作为整个社会的规范”[②]。张慰慈积极参与这次签名活动，表明他的自由理念。在《努力周报》创刊后，张慰慈在《我们的政治主张》上签名，表达了改良现实中国政治的看法。《努力周报》于1922年5月发表了《我们的政

①胡适等:《争自由的宣言》,《晨报》,1920年8月1日。

②[美]杰罗姆B.格里德尔:《知识分子与现代中国》,单正平译,南开大学出版社2002年版,第278页。

治主张》[①]，这份由胡适起草的宣言提出“宪政的政府”“公开的政府”“有计划的政府”的原则来实现“好政府”的目标。“所谓‘好政府’，在消极的方面是要有正当的机关可以监督、防止一切营私舞弊的不法官吏。在积极的方面是两点：（1）充分运用政治的机关为社会谋充分的福利。（2）充分容纳个人的自由，爱护个性的发展。”[②]这些主张就其思想动机及其表达的内容而言，确实体现了中国的自由主义者改革政治的良好愿望，但当时军阀横行的中国绝无实行之可能。好人政府的失败，表明自由主义知识分子论政的途径来参与现实政治的破产。张慰慈参与这一政治活动，反映他当时的思想认识程度和对建立“好人政府”的良好愿望。

大体来看，自由、民主构成张慰慈自由主义思想的两条红线。并且，张慰慈对当时国内外政治现象的评判并未囿于学理，而是寓学理于现实之中。

二、学理与现实结合中的思想观察

促进中国的政治发展和思想进步是张慰慈政治研究的主旨。虽然他曾抱怨中国的政治现状，甚至还说过“这中华民国十二年的历史是我们国民最大的耻辱。我们虽则挂起一块共和国的招牌，其内容却反而不如专制国”[③]这样过激的话，但总体上他对中国政治改革的前景还是充满期待的，并积极参与到对现实政治变革问题的讨论中去。

如关于制宪问题。与一般关心现实政治的知识分子注重于国会的合法性及制宪程序公正性不同，张慰慈比较注重于宪法本身的研究。他认为：“此刻我们人民所要求的是赶快制定一种好宪法，并不是要限定什

①《我们的政治主张》是北方学人面向中国社会的政治宣言书，此文曾于1924年4月25日先行在《东方杂志》第19卷第8号刊出，目的是表达“我们对于中国政治的主张”，希望得到“大家的批评、讨论或赞助”。

②蔡元培等：《我们的政治主张》，《努力周报》第2期，1922年5月14日。

③慰慈：《政治改革的目标》，《努力周报》第63期，1923年7月29日。

么样机关才是合法的制宪机关。只要能够达到制定宪法的目的，什么样的方法都可以用。如果不注重目的一方面，专去讨论方法，那末，你有你的方面，我有我的方法，总不能讨论出什么结果来。”因而他主张在制宪问题上可以采取灵活与变通的办法，不要片面地只注意形式和方法，也不要问是南方政府或北方政府抑或是地方政府，只要是能制定一部好的宪法就行。所以他的结论是：“总而言之，此刻南北两方面如果协商得妥，把民国六年解散的国会召集起来，并责成国会克期完成宪法，确是一种最简易的方法。如果协商不妥，那末，由省议会举出代表，或由别种法定机关举出代表，组织制宪会议，也未始没有商榷的余地。只要有一种办法，在事实上是做得到的，并且是最简易的，我们人民当然可以承认的。”[①]针对地方自治，有人主张在宪法内规定“县自治制”，而张慰慈则认为“县自治制尽可将来由省宪法去规定，不可不必占国宪的篇幅”。进而，张慰慈以西方宪法制度和美国的地方自治制度为借鉴，具体地就制定省宪问题提出了“几条大纲”：“（一）省宪中应该明确规定省政府和个县各地方的权限。（二）省政府所制定的法律，须适用于省内的各县各地方。省政府不得对某县某区制定特别法律。（三）在各县各地方的职权范围以内（如省宪所规定的），各县各地方可以自行规定其政府之组织，并有完全的自治权。”[②]并认为按照他的大纲“既可以省去许多无谓的争执，并且可以免去在国宪内死板板的规定县制的种种流弊”。这里不去讨论张慰慈关于省宪制定的“几条大纲”是否可行，但至少可以说他对当时的制宪讨论是积极参与的，并且是努力为中国的政治制度建设贡献自己的思想与智慧。

再如张慰慈曾运用政治学知识对上海租界进行研究和评价，认为中国政府应该拥有主权，行使对上海租界的市政管理权。张慰慈注意到，当时在上海有“一种极大的反常的事实”，即“上海各租界的市政权完全在外国人手里，非但中国地方官吏所管不到，就是在那里居住的中国人民也没有参与的权。但所有的外国人民，无论是那一国的，只须住在租界以内，无论那一国的租界，如果有一种相当的纳税资格，就能参与

①张慰慈：《制宪问题》，《努力周报》第3期，1922年5月21日。

②慰慈：《这一周》，《努力周报》第21期，1922年9月24日。

市政，管理租界以内的壹百多万中国人民。”张慰慈通过研究指出，上海的租界“市政委员会”只是外国侨民“自行组织起来的一个委员会，自动征收自己的市税，筹划一切款项，办理各项市政”，因而“没有法律上的根据”；而在上海公共租界里，“中国人民有纳税的义务，没有参与市政的权利。……将近二百万中国人民的生命财产都在于极少数外国人所举出来的工部局八个董事手里。但这样的制度却没有正式的法律依据”。张慰慈根据对上海各租界起源历史的考察，认定上海的“各租界只是划给外国商人居住的区域，不是中国政府租借给外国政府的土地，更不是外国政府依据条约所割据的。照南京条约所规定，上海只是一个通商口岸，中国政府准外国人在此通商，在此居住而已；除此之外，外国人并没有得到任何别种权利。所以凡关于上海的一切行政权及市政方面的事务都应当在中国地方官吏手里，因为中国政府对于上海地方并未放弃其主权。” 因此，“上海的各国租界并不能算是一种租界，只是外国侨民的居留区域。在此区域之内，外国人能居住，能租借，但不能购买土地，但同时中国人民却能有土地所有权。外国侨民是没有土地所有权的，他们如想租借土地，能与中国地主直接交易、商议条件，但中国地主不能把该土地卖绝给外国人。”①张慰慈对上海租界问题的研究，在于希望中国政府对上海市政拥有主权和管理权，抛弃那种“‘宽洪（宏）大量，不与人争’的大国民心理”。

又如针对1922年大总统黎元洪出席内阁会议一事，当时舆论普遍认为黎元洪不应该出席。张慰慈对此发表评论说：“此刻各种大小官吏的心目中确实是把总统的地位看做同从前的皇帝一样。从阁员现在的观念看起来，总统出席阁议，确是很不方便的。但是我们对于这个问题，不当就目前的状况而说，应当从根本上着想，去打破总统皇帝的观念。不把总统当做皇帝看待，阁员就可以不必因总统出席阁议而有所拘束。……并且现今政治的趋势是趋向公开一方面，议会里边既然可以任人旁听，阁议席上为什么就不能旁听呢?”他又说，“制度不是死板千年一律，万古不变的，制度是活的，是常因社会上情形的变迁而时时更改的”；“时期不同了，这一种制度就是在一国之内也往往发生出不同情

①张慰慈:《上海的租界》,《现代评论》第2卷第33期,1925年7月25日。

形，不用说在别国了”，因此仅仅根据内阁制度“来反对总统出席阁议是说不出的”[①]。此一评论进一步凸显张慰慈对政治现象评价的依据是社会现实而非拘泥于学理。

作为中国的自由主义政治思想家，张慰慈并未局限于对现实政治的批评和对国内黑暗现实的揭露，有时也会将议论的范围扩展到国际政治领域，并对中国介入国际社会提出一些积极的建议。譬如，张慰慈在《中国与国际劳工会议》一文中，就中国政府对待国际劳工会议以及参与劳工问题的研究提出自己的设想。国际劳工会议是由国际劳工局每年召开的重要会议，目的在于集合各国政府主管劳工事务的官员，资本家和劳动界的代表，及工业和劳工方面的学术专家，规定劳工立法的标准，以备各国政府采用而制定各该国的关于劳工方面的法律。由于国际劳工局是在巴黎和会时成立的，并且是隶属于国际联盟，其组织大纲在《凡尔赛条约》之内，因而其所召开的国际劳工会议引起各国政府的重视。中国是国际联盟的成员，自然也是有权利派代表参加国际劳工会议的。张慰慈注意到，国际劳工局是由24人组成的理事会管理的，但是“中国政府向来没有代表在理事会中”；而中国作为国际联盟的成员国，只是“在瑞士设立一个叫做‘国际劳工事务处’，派了瑞士使馆的秘书充当处长，算是中国政府与国际劳工局传递消息的中间人”。张慰慈认为，中国在国际联盟和国际劳工局中担负了重要的义务，但中国在其中却没有什么权利，义务与权利的关系极为不对等，因而有必要加以改变。他指出：“国际劳工局的每年经费是由国际联盟的经费中拨发出来的，每年约计七百万瑞士金法郎（约合中国银元二百多万元）。国际劳工局的经费约占国际联盟的经费的三分之一，中国政府每年对于国际联盟的捐助约六十来万元，所以这二百多万元的国际劳工会经费之中，中国政府也捐助二十来万元。中国政府尽了这样大的义务，同时却没有得到任何的利益。在国际劳工局的职员之中，差不多无论那一国的人都有，惟独没有中国人；在国际联盟之中，中国也只有一个小小的二等秘书，每年拿他们八千来块钱的薪水。”[②]张慰慈提醒当时中国政府要注

①慰慈:《这一周》,《努力周报》第8期,1922年6月25日。

②慰慈:《中国与国际劳工会议》,《现代评论》第2卷第35期,1925年8月8日。

意，中国既然出了这样多的钱尽了如此重大的义务，就应该在国际劳工会议中处于重要的地位，中国政府自身也应该对此引起重视。张慰慈认为，“中国政府以后如想参与此项会议，积极地进行劳工立法”，要注意这样几个问题：一是中国派代表团赴会“非派完备的代表团不可”，尤其要有工人代表的参加，应“选择一个关心于劳工状况，并以增加工人幸福为目的的人物，使之充当劳工代表”；二是“选派代表和专门顾问，至迟须于开会四个月之前派定”，“使代表和顾问有预备的时间”就所会议的议程进行准备，“免得将来在会场上或专门委员会中非但不能发言，就是连所讨论的题目都不懂”；三是“所派的代表和顾问至少须懂得劳工问题的性质，并多少能说几句外国话，能在会场上表示意见，能与别国代表交换意见”。张慰慈的意见是，这三项是“中国代表团的最低限度的条件”，“如果连此都做不到，那就不如不派，免得政府花了钱还要被外国报纸笑话”。[①]张慰慈对中国与国际劳工会议关系的研究，不只是向国人一般地介绍国际劳工会议的情况，而在于使国人明白参与国际组织对中国的重要性，以便努力争取中国在国际舞台上的地位。

在对世界问题的观察中，张慰慈比较关注美、英、德、俄四国的历史与政治变动。在坚持民主与自由之评判标准的同时，他更重视研究对象所处的社会实境。

张慰慈对美国的城市自治与市政制度多有赞扬。在《美国城市自治的约章制度》一文中，张慰慈把城市分为三种类型：城市国家、作为行政区域的城市、作为地方自治机关的城市。其中，“作为地方自治机关的城市，城市国家是完全自治的，作为行政区域的城市是完全不自治的；这两种的城市自治是暂时的，不是永久的。”所以，他所推崇的是第三种——作为地方自治机关的城市，这一种城市绝非独立于国家[②]，其一是增加它们的自治权力，其二又“须在中央政府的权力之下”。这种城市的地位有两种：“（1）作为中央政府的机关，处理凡与全国有关系的事情。（2）作为地方自由的机关，处理一切纯粹的地方事情。”“作

①慰慈：《中国与国际劳工会议（续）》，《现代评论》第2卷第36期，1925年8月15日。

②关于这一点，张慰慈在《市政问题》中亦有详细的论述：“所谓城市自治并不是把城市中一切事务完全交给城市自己管理，中央政府对于城市一些管理权力也没有。这是叫做独立，不是自治。”李源编：《中国近代思想家文库·张慰慈卷》，中国人民大学出版社2015年版，第78页。

为中央政府的机关时候，城市是完全在中央政府之下；作为地方自治机关的机关时候，城市是可以完全自由的；这是现在欧美各国城市的实在地位。”[①]因此，城市自治的意义有四：一是城市有权选举地方上的官吏，这种官吏执行中央政府或地方政府的各种法律；二是城市人民有权决定所有邦议会制定的普通法律能否在该城市通行；三是城市人民有权决定自治的范围；四是各地方可以照宪法所规定，组织他们的政府，制定自治约章[②]。具体到美国而言，它的城市与中央没有什么关系，与邦的关系则比较密切。在一定时期，“美国的城市是完全在邦议会的权力之下”，但随着人们觉悟的提高，邦的权力受到限制，城市的权力得到提升，大致做法有二：一是禁止邦议会颁布特别法律。即“各城市的根本法，必须一律；如有关于地方的法律通过，此种法律必须通行于邦内的各地方”。二是在宪法规定的范围内，城市可以自由活动，邦政府不得干涉。而关于城市自治约章制定的手续，亦彰显人民的作用。如制定自治约章手续的第一步，虽由城市立法机关发端，但又是由人民发端，因为约章会议的选择需要法定人数的同意。第二步选择约章会，拟定新约章。该会的委员均是由人民选举产生（除了一二邦外）。第三步是公布拟定的约章。约章经过一定时期公示让人们能够充分了解其内容。第四步是人民对约章进行充分讨论决定其实施与否。总之，城市自治约章制度的最主要的功能就是阻止邦议会干涉城市政治[③]。

对于英国的政府组织，张慰慈无疑是十分推崇的。这在《英国政府纲要》一书中有着十分明显的表现。该书对英国的宪法、国会、政党、司法制度等皆有比较明确的评价。关于宪法，张慰慈认为英国宪法有两种成分，一种是成文的部分，如“历史上几种带有规约性质的重要文件，是在政治改革时候人民与国王双方订立的，例如《大宪章》、《权利请愿书》、《权利条例》”。“国会所制定的法律，确定国王的权力，保障私人的权利，推广选举权，设立法庭与政府的行政机关。”“法庭的判决，确定各种规约与法律的意义。”[④]另一种是不成文的部分，即所谓的

①李源编：《中国近代思想家文库·张慰慈卷》，中国人民大学出版社2015年版，第27页。
②参见李源编：《中国近代思想家文库·张慰慈卷》，中国人民大学出版社2015年版，第27–28页。
③参见李源编：《中国近代思想家文库·张慰慈卷》，中国人民大学出版社2015年版，第30–34页。
④李源编：《中国近代思想家文库·张慰慈卷》，中国人民大学出版社2015年版，第112页。

"习惯"法。正是因为后者，使英国宪法成为一种活的宪法，"是逐渐生长起来的，逐渐发展的，并且又处处依照习惯，依照成例"，这种宪法当然更能适应社会的新观念和新需要。英国的政府虽然是单一制的政府，但是因为国会拥有至尊无上的大权，其会对政府形成很好的制约。"英国国会不单是一个立法机关，同时还有两种与全国人民幸福极有关系的重大职务，这就是监督政治和监督财政。"[①]对于政党，张慰慈认为，它"是人民政府的出产品，也是人民政府所不可缺少的现象"。其功能有五：一是可以联合对于公共问题主张相同的人们，一致进行他们共同的主义和政策；二是使目的相同的人们预先同意他们赞同的候选人物，以便在选举的时候征求全国选民的同意；三是通过政党的宣传而使公共问题得到人民的注意；四是使政府中各自独立的部分联合起来，使之成为效率极高的组织；五是监督政府的行为等[②]。另外，张慰慈亦表示，"英国司法制度与法官的名望无论在国内，或在国外，都是很好的。一切民事与刑事诉讼的手续都是很公平，很确定，既稳固，又尊严。外国律师与法官到了英国，考察其司法制度运用方面的种种情形以后，差不多没有不表示一种崇拜与敬服的心理。"[③]

在对德国新宪法（即《魏玛宪法》）的研究中，张慰慈认为新宪法下的德国联邦制度"差不多只有一个名目而已"。原因则在于新宪法下的德国联邦制度明显有强化中央集权的趋势。一是新宪法中的"邦"只有地理和人种的意义而没有政治的意义，二是德国新宪法把划分各邦疆界的权力，完全交给中央政府。三是全国会议的权力大大减缩，并因此连带地方职权的减轻。四是中央政府的职权范围不断推广。总体来看，德国的新宪法"把各地方职权的范围缩得很小。各地方的独立权，只限于决定各该地方政府组织的权"。虽然新宪法规定各地方政府必须采用民治宪法和议会政府，但选民的资格却由中央宪法规定，各地方不得更改[④]。但是，张慰慈决不囿于学理，主张所有的国家都必须走分权与自治的道路。在《最近德国政治变迁》一文中，张慰慈认为德国新政府最

①李源编：《中国近代思想家文库·张慰慈卷》，中国人民大学出版社2015年版，第117页。

②参见李源编：《中国近代思想家文库·张慰慈卷》，中国人民大学出版社2015年版，第127页。

③李源编：《中国近代思想家文库·张慰慈卷》，中国人民大学出版社2015年版，第145页。

④参见李源编：《中国近代思想家文库·张慰慈卷》，中国人民大学出版社2015年版，第20–23页。

大的不幸是“德国经过这几年的大战之后，又加上三个月的革命，人民疲乏不堪，元气丧尽，非得有一个强有力的政府，才能改造政治，改组社会，恢复经济方面工业方面的种种状况。但是这第一个内阁里的阁员，党派各异，政见又不同，万不能解决当时最复杂的和最困难的重大问题。”[①]这一点在此后一个阶段应验，过激派、复辟派活动猖獗，内阁重组频繁。但总体上看，新政府对社会秩序的控制还是有成效的，张慰慈将之归因于“德国人民的政治能力，非别国人民可以及得到”。

苏俄问题亦属于张慰慈的关注点，但却是一个特殊的个案。与学界其他学者的判断不同，笔者认为，张慰慈对苏俄政权前后迥异的态度并非其自由主义立场的改变，而恰恰是他坚持学理与实际相结合进行评判的结果。

三、苏俄研究中的自由主义脉理

对于苏俄政权，张慰慈经历了一个从“肯定”到“恐俄”再到“仇俄”的转变。对于此一过程的内在逻辑，以往学者并没有给予充分合理的解释。从学理上讲，此一转变的直接原因在于张慰慈对苏俄研究路径的变化：即从“文本苏俄”转向“现实苏俄”。“文本苏俄”主要是该政权诞生后所颁发的一系列法律制度，其与张慰慈的自由主义理念有诸多相通之处；“现实苏俄”是该政权运行的实态，其与张慰慈的自由主义理念多不相洽，由此而导致张慰慈对苏俄政权态度的转变。

十月革命后，张慰慈积极关注世界格局的变化，将目光由欧美资本主义国家转向新生的苏俄，努力从事俄国问题的研究。当时，中国的“大多数人，听见‘俄国’这两个字，就觉得非常的害怕，因为俄国是‘布尔塞维克’主义出产的地方，恐怕这种主义传出来扰乱世界。大家差不多把俄国看作世界人民的公敌。至于俄国内里究竟是什么样一种情形，布尔塞维克究竟是什么样一种主义，十个人之中恐没有一人能够懂

①李源编:《中国近代思想家文库·张慰慈卷》,中国人民大学出版社2015年版,第71页。

得明白”[①]。在此情形下，张慰慈特别注重研究新俄的政治制度，力图向国人介绍苏俄的真实情况。

张慰慈高度关注俄国的宪法，并以政治学的见地加以系统地阐发，确认其在新的政治制度设计中的总领性位置。对于俄国1918年7月10日由“第五次全俄国大会议”议决的新宪法，张慰慈从政治学研究的角度针对宪法发生情形、修改宪法的方法、政府组成、政府各机关的权限、人民权利、公民的资格、选举权等进行了多层面的分析。在张慰慈看来，俄国的新宪法有这样几个显著的特点：一是该新宪法差不多有三分之一部分“讲到这种为‘会议共和国’所根据的主义”，“就此一层，俄国总算是在政治史上开一破天荒的事业”。二是该新宪法对外交方面规定更为详细，“俄国宪法有一最特别的地方，就是关系外交的规定”；“各国的宪法关于外交问题，说得非常简单，俄国宪法关于此问题说得狠（很）详”。三是该新宪法所规定的“俄国各地方的权非常之大，为别的联邦国所未曾有过的”，以至于“在俄国，宗主权在于地方会议，或在于地方上工业、军务与别的职业所举的代表委员会。各地方并且可以临时与中央政府脱离关系”。张慰慈对俄国宪法表示了高度的赞赏，认为在第一次世界大战期间产生的许多新宪法中，“俄国的宪法最有研究的价值，因为此宪法根据于许多最新的政府组织法及政治哲学的最新思潮”[②]。从俄国的新宪法来看，“俄国并不是在一个无政府的地位，并且他的宪法之中实在有几种最新式的政治组织法，如果能够试验有效，将来也许有别国摹仿。例如政治权利限于工作的人民，和把工业团体作为代议的根据”[③]。从现有的材料来看，张慰慈是中国最早研究十月革命后新俄宪法制度并作出肯定评价的学者之一。

对于俄国的新土地制度，张慰慈也进行了积极的研究，认为土地法在俄国的新法律中占有极为重要的地位，“俄国现在的新法律，最重要的是土地收归国有的法律”。在张慰慈看来，该土地法规定：“所有在俄国境内的土地、矿产、水、树林，与各种天然物的私产权，一概取

①慰慈：《俄国的土地法》，《每周评论》第29期，1919年7月6日。
②慰慈：《俄国的新宪法》，《每周评论》第28期，1919年6月29日。
③慰慈：《俄国的土地法》，《每周评论》第29期，1919年7月6日。

消”；“所有土地供全国工作人民之用，从前的地主，不得要求赔偿”。苏俄土地法中的这些规定有重要的制度创新意义，“这样的白纸上写了黑字之后，俄国就把数千年传下来神圣不可侵犯的私产制度完全取消”。虽然俄国的土地法还有待根据试验的情况来进行最后的评价，但其制度设计中的创新意义是重大的，并且为社会制度的变革提供了新思路。他指出：“俄国的土地法，里边不妥当的地方，自然狠（很）多；不过狠（很）可以使大多数的人细细儿想一想，现在社会上的制度，我们还是要维持这种不公平的呢、还是想一个法子来改良改良呢？”[①]其比较具体地“记述俄国怎样置处这个在别国尚没有解决的土地问题”，这对于国人深入了解和认识新俄的政治制度是有积极意义的。

张慰慈对俄国的婚姻制度也进行了较为系统的研究。在张慰慈看来，俄国的结婚法有两个鲜明的特点：一是使结婚的法律意义更为明确，这主要是通过采取“民事的结婚”形式而改变了西方那种“宗教的结婚”的传统。“新法律第一条就说：‘从今以后，俄罗斯共和国只承认民事的结婚。’宗教式的结婚虽不禁止，个人仍旧可以随意举用，但是结婚要有法律上的效力，非经过民事的结婚式不可。愿意结婚的男女，须到他们所住的地方的‘结婚与生育注册部’声明他们的意思，双方签字。由该部部长注册后，该婚姻在法律上即发生效力。”张慰慈的介绍在于说明，俄国的新婚姻制度是在法律的保障之下，脱离了过去的“宗教结婚”仪式的束缚。二是确立了私生子在法律上的应有地位，体现了法律的平等精神。在张慰慈看来，平等乃是法律所应持有的基本精神，俄国的婚姻法在私生子问题上首先确认其平等地位，这与各国法律上的相关规定有着很大的不同。张慰慈指出，“俄国法律与别国法律不同的第二层是关系私生子问题”。“俄国的法律内有一条说：‘私生子对于父母、父母对于私生子的义务与权利，须与非私生子，一律看待。’”张慰慈对俄国的“离婚法”也进行了讨论，认为俄国的离婚手续不仅较各国更为简单，而且也更好地体现了当事人的意愿，这与西方国家的婚姻法有很大的不同。他指出：“俄国离婚法与别国的离婚法比较起来，俄国的离婚手续是比较容易得许多。……照俄国的法律，只要双方同意或

①慰慈：《俄国的土地法》，《每周评论》第29期，1919年7月6日。

一方面愿意离婚，就可以到地方法庭去陈请，由地方法官择日传集两方面的人、或他们的代表讯问。如地方法官确信这离婚请愿书是出于双方或一方面自己的意思，就可以判断离婚，并出一离婚证书。离婚后的种种问题，如子女分派、子女的费用及教育费由何人担任、妇人是否由男子给养等，如双方已经商议妥当，则法官判决离婚时可以同时判定；如双方未曾议定，则此种问题须由民事法庭判决。”①

不难看出，张慰慈对于俄国新宪法、土地法、婚姻制度的研究是比较全面的、系统的，且对于十月革命表现出积极的肯定的态度。“此次俄国的革命，完全是一种社会革命，他们的宗旨是想把现在社会上种种不公平、不道德的事完全废弃，重新改造一个新社会。”②又说：俄国十月革命所体现的是一种新的“主义”，其要点是“（一）承认现今国家的经济根本在于劳动；（二）想把政治的组织与实在的社会组织相应合。……无论我们是否赞成这种主义，我们不能不承认这种新式的政治思想应该使我们把从前的政治思想再来估一估价，看究竟还有什么价值”③。李大钊曾著文对张慰慈的研究予以高度的重视和赞赏，“最近有了慰慈先生在本报（指《每周评论》）发表的俄国的新宪法、土地法、婚姻法等几篇论文，很可以供我们研究俄事的参考”④。

此后张慰慈对苏俄态度的转变，主要受两个因素的影响：一是受当时思想界的影响；二是他对“现实苏俄”的研究。1925年徐志摩主持《晨报副刊》，开展所谓“仇俄友俄”的大讨论，其时的《京报副刊》亦发表讨论苏俄的文章。当时的争论文章，有认为俄国是“白色”，也有认为俄国是“赤色”；对苏俄的态度有认为应该是“仇俄”，也有认为应该是“友俄”。张慰慈于1925年11月在《晨报副刊》发表了《我也来谈谈苏俄》等文章来参与“仇俄友俄”问题的讨论，认为苏俄的存在及其对中国的影响是一个事实问题。在他看来，尽管在外交方面苏俄外长于民国九年（1920年）照会中国政府，表示要取消俄国商人在中国的一切特权，放弃沙俄在中国的一切权利，退还庚子赔款，但事实上中国的南

①慰慈：《俄国的婚姻制度》，《每周评论》第30期，1919年7月13日。

②慰慈：《俄国遗产制度之废止》，《每周评论》第31期，1919年7月20日。

③慰慈：《俄国的土地法》，《每周评论》第29期，1919年7月6日。

④《李大钊文集》第3卷，人民出版社1999年版，第5页。

方广东“差不多已经在苏俄的势力之下，差不多可以算是赤化了，将来万一不幸，北方无论那一部份也被俄国人占了势力，变成赤化，这两头的赤色势力就很容易包围我们中部，使之不能不同化”，因而这是中国“最大的危险”[①]。这反映了此时的张慰慈有着明显的“恐俄”情绪。当然，如果细致地研究就会发现，此时的张慰慈认为对苏俄不是一个“仇友的问题”，因而主张对苏俄采取研究的态度，这与“仇俄友俄”中任何一方，在思想认识上都是有很大不同的。对于当时的“赤白仇友”之争，张慰慈在《我也来探讨苏俄》文章中表达了这样的态度：

我们从前对于这个与我们有密切关系的俄国问题完全不大关心，现在觉悟这问题的重要，也只晓得从“赤白仇友”方面发表了许多个人的主观的意见，不晓得从客观方面切实去研究俄国的事实。这几天的报纸上，特别是《晨报副刊》和《京报副刊》都充满了仇俄与友俄两方面的辩论，甚而至于互相詈骂。这类的东西现在看看实在觉得讨厌了，并且这也不是学者所应有的态度。赤色主义不是一个仇友的问题，也不是一个学理的问题，完全是一个事实问题，就是在俄国的那种赤色主义之下，他们的经济组织究竟是怎样的，人民的生活又怎样的。我们对于这种具体的事实没有知道详细之前，一天到晚去争论俄国是我们的仇还是我们的友，这样的官司总是打不清的。所以我们希望那几位到过俄国的，懂得俄国文字，并且研究过俄国情形的学者以后不要再来空口的提倡亲俄或友俄政策，也不要高谈阔论，讲演那套赤色主义不是帝国主义的论调，我们总是希望大家能够平心静气，用一种客观的和科学的眼光去研究俄国的事实。俄国的新制度已经试验了八年，这八年的历史确是极好的资料，可以给我们不少教训[②]。

由此可见，此时的张慰慈仍抱着一种客观的态度。但经过对事实的再研究之后，张慰慈的态度发生了巨大的变化。

为了弄清楚俄国“经济组织究竟是怎样的，人民的生活又怎样的”

①张慰慈：《我也来谈谈苏俄》，《晨报副刊》，1925年11月12日。

②张慰慈：《我也来谈谈苏俄》，《晨报副刊》，1925年11月12日。

这样的“具体的事实”，1926年2月张慰慈发表了《俄国革命前后社会阶级状况的变迁》一文，文章主要对俄国革命前后各阶级的历史流变及作用进行了细致的分析。就中产阶级而言，张慰慈认为西欧各国能够建立民治政体，完全是中产阶级的功劳。但是因为种种原因，旧时俄国的中产阶级“既不能引导那般被压的民众，又不能得到智识阶级的赞助”。十月革命前的俄国中产阶级则因为短视、贪心而未能成为新政权的支撑力量。“是自愿脱离俄国的政治和社会舞台，自愿让出地方帮助过激党的成功”。十月革命后则产生了一种新式的中产阶级，“其中的人物是从各方面搜集拢来的，甚而至于那当权的共产党人也有在内的。”与过去的中产阶级相比，这种新式的中产阶级显得更加糟糕，“他们是很发奋的，很冒险的，很奸猾的，敢作敢为的。但他们却没有从前那般中产阶级人民的那种坚实性，那种自治力，和那种可靠的特质。”“他们是在那种赌博的空气中得法的。他们也没有像从前中等阶级人民那样文雅，其中有大群目不识丁的强盗，和最下等人民中的那种爆发户。”“那般代表秘密资本主义的任务都是强盗世界的人民；所以他们对于商业信用方面那种最简单的原则，也不能明白的。旧时候中等阶级人民至少有几种范围很狭的，但是永久的道德习惯；新式中等阶级人民是完全不受习惯或道德束缚的。他们是社会上的一种势力，但是很残忍的很凶暴的。将来他们也许能够改组俄国的经济制度，但现在，他们却没有建设的能力。”这种新式的中产阶级“没有政治的根本原则[①]”，以不正当手段获得财产等。既然新式的中产阶级是这样的一个阶级，张慰慈也就很难期望他们能够造就一个民治的政府来。其他阶级的情况亦不容乐观，旧官僚加入新官僚的团体，智识阶级“自由创造的精神却从此消失了”，“对于人民，是很失望的，对于民治主义，失去了信仰”[②]等。总体来看，在这篇文章中，张慰慈对苏俄政策和制度采取批评与指责的态度，有着十分鲜明的“恐俄”、反“赤化”、反“过激化”的情绪。当然，文章目的是指向中国的：“我们不明白革命以前俄国社会阶级的状况，我们就很难明白俄国为什么这样容易的过激化了；我们如果要预料

①李源编:《中国近代思想家文库·张慰慈卷》，中国人民大学出版社2015年版，第280页。

②李源编:《中国近代思想家文库·张慰慈卷》，中国人民大学出版社2015年版，第282–283页。

中国将来是否有过激化的危险，我们只须看看中国现今社会阶级的状况。所以这几年来苏俄社会阶级状况的变迁很可以使我们得到一种极大的教训。”①

与《俄国革命前后社会阶级状况的变迁》一文相关联的是《苏俄政府的经济政策》，在论及俄国用新经济政策代替共产制度的原因时，张慰慈断言，“俄国试用了几年的共产制度，工人还没有踏进天堂的门，社会上其余多数人民却都跌下地狱里去了”。而新经济政策实施的效果并不理想，“政府所把持的几种重要工业渐渐变成不重要了，并且又将要到破产的地位。一九二二年到二三年的工业恐慌是完全因为管理不善所发生的。贵重的物品就没有承受的主顾。农民因为工业品的涨价，也就增加农品的价值。从一九二三年八月到一九二四年八月，粮食的价值差不多增加了一倍。但同时在工业方面，因为出产太多，销路减少，其价值就不得不低落。又因粮食的涨价，工资也不得不增加；其结果就使工业品的成本增加。苏俄政府于无可奈何的时候，不得不一方面亏本的出卖工业品，有一方面想法减低粮食的价值。因此，苏俄非但没有粮食出口，有一个时候甚至于从加拿大运进粮食，藉以减低市价。”②可见此时的张慰慈确实是在研究俄国的“具体的事实”，而不是“高谈阔论”。

总之，苏俄政权的制度设计与实践效果大相径庭是导致张慰慈从“肯定”苏俄转向“仇俄”根源。从这个角度来看，张慰慈态度的变化并不是其自由主义立场的变化，恰恰相反，这一变化反映了他对自由主义的坚持，并彰显其关注现实的特色。

有学者指出，张慰慈的自由主义思想与当时的自由派知识分子之间存在些许差异，特别是“他对于民治问题的看法，相对更为保守”。如胡适坚持训政时期必须先制定宪法，行宪政，否则就不是训政。而张慰慈则主张应先进行“训政”，然后再立宪③。其实，张慰慈与胡适之间的分歧在“仇俄”问题上就已经很明显地表露出来。当张慰慈发表有关“仇俄”的言论时，胡适则对张慰慈的做法提出批评：“去年许多朋友要

①张慰慈：《俄国革命前后社会阶级状况的变迁》，《东方杂志》第23卷第4号，1926年2月25日。

②张慰慈：《苏俄政府的经济政策》，《东方杂志》第23卷第9号，1926年5月10日。

③参见李源编：《中国近代思想家文库·张慰慈卷》，中国人民大学出版社2015年版，导言第9页。

我加入'反赤化'的讨论，我所以迟疑甚久，始终不加入者，根本上只因我的实验主义不容我否认这种政治试验的正当，更不容我以耳为目，附和传统的见解与狭窄的成见。我这回不能久住俄国，不能细细观察调查，甚是恨事。但我所见已足使我心悦诚服地承认这是一个有理想，有计划的大政治试验。我们的朋友们，尤其是研究政治思想与制度的朋友们，至少应该承认苏俄有做这种政治试验的权利。我们应该承认这种试验正与我们试作白话诗，或美国试验委员会制与经理制的城市政府有同样的正当。这是最低限度的实验主义的态度。"[①]这里，胡适不只是向张慰慈表达了自己对苏俄的好感，也不只是为了说明自己先前没有加入"反赤化"的原因，而是婉转地批评了张慰慈对苏俄的态度。

为什么会产生这种差异呢？其根源大概是实验主义者与经验主义者最大的不同。从前文所述，已可以明显地看到张慰慈的研究根植于现实而非学理的特点，这在张慰慈针对城市自治的研究中有着更为系统的阐释，"我们最先须注意的，就是城市自治完全是一个事实问题，绝对不是一种哲理的观念。我们必须从具体的事实一方面着想，去研究用怎样的方法，怎样的组织，可以使市民得到最大的利益；万不能说这样的办法是忘却民治的精神，那样的方法又不能使市民当行政之冲，与自治的精神不能相容。"[②]据此，他批评了美国以往城市政府照搬中央和各邦政府搞三权分立的做法。"在城市政府中，有一个市长，等于中央政府的总统；也有两院制的市议会，大半议员是城内各区选举出来的；也有三权分立的制度，市政议会市法庭的权限完全分开。所以到了十九世纪之末，美国城市政府的组织是非常复杂，有各种的机关，不过都不能做什么事，因为城市的职权是由各种机关分担的。在职权一方面，各种机关是互相钳制的；在责任一方面，彼此又可以互相推托的。"[③]因此，他主张城市政府组织最重要的原则是"职权必须集中，责任必须确定，民选的官吏万不可过多"，并且解释说："近来有很多的人往往误解民治主义的原则，以为凡一切职权放在普通人民手中，总是不会差的，不晓得人

①耿云志、欧阳哲生编：《胡适书信集》（上），北京大学出版社1996年版，第380页。
②李源编：《中国近代思想家文库·张慰慈卷》，中国人民大学出版社2015年版，第80–81页。
③李源编：《中国近代思想家文库·张慰慈卷》，中国人民大学出版社2015年版，第81页。

民没有能力，没有机会，去使用职权，最容易被腐败的政客和官僚所利用，借人民的名义去做出种种自私自利的事情，结果人民一方面反而得到种种的害处。”最后，他告诫说：“我们万不可拘束于普通的民治主义观念，去讲哲理原则，而不去注重于事实的一面。”[①]

有论者认为，“自由主义强调个性解放、意志自由和自己承担责任，在政治上反对一切专制主义。在中国的社会条件下，自由主义缺乏社会基础。”[②]如果以此来总评近代中国的自由主义尚无不妥，如针对张慰慈个人却并不恰当。浓郁的现实关怀，政治运作与时而化、因境而变的坚持，使张慰慈成为一个现实的自由主义者。政治理想与可实践性的结合，也许正是他在三十年代之后能够顺利融入政界、成为一个治国专家的原因。

【本章由陈明胜（南京审计大学马克思主义学院副教授、博士）撰写。】

①李源编：《中国近代思想家文库·张慰慈卷》，中国人民大学出版社2015年版，第82–83页。

②李源编：《中国近代思想家文库·张慰慈卷》，中国人民大学出版社2015年版，总序第3页。

第三章　妇女解放视域中的婚姻观

在20世纪初期的妇女解放思潮中，中国先进知识分子在批判旧的婚姻家庭制度的同时，较系统地提出了新的婚姻观。张慰慈就是其中杰出的代表之一。张慰慈是中国政治学研究的先驱者，是北京大学最早的政治学教授，1930年受聘于省立安徽大学法学院政治学教授，任职期间他整理出版了多部政治学著作，在政治学界产生了重大影响。同时，他又是研究妇女问题与婚姻问题的专家。他与徐志摩等人合办《晨报副刊》，发表了大量关于妇女、婚姻、家庭的文章。他所发表的关于妇女的文章，尤其是其所翻译的叔本华的《妇女论》，曾引发了热烈讨论，也引来了谴责之声。在关于妇女问题的大讨论中，他于1919年7月和8月在《每周评论》上发表了《俄国的婚姻制度》和《女子解放与家庭改组》，1925年11月、12月和1926年1月在《晨报副刊》上发表了《论妇女的智力》《床的研究》《巴尔沙克论婚姻》等文章，在这些文章中，张慰慈较为系统地阐述了其婚姻观。

一、爱情与婚姻关系的梳理

张慰慈在《巴尔沙克论婚姻》一文中，对于爱情与婚姻的关系以及婚姻里的爱情作了比较详尽的论述。这些论述，是他根据1928年出版的巴尔沙克《婚姻的生理》一书的主要观点，在分析中外学者对于男女婚姻爱情问题的研究，以及抨击中国的道学先生们用封建礼教去抑制人的性欲的基础上产生的。

（一）爱情与婚姻的内涵

首先，张慰慈依据巴尔沙克《婚姻的生理》一书的观点，从男性的视角论述了爱情的内涵。他将现实生活中的爱情分为两类：自然的爱情与义务的爱情。他说："从男人方面着想，天底下只有两个妇女：一个是他所要的，可是不能到手的；一个是他到手了的，可不是他要的。男子对于他所要的但不能到手的女子的欲望是叫做爱情。""他所有的但不要的——可是也有一种相当的义务，可以叫做义务的爱情。"①对于义务的爱情，是没有天然的根据的，只是从法律与道德方面发生出来的。也就是说，男性一定要抑制自己天然的情欲，从法律或道德上尽一个男人应尽的义务；同时，对于自己不爱且与自己结婚的女子也应有一种极自然的爱情，如同他所要的但不能得到的女子的爱情，同样的自然。其次，他从生理学基础理论出发，认为婚姻是一种活的有机体，是人性中各种势力的出产品，所以婚姻也有一种生理的基础。

（二）爱情与婚姻的关系

张慰慈认为男女间的爱情是一定有变迁（变化）的，变迁（变化）的原因之一就是婚姻。如在结婚之前，一个女子是男子自由选择的目的物，男子爱她是因为她是许许多多女性中的一个，你所爱的是她所代表

①李源编：《中国近代思想家文库·张慰慈卷》，中国人民大学出版社2015年版，第271页。

的女性；她拥有美丽的容貌或者具有使男子动心的特质，正因为如此，男子才会从众多女子中选择这个女子，这也只是从异性方面所发生出来的现象。但随着男女步入婚姻殿堂，男女间的这种爱情就会变更形式发生变化。因为结婚以后，一个女子成为妻子是属于男子（丈夫）的了，随着婚姻生活的深入，男女之间变得更为熟悉了，这妻子对于她丈夫就失去了那种异性的特质，而她丈夫又会发现家庭之外新女子的美丽，这个新女子所处的地位就是他妻子在结婚之前所处的地位。所以，张慰慈认为结婚以后，丈夫对于妻子的爱情不在于其美丽的容貌与女性的别种特质，而是取决于妻子性格上的引诱力（或说魅力），“结婚以后，男子决不能再爱那女子的美丽，或女性上的别种特质，他定必要从女子的性格方面发现几种引诱力，他才能敬爱这个女子。所以结婚以后他所爱的不是女子的容貌，却是女子的性格。”[①]因为妻子的容貌是会随着时间的推移而逐渐衰败的，因妻子性格上的魅力而产生的这种爱情比之前那种因容貌发生的爱情更能持久，这种爱情随着男女愈熟悉愈能递增。

（三）婚姻的爱情

张慰慈认为，婚姻的爱情是有实际的爱情与理想的爱情之分的。“在当初你选择这个女子的时候，只因他最能合你的理想，可是在事实上你所爱的只是你自己的理想罢了。婚姻的意义只是实际，是从客观方面研究一个女子，并不是情人从主观方面研究他自己的理想。”在婚姻里，“义务也许能够限制男子不去再要别的女人，可是义务不能激励男子去享受他所有的女人。婚姻契约的条件只使男女两方面各为各所有，这种所谓爱情确是很苦痛的。只有在结婚以前，爱情才是一种简单的激动力；结婚以后，爱情只是一种有知觉的并且是痛苦的事。它所爱的目的物是早已失去了种种的引诱力，除非那男子能够用尽心计，忍受种种痛苦，才能保持这种所谓义务的爱情。”[②]要摆脱这种苦痛，就要“能够再进一步，把爱情比忠心看得更为重要，维持到底”[③]。所以，他认为

①李源编：《中国近代思想家文库·张慰慈卷》，中国人民大学出版社2015年版，第271页。
②李源编：《中国近代思想家文库·张慰慈卷》，中国人民大学出版社2015年版，第272页。
③李源编：《中国近代思想家文库·张慰慈卷》，中国人民大学出版社2015年版，第272页。

婚姻的爱情是一个比较复杂的问题，是不能以普通的理智解释明白的，“经济的关系不是婚姻的原因，只是婚姻的结果，婚姻的爱的唯一原因只是记忆力。”[①]“记忆”是解释婚姻秘密的钥匙。

二、苏俄婚姻制度的宣传与研究

张慰慈在《俄国的婚姻制度》一文中，为了回击社会上传言俄国妇女国有制度的无稽之谈，对列宁政府成立以后俄国的婚姻制度的结婚法与离婚法作了介绍和阐释。

（一）苏俄的结婚法

张慰慈认为，俄国的结婚法比较简单，一共只有六条，它与欧美各国结婚法的不同之处在于：一是规定了结婚礼式举办的地点。在欧美各国结婚礼式大半都在教堂举行，即使不在教堂举行，行礼时也必须有牧师在场做证婚人。这种结婚礼式，可以叫做宗教的婚姻。俄国在十月革命前也实行这种宗教的婚姻。但革命后，虽然没有禁止宗教式的结婚，个人仍可以随意举用，但俄罗斯共和国只承认民事的结婚，这是使结婚具有法律效力的必备条件。愿意结婚的男女必须到其所居住的地方的“结婚与生育注册部”声明、双方签字，由该部部长注册后，方可保证该婚姻的法律效力。二是界定了不能结婚的条件。结婚条件包括必备条件和禁止条件两方面，在这里，张慰慈着重介绍了四个禁止条件：十八岁以下的男子与十六岁以下的女子；有血统关系的男女，如兄妹之类，完全的或一半的；已成婚的人；有神经病的人。这四个禁止条件恰恰从禁止条件方面说明了结婚的必备条件。三是赋予私生子与非私生子同样的权利。张慰慈认为，除日本之外，现今各国的法律都不承认私生子在法律上享有的各种权利，“这是一件最不公平最不道德的事。私生子的父母虽做了社会上所谓不规则的事，与私生子本人有什么相关？他并没

①李源编：《中国近代思想家文库·张慰慈卷》，中国人民大学出版社2015年版，第273页。

有犯罪，并没有作了不道德的事，为什么要把它逐出社会之外呢?”[①]正因为如此，俄国的法律就规定“私生子对于父母，父母对于私生子的，义务与权利，须与非私生子，一律看待”[②]。

(二)苏俄的离婚法

在介绍俄国的离婚法时，张慰慈认为与其他国家相比较，俄国的离婚手续比较简单和容易。一是俄国的法律不追究婚姻双方当事人离婚的原因。即为什么样的事要离婚。二是俄国的法律规定了离婚的条件。“只要双方同意，或一方面愿意离婚，就可到地方法庭去陈请，由地方法官择日传集两方面的人，或他们的代表讯问。如地方法官确信这离婚请愿书是出于双方或一方面自己的意思，就可以判断离婚，并出一离婚证书。”[③]三是俄国的法律明确了离婚后续问题的解决办法。如针对离婚后子女分派、子女的抚养费用及教育费由何人担任、妇人是否由男子给养等问题，如果双方已经商议妥当，则法官判决离婚时，可以同时判定；如果双方未曾议定，则此种问题须由民事法庭判决。

(三)推介苏俄的婚姻制度对中国人婚姻观念产生的影响

张慰慈《俄国的婚姻制度》一文，发表于1919年7月13日《每周评论》上，而此时中国正处于“五四”前后的新文化运动之中，中国先进的知识分子十分重视妇女问题与婚姻自由观的宣传。这一时期婚姻自由观的广泛传播，无疑加速了旧的婚恋观走向崩溃，并促使了现代新型情爱观形成。正如陈望道所说，当时中国已经觉醒的人们，也承认以恋爱为基础的结婚或恋爱自由，比旧式婚姻更有价值。以恋爱为男女结合要素的思想已经成了觉醒的人的倾向，成为了一个不可不论的事实。在这一时期思想启蒙运动中，张慰慈对俄国婚姻制度的结婚法与离婚法的推介和阐释，无疑将人们对婚姻问题的认识提升到了一个新的高度，这对变革传统的婚姻礼俗，主张婚姻自主，反对“婚姻专制”，破除“礼法

---

①李源编:《中国近代思想家文库·张慰慈卷》,中国人民大学出版社2015年版,第10页。

②李源编:《中国近代思想家文库·张慰慈卷》,中国人民大学出版社2015年版,第11页。

③李源编:《中国近代思想家文库·张慰慈卷》,中国人民大学出版社2015年版,第11页。

婚姻”，建立“法制婚姻”，摒弃男性重婚纳妾，实现妇女离婚自由，使以个性解放和创造为核心的新的婚姻观念真正深入社会大众心理，都起到了积极的推动作用。

三、妇女智力、妇女解放与家庭关系的探索

张慰慈在《论妇女的智力》与《女子解放与家庭改组》两篇文章中，从生物进化角度，采用一些实地调查的结论，阐述了妇女的智力、妇女解放对婚姻家庭的影响。

（一）妇女智力的考察及婚姻选择对妇女智力的影响

在《论妇女的智力》一文中，张慰慈首先抨击了贬低妇女智力、认为妇女职务范围仅限于衣服、烹饪和孩子的社会世俗观点，从生物进化角度提出“男女间的区别和男女在社会上的平等是不发生冲突的”，“男女性在身体方面既能是不同的，男女性在心理方面也一定是不同的”[①]，进而由心理的不同引申出男女在天才数量上的差别，即“男性中的天才较多于女性方面。”[②]

第一，研究了历史上妇女之所以没有男子那样容易著名的缘由。张慰慈认为，从历史上看，妇女之所以没有男子那样容易著名，只因为妇女没有像男子那样有出名的机会。就算她做了皇后，也没有多少机会去执行大业，为所欲为地做她的事，像中国历史上的武则天、慈禧太后那样，可是有这样机会的妇女能有几个呢？“从前妇女却没有进各项职业的机会，所以历史上著名的大政治家，大实业家，大学者，都是没有妇女的。”[③]即使有天才的妇女，也同天才的男子有同样的困苦，也同样的孤身奋斗，达到最后的胜利。在张慰慈看来，就是唱戏这种行业，世俗

①李源编：《中国近代思想家文库·张慰慈卷》，中国人民大学出版社2015年版，第228页。
②李源编：《中国近代思想家文库·张慰慈卷》，中国人民大学出版社2015年版，第229页。
③李源编：《中国近代思想家文库·张慰慈卷》，中国人民大学出版社2015年版，第230页。

的观念都是以为妇女从事这一行业的道路是平安的、容易的，但有很多的女戏子都是出身最低卑的，很痛苦地极慢地一步一步跑，跑到顶上，才能享受极大的盛名，“只有她的忍耐心，她的才能，方能战胜一切困难，成了大名”[①]。

第二，分析了近代著名妇女的数目比不上18世纪的原因。张慰慈认为，从最近时代看，妇女的机会总是较从前多，但现今著名妇女的数目却比不上18世纪。除意大利之外，英法德美都是这样的。究其原因，他说：“有人曾查过美国九百七十七个妇女的履历，但其中只有百分之十五曾经受过大学教育。”[②]这就是说，近代著名妇女的数目之所以比不上18世纪的原因，就是因为妇女没有受到良好的教育。张慰慈认为，在中国也存在这一问题。他说：“我们中国办了这许多年数的女子教育，派了女子到东西洋留学，现在已经造就出来的女子人才究竟有几个呢？……在这几十年之内我们女子教育的成绩差不多可以算是等于零数。”因为这几十年之内中国女子教育办得实在太糟，女子学堂的功课毫无实用的东西，没有根据妇女的需要和个性发展其才能。至于女留学生大都是几个富家子女，她们出洋的目的也只是为了回来能说几句洋话，挂一块女留学生的招牌，在社会上出出风头，就心满意足了[③]。此外，妇女的自身性格等方面，也是天才的妇女没有像天才的男子那样多的原因。

第三，探讨了职业男女根本区别的所在。张慰慈认为，男女差别不在于智力而在于性别的差异，即男性的身体比女性的强健许多，女子按时总有几天身体上的不舒服，并且女子的最后目的是在于嫁人，她们对于职业的兴趣没有男性对于职业的兴趣高。这种区别在男女的智力方面是没有多大影响的。

第四，阐述了男女小孩发育与男女学生成绩的差异。张慰慈认为，虽然我们不能从经验和科学方面证明男女智识上那种精细的区别，但我们却不能不承认男女间的智力至少有些细微差别。从男女小孩发育的早

①李源编：《中国近代思想家文库·张慰慈卷》，中国人民大学出版社2015年版，第230–231页。

②李源编：《中国近代思想家文库·张慰慈卷》，中国人民大学出版社2015年版，第231页。

③参见李源编：《中国近代思想家文库·张慰慈卷》，中国人民大学出版社2015年版，第231页。

晚与男女学生的成绩比较看，男女智力上的区别是细微的却也是一种根本上的区别。从男女小孩的发育看，女小孩发育早于男小孩，“凡同年的男女小孩，女小孩的智识总比男小孩大些。这种事实是各国那般制定保障妇女法律的立法者所不大十分明了的。”[①]从男女学生成绩看，男学生在理想、分析问题方面胜过女学生，女学生记忆力超强、特别勤学，在成绩上等于或超过男学生。

第五，探究了婚姻选择对妇女智力的影响。如何认识男女心理区别，张慰慈根据荷兰大学海门司教授的研究结论，认为男女之间根本上的区别就是妇女是特别富于感情性的，这是男女心理区别在生理方面的根据。这一根本特点不会因教育或环境的改变而更改的，将来也许可以因男女婚姻选择方法的变更而改变的，男女择偶时候所抱定的理想目的都可以互相影响于男女的将来。

总之，张慰慈认为，男女智力上的区别虽则是细微的，不容易察觉的，却是一种根本上的区别。对妇女智力问题仁者见仁、智者见智，还没有一个人能把妇女的特点完全同时描述出来，现在有多少的痛苦都是发源于男女之间的互相隔膜，要消除这种隔膜，男子就必须完全懂得妇女，要懂得妇女就必须仔细研究妇女问题。

（二）妇女解放对婚姻家庭的影响

在《女子解放与家庭改组》一文中，张慰慈认为，无论中外法律与习惯都让妇女受了社会上法律上经济上种种拘束，完全依靠男人、服从男人。为了改变这种状况，张慰慈从以下几个方面作了阐述：

第一，抓住中国数千年封建婚姻制度这个要害，进行了猛烈抨击。在《女子解放与家庭改组》一文的开首，张慰慈就指出：“女子这两个字包括一段极长的悲哀历史。数千年来，无论在中国，在外国，女子受了社会上法律上经济上种种的拘束，完全依靠男人，服从男人。”[②]女子是没有法人资格的，这在中国与外国、尤其是在向来所谓尊敬妇女的欧洲各国的法律与习惯上都是如此。他说：“我们中国是最讲纲常名教的

①李源编：《中国近代思想家文库·张慰慈卷》，中国人民大学出版社2015年版，第233页。
②李源编：《中国近代思想家文库·张慰慈卷》，中国人民大学出版社2015年版，第16页。

礼仪之帮，关于怎样去限制女子的自由，怎样去使得女子不能发展他们的能力，同时剥夺他们人格的种种法子，总算完备极了。”“我们的女子受了数千年传下来的遗毒，就失了他们的知觉，变成男子的一种极妙玩物。其中有几个最为社会所称扬的，也不过晓得怎样去做男子的‘贤妻良母’罢了。”[①]这样的制度实行了数千年，没有人觉得不合理，大家反而以为是“天经地义”的制度，这就更要引发人们的批驳与反思。

第二，依据五四时期知识分子反封建、争取民主自由的思想，提出解放女子就是解决女子问题的方法。张慰慈说：“旧制对待女子的方法非但没有人道，男子一方面也受许多连带的痛苦（例如婚姻的痛苦，家庭的痛苦），社会上也受了很大的影响（例如经济上的损失由于女子无职业）。再加上西洋的思想输入，她们更加有了比较，起了反思。渐渐的‘女子’就成了问题。女子所以成了问题，就是因为照习惯和法律，女子与男子在社会上所受的种种待遇，太不公平，女子到处受检束，到处不自由，……所以女子解放问题就变了女子问题的重要部份。”[②]

第三，根据当时《上海星期评论》征集的意见与胡适先生“女子解放当从女子解放做起”的观点，从多方面论述了怎样实现女子解放以使她们的地位适宜新式社会。张慰慈认为，女子解放同社会种种改良问题一样，必须先解放后建设，在解放与建设的中间有一条大沟，如何跨越这条大沟？既要把男性作为模范来学习，又要充分考虑和利用女性天生的特别性情。

一是用艺术与科学的方法重新组织家庭。在这样的家庭之中，妇女的各种天生能力多有发展，各样利益多能享受。由于家庭与各级的政府机关具有种种的密切关系，妇女还必须参加政治运动。因为家庭与各级的政府机关，如市政府、省政府、中央政府，均有种种的密切关系。

二是争取受教育的权力。这种教育“包括小学以上的教育，及现今所认为最紧要的教育时期，就是从婴儿的时代到初进学堂的时候”[③]。除此之外，女子还应该接受更高层次的教育，包括高等教育。

---

①李源编：《中国近代思想家文库·张慰慈卷》，中国人民大学出版社2015年版，第16–17页。

②李源编：《中国近代思想家文库·张慰慈卷》，中国人民大学出版社2015年版，第16页。

③李源编：《中国近代思想家文库·张慰慈卷》，中国人民大学出版社2015年版，第18页。

三是尝试公共管理家务。在张慰慈看来，“此刻有许多的事务是各家各自管各的，但是将来这许多事务，可以由数家或数十家组织一个公共的团体，公共管理。”如何公共管理家务？“我说的公共管理家务，并不是一种乌托邦所有的制度，此刻已经有了成例。”[①]这里的成例指的是学堂和医院。他认为，从前没有学堂的时候，各人各教他的孩儿，家里就是学堂，从成立学堂以后，没有人不把孩儿送入学堂里去，因为个人的家塾万不能与公家的学堂相比。还有医院也是如此。因此，张慰慈认为，家里其余的事务，尽可参照教育、医病两件事一样地办理，可以由数家和数十家组织一个公共的团体，公共管理家务。

四是从事自己专长的职业。张慰慈认为，如果能解决公共管理家务问题，那么大多数妇女就可以减轻或摆脱家务劳动，拥有一个职业。妇女要有职业，必须先有一种专长。“女子之中，有了分工，她们就能得到工资。女子不做家里所有的工，才能得金钱的工作代价。”[②]也就能得到经济上的独立。如果妇女在这世界上有一个位置、一份职业，能做一些对社会有用的事，那么她们的人格、自尊心也就得到了提升，她们就可以为爱情而结婚，婚后有自己的孩子，从而得到家庭的幸福。只有这样，才是真正的女子解放。

五是破除男尊女卑的陈旧观念。张慰慈认为，妇女本身狭隘的家庭观念对家庭和孩子具有较大的负面影响。他说女子的偏狭心理，是进化的大阻力，女子的“个人主义”，为团体生活的障碍物。同时，他还认为“小孩子在最能教育的时期，就天天被孤独的家庭模范围住，久而久之，他们以为人生最大的职务是对于家庭，不是在于家庭以外”[③]。此外，他还认为家庭中父亲的男尊女卑观念也会对孩子尤其是女孩子产生不良影响。他说：“一个小孩也总能够得到他父亲所有的性情，同时也能吸收他父亲贱视女小的心理，他父亲在家庭中作威作福的能力，小女孩在家里只有学习怎样服从，怎样伺候‘尊贵’的男子，同时觉得他们与世界的关系，实在是毫无紧要。”[④]这样的情形，就生出我们现在的人

①李源编:《中国近代思想家文库·张慰慈卷》,中国人民大学出版社2015年版,第18页。
②李源编:《中国近代思想家文库·张慰慈卷》,中国人民大学出版社2015年版,第18页。
③李源编:《中国近代思想家文库·张慰慈卷》,中国人民大学出版社2015年版,第19页。
④李源编:《中国近代思想家文库·张慰慈卷》,中国人民大学出版社2015年版,第19页。

民，不晓得民治制度的真义，一天到晚只计算他们自己的利益。这也是民治政治在中国难以实行的重要原因之一。

(三)关于床与婚姻的关系及其对婚姻生活的影响

张慰慈在《床的研究》一文中，对床的种类与作用、床与婚姻的关系以及夫妻的床对婚姻生活的影响作了比较详尽的论述。

第一，床的种类与作用。张慰慈首先对床的种类作了区分。他说："一只床是晚上睡觉的地方，这只床也许是铜的、铁的、钢丝的，砖的，木的；也许是极美丽极繁华的床，也许是极不舒服的硬床，也许是最新式的床，也许是一种土炕。"[①]但无论是什么种类的床，对人都是极其重要的，这在现代文明国度（日本除外）都是一样的。

张慰慈认为，床的意义的范围是很广大的。首先，床与人的一生紧密相随。他说："大多数的人民都是生在床上的，也是死在床上的，一个人生出来后，最初和这世界接触的事物中，就有这只床；在死的时候，最末次与这世界脱离关系的事物中，也有这只床。人民活在这世界上的时候，差不多又没有一天不和这只床发生关系的。"[②]人生一世，半世的时间都是费在床上的。其次，夜晚人们在床上进入梦乡以后就实现了人与人之间的平等与自由。他说："我们每晚睡着的时候，白天的麻烦，白天的忧虑或痛苦都没有了，如果再做几个好梦，我们真能享受无穷无尽的乐趣，并且在床上睡着时候的乐趣和舒服又是个个人能享受的。"[③]最重要的是，到了晚上在床上睡着以后，每个人是绝对平等的绝对自由的。不仅如此，在每个人睡着以后，各类床的物质差别也都消失了。

第二，床与夫妻的关系及夫妻的床对婚姻生活的影响。张慰慈依据Balzac的《婚姻的生理》一书的观点，在批判封建假道学的基础上，探讨了夫妻与床的关系，其中一些观点在今天看来仍是比较前卫的。他认为，在中国夫妻同睡一床是千篇一律的惯例，偶尔有分睡的只是例外；

①李源编:《中国近代思想家文库·张慰慈卷》,中国人民大学出版社2015年版,第236页。
②李源编:《中国近代思想家文库·张慰慈卷》,中国人民大学出版社2015年版,第236页。
③李源编:《中国近代思想家文库·张慰慈卷》,中国人民大学出版社2015年版,第236页。

在现今的文明国家中，高等社会夫妻的床有三种办法：夫妻同睡一床、夫妻在一间屋里各睡一床、夫妻在两间屋里各睡一床。对这三种办法的弊病，张慰慈逐一进行了比较和分析。

首先，从夫妻同睡一床看，这是最普通的习惯，但这种办法却对人生快乐、健康和自尊的心理最有妨害。一个人睡着以后的相貌大都是最不雅观的，“夫妻睡在一只床上，一年三百六十日天天看见这样的状况，那种互相厌恶的心理，自然而然的会发生出来的。”[①]由此，我们可以引用一句极粗俗的俗语，“老婆是人家的好”，这就是因为人家老婆在晚上睡着时候的怪样子，是别人看不见的。大概妇女对于她们的丈夫，也许有同样的心理。正因为如此，在社会上就出现了这样一种夫妻关系，白天不说一句话，就像仇敌，到了晚上他们又睡在一个枕头上做恩爱夫妻。因此，他对同睡一床的夫妻关系给出三点结论：一是夫妻同睡一床是不自然的；二是每一个人在睡着时候大都是很不雅观的；三是每日按一定时候同睡同起差不多变成一种定期的爱情。

其次，从夫妻在一间屋里各睡一床看，张慰慈通过列举三个实例，说明这种办法害处很大，往往是夫妻间决裂的原因。他认为：“婚姻中的床是丈夫自卫的地方，只有同床睡觉，丈夫才能觉察他女人的爱情的消长，这只床确是爱情方向的风雨表。”[②]如果分床，丈夫没有了一种可靠的风雨表，等到大风忽起时候，他既没有预备，又没有防御方法，在这茫茫的情海之中，他的地位实在是危险万分的。当然，他也承认，这种分床办法也有一种用处，这就是到了结婚二十年以后，一对老夫妻是可以分床睡觉的，决没有什么危险的地方。

最后，从夫妻在两间屋里各睡一床看，张慰慈认为夫妻采用这种办法，是一种最高明最开通的方法。采用这种办法，结论只有三种：或者只是名义上的夫妻，在事实上早已离婚了；或者是懂得快乐的秘密，把爱情看做偶然发现的乐趣，不是天天要尽的义务；或是最能互相体谅到十二分，或是仇恨最深的。有鉴于此，他认为夫妻各睡一房，将来免不了发生种种祸患，出现这样的结果，是“咎由自取，死不足惜”。

①李源编：《中国近代思想家文库·张慰慈卷》，中国人民大学出版社2015年版，第237页。
②李源编：《中国近代思想家文库·张慰慈卷》，中国人民大学出版社2015年版，第240页。

鉴于以上分析，张慰慈认为夫妻分房的办法，真是所谓“一言难尽”。由于床上的生活占据了半世的时间，作为丈夫，不得不选择以上三种办法中的一种，“比较起来，在这三种办法之中，第一种办法——夫妻同睡一床——的弊病要算是最轻最容易补救。”[①]采取这种办法的丈夫，还必须采用正确的方法，过好夫妻生活，调剂好夫妻关系。

总之，近代以来，随着西方思想的传入和中国民众自身的觉醒，尤其是女性平等意识的觉醒和女性解放运动的不断兴起，中国传统的婚姻被注入了新鲜的血液，社会开始反思传统婚姻对人性尤其是对女性人格的压迫和禁锢。在这样的社会背景下，张慰慈作为中国近现代史上著名的学者，用深邃的思想对封建婚姻制度进行了猛烈的抨击，他对爱情婚姻的内涵、爱情与婚姻的关系以及婚姻的爱情的阐释，对妇女智力、妇女解放对婚姻家庭的影响的研究，对床与婚姻的关系和夫妻的床对婚姻生活的影响的分析，以及推介俄国婚姻制度及其对中国人婚姻观念产生的影响的论述，在社会上产生了重要影响，对于“五四”前后的新文化运动中新型爱情观婚姻观的广泛传播，对于人们冲破封建礼教、争取婚恋自由、实行一夫一妻制、追求婚后男女平等的夫妻生活，都起到了积极的推动作用，为中国新式婚姻制度的诞生奠定了思想基础。当然，我们应看到，囿于当时社会环境和条件的限制，张慰慈提出的用艺术与科学的方法重新组织家庭、公共管理家务等解放妇女的方法，必须要依托与之相适应的政治的、经济的、文化的社会环境和条件才能实现。但不能否认，张慰慈作为妇女解放的启蒙思想家，他的婚姻观不仅对后来的妇女解放运动产生了深远的影响，也对社会变迁和文化进步产生了积极的影响。

【本章由杨根乔（安徽省社会科学院马克思主义研究所所长、研究员）撰写。】

---

①李源编:《中国近代思想家文库·张慰慈卷》,中国人民大学出版社2015年版,第241页。

第四章　与胡适的40年交往情谊

张慰慈生平、活动、事迹的资料极少，几乎已经被其家乡、学习工作过的地方和学界所遗忘。现在他被政治学界重新关注的一个重要原因，是他与胡适曾经有过较多的交往。他们俩年龄相仿（张慰慈1890年，胡适1891年）、籍贯相近（苏南吴江与皖南绩溪），是同学（上海澄衷学堂）、同游（先后去美国留学）、同事（留学回国以后同为北京大学教授）、同志（为自由民主而努力）。虽然没有同胡适一道离开大陆，但据上海市文史馆沈飞德写的《张慰慈与文史馆》一文提供的资料："张慰慈在1972年7月19日自填的馆员'情况登记表'，其中'重要社会关系'一栏，写有胡适、陶孟和、张奚若、竺可桢。"[①]这表明，胡适在张慰慈心目中有着多么重要的位置。本章以胡适的日记、书信和诗书为样本，围绕张慰慈与胡适的交往活动，就他如何和为何从政治学研究"先驱"者变为历史记忆"失踪"者谈一点认识。

---

①沈飞德:《张慰慈与文史馆》,http://www.whb.cn/zhuzhan/bihui/20140526/7240.html。

一、最初的交往及两人的情谊

（一）张慰慈与胡适交往的开始

学业是很多人能够认识和交往的重要媒介，也是他们可能登上历史舞台的重要阶梯。张慰慈和胡适的相识、交往和成长也是如此。晚清末年的上海是西学东渐的重地，新学堂、新报刊、新知识如春风化雨一般滋润着来沪求学的少年张慰慈和胡适。1905年，他们两人约同时进入以西学教育为主的澄衷学堂学习，并同学了一年半。关于张慰慈的学习情况，如他在哪一个班级学习、学习成绩和表现如何、是否参加校内学生社团活动等，我们不是很了解，只知道他在该学堂学习了五年，1910年转入复旦公学读书。而胡适在学堂只学习了一年半，因为同学仗义执言愤而转入中国公学。胡适学习成绩特别是英文、算学进步快，入学次年春即由东三班升至西一班，并任班长。他积极创办西一班自治会等社团，参加过皖人驻沪协会筹办活动，有“好名”（他二哥对他的评价）之声。从胡适1906年上半年（在澄衷学堂学习的最后半年）日记看，没有资料显示张慰慈与胡适在学堂有多么密切的关系。在胡适自己说的6位“同学中最相契者”[①]和所列的14位“友人住所录”中都没有张慰慈的名字。不过，他们应该是相识的。胡适日记第一次出现张慰慈之名，是张慰慈转学后1910年正月十五那天，“慰慈自苏来，昨日已移入复旦，今日见访。”[②]至于张慰慈为什么要转入复旦公学而不转入中国公学，何以他从老家回来次日即拜访胡适，我们不太清楚。

张慰慈和胡适留学时期正当大时代，是清末民初政治巨变的时代，是世界战争与革命风起云涌的时代，也是美国国力日盛、开始傲立全球的时代。1910年8月，胡适启程去美国，在康奈尔大学农科学习（该大学最著

①曹伯言整理：《胡适全集》第27卷，安徽教育出版社2003年版，第51页。

②曹伯言整理：《胡适全集》第27卷，安徽教育出版社2003年版，第74页。

名的学科，也不用交学费）。离开上海时，张慰慈等人送他。胡适后来回忆："吾七年前去国时，在上海旅馆中与慰慈及仲诚为别，今……与慰慈话旧，不胜今昔之感矣。"[①]次年6月中旬，胡适收到张慰慈信和《马氏文通》，立即读了，"大叹马眉叔用功之勤，真不可及，近世学子无复如此人才矣。若贱子则有志焉而未之逮也。"[②]张慰慈为何要寄这部书，是胡适所要还是张慰慈相赠，不清楚。1912年初，张慰慈赴美国爱荷华大学学习政治学。与此同时，胡适在康奈尔大学从农学院转入文学院。

张慰慈的留学生活与胡适似乎没什么交集，胡适日记没出现过与张慰慈的交往记录。这很奇怪！因为胡适既活跃又关心政治，而学习政治学的张慰慈与他却没有什么联系——至少从胡适日记看是这样，这使人无法理解。胡适留学期间积极参加世界会等组织活动，四处游学、演说（1915年4月他说过"吾三年中演说何啻七十次"[③]）和广交朋友，往来信函也多，1916年一年"凡收到一千二百十封信，凡写出一千零四十封信"[④]。虽然学习的是文学，但胡适对政治非常关心，留学后第一篇被采用的英文稿就是《中国女子参政权》（其摘要1912年11月发表在美国《外观报》）。他关注辛亥革命，关注美国总统大选并在食堂发起留学生投票实验活动。1912年11月7日，他决定发起"政治研究会"，目的是使中国学生"得以研究世界政治"[⑤]。11月16日，政治研究会在他的住所第一次会议，确定了活动规则和计划。1916年11月9日，胡适日记有一篇《吾对于政治社会事业之兴趣》，说明他热心政治的原因。他说："余每居一地，辄视其地之政治社会事业如吾乡吾邑之政治社会事业。以故每逢其地有政治活动，社会改良之事，辄喜与闻之。不独与闻之也，又将投身其中，研究其利害是非，自附于吾所以为近是之一派，与之同其得失喜惧。""盖吾人所居，即是吾人之社会，其地之公益事业，皆足供吾人之研究。若不自认为此社会之一分子，决不能知其中人士之观察点，即有所见及，终是皮毛耳。""今人身居一地，乃视其地之利害得失若不相关，则其人他日归国，岂遽尔便能热

①曹伯言整理:《胡适全集》第28卷,安徽教育出版社2003年版,第575页。
②曹伯言整理:《胡适全集》第27卷,安徽教育出版社2003年版,第148页。
③曹伯言整理:《胡适全集》第28卷,安徽教育出版社2003年版,第107页。
④曹伯言整理:《胡适全集》第28卷,安徽教育出版社2003年版,第510页。
⑤曹伯言整理:《胡适全集》第27卷,安徽教育出版社2003年版,第222页。

心于其一乡一邑之利害得失乎？”[①]

张慰慈与胡适同时结束留学生活回国。1917年6月9日，胡适未完成博士学位申请的所有手续即离开纽约，6月20日到达文苦瓦（温哥华）。此前，“吾先与张慰慈（祖训）约，会于此。慰慈先二日到，今晨迎我于车站。同居于一旅馆。慰慈为澄衷旧同学，五年前来美，今在埃阿瓦大学（University of Iowa）得博士学位。”[②]6月21日，他们同船回国，7月10日回到上海。

（二）张慰慈与胡适的交情很深

张慰慈很重视同胡适的交往和友谊。回国以后开始的十几年，他的工作比较专心和安定；胡适则活动较多，经常奔波。俩人经常散步、交谈、吃饭，有很好的私谊和交情。

第一，张慰慈和胡适两家关系很近。1918年9月14日，张慰慈与高一涵一起搬至胡适租房处同住，使胡适感到“更不寂寞了”[③]（两家作为邻居可能有四年。直到1922年9月7日午饭后，胡适与任光同去看张慰慈新居。这时候张慰慈可能刚搬离原住处）。据智效民的《中国政治学的开拓者——张慰慈》介绍：同年11月，胡适因母亲去世回家奔丧，张慰慈寄了一百元。1924年1月27日，不知何故，胡适在日记中记下高一涵（乙酉二月十九日，阳历4月5日）、张慰慈（壬辰十二月五日，阳历1月21或22日）及其夫人（六月五日）的生日。江冬秀不喜欢徐志摩，因胡适替徐志摩与陆小曼做媒事同他闹了好几回。1926年7月，胡适赴欧临出门，她又当着张慰慈等人的面教训他，引起胡适的不快。1928年1月29日，胡适写信给冬秀提到“慰慈送了一百元来，连桌子在内，我收了”。不知指何事。2月24日早上，胡适与张慰慈、胡祖望从上海去苏州演讲。4月26日，胡适答应做中国公学校长（至1930年5月）。张慰慈也于此时来中国公学任教授。同年9月28日中秋节，胡适一家与张慰慈一家从上海去杭州游玩。

①曹伯言整理:《胡适全集》第28卷,安徽教育出版社2003年版,第481页。

②曹伯言整理:《胡适全集》第28卷,安徽教育出版社2003年版,第575页。

③耿云志、欧阳哲生整理:《胡适全集》第23卷,安徽教育出版社2003年版,第218页。

第二，胡适有时对张慰慈也倾诉情感问题。1919年初夏，胡适在张慰慈的扇子上写了一句“爱情的代价是痛苦，爱情的方法是要忍得住痛苦”。陈独秀加写了“我看不但爱情如此，爱国爱公理也都如此”一句。几天后陈独秀被捕，胡适作《爱情与痛苦》小诗及后序声援陈独秀，也表达了自己的心情。一年以后的1920年6月23日，胡适写了一首诗《戏代慰慈作》，诗曰：“究竟爱情是什么？我有生以来，不曾经过。但是这几天来，这个我好像已不是从前的我：睡也不能好好的睡，坐也不能好好的坐：也不像是醉，也不像是懒惰：——只是我这心头，好像新添了人儿一个。——难道这就是爱情了么？”[①]

第三，胡适出门经常给张慰慈写信，谈观感和想法。1919年10月，胡适陪杜威夫妇坐火车到山西讲学，8日刚抵达太原，他就给张慰慈等写信，谈至山西第一天的观感，如山西的贫穷、用人、学生气象、街头黑底白字格言等问题。1926年7月，胡适出国出席中英庚款委员会议。7月24日，途经贝加尔湖，胡适写信给张慰慈：“述我读Morganthau自传的感想，因论今日国中新政客之缺乏理想与理想主义。我作一格言云：‘计划不嫌切近，理想不嫌高远。’有慨言之也。”[②]7月31日，胡适写信给张慰慈。当日，胡适在莫斯科中山大学与蔡和森“纵谈甚快”，热烈地辩论了几个小时，产生了组织“自由党”的想法，“充分的承认社会主义的主张，但不以阶级斗争为手段”[③]。8月4日，胡适刚到伦敦，发电报给张慰慈。9月23日晚，从巴黎回伦敦以后，胡适写信给张慰慈等。10月4日，胡适日记记：“慰慈与志摩在北京发表了我路上寄的信，志摩并且加上了很长的批评。”[④]12月24日，胡适在伦敦写信给张慰慈等。

第四，胡适与张慰慈经常在一起吃饭聊天。1920年1月17日中午，张慰慈请胡适等吃饭，有黄君浩等。2月3日晚，张慰慈邀胡适吃饭。2月19日，胡适与张慰慈等吃饭。4月20日晚，张慰慈邀吃饭。1921年5月2日下午，胡适自天津回京后游公园，遇郑铁如、王文伯、张慰慈和蒋梦麟诸位，“谈近日教职员罢工事”。6月2日下午，胡适与高一涵到

①欧阳哲生编：《胡适文集》（9），北京大学出版社1998年版，第377页。

②曹伯言整理：《胡适全集》第30卷，安徽教育出版社2003年版，第215-216页。

③曹伯言整理：《胡适全集》第30卷，安徽教育出版社2003年版，第223页。

④曹伯言整理：《胡适全集》第30卷，安徽教育出版社2003年版，第360页。

公园漫步，遇张慰慈等人，“遂同吃饭，饭后打球一盘”。7月11日，他上午送别杜威，“晚到慰慈家吃饭，遇金岳霖先生”[①]。9月15日，胡适在上海呆了两个月（商务印书馆高梦旦等欲请他主持编译所工作），回北大不久，“夜八时，见月色撩人，就独自去游公园。进园后，遇一涵、慰慈、文伯、淮钟，同到水榭后石角上，喝茶高谈”[②]。11月6日下午，他去张慰慈家，“有文伯及岳霖等在此打牌……晚上与他们同到真光去看俄国戏班的游戏的歌剧”[③]。次年3月12日，胡适“与慰慈夫妇、黄国聪、颜任光同游香山”[④]。1931年初，胡适到上海参加中华教育文化基金会常务董事会期间，好几场吃饭都有张慰慈。7月20日，胡适与王文伯、何亚农、张慰慈游西山。王文伯告诉胡适江西官军剿共产军失败情形，从上午到天黑谈了八九个小时，引起胡适的兴趣和感叹。

1932年8月5日，任北大文学院院长半年的胡适出席“北大中基会合作研究特款顾问委员会”第一次会议，讨论新增设的“研究教授”人选（研究教授月薪400元以上，由北大和中基会共同支付，是胡适等挽救北大的重要举措）。会议决定聘请15人为研究教授，陶孟和竭力“主张加张慰慈，但慰慈自己愿意本年不受，故梦麟未提出”[⑤]。这15人没有一位是研究政治学的。其实，此时的张慰慈已经心有旁骛、弃学从政了。

二、学术与政治上的相互支持

（一）胡适支持张慰慈的政治学著述

张慰慈与胡适回国以后，经历了新文化运动、五四运动、国民革命、军阀混战、国民党执政、抗日战争和国共内战等血火交织的岁月。

①曹伯言整理：《胡适全集》第29卷，安徽教育出版社2003年版，第356页。
②曹伯言整理：《胡适全集》第29卷，安徽教育出版社2003年版，第454页。
③曹伯言整理：《胡适全集》第29卷，安徽教育出版社2003年版，第496页。
④曹伯言整理：《胡适全集》第29卷，安徽教育出版社2003年版，第537页。
⑤曹伯言整理：《胡适全集》第32卷，安徽教育出版社2003年版，第130页。

俩人都是当时中国社会变革——主要是思想文化变革的亲历者和推动者。胡适“心挂两头，既想争自由，又舍不得钻故纸……”[①]，张慰慈与胡适同时任教于北京大学，积极从事政治学的教学和著述。20世纪20年代初至30年代初的十年间，是他专心于政治学思考和著述时期，出版了十来部专著和译著。专著有《英国选举制度史》（商务印书馆1923年）、《政治概论》（商务印书馆1924年）、《市政制度》（亚东图书馆1925年）、《政治学大纲》（商务印书馆1930年）、《政治制度说》（神州国光社1930年）、《政治学》（商务印书馆1932年）、《宪法》（商务印书馆1933年）等；译著有《现代民治政体》（商务印书馆1931年）、《妇女论》（神州国光社1930年）等。这些著述使他当之无愧地成为中国近现代政治学教学和研究的先驱者。

胡适为张慰慈的政治学著述提供了很大的支持和帮助，审阅书稿，并至少为两部著述作序。这反映了两位学者朋友之间的思想交流之情。

胡适为张慰慈作序的第一部书是《政治概论》。《政治概论》由商务印书馆1924年2月出版，主要供高级中学作教科书。胡适1923年大部分时间在杭州休假，10月1日至3日晨，他校阅这部书稿，认为“慰慈此书甚好，将来也许能发生一点良好的影响”[②]。11月17日，他为此书写了一篇序[③]，说该书“其实是一般国民应该阅读的一部政治常识教科书”[④]。胡适针对书中第七章的观点提出了一个问题，即“民治的政治制度有没有制造良好公民的效力？”他认为，这是政治学很重要的问题，“在今日的中国更有讨论的必要”[⑤]。张慰慈针对有人主张“好人民须有民治或共和政体中造就出来”的观点，从事实出发，认为“民治或共和制度决没有单独制造良好公民的能力”。他说：“就是在那几个人民自治权力最大的国家中，政治上的弊病也不能完全免去，执政者方面也不免时有舞弊的事实，也不免时有压制被治者的行动。”[⑥]在胡适看来，

①耿云志、欧阳哲生整理：《胡适全集》第24卷，安徽教育出版社2003年版，第14页。

②曹伯言整理：《胡适全集》第30卷，安徽教育出版社2003年版，第59页。

③参见欧阳哲生编：《胡适文集》(3)，北京大学出版社1998年版，第326页。

④欧阳哲生编：《胡适文集》(3)，北京大学出版社1998年版，第322页。

⑤欧阳哲生编：《胡适文集》(3)，北京大学出版社1998年版，第323页。

⑥欧阳哲生编：《胡适文集》(3)，北京大学出版社1998年版，第322页。

张慰慈这段话并没有答复他前引的那种主张。胡适认为，这个问题应该分两步讨论："第一，制度的改良是否可以革除政治上的许多弊病？第二，民治的制度是否有训练良好公民的效力？"[①]胡适的观点非常明确：第一，历史上的无数事实使我们不能不承认制度的改良为政治革新的重要步骤。"我们不能使人人向善，但制度的改善却能使人不敢轻易作恶。"[②]第二，从民治国家的经验上看来，我们不能不承认民治的制度是训练良好公民的重要工具。"那些采用现成民治制度的国家，他们若等到'人民程度够得上'的时候方才采用民治制度，那么，他们就永永没有民治的希望了。民治制度所以有被他国采用的可能，全靠制度有教育的功用。"[③]胡适认为张慰慈小看了制度的教育作用。

胡适作序的第二部书是《市政制度》。此书可能是张慰慈在博士论文《美国市政之委员制与经理制的历史与分析》的基础上写成的。胡适1925年8月9日作序，认为该书"不偏重制度的介绍，而兼顾到制度背后的理论与历史"是其一个特别的长处。在他看来，"单绍介外国的制度，而不懂得这些制度的意义，是没有益处的。但制度的意义不全在理论的如何完美，而在他的历史的背景，——在他的如何产生。"[④]胡适主要就张慰慈的一个重要观点表达了感慨和看法。这一观点是："文化史上最重要的一步是从乡村的生活变化到城市的生活"，"凡一种民族没有建设城市的能力，其文化必不能十分发达"。胡适同意该观点。他通过观察北京、上海、广州、武汉、天津等大城市，认为"我们这个民族实在很少组织大城市的能力"，大城市在市政上是失败的，其根本原因是"我们虽住在城市里，至今还不曾脱离农村生活的习惯"[⑤]。他希望张慰慈的这本书能够引起一部分国民的注意，并指出："我们若不彻底明白乡间生活的习惯是不适宜于现代的城市生活的，我们若不能彻底抛弃乡下人与乡村绅士的习惯，中国决不会有良好的市政。"[⑥]

---

①欧阳哲生编：《胡适文集》(3)，北京大学出版社1998年版，第323页。
②欧阳哲生编：《胡适文集》(3)，北京大学出版社1998年版，第323页。
③欧阳哲生编：《胡适文集》(3)，北京大学出版社1998年版，第324页。
④欧阳哲生编：《胡适文集》(4)，北京大学出版社1998年版，第647页。
⑤欧阳哲生编：《胡适文集》(4)，北京大学出版社1998年版，第648页。
⑥欧阳哲生编：《胡适文集》(4)，北京大学出版社1998年版，第649页。

胡适为什么要为张慰慈这两部书写序？可能是两书的内容及提出的问题和观点引起了胡适的重视和思考。胡适的序显然为张慰慈的著述带来较好的影响。

（二）张慰慈支持胡适的思想革新

张慰慈追随胡适，通过发表文章、签名宣言等方式投身于新文化运动等思想革新活动。回国以后，他成为《新青年》和《每周评论》的重要撰稿人，在《新青年》发表了《美国城市自治的约章制度》、《美国委员式的和经理式的城市政府》、《美国劳动运动及组织》、《俄罗斯苏维埃政府》（译文）、《最近德国政治变迁》等文章，在《每周评论》发表了《俄国的土地法》《俄国的婚姻制度》《俄国遗产制度之废止》《女子解放与家庭改组》等文章。这些文章主要关注和讨论了城市制度、妇女和美俄政治等问题，发挥了政治学先驱者的独特作用，丰富了人们的知识，拓展了人们考虑问题的视野。

1920年7月，胡适发表《争自由的宣言》，张慰慈和蒋梦麟、陶孟和、王徵、李大钊、高一涵等七人在宣言上签名。宣言指出："我们本来不愿意谈实际的政治，但实际的政治，却没有一时一刻不来妨害我们。自辛亥革命直到现在，已经有九个年头。这九年在假共和政治之下，经验了种种不自由的痛苦；便是政局变迁，这党把那党赶掉，然全国不自由的痛苦仍同从前一样。政治逼迫我们到这样无路可走的时候，我们便不得不起一种彻底觉悟，认定政治如果不由人民发动，断不会有真共和实现。但是如果想使政治由人民发动，不得不先有养成国人思想自由评判的真精神的空气。"①

五四运动以后，《新青年》同人在办刊方向上发生分歧，张慰慈始终是胡适的坚定支持者。这时胡适与陈独秀一些书信往来也要经张慰慈过目。1920年12月间，胡适写信给陈独秀，就《新青年》"色彩过于鲜明"问题，主张要么"另创一个哲学文学杂志"，篇幅不求多，材料必求精；要么将编辑部从上海搬到北京，恢复"不谈政治"的戒约，注重

①转引自智效民：《胡适和他的朋友们（增补本）》，世界知识出版社2010年版，第249-250页。本文1931年以后张慰慈与胡适来往的部分情况，如无注释，也见于智先生文章。

学术思想艺文改造。高一涵、张慰慈看过这封信，守常、孟和、玄同等也同意[①]，却引起陈独秀的误解和不满。1921年1月26日，胡适给李大钊、鲁迅、钱玄同、陶孟和、张慰慈、周作人、高一涵等《新青年》编委，从维护团结的愿望出发，解释本意，就将编辑部搬到北京的建议征求意见并表决，得到所有人的赞同，张慰慈是赞同的第一人（周氏兄弟和钱玄同认为《新青年》的分裂是趋势，不要勉强调和统一）。同年5月21日，胡适写信给丁文江，提出创办《努力周报》。6月18日，他批评青年人把无政府主义作为时髦东西，提出"好政府主义"（8月5日，在安庆演说"好政府主义"，胡适说，这是他"第一次公开的谈政治"[②]）。1922年5月7日，《努力周报》第一期出版。张慰慈在该报发表了《制宪问题》、《市政问题》（连载）、《多元的主权论》、《从英国最近的政党状况上说明这次内阁改组的原因》、《什么叫近东问题》、《德国的经济议会》（连载）、《欧洲的新国家》（连载）、《普鲁士的新宪法》、《德国的赔款账》、《罗尔问题》、《新旧国家立法部与行政部关系的比较》、《政治改革的目标》、《革命和政治改革》（连载）、《城市在文化史上所占的地位》（连载）等文章，支持胡适。

作为"努力"的一个重大行动，1922年5月11日，胡适首次作政论文章《我们的主张》，得到蔡元培等16位留欧美学者联合署名（包括张慰慈）。5月14日，该文作为政治宣言发表在《努力周报》第二期。宣言说："我们深信中国所以败坏到这步田地，虽然有种种原因，但'好人自命清高'确是一个重要的原因。""我们深信，今日政治改革的第一步，在于好人须要有奋斗的精神。凡是社会上的优秀分子，应该为自卫计，为社会国家计，出来和恶势力奋斗。""这是政治改革的第一步下手功夫。"[③]胡适指出，好政府有两点涵义：一是充分运用政治机关为全社会谋福利，二是充分容纳个人自由，爱护个性发展。他提出，政治改革的基本要求是：必须有一个宪政的政府、公开的政府和有计划的政治。遗憾的是，这一"努力"没有什么效果。宣言在北方军阀政治中没有产

①参见耿云志、欧阳哲生整理：《胡适全集》第23卷，安徽教育出版社2003年版，第281–282页。

②曹伯言整理：《胡适全集》第29卷，安徽教育出版社2003年版，第402页。

③欧阳哲生编：《胡适文集》(3)，北京大学出版社1998年版，第329页。

生什么有益的影响。同年9月11日，在政治混乱之中，蔡元培离开北京大学。9月22日下午四点，胡适等人在铁狮子胡同顾宅茶会，交换政治主张，到会者近20人，包括宣言签名人、时任国务总理的王宠慧等，谈论很激烈。胡适感叹："可惜有许多人始终不肯开口，如孟馀、抚五、石曾、慰慈等。他们也许笑我们多事；我们也知道这班阁员是抬不起来的，但我们到了这个时候，不能不把死马做活马医，只是尽人事罢了！"[①]（会后，胡适到慰慈家吃饭，与慰慈夫人、他的妹子和慰慈打了四圈牌）1923年10月9日，胡适写信给高一涵、张慰慈、陶孟和等四位同人，感谢他们努力维持《努力周报》，使他能安心养病；告知停办《努力周报》的决定，以后打算"扩充《努力》使他直接《新青年》三年前未竟的使命，再下二十年不绝的努力，在思想文艺上给中国政治建筑一个可靠的基础"[②]。

在这期间，张慰慈与胡适还有过一些文字合作。1922年是《申报》创刊50周年。作为纪念，该报以《最近之五十年》为题，邀请著名学者从不同角度介绍这50年中国和世界的进步。胡适写的是《五十年来之世界哲学》和《五十年来中国之文学》。在前一篇文章中，他请张慰慈和高一涵写了政治哲学部分。1927年8月，张慰慈在《现代评论》发表《萨各与樊才第的案件》，介绍美国一个司法案件。后来萨各与樊才第被执行死刑的消息传到中国，该刊记者要他加一个跋尾，补记事件结局。张慰慈因有点病，请胡适补作。胡适写了《附记》，说："人家为了两个工人的生死闹了七年之久，审判与复查不知经过了若干次，然而至今还有许多人替死者喊冤，鸣不平。我们生在这个号称'民国'的国家里，两条生命算得什么东西！杀人多的便是豪杰，便是圣贤，便是'真天人'。我们记叙萨樊的案子，真忍不住要低头流愧汗了。"[③]1930年8月，张慰慈读胡适的《哲学史》，指出其中"《淮南》一章的政治思想一节，颇有把近世思想读进古书去的毛病"[④]，胡适同意。

①曹伯言整理:《胡适全集》第29卷,安徽教育出版社2003年版,第759页。

②欧阳哲生编:《胡适文集》(3),北京大学出版社1998年版,第400页。

③欧阳哲生编:《胡适文集》(11),北京大学出版社1998年版,第136页。

④曹伯言整理:《胡适全集》第31卷,安徽教育出版社2003年版,第705页。

三、中年以后的交往及其失联

（一）张慰慈弃学从政及与胡适的私谊

1931年以后，张慰慈走上弃学从政之路，先后任财政部秘书、沪宁沪杭甬铁路管理局运输课副课长、北宁铁路管理局总务处长、铁道部参事（1933年12月2日始任）和南京中国政治学会干事等职务。抗日战争开始后，铁道部于1938年1月1日裁撤，张慰慈出任资源委员会购置室主任。抗战初，张慰慈奔波于香港、上海、重庆、昆明以及越南、菲律宾之间，非常辛苦。虽然从政初期张慰慈没有立即封笔。1934年3月14日胡适日记有“校读慰慈译的Abbott：Expansion of Europe”（艾博特：欧洲的扩张），3月16日日记有“校张慰慈译稿，他也不免有小错”；但他主要精力放在了政务上面，很少再关注思想学术问题，与胡适交往的内涵和性质也悄然发生变化，成为办理胡适南来北往、东奔西走诸多琐事的密友。

张慰慈把家安在上海，大部分时间在南京等地做事。20世纪30年代，胡适到南京上海开会，从上海出境访问，都是张慰慈不辞劳苦地迎来送往，安排一切。1932年9月下旬，胡适到武汉，第一次见到邀请他来的蒋介石。随顾孟馀一起来的张慰慈与他多次吃饭聊天。1933年3月底，行政院长兼铁道部部长汪精卫托张慰慈给胡适带信，请他出任教育部长。胡适表示他不参加政府，是想保持一点独立地位，以便“为国家做一个诤臣，为政府做一个诤友”。6月13日，胡适南下至浦口，张慰慈等在车站接。过江后，胡适到张铁道部住处洗澡。6月14日，张慰慈送胡适至上海。胡适吃住会客都在张家，后因此地（伊曼纽尔路文元坊230号）办事会客不便，故迁居和平饭店408号。1934年初，胡适赴南京参加中华教育文化基金董事会会议，1月31日下午三点到浦口，张“慰慈、（杨）亮功来接”站。2月3日晚，他们一同乘火车去上海。胡适在次日日记中说：“昨夜慰慈预料今天火车必误点，因为各方的黑暗势力都恨京沪路局长黄伯樵的弊绝风清，故用种种黑暗手段，要使伯樵不安而去。火车误点，即是一个方法。果然今早火车误了一点钟！”2月10日，张慰慈访已经回到南京的胡适，“大谈。同到益州饭店吃午饭。饭后同去地方法院看守所访问独秀”。6月中旬，胡适去加拿大出席第五届太平洋国际学会会议，13日“八点到浦口站，慰慈、亮功、歆海在站接”。下车后，胡适“到铁道部慰慈处，洗了一个澡”，然后出席教育部长王世杰安排的午宴。午宴后，胡适又与张慰慈、何思源等看望了关押在看守所的陈独秀。14日晚，胡适离开南京，“慰慈送我到上海”。到上海后“即往慰慈家中”。18日胡适离开上海，张慰慈到码头送行。同年底，胡适赴香港讲学。“七点三刻，火车进上海北站”，“慰慈来接”。张慰慈替他买了船票，他“等候慰慈回来了，把要事安排”之后，才出门办事。第二天是1935年元旦，胡适写信给江冬秀，提到“慰慈来送我”一事。早晨七点，怕胡适着凉，“慰慈带了薄外套来”并一直陪着他，“吃了早饭，上渡船……上President Harrison【哈里生总统号】船”。1936年7月14日，胡适经上海赴美国参加第六届太平洋国际学会会议。凌晨两点，张慰慈夫妇送他上船。1937年4月底，胡适到南京上海开会，与张慰慈见面，心情十分高兴。5月初，两人和段锡朋、钱端升、刘驭万一同吃饭，“吃得最为畅快”。8月中旬，南京已是日军飞机的主要轰炸目标，他还与张慰慈等人湖中泛舟，“苦中作乐”。9月初，胡适受蒋介石委派，以非官方身份出访欧美，向国际社会揭露日军侵华罪行。临行前，张慰慈为他“取得旅行换的外汇”。9月11日，胡适在汉口给江冬秀写信，建议她们早日南下，并吩咐她，“到南京时可打电话寻慰慈，他住在颜任光家（电话32323），住西康路五号。一切事体，可问慰慈和周枚荪两个人，他们一定可以帮助你决定行止。”“我的通信住址，可问慰慈。”①9月20日，胡适自香港飞往美国。胡适不在国内时，张慰慈在上海替他办过许多事，其中包括替胡太太写信等。1938年7月30日，胡适在伦敦还写信给江冬秀说，“如要什么，可托慰慈代买。”②这些情况说明，张慰慈与胡适在众多的朋友关系中有着较为特别的关系。

①耿云志、欧阳哲生整理:《胡适全集》第24卷,安徽教育出版社2003年版,第346页。

②耿云志、欧阳哲生整理:《胡适全集》第24卷,安徽教育出版社2003年版,第383页。

抗战开始后，胡适一直在美国、欧洲等地。张慰慈与胡适仍然保持着密切的联系，有不少书信来往，互通消息。1938年7月，胡适在欧洲接到蒋介石、时任外长电报，请其出任驻美大使。9月17日，胡适接到外交部发的电报，说政府正式发文任命他为驻美大使。10月28日，胡适向美国总统递交国书。大约同时，张慰慈向翁文灏提出辞呈。1938年底，张慰慈写信给胡适倾吐委屈："在所谓抗战时期，决不是我们讲建设的时候，因为所谓厂矿决非立时立刻可以办得起来，等到办了一半停止，不是前功尽弃，白费金钱？……但我却不愿意把有用的金钱由我的手里白花出去，所以借了另外一个题目，打了几个电报向资源委员会辞职。"翁文灏知道资源委员会留不住张慰慈，便想让他回部工作。张慰慈认为翁文灏虽"是一个极好的好人，但胆子太小，气量不大，很不容易有作为"。回经济部以后，他看到"大部分人到了现在还是'做官'不是'做事'"，便以父丧为名请假回了上海。1939年5月31日，胡适电报国内（翁文灏），提议大使馆设商务专员，由张慰慈担任。10月24日，胡适收到张慰慈来信，"知老孔借欧战发生为由，令商务参事一事暂缓进行。此事真令我生气。写长信给慰慈"[①]。1940年初，张慰慈在英国帝国化学工业公司谋了一个职位，写信给胡适诉说："在此抗战期间，本来是政府机关的人，忽而脱离政府，去加入外国的商业机关，实在是说不过去。可是在去年年底的状况之下，我确是无他办法可想。一则我是不要使咏霓（翁文灏字）为难，我另外寻到一个吃饭的地方，我可以向他辞职，他亦可以放我走。二则假使我不另想办法，我亦只有在上海做我的驻美商务参事，这岂不是笑话吗？"1943年3月到1944年5月，张慰慈担任经济部参事。1945年6月27日到1946年，他担任战时生产局参事。胡适则在美国待了八年零八个月，至1946年6月5日才回国（1942年9月辞去大使一职，因患心脏病而没有立即回国，在纽约休养研究并续写中国思想史）。1946年7月，胡适回国正式就任北京大学校长。

（二）张慰慈与胡适的失联

时代的演变深刻地影响着个人的命运。20世纪40年代中后期，中国

①曹伯言整理:《胡适全集》第33卷,安徽教育出版社2003年版,第300页。

的政治风云变幻，国共两党的力量对比此消彼长。胡适与张慰慈工作性质不一、工作地点不同，俩人的来往明显减少。时局混乱，时事剧变，1948年12月15日，胡适匆匆飞离北平，不久又匆匆离开大陆。这期间，他与张慰慈大概见过一面，只是在1949年3月3日胡适的日记中，有“5：00？慰慈、孟录（同徐太太去）”的简单纪录。张慰慈没有离开大陆，解放后在上海文史馆谋到一份职位。其家庭经济状况还是不错的。“他在抗战时期买进一家厂的股票，该厂在解放后改名五一电机厂，他从这家厂拿定息一直到‘文革’前为止。他住房宽敞，是三层独立的公寓，地段又好，家里装有电话。”①1950年6月9日，江冬秀飞到纽约，与胡适汇聚美国。从此，张慰慈与胡适就天各一方，再也没有联系。他本人也逐步从历史上失踪了。

综上所述，弃学从政是张慰慈一生的重大转折点，是他从中国近现代政治学的“先驱”者转变为历史记忆的“失踪”者的起点和关键。张慰慈前半生追求进步，留学美国，任教北大，从事政治学的教学和著述，创建中国政治学，呼吁自由民主，支持胡适等人的思想变革活动，是近现代中国政治学当之无愧的“先驱”者，完全可以像胡适那样，成为影响近现代中国社会文化发展的历史人物。1930年代初，他作出了弃学从政的重要决定。因资料缺乏，今天我们只能推测，但无法确切地解释和理解他作出这一决定的背景和原因。可以肯定的是，正是从弃学从政开始，张慰慈逐步成为中国现代政治学界的“失踪”者和中国社会历史上的“失踪”者。他与胡适的交往渐渐地失去了作为自由民主主义知识分子的内涵和色彩，失去了俩人交往的真正趣味和实际意义。他本人也躲进了个人和家庭的小天地，渐渐地失去了作为那个年代欧美留学者的特有作用和现代政治学研究先驱者的时代价值，失去了成为中国近现代历史人物的机会，没能成为对中国社会产生较多影响的历史人物。

【本章由胡安全（安徽师范大学政治学院教授、博导、博士）撰写。】

①沈飞德：《张慰慈与文史馆》，http://www.whb.cn/zhuzhan/bihui/20140526/7240.html。

中　篇

构建政治学理论体系的

张尉慈

第五章 政治学理论体系的卓越探索

研究张慰慈对于政治学发展的成就，需要研究他在创建政治学理论体系上的贡献。所谓理论体系，一种是指在一定世界观指导下的基础理论、内容及其所体现的方法论；另一种是指编写政治学著作的逻辑结构和章节安排。人们通常所说的体系多数是指后者[①]。这种理论体系强调的是在体系内进行合理安排，科学地阐明政治现象的各种范畴，包括对学科性质、目的和任务的陈述以及本学科与其他学科关系的说明。一般而论，理论体系是对象构成的扩张和延伸，它将对象构成放在历史的、理论的和逻辑的结构中加以分析，其任务在于使对象的构成清晰明白地呈现出来，并展示对象构成的固有规律。

张慰慈在政治学理论体系的探索中，把源于中国传统政治学和来自域外的政治学优秀成果相结合，在“国家-社会”的分析框架下对政治学的涵义与研究方法、基本范畴与内容界定和划分的基础上，初步勾勒了中国现代政治学理论体系的轮廓。正如我国著名政治学家、复旦大学政治学教授孙关宏先生所说的：张慰慈是20世纪三四十年代中国政治学界的重要代表之一，1923年2月出版的《政治学大纲》到1927年，短短四年间，出了六版。此书内容论及国家性质、起源、进化、基础、主权以及国体、政体、宪法、立法、司法、行政等问题。此书出版表明，中

①参见孙关宏：《中国政治学：科学与人文的探索》，上海人民出版社2008年版，第87页。

国政治学研究已经有了一个基本框架，因此带有学科标志意义[①]。这既是孙先生对张慰慈为中国现代政治学理论研究，特别是理论体系的探索给予的高度评价和充分肯定，也是强调建构政治学理论体系对政治学发展的极端重要性。

一、政治学性质与科学地位的阐述

（一）从政治涵义入手阐述政治学的定义与内容

张慰慈认为，“大凡研究一种学问，非晓得这种学问的确实性质，便很难下手”。正因如此，大多数教科书往往第一问题就要回答学科的定义即研究对象。研究政治学也是如此，要搞清楚政治学的性质，首先要明确什么是政治，只有把握政治的内涵才利于对政治学性质的认识。那么什么是政治？从古至今，众多思想家、政治家曾从不同角度对政治作过论述，解释千差万别、众说纷纭，但未能留下为人们所满意的定义。张慰慈引用孙中山先生所说：“‘政治’两个字的意思，浅而言之，政就是众人的事，治就是管理。管理众人的事便是政治”[②]，并从历史与现实社会分析的基础上，阐述政治及政治学的定义与内容。

张慰慈认为，孙中山关于政治既是管理众人的事，那末，“政治”两个字中所包含的事实是人群的现象，是人与人在社会上所发生的关系中的一种。因为无论何人，只要在这个世界上生活，就会发生种种关系，社会的秩序、各人的权利等，需要有团体势力来保护，这些事实和现象都是社会科学的材料。也就是说，社会科学是研究人群社会中一切的现象与事实，并由各种专门的社会科学从不同范围进行研究。比如，社会学是研究社会的普通状况，凡一切人类社会，不问有无政府，不论古今中外，均在社会学范围之内；政治学所研究的是那种有政治组织的

①参见孙关宏：《中国政治学：科学与人文的探索》，上海人民出版社2008年版，第76页。

②张慰慈：《政治学大纲（外二种）》，安徽师范大学出版社2017年版，第4页。

人类社会，凡是社会为达到其所需要的目的而有一种组织，并且其中还有一种权势，能执行一切权力，可以说这个社会已成为一个政治形式的社会。所以，张慰慈认为，作为社会科学一种的政治学，应以这种政治形式的社会现象作为自己的研究对象。

那么，人类社会中的这种政治形式社会是什么？为什么能成为政治学研究的对象？张慰慈认为，凡是人类社会已经成为一个政治形式的社会，就是国家。国家的起源与发展，在历史上所经过的状况及其形式；国际间的各种关系，包括他们所打的仗，所订的条约；国家对于各个人所发生的影响等种种事实与历史，都是政治学所研究的资料。政治学的题目是国家——人群的一种组织。“政治学的目的就是研究人与人在这种有政治组织的社会中的一切动作。所谓‘政治的’是指一切与国家有关系的种种事实、势力、与现状而言。”[①]同时，自国家产生以来，无论何人都不能逃出国家的范围而能安稳度日，从出生落地直到老死，差不多可以说没有一时一刻能够直接或间接地脱离国家影响。国家包含所有一切的人民，人是国家的主体，国家的事就是众人的事[②]。

张慰慈通过对人类社会、国家与人民等社会与历史的分析后，提出“政治学是研究国家如何发生，如何进化，找出因果变迁的公例（历史的政治学）；并观察现在国家的性质及组织，和所处的环境，所发生的变端（叙述的政治学）；更从这种性质、组织、环境、变端之中，找出根本观念和具体的原理原则（纯理的政治学）；拿来做怎样应付现在政治环境，解决现在政治问题，创造新政治局势的工具（实用的政治学）；这就是政治学的涵义”[③]。显然，定义基本界定和划分了现代政治学的内涵和内容，强调政治学要以国家——社会以及人们在政治社会中的关系为研究对象，从国家的性质与组织出发，探讨国家的来源和发展，论述政治学的原理原则，研究国家组织管理和运行的规律。这无疑对当时中国的政治学研究与探讨，有着积极的影响和推动作用，为民国初期政治学的学科确立与发展提供了重要学术参考。

①张慰慈：《政治学大纲（外二种）》，安徽师范大学出版社2017年版，第6页。

②参见张慰慈：《政治学大纲（外二种）》，安徽师范大学出版社2017年版，第6、7页。

③张慰慈：《政治学大纲（外二种）》，安徽师范大学出版社2017年版，第7页。

尽管张慰慈对《政治学大纲》内容作过多次修改，但对政治学涵义的表述都是一致的，包括1924年由胡适为他作序出版的《政治概论》[①]，并依据对政治学涵义的界定，将政治学的研究内容分为四大部分：一是说明国家性质是怎样的，组织是怎样的——叙述的政治学；二是历叙国家如何发生、如何进化——历史的政治学；三是研究政治中普通的根本观念和原理原则——纯理的政治学；四是讨论现在的国家应该怎样组织、怎样管理——实用的政治学[②]。正是按照这个思路设置《政治学大纲》章节内容。1930年出版的第八版《政治学大纲》（改订本）对第七版的章节内容作了部分调整合并与修改，在18章内容中，国家性质与组织为3章，国家的起源和进化为2章，政治学的观念、原理原则调整合并为7章；国家组织与管理是4章。从这里可以看出，《政治学大纲》章节内容是以国家问题为研究对象和研究主线，凸显对国家的性质与组织、国体与政体、国家职能、国家组织及运行等问题的探索。

（二）运用“科学”的定义和学科的性质阐释政治学的科学性

政治学是不是一门科学，历来有不同的看法，实际上，类似的情况在社会科学的其他学科中也存在。这与“科学”定义的差异性有直接关系。政治学是不是一门科学？张慰慈从科学的定义到分析学科的三种性质，再阐述政治学的科学性。也就是先探究什么是科学，什么是科学的性质，然后再看政治学是不是在科学的范围之内。

什么是科学？简单地说，“凡是精密的有系统的知识总体，都可叫做科学”。科学就是用人类的知觉，把现象的原因结果的道理，抽象出来，作成有系统的解说，拿来做人生应付事事物物的工具。这是张慰慈对科学定义的阐释，认为“做学问资料的宇宙现象，就是由人类知觉所认识的宇宙现象。不经人类知识研究过的，不是有系统的解释，都不能叫做科学”[③]。所以，认识科学就要把握科学的性质。张慰慈提出科学有三种性质：第一，科学是假定的真理；第二，科学是进步的东西；第

①参见张慰慈:《政治概论》,商务印书馆1924年版,第18页。

②参见张慰慈:《政治学大纲(外二种)》,安徽师范大学出版社2017年版,第7页。

③张慰慈:《政治学大纲(外二种)》,安徽师范大学出版社2017年版,第8页。

三，科学是现在用的工具[①]。

所谓科学是假定的真理，就如张慰慈举例宇宙现象好像一个变谜，人类的知识好像解谜的钥匙。这个谜本是无穷无尽的，宇宙现象既然是一个无穷无尽的谜，我们所猜到的，只是一个不完全的解释，是一个暂时假定的解释。正因如此，科学家求科学律例，至少要用三层工夫：第一层在搜集事实，搜集的方法为观察与试验；第二层在暂定假设；第三层在实地试验，检验与证明假设的真理。所谓科学是进步的东西，强调科学是人造的假设，并要承认这种假设是随人类知识变迁而变化。科学的方法虽然在考求往事，科学的目的却在发明新理。任何一种学问，初发生的时候，总掺杂许多迷信的解释和错误的见解，到了后来，越进步，才达到知识的解释和比较正当的解释的地步。后来的解释比从前的解释越发精密，越发适用，越发近乎真理。所谓科学是现在用的工具，科学的目的是在指导人类的行为。判断科学的功用，全看他在人生实际上有什么效果，对于人生行为发生什么影响。我们应该把科学看做现在应用的工具，拿来应付环境，解决实际问题，并作为引导人们的行为指南。这是张慰慈分析科学应具有的三种性质。

政治学是不是具有这三种性质？张慰慈的回答是肯定的。他认为，政治学的题目是国家——人群的一种组织，政治学的目的就是研究人与人在这种有组织的社会中之动作。所谓“政治的”是指一切与国家有关系的种种事实、势力和现象而言；所谓政治学就是科学的国家知识，所以“政治学当然是包括在科学的范围之内。政治学的原理原则是人造的假说，拿来解说政治社会中万事万物现象，这种原理原则都是应付环境的一种工具”[②]，解决社会政治问题，改革政府的组织，以及改良行政方面的种种事务。总之，政治学就是为引导人们认识社会的行政指南。因此，政治学就是一门科学。

张慰慈从“科学”标准定义来说明政治学是一门科学，并从政治学本身来论证其科学性，对民国初期确立现代政治学的学科地位以及探讨政治学的原理原则指导社会实践，有直接帮助和产生重要影响。但是，

①参见张慰慈：《政治学大纲(外二种)》，安徽师范大学出版社2017年版，第9页。
②张慰慈：《政治学大纲(外二种)》，安徽师范大学出版社2017年版，第10页。

对我们今天直接从事政治学研究的现代人来说，强调政治学是一门科学的意义与启示并不在此，而在于明确我们应以什么样的态度对待政治学研究。也就是说，承认政治学是一门科学，可能不是问题的关键，问题的关键在于如何在承认它是一门科学的前提下，以科学的态度来对待这门学科的研究，从而使其研究真正具有科学性。

（三）在与其他学科比较中论证政治学的科学地位

政治学和别的社会科学一样，是具有特定科学性质的一门重要的、独立的科学。社会中以国家为主体的各种政治形式、政治关系和政治活动，包括与国家、政府、政党、人民有关的各种政治理论及其在社会发展中的作用等，既是政治学的研究对象，也与其他社会科学发生着密切的知识关系。正如张慰慈所说，“无论那一种科学均不能绝对独立，和别种科学没有一点关系，譬如我们想研究化学，就不能不知道物理学和数学。政治学是社会科学的一种，所以政治学和他种社会科学，都有密切的关系。”[①]那么，政治学与哪些社会科学有密切的关系呢？这些关系又如何？张慰慈在《政治学大纲》第七版中单独设置一章，在第八版中也设置一节，对此进行比较分析。

首先，政治学与社会学的关系很密切，但又有各自的研究范围。社会学是一切社会科学的基础，其所研究的是社会组织的势力、形式与发达的情形。政治的组织，就是建筑在社会组织里面，和社会的现象有绝大关系的。所以这两种科学没有自然的界限可分。但二者有明显的不同：其一，社会学是研究一切人类所组织的社会，即研究人类社会组织的科学，而政治学所研究的是人类所组织的特别社会，即研究人类政治组织的科学。其研究范围和社会学相比范围狭小；其二，社会学解释的单位是个人，说明人类的作用，政治学所研究的单位是国家，国家和国民、种族、家庭、个人不同，是社会中特别的一部分。张慰慈认为，这是正确认识政治学与社会学关系的重要之处。

其次，政治学与历史学的关系同样既有联系又有不同。历史学的任务是叙述接续不断的往事，研究各种制度怎样发生、变迁与进化，寻个

---

①张慰慈：《政治学大纲》，商务印书馆1928年版，第15页。

趋势，找出法则，为现在或将来做事指导。政治学的任务不只是说明现在的制度，必须研究现在的制度所以发达的原因，进步的道理，寻个趋势，找出法则，为现在或将来政治进行指导。这是历史学和政治学目的相同之处。但二者研究问题的角度各不相同。张慰慈认为，历史学家想下判断，必定要拿往事作材料，比较其长短，找出公例。政治学家想下判断，也必要拿往日政治制度作材料，比较其好歹，找出原理。不过历史的研究限于过去的现象，要知道从前的现象，“已经怎么样”，政治学的目的是创造现在或将来的现象，要知道现在或将来的现象，“应该怎么样”。但是“应该怎么样”是从“已经怎么样”中试验出来的结果，并不是全凭空想出来的。这就是历史和政治学的关系①。

再次，在人类社会实践中，政治学与经济学的关系也很密切。中世纪以后，经济学从国家的方面，趋向到国民的社会方面，变成了为人类社会谋幸福的工具。自从社会主义的经济学发生后，政治的组织，大概都趋重于经济的方面，国家好像又成了谋经济发展的工具。国家的制度由经济情形决定，国家的政权由经济活动的人民管理，所以近代的政治学几乎和经济学打成一片，把国家当做调剂经济发达的唯一机关，把经济学的根本问题变成政治学的根本问题。为此，张慰慈认为，“经济是人类生活的基础，政治是建筑这种基础的事业”②。

最后，政治学与伦理学也同样有很密切的关系。伦理学是研究人生在世应该怎样行为的科学。现在社会上的伦理观念，有许多可以作为政治观念。伦理学是教人应该怎样行为的工具，政治学也是教人应该怎么样行为的工具。人生的天职在谋人类最大的幸福和公共的安宁，国家的职务也是在谋人类最大的幸福和公共的安宁。所以，张慰慈提出，“伦理学讲研究人生应该怎样行为的，国家是帮助人生应该怎样行为的，政治学是指导国家应该怎样帮助人生怎样行为的。这就是政治学与伦理学的关系。”③

张慰慈在分析政治学的学科性质基础上，阐述政治学与社会学、历

①参见张慰慈:《政治学大纲(外二种)》,安徽师范大学出版社2017年版,第13页。

②张慰慈:《政治学大纲(外二种)》,安徽师范大学出版社2017年版,第13页。

③张慰慈:《政治学大纲(外二种)》,安徽师范大学出版社2017年版,第14页。

史学、经济学和伦理学的关系，笔者认为，这不仅能帮助人们认识政治学与其他社会科学的研究对象的共性与互相联系，统一构成了一个具有内在联系的科学体系，利于政治学吸收其他相关学科的认识成果来研究自己所分析的问题，同时，能促进我们在正确理解和把握政治学与这些学科关系的基础上，深入地开展政治学的研究，特别是对国家问题为研究对象的系列问题的探讨，进一步显现政治学的科学性质和科学地位。

总之，张慰慈对政治学性质和科学地位的论述，不仅影响着民国时期政治学的研究与发展，而且对改革开放后我国政治学的重建，包括高校政治学教材的编写有一定的启示。从20世纪80年代到后来国内出版的论著看，学者们对政治学的性质和科学地位探讨更深入，明确提出政治学的科学性首先是指政治学以研究客观规律为主旨，以揭示社会政治现象产生和发展的规律为己任，建立系统的、理论性的知识体系。相当一部分教材也设置了政治学的学科性质、政治学与相关学科关系等内容，只不过在论述与相关学科的关系时增加了与哲学、法学等学科的比较，论述更为深刻明了，突显其他学科的发展对政治学的发展大有裨益，同样，政治学的发展对其他学科也具有促进作用①。

二、政治学研究方法的探讨

（一）对五种政治学研究方法的评析

政治学研究方法是研究政治学的工具和基础，是关于如何研究政治学这样的问题。不仅对政治学研究是重要的，对认识和判断不同政治思想体系和政治学理论也是重要的。但不同时期，中外政治学的研究者在研究中运用这种或那种研究方法，探讨政治学的理论与实践问题，也形

①如王惠岩主编的《政治原理》（高等教育出版社1999、2016年版），王邦佐主编的《政治学教程》（河南人民出版社1983年版），王邦佐、孙关宏、王沪宁等主编的《新政治学概要》（复旦大学出版社2006年版），陈振明主编的《政治学》（中国社会科学出版社1999）等著作或教材，均有政治学与相关学科关系的内容设置，并对此进行专门的阐述与分析。

成了不同的研究方法。

根据政治学的一般划分，政治学研究方法可分为传统的方法和现代的方法。传统的政治学研究方法以哲学研究方法、历史研究方法和制度研究方法最为常见。现代的政治学研究方法主要包括社会学研究方法、经济学研究方法、心理学研究方法、政治系统分析方法、政治沟通分析方法等。因为18世纪以后，自然科学的方法大大进步，社会科学也受到这种影响，有许多人对于社会的现象，就拿研究物理化学等自然科学的方法来研究。19世纪欧洲各国竟成了一个创造社会科学的时代，各种研究政治学的方法也不断涌现。如何看待这些研究方法并借鉴有用的研究方法开展对中国现代政治学的研究？对此，张慰慈在不同版本的《政治学大纲》中均设一章，对当时欧美国家政治学几种较为通用的研究方法予以客观的分析与评说。

其一，社会有机体说的方法。所谓社会有机体说的方法，就是说国家也同社会的有机体一样，其组织单位就是个人，其性质就是那组织单位的人民的性质。就此意义而言，国家生命的进化史与个人生长的进化完全相同的。和社会有机体说相近的，就是生物学的方法，把国家生活进化看作和生物的生活进化一般，往往拿解剖学的术语来说明国家的组织，拿生物学上所有的方法名词来分析国家的机能，解释国家的生命。

张慰慈对孔德、斯宾塞等社会学家将人类社会比作生物体的做法并不赞赏，并认为“社会是人类精神的结合，并不是一种有机体”。社会有机体说和生物学的方法，都把社会的生长进化看作和生物学的生长进化一样。但一个社会所以能够组织起来的主因却是人类的精神。我们虽然可说社会的构造长进有些像有机体，却不可直说社会就是有机体。“这种方法是把国家的分子看作无目的、无独立的生命、无自由的意志，好像人民是为国家而生的，不是国家为人民而设的一样。”[①]这种观念，在国家工具说大盛的时代，当然没有价值了。所以，社会有机体说的方法不宜作为研究政治学的方法，这是张慰慈的明确观点。

其二，比较的方法。比较的方法就是研究现在的各种制度或从前的各种制度，拿这些制度作材料，用研究人的判断力，来比较这些制度的

①张慰慈：《政治学大纲（外二种）》，安徽师范大学出版社2017年版，第16页。

长短优劣。张慰慈认为，这种研究方法的好处在于：一是不受一国一时政治现象拘束，二是可得许多政治的新模范、新方法与新观念。但缺点也明显，因为无论哪种制度，都有所以造成的特别原因。比较的研究，必定要先明白这种特别原因。然而要想在现代的国家之中，找出两个国家有共同的历史基础，有共同的政治社会制度，进化的经过又恰到了同等的地步，大概是绝不会有的。据此，张慰慈认为，"政治制度没有不是应付特别环境的。环境不一样，制度的精神当然不一样"。从这种人民的性质不同、经济的情况不同、社会的境遇不同、法律的标准不同、政治的经验不同、历史的习惯不同的国家之中，找出一个通则，想拿这个通则去对付异时异地的国家，哪能不生出许多错误呢？"比较的方法仅能找出普通的趋势，很不容易找出具体的和医治环境的药方。若比较的方法不同历史的方法并用，把特别环境看得太轻，把现有制度看作无根之果，确是一桩很危险的事。"①显然，要正确认清这种比较的方法的长处与不足，才能运用好这种方法对政治学开展研究。

其三，实验的方法。实验的方法本是指自然科学如物理化学，取得一定材料，供人随时试验来证明预想的结果。而社会科学包括政治不能像自然科学那样，用解剖的方法或随意做试验，或用不同的材料，试验出相同的结果，也就是说，政治不能用物理化学的方法来试验。但是，张慰慈分析认为，"政治也不是绝对不能实行试验的。政治试验并不用故意造出试验品，只要把历史上曾经实验过的方法，拿来做现在新试验的工具。"②例如，国家公布一种新法律，发明一种新制度，或决定一种新政策，无一日不在随时试用，随时修正之中。"要想判断一切制度、法律或政策的利弊，必定要看试验的结果如何。因为政治学是人生对付政治环境的工具，所以其价值全由效果决定的。"③凡试验不出什么效果的，必定不能影响于政治环境；既然不能影响于政治环境，就是没有价值的东西。也就是说，凡是有真价值的政治学原理原则，都是能试验出其效果的。世界上主张改革的政治家，就是天天在试验室中求生活的。

①张慰慈：《政治学大纲（外二种）》，安徽师范大学出版社2017年版，第17页。
②张慰慈：《政治学大纲（外二种）》，安徽师范大学出版社2017年版，第17页。
③张慰慈：《政治学大纲（外二种）》，安徽师范大学出版社2017年版，第18页。

如今各处通行的代议政治、平民政治，所以能收效果，是从多年试验得来的。由此可见，实验的方法的好处在于：一是能把政治原理都认作假定的，使有随时修正的机会；二是认定政治原理的价值，是由其自身效果决定的，凡没有效果的东西，都可认为没有价值①。张慰慈对实验的方法的深刻认识，对政治学研究是有积极意义的。

其四，历史的方法。历史的方法用现在的解释就是从政治现象的产生、发展和演变的角度来进行研究，探讨政治活动或政治关系发展的规律，并预测政治现象的发展趋势。张慰慈认为，历史的方法可叫做历史的态度，是对一种制度要追究其怎样发生、怎样变化到现在的样子，然后找出解决问题的方法。他提出无论研究那种制度，必定要先明白三种情形：一是这种制度是怎样发生的？二是怎样变到现在的样子？三是设下这种制度的人到底是什么用意？制度本身到底有什么用处？这都是历史的方法中所研究的事件。他的这种分析方式和逻辑思维与我们今天对历史的方法的理解是一致的。

不过，张慰慈特别强调，“从历史上看来，各种制度似乎是一点一点生长起来的，不是制造出来的。我们对于无论什么政治制度，要想明白其现在的情状和将来的变迁，必定要对这种政治制度从前情状和这样变成现在的情状的种种原因，有个精密的观察，有系统的研究；万不可学那‘断章取义’‘断代为史’的办法。”这就是告诉我们，“要想研究政治制度，应该观察从前的政治运动和现在民族的政治生活，考求那些政治思想怎样发生，和发生后怎样影响于实际的制度。从这些情形之中找出一个进化的原由，和进化的路线，做现在或将来政治改革的指南针。这就是历史方法的用处。”②

在传统的政治研究中，历史的方法经常被运用在政治制度的发展过程、政治思想的演变过程和政治事件的变化过程等研究方面。马克思主义政治学的历史分析方法强调把政治现象和政治事件放到特定的历史范围和背景中去加以考察和研究，要求从历史的因果联系中去把握政治的本质及其发展规律，一方面，它分析政治与特定历史条件下其他社会因

①参见张慰慈：《政治学大纲（外二种）》，安徽师范大学出版社2017年版，第18页。

②张慰慈：《政治学大纲（外二种）》，安徽师范大学出版社2017年版，第19页。

三是要善于运用新的方法推进政治学的研究。研究方法和研究对象一样，是在不断发展变化着的，随着人类对自然、社会的认识角度的不断创新，认识程度的不断深入，认识的手段和认识能力的不断拓展，人们的研究方法也必然会推陈出新、有所创造、有所发明。张慰慈所处时期的研究方法不同于传统政治学研究方法，不再以演绎推理和逻辑分析为主，而是十分注重创立经验方法。而这种研究方法发生变化的内在原因是人们逐渐认为科学的功能在于解释世界而不是改革世界，因此更注重技术手段和其他学科的方法和成果。正因如此，从传统政治学到现代政治学的变迁，在很大程度上是研究方法的创新。因此，张慰慈很注重新的研究方法的运用，提出，“我们既已承认社会科学与自然科学是不同的，研究的方法当然也不能不有点差异。自然现象的变迁因果，差不多都有一定的律例，不能拿人力改变的；社会现象的变迁因果，一半由于天然的趋势，一半由于人为的趋势造成的，不像自然现象有一定不变的因果公例。……所以要想拿科学的方法来研究政治的现象，在科学方法不具备的时代，是很不容易做到的”[①]。事实也是如此，他在对几种政治学研究方法的评析中，特别对实验的方法、心理学的方法都给予充分肯定，试图告诉人们随着新的时代产生的新的方法，要运用到政治学的研究之中，这是探求政治学研究方法与时俱进的新的认识。

政治学研究的方法问题是个十分重要而又长久需要探讨的课题。在当今中国政治学的研究中，马克思主义政治学研究方法具有科学性和实践性的特点，因此，它是我们研究政治现象的指导性方法。其中，包括马克思主义政治研究的基本哲学原则，马克思主义政治学的历史研究方法、经济分析方法、阶级分析方法、利益分析方法，以及马克思主义社会调查方法等。在此前提下，政治学研究应该分析和吸收其他的政治学研究方法，对于社会政治现象展开多方面、多层次和多途径的研究[②]。

①张慰慈：《政治学大纲（外二种）》，安徽师范大学出版社2017年版，第15页。

②参见王浦劬等：《政治学基础》，北京大学出版社2014年版，第33-37页。

三、政治学理论范畴的分析

（一）政治学理论范畴的内容与特征

政治学理论研究，需要概念工具，即学术范畴。所谓范畴，是指人们的思维对于客观事物普遍本质的概括和反映，是帮助人们认识和掌握自然现象之网的网上纽结[①]。范畴对于学科而言，不仅在于其构成学科分类的依据，标示学科自我的特性，也能够在范畴基础之上，构建学科自我的理论体系。也就是说，政治学作为一门现代社会基础学科，要建构自己的现代理论体系，同样离不开独立的范畴模式。正是如此，在政治学理论的建构中，张慰慈非常重视学术概念及范畴的探讨。他认为，“凡研究一种学问，第一步的入手方法是确定这种科学内所有重要名词的意义……一种科学的原理原则差不多都包括在各该科学内重要名词之中的。”“研究政治学更要格外注意各种名词的意义。”[②]

一般而言，范畴是构建独立学科的基石，而范畴本身的属性同样离不开学科本身的定位，政治学的理论范畴模式也是以政治学的学科属性为前提的。张慰慈将政治学的学科性质定为研究人类所组织的特别社会，即研究人与人在政治组织社会中的关系，这种社会的政治关系形式就是国家，国家问题成为政治学的研究对象，这种性质的定位就决定了政治学的理论范畴概念。

依据张慰慈在《政治学大纲》《政治概论》《政治学》等论著中，对政治学范畴所反映政治现象的深度、广度及抽象化程度的差别，亦即范畴所包容的知识量和结构情况，笔者认为，大体可分为三个层次，即重要范畴、基本范畴、一般范畴。所谓重要范畴，是对政治现象总体的普遍联系、普遍本质、一般规律的高度抽象，在政治学理论范畴中属于

①参见朱碧君：《试论范畴体系及其认识作用》，《贵州师范大学学报》（社会科学版）1988年第1期。
②张慰慈：《政治学大纲（外二种）》，安徽师范大学出版社2017年版，第22、23页。

"元知识",主要包括政治、国家、民族、宪法、政府、人民、政党等。基本范围是对重要范畴的必要延伸和扩展,是以政治现象的总体为背景,对政治现象的基本环节、基本过程或初级本质的抽象,属于政治学的基本范畴或叫基本概念,包括民族国家、国体与政体、主权与民权、政党政治、政府职权与政府职能等内容。一般范畴是对政治现象的某个具体侧面、某种具体联系、某一具体过程的比较简单的抽象,为一般范畴,它包括总统制与内阁制、政党制度、选举权与罢免权、创制权与复决权、立法、行政、司法等概念。

在这三个不同层次的范畴中,重要范畴规定着基本范畴和一般范畴的实质内涵与相互关系,离开重要范畴,基本范畴和一般范畴就变成孤立的概念,变成空洞无物的抽象。当然,重要范畴也离不开基本范畴、一般范畴,否则就难以形成合理的理论框架。在张慰慈的政治学论著中,既凸显政治学理论重要范畴、基本范畴的把握与阐述,又重视一般范畴的具体分析,既将西方政治学重要概念引入自己的研究中,也注意中国传统政治观念的借鉴,从而为形成政治学理论分析框架做铺垫,开拓中国现代政治学的研究。

(二)政治学理论重要范畴的分析

政治学理论范畴是政治学理论体系中的重要内容,正确阐释政治学理论范畴及其逻辑关系,对政治学理论研究特别是理论体系的探索有着重要意义。

政治是政治学的重要范畴,也是政治学分析的历史起点和逻辑起点。对政治内涵和外延的界定与把握,决定着政治学研究的内容以及政治学理论体系的建构,因而大凡政治学的教科书,都首先必须回答何谓政治、政治的本质究竟是什么。然而,由于政治作为一种自进入文明社会以来相对独立的社会现象,总是与社会其他现象在互动过程中不断演变,表现出不同的形式和内容,古今中外的许多思想家在不断探究政治真谛的过程中形成了异彩纷呈的政治观。在张慰慈的几本政治学著作中,开门见山第一个问题也是回答什么是政治和政治的本质。但他对政治重要范畴的认识与分析,不是简单地借用西方学者的观点,也不是引用中国古代学人的解释，而是结合孙中山先生关于政治是管理众人的事的名句进行分析，明确提出政治“是指一切与国家有关系的种种事实、势力、与现状而言，所以政治学就是科学的国家智识，是一种公民的常识”[①]，并以此为依据，界定与划分政治学的研究内容，提出政治学要以“国家-社会”以及人们在政治社会中的关系为研究对象，从国家的性质与组织出发，探讨国家的来源和发展，论述政治学的原理原则，研究国家组织管理和运行的规律。张慰慈对政治的这种定义与分析，直接影响了对政治学的认识和政治学理论框架的探讨。

在政治现象中，国家被认为是一切政治现象中最为根本的主题，也是正确理解政治现象的基点和切入点，因而成为政治学理论的重要范畴，备受政治学者的高度重视，成为历来经久不衰的研究主线。特别是马克思主义政治学确立以来，它更是奠定了国家在政治理论研究中的核心地位。张慰慈高度重视对国家重要范畴的认知与分析，在《政治学大纲》等著作中，国家成为使用频率最高的重要概念，强调“国家是政治学的中心问题”[②]。他在论述国家的性质及其国家四要素主张之后，从国家的起源、国家的进化角度进一步阐述国家的性质和组织，对从前的国家起源、现今的国家起源作出简要概述，着重分析血统与国家起源、宗教与国家起源、经济与国家起源、战争与国家起源的关系，并在此基础上论述国家的历史类型和国家的基本原理，包括研究民族国家问题，扩大和深化政治学的研究领域。也就是在国家重要范畴的基础上，国家职权和国家形式成为认识国家目的及国家职能的基本范围。为此，张慰慈对国家的目的和国家的职能作出新的解释，认为“国家有三个目的：一是增进个人的幸福，二是鼓励社会的幸福，三是提倡世界的文明进步”[③]。“国家的目的，就想维持全体人民的和平秩序，裁判各社会间的争议，使各社会皆有平等发展的机会”[④]。国家的职能是担负起经济管理的使命，即“国家的职务不但在秉公裁判，不但在保障生命财产，并且要做社会的进步和经济进步的工具。因为个人如果受了社会的压迫，或受经济的压迫，不但不能自由发展个人的才性，并

①张慰慈：《政治学大纲（外二种）》，安徽师范大学出版社2017年版，第6页。

②张慰慈：《政治学大纲（外二种）》，安徽师范大学出版社2017年版，第24页。

③张慰慈：《政治学大纲》，商务印书馆1928年版，第226页。

④张慰慈：《政治学大纲（外二种）》，安徽师范大学出版社2017年版，第25页。

且连生命都不能保了。所以古代柏拉图的共产主义，把经济的势力排除在政治的范围之外，现代的社会主义却把经济的势力放在政治的范围之中。以为要想免掉政治上的不自由，必先排除经济上的不自由；要想免掉政治上的不平等，必先排除经济上的不平等。”[①]张慰慈的这些论述在政治学理论上深化了对国家问题的认识。同时，对国家问题延伸出来的国家“主权”范畴作出进一步分析，认为在政治学史上第一个人用“主权”概念的是1576年法国法学家布丹（Jean Bodin）。布丹以国家主权反对封建领主的割据状态，提出主权是一个国家不可分割的、统一的、持久的、凌驾于法律之上的权力，也就是将国家看作高出于一切社会权力之上的唯一权力。自从布丹之后，所有学者都把主权看作政治学中最重要的一部分，并在近代各国宪法与政治上发生重大的影响，也成为近代主权理论的基础。

民族是一个有自身特性的学术概念，也是与国家紧密联系的政治学重要范畴。张慰慈认为，研究国家则不可避免地要关注到民族问题。因为“国家是人类为满足需要兴趣而组织的团体”[②]，而民族是与种族的、地理的、文化的三种要素密切关联而形成的“可以发生一种共同的感情，组织一种统一的政治团体”，“但是有时候虽然在同一的政治组织之下，民族的区别依然存在”，甚至“历史的界限还在，所以他们就难免年年互相冲突”[③]。为此，张慰慈在国家问题研究中，高度重视对民族范畴的探讨，认为既要认识民族的特性、民族的政治心理、民族的风俗文化，以及民族与国家的区别，又重视民族及民族问题在不同国家或不同时期产生的影响。“民族国家”是民族重要范畴中的基本范畴，是研究民族问题中又一学术概念。张慰慈认为，“民族国家”的出现有着现实的因素，有其政治的与历史的必然性。因为“现今政治发展的趋向，很注重民族统一和地理统一。所以国家最大的职务就是对土地一方面，把在同一地理单位的地方合并起来；对于人民一方面，把属于同一民族的人联合起来”[④]。不仅如此，认清民族国家，还必须认清民族国家的根基及其演变，尤其是近数十年来，民族国家极力扩张其势力设立

①张慰慈：《政治学大纲》，商务印书馆1928年版，第228页。

②张慰慈：《政治学大纲（外二种）》，安徽师范大学出版社2017年版，第27页。

③张慰慈：《政治学大纲》，商务印书馆1928年版，第41-42页。

④张慰慈：《政治学大纲（外二种）》，安徽师范大学出版社2017年版，第54页。

殖民帝国，侵略压制各弱小民族，必须揭露，各被压迫民族自决的反抗精神，应以鼓励与支持。这些都成为张慰慈政治学理论范畴研究中的重要内容。

历史唯物主义认为，人民是一个历史的政治的范畴，其主体始终是从事物质资料生产的广大劳动群众，但在不同的国家、不同历史时期，人民这个概念有不同的内容。在张慰慈政治学理论研究中，还不能说是完全从历史唯物主义角度看待人民的概念，但已将人民作为不同于一般国民或公民的范畴予以阐述与使用。一方面，他把人民作为社会的政治概念，深刻认识人民在人类历史发展里程中的决定性作用，明确提出“人民是国家的根本，没有人民就不能有国家。一块无人居住的土地是万不能单独发生历史的结果，人民才是历史的原动力。”另一方面，指出人民时时受物质环境的影响，同时亦能改变环境的情形。人民与环境互相为因，互相为果，然后才发生国家的各种现象[①]。因此，他从历史和社会的视角，引用孙中山先生的民权观念，分析人民积极管理政治的权力，提出“用人民的四个政权（选举权、罢免权、创制权、复决权），来管理政府的五个治权（行政权、立法权、司法权、考试权、监察权），那才算是一完全的民权政治机关。有了这样的政治机关，人民和政府的力量，才可以彼此平衡”[②]，并在此基础上，进一步分析人民政府、公意（即民意）与人民政府等基本范畴。他认为，“如果政府的一切政策，及其执行的方法均依照多数人民的意志而决定的。并且人民还有监督政府的权力，这类的政府均可以称之为‘人民的’”[③]。“公意是人民政府的根基，没有真正公意的存在，人民政府的精神也决不能存在的”[④]。“人民是造成政府的原料，有怎样的人民，才能有怎样的政府”[⑤]。可以说，“人民”这个范畴在张慰慈的著作中占有显著位置，虽然他说的“人民”概念与我们今天现实政治生活中的人民不尽相同，但反映出“人民”是政治现象中的重要范畴，是政治学理论必须研究的重

①参见张慰慈:《政治学大纲(外二种)》,安徽师范大学出版社2017年版,第39页。

②张慰慈:《政治学大纲(外二种)》,安徽师范大学出版社2017年版,第119页。

③张慰慈:《政治学大纲(外二种)》,安徽师范大学出版社2017年版,第153页。

④张慰慈:《政治学大纲(外二种)》,安徽师范大学出版社2017年版,第157页。

⑤李源编:《中国近代思想家文库·张慰慈卷》,中国人民大学出版社2015年版,第88页。

要内容。

宪法在政治学理论体系中占有重要地位，是政治学理论研究中的又一重要范畴。张慰慈认为，宪法作为一个国家的根本法律，“其作用是规定政府的组织与职权，各级政府或一级政府中各机关的分权方法，人民与政府的关系等类的政治根本问题。”[①]这就是说，宪法是政治学理论研究的重要内容，它是规定现代国家根本政治制度的，研究政治学不能不认识宪法这个重要范畴，也不能仅仅从法律意义上认识宪法。既要认识宪法首先是作为一国法律体系中位阶最高的上位法而存在，为现代国家及其政治制度提供了合法性基础。同时，要明确宪法是政府的组织法，从整体上以体制化的形式确立其一国政体的基本结构，确立起国家的基本结构形式，确立政府权力范围和职权能力，并还以最为权威的形式明确确立现代主权和民权的基本原则。显然，我们要从政治学视域中认识和把握宪法的内涵，才能真正理解宪法作为政治学理论重要范畴的意义，才能深刻认识张慰慈将宪法作为政治学重要章节内容设置。他不仅分析了现代欧美各国宪法在其形式上有成文与不成文的差别，并特别指出，宪法的制定应当根据本国历史上与社会上的种种情形，再借鉴或选择别国现行制度方面适用并且已经证明有成效的制度，掺杂其间，从而制定出能够适用于他们国家现今状况的宪法[②]。人民必须有信仰法律的心理、尊重法律的态度，良好的成文宪法方能发生良好的结果。张慰慈这些论点的提出，丰富了宪法重要范畴的内涵，也凸显了宪法在政治学理论研究中的重要地位。

现代国家中，政府是其重要组成部分。按照马克思主义政治学的观点，政府是国家实现统治的有效工具，统治阶级通过政府将自己的意志上升为国家意志，并借助政府的机构来执行和贯彻。所以，在政治学理论范畴体系中，政府是理解和认识政治现象的重要范畴。张慰慈在《政治学大纲》里如是分析政府这一范畴。他说，政府与国家是分开的，政府是国家做事的工具，“可是国家实质常常由政府性质表现出来……政

①张慰慈:《政治学大纲(外二种)》,安徽师范大学出版社2017年版,第120页。

②参见张慰慈:《政治学大纲(外二种)》,安徽师范大学出版社2017年版,第122页。

府的组织变更，常常使国家的实质也变更”①。这就是说，政府与国家是不同的范畴，但政府与国家的关系十分密切。因此，要对国家问题深刻认识，必须重视对政府的研究，要对政府有更为深入的清晰的理解，必须了解政府的组织结构形式和政府的功能，即政府职权和政府职能等基本范畴。这些基本范畴是政府赖以存在的基础性结构和功能。正是如此，张慰慈在《政治学大纲》等论著中对欧美等国家的政府结构形式，包括政体种类，民治政体，总统制与内阁制、立宪政府、代议政府、人民政府等一般范畴内容作出具体剖析。同时，围绕政府职权和政府职能这一基本范畴，在论证政府职能性质的基础上，结合孙中山先生五权宪法和中华民国国民政府相关法律，较为详细地阐述了政府的行政权、立法权、司法权、考试权和监督权等一般范畴的内容，使政府这一重要范畴的作用与内容在政治学理论体系中更加突显。现代政治在某种意义上被认为是政党政治，也就是说政党政治是现代民主政治的主要表现形式。这种说法在政党成为现代政治的主要活动主体的历史条件下，对于理解和把握政治有着重要的理论指导意义。因此，在政治学理论范畴体系中，政党也是重要范畴之一。张慰慈在《政治学大纲》第八版专设政党一章，试图对政党这一重要范畴进行阐述。首先重点分析现代欧美各国政党的性质，提出“政党就是由那般操持同一的意见而作一致的行动的人民做组织的团体，其目的是想在宪法的轨道以内操纵政府的权力”②。政党的主要目的是什么？“是实行本党所议决的政策，但实行政策，又非得到政权不可。只有把政府的大权得到手，才有实行政策的机会”。不仅如此，对政党概念进行全面和深入的了解，必须通过对政党政治这一基本范畴的理解，特别是通过对政党政治的运行机制动态地认识政党概念的内涵和外延，政党的活动和政党政治的运行不是在无规则的状态下存在和发挥作用，而是在政党政治的发展过程中逐渐形成了有相应理论内涵和实践规定性的政党制度。所以，张慰慈认为，“在现今时代，政党已经变为民治国家所不可缺少的制度。政党的功用就是（一）在平时能把一盘散沙的人民都布置得井然有秩序……在选举或投

①张慰慈：《政治学大纲（外二种）》，安徽师范大学出版社2017年版，第137页。
②张慰慈：《政治学大纲（外二种）》，安徽师范大学出版社2017年版，第169页。

票表决问题时候，能筹备许多非国家能力所办的事务……在国会内，政党的纪律能指挥议员依照党纲而表示一致的行动”[①]。这就是说，政党在现代国家政治生活中扮演着越来越重要的角色，因此，在政治学理论研究中，要将政党制度、选举制度作为把握政党本质和特征的一般范畴加以探讨，并对选举权、罢免权、创制权、复决权等概念作出分析，提高人们对政党重要范畴以及政党政治基本范畴的理解和认识。

笔者列举张慰慈以上政治学研究中所体现的理论范畴，虽然不是他理论研究的全部内容和政治学的所有范畴，但初步展现了政治学理论研究的逻辑关系，基本反映了政治学理论研究的学术规范和贡献，有利于现代政治学理论分析框架的建构，对我们今天深入探讨政治学理论及其政治学范畴也有着启示性意义。

四、政治学理论基本框架的建构

（一）政治学理论基本框架的逻辑关系

建立政治学理论分析框架是开展政治学理论研究的重要任务，也是建构政治学理论体系的核心内容。因为一门学科的理论体系，是由一个学科的全部所属内容，按照一定的逻辑关系组成的有机联系的统一体。也就是说，作为一门学科的理论体系应当能够涵盖学科的所有单元，为学科支持存在和发展的空间，它的任何嬗变都会牵动着整个学科的发展，影响学科在学术殿堂中的位置[②]。所以，是否建立学界认可的政治学理论研究的基本框架，是该学科成熟与否的重要标志之一。

19世纪20年代，张慰慈把对欧美政治学的研究与认识，以及中国传统政治和当时的社会政治生态，开展对政治学理论的探讨，发表大量时评和论文，出版多本著作。1924年由胡适作序的《政治概论》，以“国

①张慰慈:《政治学大纲(外二种)》,安徽师范大学出版社2017年版,第171-172页。

②参见华农心、韩旭:《重构中国政治学理论体系的一点设想》,《政治学研究》1999年第2期。

家-社会”为分析框架，就政治学的涵义和基本内容作出简要的阐述，将人民和政治的关系、政府的职务与职权、宪法与革命、立宪政府与政党、选举权和选民、立法与行政机关、司法机关、地方政府作为专题进行分析，为社会普及现代政治学知识起到了积极作用，受到社会好评。如果说这本著作当时作为新高中教科书出版，还不是研究政治学理论系统性著作，对政治学理论阐述还较为简要，那么，1923年出版的作为北京大学政治学教科书的《政治学大纲》，后又多次修改再版，包括1928年出版的第七版和1930年出版的第八版（改订本），是张慰慈政治学理论研究较为成熟最有代表性的著作，初步勾勒了政治学理论研究的基本框架。

从1930年出版的《政治学大纲》（改订本）章节内容看，除了对政治学的性质、研究政治学的方法分章论述外，依次对国家的性质、国家的物质基础、人民、国家的起源、国家的进化、国家的历史基础、国家的学理基础、主权与民权、宪法及其产生的方法、政府的分类、邦联制与国际联盟、政党、选举权与罢免权、创制权与复决权、政府的职务及其分配等十五个问题分别进行阐述与论证。张慰慈依据政治学的学科性质及研究对象、政治学的目的，把这些内容分为四大部分：一是说明国家性质是怎样的，组织是怎样的——叙述的政治学；二是历叙国家如何发生、如何进化——历史的政治学；三是研究政治中普通的根本观念和原理原则——纯理的政治学；四是讨论现在的国家应该怎样组织，怎样管理——实用的政治学[①]。这四部分的内容，围绕“国家-社会”的分析框架对政治学基本理论展开探讨，体现着以国家问题为主线的政治学理论研究的内在逻辑关系。

（二）政治学理论基本框架内容的分析

张慰慈对政治学理论基本框架的建构，主要体现在其著作《政治学大纲》之中。

第一部分，从阐述国家的性质开始，研究国家的物质基础——环境、土地与人民的关联性。这是探讨国家问题的基础理论，也是研究政治学理论的逻辑起点。

①参见张慰慈：《政治学大纲（外二种）》，安徽师范大学出版社2017年版，第7页。

在这部分内容的研究中，为阐述国家的性质，张慰慈剖析历代学者不同的国家观，提出国家是建立在各种社会之上，拥有一种特别权力并可以支配一切社会的组织。国家的目的就是维持全体人民的和平秩序，裁判各社会间的争议，使各社会皆有平等发展的机会。一是增进个人的幸福，二是鼓励社会的幸福，三是提倡世界的文明进步[①]。国家是应人群需要而生的[②]。国家的要素不只是“土地、人民、权力”三方面，还应有“组织”这一要素。他说：“分析起来国家的要素就有四种：（一）有为公共目的的而活动的一群人民，（二）占定地球上的一定的土地，（三）有表示和执行公共意志的机关，（四）只受一个最高统治权的支配。简单说起来，就是人民、土地、组织与主权。”[③]张慰慈的这些观点，是对国家学说的一种新认识，有重要理论意义。也正是在这种认识的基础上，他进一步阐述了国家与社会的区别、国家与民族的区别、国家与政府的区别。

为了更好地把握国家的性质，他又从国家的物质基础——人民和土地这两个重要方面展开分析，认为研究国家的性质，必须要注意到国家的物质基础，而自然环境是国家的主要基础，包括地球的外形、气候、物产等，土地与国家的性质有重要关联，是探讨国家性质问题的组成部分。人民是国家的根本，没有人民就不能有国家，人民是历史的原动力。但人民却时时受物质环境的影响，同时亦能改变环境。人民与环境互相为因，互相为果，然后才发生国家的种种现象[④]。也就是说，认清人民的重要及对国家性质的影响，人口的增加与分配、人口编制、中国人口情形、种族与民族等，与国家密切相连，是国家的重要物质基础，成为张慰慈阐述政治学基础理论的组成部分。

第二部分，着重对国家的起源和国家的进化开展分析，探讨国家的起源、进化及因果变迁的规律。这是对国家问题的进一步探讨，也是研究政治学理论的内在逻辑和要求。

张慰慈在对从前的国家起源论和现今的国家起源论的分析中认为，

①参见张慰慈：《政治学大纲》，商务印书馆1928年版，第226页。

②参见张慰慈：《政治学大纲（外二种）》，安徽师范大学出版社2017年版，第25页。

③张慰慈：《政治学大纲（外二种）》，安徽师范大学出版社2017年版，第26页。

④参见张慰慈：《政治学大纲（外二种）》，安徽师范大学出版社2017年版，第39页。

国家起源的原因复杂。“我们万不能指定一个时期说这是国家起源的时候”。“凡社会上各种制度的起源，一半是因为天然的缘故，一半也是由于人力的。在最初的时期，人民并不晓得要有社会，要有国家，不过因为当时的种种情形，不得不要有一种组织。以后人民有了智识，渐渐明白这种组织的利益，就极力设法来改变这种组织，使之适合于当时的情形，或增加其用处。国家的起源也是这样的。”为此，他认为，“国家不是上帝创造的，也不是几个强有力的人压服别的人而组织成的，又不是人民用契约的方法造成的。在最初的时候，因为血统、宗教、生产、战争上的种种关系，人民自然而然的有一种组织。这种组织，就变成国家的基础。”①

在此基础上，张慰慈对国家进化的环境和政治观念的变迁作出概述，指出国家的进化即政治进化受各种环境包括自然的环境、社会的环境、国际环境的影响，在考察国家的进化时，必须要指出进化的各种原因及政治进化的原理与定律，所以追求政治发展的趋向和搜找政治变迁的原因，都是政治学上很重要的问题。他指出，自有国家以来，各时期的人民曾经想了种种办法来解决，但仍旧不能完全解决一些问题与难题，如国家须由什么人组织？国家须有多少人民，多少土地？如果一国的土地广大，中央与地方的权力须怎样分配？什么人民可以管理国家？他们的权力须以什么为根基？分配权力于政府的各机关，须以什么为根基？国家的职务、国家的作用究竟是什么？并认为解决这种困难的问题须用一种调和的方法。国家的性质就是包括调和其本身的权力与个人自由之结果②。在对政治观念的变迁的分析中，张慰慈着重对国家性质的观念、法律的观念、政权基础的观念、社会团结力的观念、国际关系的观念、国家与个人关系的观念等方面进行具体分析，认为这些观念也都是随着国家性质和社会的变迁而不得不改变，这些观念的变迁又反映着国家的性质与规律。

第三部分，主要对国家的历史基础与学理基础、主权与民权、职权与职能、国体与政体、宪法等问题的分析，阐述政治学的原理原则。这

①张慰慈：《政治学大纲（外二种）》，安徽师范大学出版社2017年版，第64页。

②参见张慰慈：《政治学大纲（外二种）》，安徽师范大学出版社2017年版，第67页。

是研究国家理论问题最重要的组成部分，在政治学基本框架中占有极其重要的位置。

一是通过对国家的历史与学理基础的分析，阐述国家分类、民族国家理论和政治学说史理论。张慰慈以历史上所发现的政治制度为依据，将国家分成团体国家、民族国家、世界帝国、帝国主义，并加以分析，突出对民族国家问题的阐述。他认为，民族国家是在团体国家和世界帝国这两种国家之间的一种形式，其特别注重天然的界限和地理、人种、言语与文化的统一。民族国家把社会上种种阶级合并起，组织成一个强有力的政治团体，同时又扩充君权，一方面把权力集中，行政统一；另一方面攻击教会的权力，把政教分开。"民族国家"的出现有着现实的因素，有其政治的与历史的必然性。近数十年来，这种民族国家极力扩张其势力到文化未开的地方，设立了许多殖民帝国，叫做民族帝国[①]。张慰慈指出，现代的帝国主义者执迷不悟，侵略政策压制各处弱小民族，使各压迫民族之间充满了民族自决的反抗精神，并且在最短时期之内已有可观的成绩。"世界被压迫的民族的抵抗力充分养成时，便是帝国主义末日了"[②]。在对国家的学理基础分析中，张慰慈着重阐明政治学说是国家学理的基础，认为政治学说就是一时期的精神与情形的指示表，政治学说史国家的学理基础有三种作用：说明国家的起源，说明国家的实用，提倡一种理想的国家。在此基础上，他对政治学说史上的神权说、强权说、民约说、有机体说以及实利说逐一予以分析与评述。

二是通过对主权与民权的分析，概述"主权"观的演变和民权理论。首先，从政治学史上，就"国家的最高权力叫做主权"的观点以及布丹（Jean Bodin）提出的"主权是在公民与臣民之上的最高权，不受法律的限制"等论点进行分析，并对主权论的变迁进化作出概括。其次，着重阐述孙中山的民权思想，认为"孙中山的民权观念完全是事实上人民积极管理政治的权力"[③]，这种民权主义较欧美各国的制度分得格外精密、完备。张慰慈提出国家的政治大权可分成两个：一个是政权，要

①参见张慰慈：《政治学大纲（外二种）》，安徽师范大学出版社2017年版，第72页。

②张慰慈：《政治学大纲（外二种）》，安徽师范大学出版社2017年版，第93页。

③张慰慈：《政治学大纲（外二种）》，安徽师范大学出版社2017年版，第116页。

完全交到人民的手里，人民有充分的政权，直接去管理国事；一个是治权，应完全交到政府的机关之内，政府治理全国事务，这个治权便是政府权。在此基础上，对政权与治权再进行分拆，把欧洲式的三权制扩充为五权，人民的选举权扩充为四权，强调用人民的四个权来管理政府的五个治权。

三是通过对国家职权和国家职务观念分析，阐释国家的目的与国家的职能理论。张慰慈在《政治学大纲》第七版用二章的篇幅就国家职权和国家职能进行新的阐释，明确提出国家的目的主要包括三方面：第一，维持个人的和平秩序安全及正义。这是建设一种保障民权和划定民权范围的法律，无论是私人、团体、国家都不能侵犯。第二，社会的更大的群体需要，即人群的幸福，要达到这个需要必须发展国力。第三，鼓励与提倡世界的文明进步。为达到与实现国家的目的，必须确立国家的职能。张慰慈突出阐述国家担负的经济管理职能。“国家的职务不但在秉公裁判，不但在保障生命财产，并且要做社会的进步和经济进步的工具。”[①]他明确提出要把经济的势力放在政治的范围之中，认为要想免掉政治上的不自由，必先排除经济上的不自由；要想免掉政治上的不平等，必先排除经济上的不平等。张慰慈这些关于国家的目的和国家职能的论述，在政治学理论上深化了关于国家理论问题的认识。

四是通过对国体分类和政体分类的分析，阐明国体和政体理论。国体和政体是政治学的基础理论，也是政治学理论分析框架内的重要内容。张慰慈在阐释国体分类时，强调分类的基础一定要放在科学的原理上，要根据法理的性质或政理的性质来分别国家的种类。此前政治学家常用的国体分类原理：其一，照政府组织的形式分类；其二，照国家主权者的人数分类。而历史上许多学者称赞前者分类，但这种分类既不科学，又不大合乎逻辑。张慰慈认为，要以国家的特质做根据，来区别国体的种类[②]。为此，他对政治学说史上不同分类进行评述，包括对君主国体、贵族国体、民治国体、神政国体，以及单一国、复合国、联邦国、邦联等具体分析，指出各自的优劣与不足，明晰国体分类的变迁以

①张慰慈:《政治学大纲》,商务印书馆1928年版,第228页。

②参见张慰慈:《政治学大纲》,商务印书馆1928年版,第232页。

及国体与政体的区别。

关于政体的理论，张慰慈在阐述国家实质常常由政府性质表现出来，从政体变更来达到民治政体的目的，是政治改革最经济的最有功效的方法同时，结合欧美国家的政体与政府结构的变迁，论述民治政体的基本内涵、精神和意义，认为“民治主义的真正意义，在使个人都有平等的独立的机会，去自由发展他个人的本能，可是代表式的民治政体绝对达不到这种理想”①。现在的民治主义不但想使人人有得到政治上平等的机会，并且想使人人有得到经济上平等的机会，并概述总统制与内阁制也是政体中的重要形式。关于国家的政府结构形式，张慰慈着重对立宪政府、代议政府、人民政府、公意与人民政府进行论述，提出立宪政府应是依靠宪法轨道执行职权的政府；代议政府是一种阶级的代议制度，现在从阶级代表制变为个人代表制；人民政府是执政者，能顺从民意的支配，人民能有监督政府的权力；公意与人民政府，强调人民政府是根据人民民意执行政权的政府，民意是人民政府的根基。

五是通过对宪法及其产生方法的分析，阐述国家的宪法理论。首先，认为宪法是国家的根本法律。国家的职权和职能的行使、政府结构形式、各级政府或一级政府中各机关的权力划分、人民与政府的关系等，都需要通过宪法确认和保障实施。所以，宪法绝不仅是一个国家法律体系中的上位法构成，更是一国政治制度的有机构成，并且是政治制度的基础性构成。其次，指出宪法有成文的不成文的区别。张慰慈在较为全面总结英美等国的现代宪法基础上认为，成文宪法就是正式制定的宪法，大部分的条文多由制宪者协定以后规定在成文的文件之内。这是一种人为的，不是自然生长的宪法；并且还有一种最高的效力，成立的与修改的手续也与普通法律不同。不成文宪法是出源于各时代的风俗与习惯，法庭的判断等类，是照社会的情形自然发生出来的，并不是人民在一定的时期制定的。这种宪法的起源很不能确定，修改的手续也是很方便的，随时可以因风俗习惯改变而改变，又随时可以用普通的立法手续来改订。再次，提出宪法的制定应当根据一国历史上与社会上的种种情形，再从别国现行制度方面选择那种较为适用并且已经被证明成功的

①张慰慈:《政治学大纲(外二种)》,安徽师范大学出版社2017年版,第142页。

制度，掺杂其间，制定一种能够适用于他们国家现今状况的宪法。制宪的目的在于适用，并不在于理想上的完备。人民必须有信仰法律的心理，尊重法律的态度，良好的成文宪法方能发生良好的结果。最后，概括现今各国宪法产生的方法，主要包括由君主钦定的，由人民协议制定的，由于逐渐发展而成立的，由于革命而成立的四种①。

第四部分，主要对政党、选举权与罢免权、创制权与复决权、政府的职能及其分配等问题的分析，论述如何运用国家理论组织好国家、管理国家和促进国家发展。这是实用政治学的主要内容，也是政治学的落脚点和研究政治学目的所在。

一是对现代欧美国家政党政府的分析，阐述政党制度的重要性及其政党的功能，即通过政党来组织与管理国家，论述并强调政党的主要目的是执掌政权和实行本党所议决的政策。张慰慈在考察与比较欧美国家政党政府过程中，明确提出政党就是由那般操持同一的意见而作一致的行动的人民做组织的团体，其目的是想在宪法的轨道以内操纵政府的权力。张慰慈认为，政党是人民政府的出产品，也是人民政府所不可缺少的现象②。政党在政治上变成一种势力是从英语国家中开始的。在现今时代，政党已经变为民治国家所不可缺少的制度。其功能就是在平时能把一盘散沙的人民都布置得井然有秩序。尤其是在人口众多的国家，政党能够将人民组织起来。在选举或投票表决问题的时候，能筹备许多非国家能力所办的事务。在国会内，政党的纪律能指挥议员依照党纲而表示一致的行动③。张慰慈在阐述政党的目的和在国家政治生活中所处重要地位的同时，依据孙中山的“以党建国”思想，概述了中国国民党的政纲及其组织。

二是从历史与现实相结合的视角，分析选举权、罢免权、创制权、复决权在国家组织与管理中的重要作用，论述选举权与罢免权是人民参与政治、监督政治与服务社会的工具；创制权与复决权是人民直接制定法律和否决不需要的法律的权力。张慰慈认为，选举制度是现今各民治国家所不可缺少的一种制度，也是民治政府所必不可少的一种要素和管

①参见张慰慈:《政治学大纲(外二种)》,安徽师范大学出版社2017年版,第122页。
②参见张慰慈:《政治学大纲(外二种)》,安徽师范大学出版社2017年版,第169页。
③参见张慰慈:《政治学大纲(外二种)》,安徽师范大学出版社2017年版,第172页。

理国家的有效手段。要把选举权当做政府职务的一种。人民的选举权，不单在于决定某人当选或某人落选而已，政府的大政方针，也往往因选举结果而决定的。所以选举问题不仅是一个人选问题，其中还包括决定政府政策的重大问题，必须对选民的资格、选举法、选民注册、选票及投票手续、选举费用与选举舞弊等作出法律规定，以保障人民选举权的实现。选举权是孙中山在《民权主义》里所说的第一个民权，而罢免权是第二个民权。罢免权最大益处就是可以使各官吏的任期加长而不发生危险。“人民有了选举权，可以举出相当的人物，充当政府的官吏，执行政府的职权；人民有了罢免权，可以停止那已经举出的官吏的职权，取消他们尚未做满的任期。”①通过对现代欧美国家的创制权与复决权的考察，张慰慈认为，现代国家不仅要用人民的选举权与罢免权来管理官吏，还应当要用人民的创制权与复决权管理法律。创制权是第三个民权，就是人民直接制定种种需要的法律的权，复决权是第四个民权，就是人民否决那种种不要的法律的权。创制权与复决权合并起来，就叫做直接立法制度。直接立法制度是由人民直接提出各种法律，或交人民代表制定为法律，或交全体人民表决；同时人民代表制定的法律，又须得到人民的同意，方能作为有效②。创制权与复决权是人民主权理论的集中体现，也是现今社会管理国家的有效手段。

三是通过对政府职能的性质和政府职能分配原则的分析，重点阐发执行政府职能的行政、立法、司法、考试、监察五部门的职权职责。张慰慈认为，“政府是为人民谋幸福的工具”，在现今的民治时代，政府“有能力执行两种最低限度的主要职能：对内须保护社会的治安，对外须防外国的侵入”③。随着社会的发展，社会上一切情形逐渐复杂，政府的职能也就不得不与之俱增，其目的是要利用政府机关，维护社会的公道，使人民均能有平等的机会与公平的待遇。政府要执行这些职能，必须对各种职能进行分配，设立各种机关，各执行一种特别的职能，既利于责任分明，也是互相钳制、互相监督。欧美国家根据法律的原则，把政府的职能分为制定

①张慰慈：《政治学大纲（外二种）》，安徽师范大学出版社 2017 年版，第 198 页。

②参见张慰慈：《政治学大纲（外二种）》，安徽师范大学出版社 2017 年版，第 207 页。

③张慰慈：《政治学大纲（外二种）》，安徽师范大学出版社 2017 年版，第 218 页。

法律、解释或应用法律、执行法律的三种职权，分别由政府的立法、司法与行政三大机关行使。这就是三权分立学说，欧美各国政府原则上采用的制度。张慰慈认为，社会的发展和政府的职能复杂，现今政府一些重要的职能已不能包括在三权的范围以内。随着政府职能的增加，政府人员增加数倍，如何选择政府人员并安心服务，变成政府的重要职能。从前是由立法机关附带执行监察的职权，现在政府的职能范围扩大，专靠空洞的人民监督或人民代表监督是不够的，也要自成一种独立的职权①。所以，将考试与监察两项职权加入政府职能之内，形成行政、立法、司法、考试和监察五权，是政府行使职能的需要，也是孙中山的五权宪法补救三权学说缺点的缘由所在。正是如此，张慰慈用五节篇幅内容，分别就行政、立法、司法、考试和监察职权在欧美诸国行使与变迁，并结合《国民政府建国大纲》《中华民国国民政府组织法》进行理论分析，阐述行政机关、立法机关、司法机关、考试机关和监察机关分别行使政府职能的法律依据、职能内容、组织原则和行使方式等②。这是张慰慈对政府职能及其分配进行历史与现实考察中提出的阐述，是对三权分立学说的发展，也是对国家管理方式和促进国家发展的理论探讨。

张慰慈对政治学理论体系的卓越探索，使中国政治学研究有了一个基本框架，对民国初期政治学理论研究体系产生重要影响，以至后来国内政治学著作基本用分论的体系阐述政治学理论问题。不可否认，受时代和认识的局限，特别是受欧美政治学的影响，仅以“国家-社会”问题为主题的理论体系和分析框架，对相关政治发展、政治文化等问题基本没有涉及，明显不足。尽管如此，张慰慈为推动中国现代政治学的发展作出了积极贡献，对于今天深入研究并构建中国特色政治学理论体系仍有一定的启示意义。

【本章由李宗楼（安徽师范大学法学院政治学教授）撰写。】

①参见张慰慈:《政治学大纲(外二种)》,安徽师范大学出版社2017年版,第221-222页。

②张慰慈的《政治学大纲》(1928年第7版),用五章篇幅分别阐述行政、立法、司法、考试和监察职权。

第六章 《政治学大纲》的突出成就

张慰慈是现代中国著名的思想家、政治学家，其代表作《政治学大纲》在中国现代学术史上有着重要的地位。张慰慈，字祖训，江苏吴江人，早年留学美国，获博士学位，曾任北京大学、法政大学、上海东吴大学法律学院、中国公学政治学教授，安徽大学图书馆馆长等职。他是中国政治学研究的重要先驱，北京大学最早的一批政治学教授之一，就任过南京中国政治学会干事，在政治学领域具有举足轻重的地位。其主要著作：《英国选举制度史》《市政制度》《政治学大纲》《政治制度说》《政治概论》《政治学》《宪法》等，译著有《现代民治政体》《妇女论》等。张慰慈的《政治学大纲》是一部研究现代政治学理论的学术专著，在20世纪的中国政治学界有着重要的学术影响，在建构中国现代政治学研究的基本框架，奠定中国政治学的科学化、体系化方面具有开创性的地位，为我国政治学的发展留下了宝贵的学术遗产。对此，有的学者评价道："1920年代初中国政治学界最有影响的一部政治学著作可能就是张慰慈的《政治学大纲》。"[①]应该说，这样的评价是比较中肯的，也是符合现代中国学术研究实际的。

---

①孙宏云:《中国现代政治学的展开:清华政治学系的早期发展(1926—1937)》,生活·读书·新知三联书店2005年版,第365页。

一、《政治学大纲》的章节设计和内容结构

张慰慈的《政治学大纲》比较系统、综合地论述了政治学的各个方面的知识和理论，侧重于主权与民权、国家-社会分立、政党、议会与宪政等方面，特别是对于国家学说的阐发尤为具体。从章节设计和内容结构上看，该著架构合理，体系严密，以18章的篇幅全面地展示其理论体系。张慰慈的《政治学大纲》有多个版本，经历了一个不断增补的过程，到1931年已印刷了第8版。就内容结构来看，该著有这样的几个领域和问题是值得当今学术界所要特别关注的：

一是《政治学大纲》一书在《政治制度浅说》基础上增订而成，增加了很多对时政问题的分析和讨论。民国时期的学者善于著述，但在出版著作方面也是比较谨慎的，著作或为相关专题论文整合而成，而著作在出版后也往往要不断地加以增补，以求著作能够达到较为完善的地步。张慰慈的《政治学大纲》是以其《政治制度浅说》为基础的，或可以说是《政治制度浅说》一书的修订本。《政治制度浅说》由上海神州国光社出版，共25章。《政治学大纲》共18章，在《政治制度浅说》基础上，扩展和补充了大量内容。譬如第11章论“宪法”，补充第二节“中华民国成文宪法运动史”作结。第15章论“政党”，补充第二节“中国国民党及其组织”作结。第16章论“选举权与罢免权”，最后以“选举费用与选举舞弊法律”作结。第18章论“政府职务及其分配”，专门讨论了国民政府的五权宪法。正是因为《政治学大纲》是在《政治制度浅说》基础上修订而成的，加上了许多内容并修订了相关的观点，故而《政治学大纲》的内容较为全面，体系也更为合理，相关的观点亦较为稳妥，又由于该著在修订中切契合当时的政治情形，因而该著的时代感也更为强烈一些。这或许是该著成为当时政治学教材并引起学界高度重视的一个重要原因。

二是对知识分子在社会政治变革中的作用予以高度的重视，认为知

识阶层虽具有一定的中立性，但如果知识分子对被压迫阶级予以支持的话，将对于革命的发生有积极的推动作用。张慰慈的《政治学大纲》不是按照马克思主义的阶级斗争理论撰写的，但该著很显然是受到“阶级”观点的影响，故而能够提出“压迫阶级”与“被压迫阶级”的范畴，并将“知识阶级”纳入社会变革的潮流之中，强调知识分子在“革命”中的地位和作用。他在《政治学大纲》中指出：“社会上的阶级大概可分为压迫阶级与被压迫阶级，中间还有一种中立的知识阶级。假如知识阶级与被压迫的人民站在一条战线上，那末，革命是一定要发生的。知识阶级能在消极方面使被压迫阶级把他们的攻击集中在几点，提出几个很明显的标题，如辛亥革命是驱逐满清政府，十六年的国民革命是打倒军阀，打倒帝国主义。再在积极方面又提出几个目标，使革命的人民都向这条路上跑，如法国革命时候的‘自由、平等、与博爱’，国民革命的‘民族、民权、与民生’这类的目标都是理想的观念，革命以后能否达到目的是另一个问题，可是在革命发生时候及革命时期确有极神秘的势力，能激动人民的革命精神。”[①]通常意义上的自由主义政治学比较赞同社会改良，在社会变革的问题上并不赞同政治革命。就此而言，张慰慈虽然在政治上属于中国自由主义阵营，但他重视政治上“革命”的意义，并且在一定程度上运用“阶级”的观点考察政治变革，这与传统意义上的“自由主义”还是有所不同的。

三是在政治学史提出国家四要素的主张。现代中国的学术比较重视继承欧美的学术传统，中国政治学者也多将国家视作政治学研究对象。政治学的研究自然离不开对国家问题的研究，政治学在有些情况下也被称为国家学，受近代以来西方政治学的影响是很突出的。于是，“从来的政治学家惯把政治学看成关系国家活动的学问，所以他们的政治学的研究，也往往都从国家的构成要素入手，首先提出所谓国家三要素的问题，把土地，人民，权力，三种要素，逐一详加说明”[②]。张慰慈认为，从国家的角度来研究政治学是必要的，但国家的要素不只是“土地、人民、权力”三方面，还应有“组织”这一要素。他说：“如果分

①张慰慈：《政治学大纲》，商务印书馆1928年版，第214页。

②陈豹隐：《新政治学》，上海乐群书店1929年版，第25页。

析起来，国家的要素就有四种：（一）有为公共目的而活动的一群人民，（二）占定地球上的一定的土地，（三）有表示和执行公共意志的机关，（四）只受一个最高统治权的支配。简单说起来，就是土地，人民，组织和主权。”他的理由是：“如果没有一定的土地，虽然有许多人民存在，像犹太人一样，散在各国，自己没有一定的组织，一定的国土，便不能算一个国家。至于无人民的一块空地不能成为国家，那就更不用说了。如果有人民又有土地，却没有表示和执行公共意志的机关，如一群无结合的人民，散在荒岛中间，却是自然世界，不能算做国家。不过单有人民，有土地，有政府，没有最高的统治权，听受别国权力的支配，只可算得别国的属地，或变成一国的地方政府，也不能算做国家。所以凡是国家都有这四种必不可少的要素。”①由张慰慈提出国家四要素的主张来看，张慰慈在学术上固然是承继了欧美政治学的传统，但也表现出“继承中创新”的学术追求，融入了自己对于国家问题的思考，因而其《政治学大纲》也就不是西方政治学的简单翻版，而是有着自己学术上的独立思考及独立性的主张。从中国政治学发展史来看，张慰慈将“组织”列为国家的要素，这是对政治学理论中国家学说的重要发展与创新，在政治学史上有重要的学术意义。

四是在继承西方政治学传统的同时而有所发展，特别是对于国家的目的和国家的职能等问题进行新的解释，并进而提出使国家统治的目的和国家的职能由政治领域进到社会领域的主张。在当时的学术背景下，中国的自由主义政治学的相关研究，自然是按照西方现成的体系来进行的，在比较重要的问题上也无法绕开西方政治学所形成的传统。譬如，对于国家目的和国家职能这两个问题，任何思想倾向的政治学也是不得不回答的，但问题是怎样回答，回答到怎样的程度，这其中也就有着创新的空间。张慰慈的《政治学大纲》在国家目的和国家职能这两个问题上，虽然在范畴上承继西方，但在范畴的内涵的界定上有着独特的思考和创新性的见解。关于国家的目的，张慰慈指出：“国家的初步目的在维持个人的和平秩序安全及正义。这就是建设一种保障民权和划定民权范围的法律，在这个范围之内，无论是私人是团体是国家都不能侵犯。

①张慰慈：《政治学大纲》，商务印书馆1928年版，第36—37页。

第二步的目的在超过个人的需要，注意到社会的更大的群集的需要，——人群的幸福。因为公共幸福必定要得国力的帮助，不是单独的个人所能做到的。要想达到这个希望，便不得不发展国力，便不得不完成国家的生活。最后的目的，在鼓励人类的文明。这就是德国学者浩遵道夫，斯特恩，瓦格那，伯伦智理等‘文明使命的学说’。综结起来，国家有三个目的：（一）是增进个人的幸福，（二）是鼓励社会的幸福，（三）是提倡世界的文明进步。”[①]关于国家职能，张慰慈认为国家要担负起经济管理的使命，他指出：“国家的职务不但在秉公裁判，不但在保障生命财产，并且要做社会的进步和经济进步的工具。因为个人如果受了社会的压迫，或受经济的压迫，不但不能自由发展个人的才性，并且连生命都不能保了。所以古代柏拉图的共产主义，把经济的势力排除在政治的范围之外，现代的社会主义却把经济的势力放在政治的范围之中。以为要想免掉政治上的不自由，必先排除经济上的不自由；要想免掉政治上的不平等，必先排除经济上的不平等。”[②]张慰慈关于国家目的和国家职能的论述，不仅在政治学理论上深化了关于国家问题的认识，而且又很鲜明地吸收了西方社会主义者关于国家的学说，这集中地表明张慰慈政治学思想进步性的一面及注重学术创新的色彩。

五是对于“民族”及由此而产生的“民族国家”问题进行研究，使“民族国家”在政治学上成为一个重要的学术概念。如前所述，传统政治学以国家为研究对象，故而对于国家问题的阐释可谓十分详细，但尚未进入研究“民族国家”问题的阶段，尽管有些学者涉足“民族国家”问题，但总体来说政治学研究对“民族国家”是不够重视的。张慰慈研究政治学的一个重要特点就是努力关注国际政治的变动，对19世纪末20世纪初的民族独立运动给予了极大的关注，故而其《政治学大纲》能够将“民族国家”纳入其视域，这使得该著突破了既有传统西方政治学的研究范围。张慰慈在《政治学大纲》中认为，研究国家则不可避免地要关注到民族问题，因而需要对民族国家问题作出解说。他认为，民族有三种重要的要素，即“（一）种族的关系——由一个血统或一个人种

①张慰慈：《政治学大纲》，商务印书馆1928年版，第225–226页。

②张慰慈：《政治学大纲》，商务印书馆1928年版，第228页。

传下来的。（二）地理的关系——在一个山脉，河流，丛林地方之中居住，为地势气候所隔，不容易和他族往来。（三）文化的关系——有同一言语，同一文学，同一历史，同一风俗、习惯，和同一道德观念”。在他看来，具备这样三个要素就标志着某一民族的形成，于是“自然可以发生一种共同的感情，组织一种统一的政治团体”；“但是有时候虽然在同一的政治组织之下，民族的区别依然存在”，甚至“历史的界限还在，所以他们就难免年年互相冲突”[①]。张慰慈在对“民族”有所研究的基础上对民族问题的探讨，认为“民族国家”的出现有着现实的因素，有其政治的与历史的必然性。他指出：“民族国家之所以发生的原因，是因为团体国家和世界帝国有种种的缺点，不能适用于近代社会上的状况。团体国家的缺点是：（一）内部的争斗，（二）不能有广大的政治组织。世界帝国的缺点是：（一）各部份因有特别的利害关系，所以往往不能相容，（二）世界统一后，进化力势必至于停顿。民族国家就是调和上述两种国家的性质而发生的，其特质有二：（一）注重天然的地理上之界限，（二）注重同一民族的人民。”[②]鉴于这样的研究，张慰慈认为“民族国家”符合现代政治发展的方向，因为“现今政治发展的趋向，很注重民族统一和地理统一。所以国家最大的职务就是对土地一方面，把在同一地理单位的地方，合并起来；对于人民一方面，把属于同一民族的人，联合起来”[③]。张慰慈将政治学研究推进到关于“民族国家”的研究，在当时的政治学领域是有显著特色的，与当时世界范围内的民族主义的兴起也是有密切联系的，如他所说：“现在的民族主义，就想把同一民族的人民组织在一个国家之下，让他有平等的发展机会，不致酿成许多待遇不平的无谓的纷争。”[④]“民族国家”进入张慰慈的研究视域，也不仅仅是张慰慈积极关注世界范围内民族国家独立的结果，是否与关注与思考近代中国以来中国人民争取民族独立的思考有关？是否与争取中国民族伟大复兴的波澜壮阔的斗争相关？这是值得进一步研究的问题。就政治思想趋向来说，张慰慈尽管政治上继承了西方

①张慰慈：《政治学大纲》，商务印书馆1928年版，第41–42页。

②张慰慈：《政治学大纲》，商务印书馆1928年版，第131页。

③张慰慈：《政治学大纲》，商务印书馆1928年版，第76–77页。

④张慰慈：《政治学大纲》，商务印书馆1928年版，第42页。

自由主义理念，但在五四时期及以后他都是一位忠诚的爱国主义者。中华民族悠久而又深沉的爱国主义传统，对张慰慈的政治学研究不可能是没有影响的。张慰慈在政治学体系中能够注重研究“民族国家”问题，对扩大和深化政治学的研究领域是很有学术价值的，对于引起人们更加注重民族问题的研究也是有启示意义的。

六是对社会主义国家开展了重要的研究，从学术的视角论证了社会主义国家学说的现实合理性。张慰慈在《政治学大纲》中认为，社会主义国家学说反映国家发展的趋势，他指出：“就是在不共产的国家之下，政府一方面应该有管理或监督那些容易被人垄断的实业行为；一方面又应该为社会的利益起见，把几种与全体人民有关系的营业收为国家的营业。国家对于实业固然要让社会去自由竞争，但是因为放任的结果，发生竞争不能自由的情形，国家便应该出来阻止私人垄断的害处。从经验上看来，放任主义在情形复杂的今日社会之中，既不能使人得到自由竞争的好处，又不能使人得到经济平等的机会，因此便不得不有社会主义的国家职权说出来代替个人主义的国家职权说了。”[①]关于社会主义国家的情形，张慰慈在国家历史与发展的趋势中进行推测，认为社会主义国家体现出“治事”的职能，与历史上的国家的“治人”职能有根本的不同。他指出：“在社会主义之下的国家中，性质上并不是治人的国家，只是治事的国家。在治人的国家之中，国家以主权者的资格做事，所以办理警察和军政，便是国家最重要的职务。在治事的国家之中，国家以事务员的资格做事，所以经济的管理乃是国家最重要的职务。因为最近的国家注重经济的职务，所以发生两大趋向：（一）国家所用的生产工人增多，（二）国家所收的营业余利增多。……我们看见在私有制度之下的国家营业这样增多，就可以推想到将来国家的职务一定朝着经济事务方面走。由此可见从前的国家职务，专重在治人，现在的国家职务，专重在治事。”[②]由张慰慈对社会主义国家问题的研究来看，他的政治学思想显然是受到当时社会主义思潮的积极影响，并表现出进步的色彩。从客观上来说，张慰慈的《政治学大纲》对社会主义所

①张慰慈：《政治学大纲》，商务印书馆1928年版，第229–230页。

②张慰慈：《政治学大纲》，商务印书馆1928年版，第230页。

进行的政治学上的研究，无疑在一定程度上促进了人们从政治学上来对于社会主义思潮的认识与理解。

七是从比较视角对比并研究了西方国家的政体与政府结构，涉及总统制与内阁制、选举权与罢免权、创制权与复决权、政府职权等大量的细节和案例。张慰慈在《政治学大纲》中对于欧美新政体有着敏锐的觉知力，善于从中寻找到有效的政体介绍给国人。例如，该著在考察西方政体历史演变的基础上特别对民治政体的内涵、精神和意义进行理论与经验分析。张慰慈认为："民治主义的真正意义，在使个人都有平等的独立的机会，去自由发展他个人的本能，可是代表式的民治政体绝对达不到这种理想。"①同时，他还就瑞典、瑞士、美国的西部和奥斯特利亚等处的新民治主义的发展方向和趋势作了具体讨论。在张慰慈看来，现在的民治主义不但想使人人有得到政治上平等的机会，并且想使人人有得到经济上平等的机会。现在的民治主义的国家，就是使人人得享受自己劳动结果全部的共产主义的国家。又如，讲到选举与投票的方法时，张慰慈认为世界各国要算美国的经验最多，历史最长，所以美国各邦的选举法，也要算是最详细，最完备。他指出："几个重要的邦，各有三百多页的选举法。纽约一邦的选举法，就有二十五万多字。这就是可以见的美国各邦选举法的详细与完备，实不是别国可以比得上的。"②再如，张慰慈具体介绍和比较了欧美主要政府的职务及其分配状况。在行政权一节中，他交代了各国选举行政首脑的选举制度，重点就由特别组织的选举会议选举的和由立法机关选举两种间接选举制度作了论述。这里涉及美国、南美洲智利（Chile）与巴西（Brazil），欧洲新国家芬兰由特别组织的选举会议选举的概况，以及法国、波兰、捷克的总统均是由两院议员选举的概况。总体而言，张慰慈认为两种间接选举制度各有种种利弊。在立法权一节中，张慰慈仔细分析欧美各国立法机关的职务，说明了立法机关在各国政府中所占的真实地位。他分析道："只因他们的政府是代议制度的政府，所以把人民代表的立法机关看得非常重要，并把政府中几种重要的职务，如制定或修改宪法，选举行政首领，表示

①张慰慈:《政治学大纲》,商务印书馆1928年版,第131页。

②张慰慈:《政治学大纲》,商务印书馆1928年版,第172页。

人民公意都分配于立法机关执行；又因为他们没有设立一种独立的监察机关，所以凡是对于政府方面几种最低限度的监察权，如监督财政收入与支出，批准行政首领与外国所订立的条约，所任命的重要官吏，及弹劾与审判弹劾案件也分配于立法机关执行。”①张慰慈的《政治学大纲》对于西方国家的政体与政府结构的分析，有助于学术界认识西方政治的特质所在。

张慰慈的《政治学大纲》是一部比较全面的研究政治学理论的著作，该著对于政治学理论基础知识及重要的方面作了较为系统的介绍，以上罗列的只是该著在内容方面比较突出的地方。而仅就这些方面来看，该著关注世界政治格局的变化，对西方社会中政治变动的学理分析以及对民族国家和社会主义国家的高度关注是突出的方面，因而该著是一部视域开阔、学理明晰、力求理论创新的学术著作。

二、《政治学大纲》一书的基本特点

张慰慈的《政治学大纲》是现在中国政治学发展历程中的重要著作。在笔者看来，张慰慈作为一位学者在中国政治学史上的地位，很大一部分是由其《政治学大纲》的学术地位决定的。与当时风靡一时的政治思潮、主义不同的是，张慰慈的《政治学大纲》努力探讨政治学的原理，并在厘清概念、设立体系等方面着力。具体而言，该著具有如下几个比较显著的特点:

一是在“国家-社会”的分析框架下对政治学的涵义和内容进行了界定和划分，并在此基础上初步勾勒了整个政治科学体系粗朴的架构和轮廓。张慰慈的《政治学大纲》论述了政治学的性质、研究方法、与其他学科的关系，特别是为建立现代政治学体系作出了贡献。张慰慈认为，同经济学的题目是财产、生物学的题目是生命、代数学的题目是数目一样，政治学的题目是国家——人群的一种组织。他指出：“政治学

①张慰慈:《政治学大纲》,商务印书馆1928年版,第210页。

的目的就是研究人与人在这种有政治组织的社会中的一切动作。所谓‘政治的’是指一切与国家有关系的种种事实、势力、与现状而言，所以政治学就是科学的国家智识，是一种公民的常识。”[①]以此为依据，他把政治学的内容仔细分为四大部分，即“（甲）说明国家性质是怎样的，组织是怎样的——叙述的政治学。（乙）历叙国家如何发生，如何进化——历史的政治学。（丙）研究政治中普通的根本观念，和原理原则——纯理的政治学。（丁）讨论现在的国家应该怎样组织，怎样管理——实用的政治学”。他一进步指出：“政治学史研究国家如何发生，如何进化，找出因果变迁的公例（历史的政治学；）并观察现在国家的性质及组织，和所处的环境，所发生的变端（叙述的政治学；）更从这种性质、组织、环境、变端之中，找出根本观念和具体的原理原则（纯理的政治学；）拿来做怎样应付现代政治环境，解决现在政治问题，创造新政治局势的工具（实用的政治学；）这就是政治学的涵义。”[②]可以说，张慰慈的《政治学大纲》的理论体系是在“国家—社会”的分析框架下对政治学的涵义和内容界定和划分的基础上建构起来的，初步建构起中国现代政治学理论体系的轮廓。《政治学大纲》这一著作是系统体现叙述的政治学、历史的政治学、纯理的政治学、实用的政治学的精华，也是理解现代政治学理论体系和学术体系重要的文本之一。这些即使在今天，对于政治学的研究也具有很大的启示意义，因而也是需要关注和学习的。当前政治学教材的理论体系大多从分析政治权力、国家政权、国家政体等政治学的最基本范畴入手，探讨政府职能、政党等其他一些政治学重要范畴的产生、演变及其发展规律，进而阐述政治参与、政治发展、政治文化、国际政治等政治现象的表现特征与一般规律，涉及政治学（包括各门分支学科）的基本范畴、理论与各种社会政治现象。从中我们可以发现张慰慈《政治学大纲》的结构痕迹和整体脉络。

二是历史-制度主义的研究取向使宪法与宪政的研究成为一大特点，并鲜明地刻着英美经验主义分析方法的烙印。由启蒙时期逶迤而来的国家建设理论仍然是欧美政治学理论的大端，政府形式分析紧随其

①张慰慈:《政治学大纲》,商务印书馆1928年版,第10页。
②张慰慈:《政治学大纲》,商务印书馆1928年版,第10页。

后。从研究内容来看，张慰慈的《政治学大纲》总结和比较西方国家政体，注重对不同国家的宏观政治制度架构作勾勒描述。从研究方法来看，该著也深受欧美科学实证论影响。当时，无论欧美派学者，还是国民党与马克思主义派学者，均认可政治学科学性，承认政治学是运用科学方法研究国家等政治现象的科学。张慰慈即申明，政治学是“科学的国家知识”。该著中列举了五种政治学的研究方法，包括生物学的方法、比较的方法、实验的方法、历史的方法与心理的方法。一方面，他认为19世纪欧洲各国之所以能成了一个创造社会科学的时代，是由于自然科学的方法被运用到社会现象的研究中来。另一方面，他对于几种较为通用的方法的长短作了一个简单的说明。其中，他对于孔德、斯宾塞等社会学家的将人类社会比附作生物体的做法并不欣赏。他认为，社会是人类精神的结合，并不是一种有机体，因而尽“可说社会的构造上有些像有机体，却不可直说社会就是有机体”[①]。张慰慈对于比较政治学研究方法也不欣赏，认为这种方法因为其不分析具体的政治环境，只是仅能找出普通的趋势，很不容易找出具体的和医治环境的药方，因而也就不能给予过高的评价。就此，张慰慈指出：“把特别环境看得太轻，把现有制度看作无根之果，确是一椿很危险的事。”[②]美国实用主义方法受到欧美派与国民党派学者的共同推崇。他们均强调，政治原理与政治制度均为假定，判断其是否具有价值、是否为真理的标准全在其实际效果。较早从政治学角度介绍此种研究方法者，当属张慰慈。他强调，政治学原理是用以解释“政治社会中万事万物现象”、应付环境的人造假说，亦是“做救济某种环境的工具”。同时，各种政治制度应通过社会实验证明其价值，“凡国家公布一种新法律，发明一种新制度，或决定一种新政策，无一日不在随时试用，随时修正之中。要想判断他的利弊，必定要看试验的结果如何”[③]。张慰慈的《政治学大纲》也并非单纯的就事论事或概念辩证，而是注重政治概念背后的历史与理论，从而使政治研究显得更为深刻与厚重。为了说明“选举名册”问题，他对美国选举名册的历史演变进行了系统论述。这种政治学与历史学紧密结合

①张慰慈：《政治学大纲》，商务印书馆1928年版，第18页。

②张慰慈：《政治学大纲》，商务印书馆1928年版，第18页。

③张慰慈：《政治学大纲》，商务印书馆1928年版，第19页。

的研究方式，体现了20世纪之交欧美政治学的特色。张慰慈特别注意概念、思想、假设、制度、原理的历史性，认为它们有时间和空间的限制，只不过是“符合或适应此时此地”的情况罢了。这种在历史与理论的方位中把握问题的历史主义态度，与胡适等自由派把西方民主政治神化和普遍化有着根本的区别。最后，张慰慈也着重提出比较的、实验的、历史的、心理学的各方法，都是应用的政治学正当的方法。他专门总结道：“我以为应用的政治学，应该把人看作国家的主体，把一切政治看作人类心理作用的表征，用历史的研究法，把政治现象变迁进步的因果探求出来，抽出进化的原因，找到进化的路线，更把各国各时各种制度各种学说，用比较的方法研究其长短优劣，拿来做我们现在的人研究现在政治现象的政治制度的工具，做指导现在的人应付现在环境的方针。”①

三是与自由主义知识分子之间也存在某些差异，提出了诸多独特性的见解。譬如，在政治学研究对象问题上，张慰慈受基特尔影响比较突出，他提出政治学一方面应以国家为研究对象，同时亦应研究人们在政治社会中的关系及政治心理与动作。他表示，一方面，国家是政治学的研究“题目”，另一方面，政治学应研究人们在政治社会中的关系与心理。他又将人们的政治关系与心理称作政治关系与动作，认为政治学所研究的“人群的现象”属于“人与人在社会上所发生的关系中的一种”，“政治学的目的，就是研究人与人在这种有政治组织的社会中的一切动作”②。诸多学者发挥张慰慈所言政治学应研究人们在政治社会中的关系，提出政治组织亦为政治学重要研究内容。又譬如，在研究观点上，如对“训政”的看法，张慰慈说：“在中国现今军政刚结束训政将开始时，人口数目问题更不能预先调查清楚，否则一切建设的计划，一切政策的方针都等于纸上空谈，事实上不能发生任何的结果。”③他还认为现在的训政时期确是一个最危险时代，这是从前各国革命时期都有这样的危险时代。他并且分析道：“因为在军政时期，人民都有相当的热忱，极大的牺牲都受得了，极苦的工作都愿意做，他们总一心一意希望

①张慰慈：《政治学大纲》，商务印书馆1928年版，第22页。
②张慰慈：《政治学大纲》，商务印书馆1928年版，第10页。
③张慰慈：《政治学大纲》，商务印书馆1928年版，第42页。

军事平定了，就能达到理想的目的，过他们理想的生活。可是军事平定以后，未解决的问题还是非常之多，一切情形绝不是他们在军事时期所想望的。人民有极高的热度帮助革命政府的军事政策，人民却很难有热忱的帮助新政府的一切建设计划。到了军事平定以后，一切有形的危险都扫除了，人民的团结力量也就消灭，当权的革命份子又自分党派，发生争权夺利的怪现象。在革命时候诚实可靠的人物现在也不免为利欲所引诱，做出种种自私自利的行动。他们甚而至于还觉得他们是有功的人，所以应当享受种种特别权利。他们的亲戚朋友都把持了各处的优差美缺，这都是各国革命史上常见的现象。"①在国民党的"训政时期"而提出"训政"中的各种问题，这是需要很大勇气的。

四是带有某种适应中国实际政治需求的经世致用的著述意图。张慰慈的《政治学大纲》不乏"问题意识"和现实关怀，其中对政治制度、政治行为、政治思想等方面的讨论，以及关于宪法和法律、民主与独裁方面的讨论，都希图通过学术研究澄清人们的错误认识，学以致用。例如在20世纪20年代末学界和政界关于"如何训政"问题的大讨论背景下，张慰慈在《政治学大纲》中分析中国到底应该是要"约法之治"还是"党统治国家"的问题。当时，胡汉民为了与控制军权的蒋介石争夺最高统治权，强调党权，由党来把控国家政权和领导军队，希望党的决策通过立法院实现，将立法院凌驾于国民政府之上，同时全国人民接受国民党"训政"。而蒋介石和政学系则针锋相对，强调约法高于党权。实际上，蒋胡双方之间的意识形态斗争是一场权力斗争游戏。张慰慈在书中不仅重新梳理了孙中山的"训政"理论，而且基于大量针对政体的实证研究基础上主张先进行"训政"，后立宪，试图在蒋胡之争的讨论之外，找到一个新的维度。例如，讲到选举法时，张慰慈提出应当注意于实现民权主义的方法与手续。他指出："孙中山先生的四种民权，无论是选举权、罢免权、创制权与复绝权，都要靠一张选举票使人民表示意志。人民意志能够真确表示出来，大半是要看投票的手续与方法规定得完备与否为定。所以关于这张小小选举票的一切小问题，才是实现民权主义的主要关键。"②也看得出来，孙中山的三民主义、五权宪法、建

①张慰慈:《政治学大纲》,商务印书馆1928年版,第118页。

②张慰慈:《政治学大纲》,商务印书馆1928年版,第172页。

国大纲等思想对张慰慈的影响是巨大的。

五是受到西方自由民主价值理念的影响，表露出谋求学术研究自由发展的相关主张。应该说，民国政治学家大多属于20世纪二三十年代留学欧美的学者，因此，其思想观念与价值选择因而更倾向于欧美的民主政治，这在张慰慈的《政治学大纲》中是有显著表现的。张慰慈作为20世纪初期民国政治学家群体中的自由主义政治学的代表，致力于引介西欧、北美等地学界阐发的各种非马克思主义政治学理论。而且，由于张慰慈与胡适良好的私人关系，使之成为胡适“权势网络”的重要人物，也成为欧美政治学在中国的早期代表。自由主义政治学的特征在于以西方近代天赋人权、契约论、自由平等等资产阶级思想为价值理念和追求,在政治学形态上表现为集中介绍和论述权力分立与制衡、政党制度、代议制、宪政、国家与社会、国家与人民、政体等理论问题，亦即国家理论。张慰慈的《政治学大纲》主要依据基特尔的《政治学导论》来撰写，其学理资源中有不少痕迹，这既充分显示了欧美政治学潮流与前沿的状态，同时也使该著堪称20世纪30年代自由主义政治学学术体系研究的高峰。值得注意的是，该著在引入西方自由主义思想及反省中国传统思想资源、学术传统的基础上，愈益关注学术本身的独立地位，主张学术研究相对脱离政治和致用观念的束缚，表现出谋求学术走上自由发展的理念。

以上，就张慰慈的《政治学大纲》的特点作了简要的梳理。需要说明的是，张慰慈的《政治学大纲》的成功既源自其扎实的政治学理论基础，又与他对国际范围内政治发展态势的即时性观察分不开的，同时也是与他在学术上努力创新的理念密切相连的。五四时期的中国政治学处于政治学研究中国化的途程之中，推进政治学研究的本土化既要批判地接纳西方业已成熟的政治学研究传统，同时也需要依据新的国际政治变迁的特点及中国政治发展的需要加以理论上、学术上的思考，才可能在推进政治学中国化方面有所建树。张慰慈的《政治学大纲》就是在政治学本土化中的积极性探索，尽管其中也有不足之处，但总体来看，其创新的理念、国际性研究视域及建构体系的努力也是成就其《政治学大纲》的重要方面，因而还是值得称道的。

三、《政治学大纲》一书的学术地位

学界很久以来就有“人以文传，文以人传”的说法，说的是：一个人能否流传下来而成为历史人物，依据其文章、著述，而有些文章著述得以流传下来，也与其人的名声之大小有关系。张慰慈正是以其《政治学大纲》等著作，而使其人得以流传，成为我们今天所逐步知晓的历史人物。张慰慈在民国政治学领域具有举足轻重的地位，然而因为种种原因，在很长时期内并没有引起学术界应有的足够重视。在某种意义上说，张慰慈成为20中国世纪学术思想史上的失踪者，承受了“20中国世纪学术思想史上的失踪者”的悲剧。比如在大陆出版的《中国大百科全书》（政治学卷）中，有张友渔、张奚若等政治学家，却没有张慰慈。在台湾出版的《中华百科全书》中，也未见到张慰慈的学术著作。学术是发展的，未知的事实在不断呈现，历史记忆也是在恢复之中，该记住的历史人物终究还是有人记住的。可喜的是，在陈玉堂编纂的《中国近现代人物名号大辞典》和高增德主编的《中国现代社会科学家大辞典》中，对张慰慈还是有所介绍的。前者偏重于个人经历，后者侧重于学术著述。应该说，张慰慈的《政治学大纲》在中国政治学史上有重要的学术地位，是我国系统和科学阐述政治学术研究的里程碑式的作品，丰富了我国政治学体系的理论内容，推动了民国政治学的学科教育。

张慰慈的《政治学大纲》在现代中国的政治学界具有开创性的学术地位。继张慰慈之后，中国政治学得到很大的发展。政治学专著在20世纪的20年代末和30年代初相继出版，如恽代英的《政治学概论》（中国国民党中央军事政治学校政治部1926年版）、王恒的《现代中国政治》（革新评论社1928年版）、陈豹隐（陈启修）的《新政治学》（上海乐群书店1929年版）、邓初民的《国家论之基础知识》（新生命书局1929年版）、高一涵的《政治学纲要》（神州国光社1930年版）、邓初民的《政治科学大纲》（昆仑书店1931年版）、田原（邓初民）的《政治学》（新时代出版社1932年版)、桂崇基的《政治学原理》(商务印书馆1934年版)、李剑农的《政治学概论》(商务印书馆1934年版)、陈占甲的《政治人才论丛》(人文书社1934年版)等。张慰慈的《政治学大纲》可以说是中国政治学建设的奠基性著作。

张慰慈的《政治学大纲》之所以能够产生重要的学术影响,很大程度是因为该著因应了当时中国政治学发展的需要,契合当时中国知识界急于知晓政治学相关知识的愿望。在20世纪20年代的中国,政治变革乃是社会变迁中最集中的方面,改造中国社会从政治入手也是许多有识之士的选择,特别需要有关政治学方面的知识。张慰慈关于政治学以国家为研究对象,主要采自美国政治学家韦罗贝(W.W.Willoughby)的观点。知晓这段历史中"西学东渐"的态势,对此就不难理解。张慰慈的《政治学大纲》尽管在不少观点上是承继西方的,但在当时的中国政治学界亦产生了很大影响。譬如,其后的武汉大学政治学教授李剑农在关于政治学研究对象上就与张慰慈的观点有很大的一致,李剑农认为:"政治就是国事;政治学便是以国家为研究的对象的,或竟可称之曰国家学。"[①]另据有的学者研究,张慰慈的《政治学大纲》是1920—1930年国内的主要大学政治学系开设"政治学概论"这门课程,使用的主要教材之一[②]。这可见,张慰慈的《政治学大纲》在当时的中国政治学界有着较高的共识,不然也就不会被使用为教材了。20世纪20年代末的《京报副刊》,曾进行了一个"青年必读书十部"应征书目活动,要求社会各界向青年推荐十部重要的参考书,有一个名为"韩介生"的人在他所开列的"中学以上的学生及服务社会的青年智识阶级必读的十部书"中,就有张慰慈的《政治学大纲》[③],可见这部书在当时的社会上有着重要的影响。

张慰慈《政治学大纲》的学术地位,应该说也是得到学术界有识之士承认的。胡适对张慰慈研究政治学的学识、水平给予很高的评价,承

①李剑农:《政治学概论》,商务印书馆1934年版,第2-3页。

②孙宏云:《中国现代政治学的展开:清华政治学系的早期发展(1926—1937)》,生活·读书·新知三联书店2005年版,第146-147页。

③王世家辑录:《〈京报副刊〉"青年爱读书十部"、"青年必读书十部"资料汇编》,《鲁迅研究月刊》2002年第9期。

认其学术见解非同一般。如胡适在日记中就有这样的记述："慰慈说我的《哲学史》中《淮南》一章的政治思想一节，颇有把近世思想读进古书去的毛病。我细想去，此一节确有此病。"[①]中国政治学学会顾问赵宝煦教授在文章中多次把张慰慈及其著作列在首位，说明张慰慈是中国政治学舞台的栋梁和主角。如赵宝煦教授在《中国政治学百年历程》中指出：早在1903年，京师大学堂的课程共分八科，其中就包括"政治科"。这是中国在大学中开设的第一门政治学课。随后，陆续兴办的复旦大学、南开大学、清华大学都相继成立政治学系。到了1948年，全国一百多所大学中已经有四十余所设立政治学系。在这些政治学系教书的著名教授有张慰慈、高一涵、钱端升、张忠绂、浦薛风、张奚若、张汇文、萧公权、蒋廷黻、周鲠生、李亚农、萨孟武、邓初民、楼邦彦、吴恩裕、王铁崖等人。虽然大约在20世纪的30年代初期，张慰慈弃学从政而离开政治学的学术研究领域，但他在五四时期对政治学的研究在中国现代学术史上是有重大贡献的，在中国政治学史上应该记上一笔[②]。

张慰慈的《政治学大纲》是一部阐述政治学理论的学术著作，为现代中国政治学的发展做出了开创性的贡献，在中国现代学术史上有着重要的地位。张慰慈作为著名的政治学家，他的名字是与他的《政治学大纲》的学术成就紧紧联系在一起的。

【本章由庞超（南京审计大学马克思主义学院讲师、博士）、吴汉全（南京审计大学马克思主义学院教授、博士）撰写。】

①曹伯言整理:《胡适日记全编》(5),安徽教育出版社2001年版,第767页。

②张慰慈弃学从政后,仍然关注中国政治学的发展,而且他本人在中国政治学界继续享有重要的地位。如1932年9月,杭立武、高一涵等45人在南京发起成立中国政治学会,张慰慈即为发起人之一;张慰慈同时也是政治学会成立会(1931年9月)、第一届年会(1935年6月)、第二届年会(1936年7月)所选举的第一届、第二届和第三届干事会的11名理事之一(参见孙宏云:《中国现代政治学的展开:清华政治学系的早期发展(1926—1937)》,生活·读书·新知三联书店2005年版,第286-295页中关于"中国政治学会"的论述),由此也可见张慰慈在政治学界的地位。

第七章 政治学研究内容的拓展及其时代特点

近代以后，随着西力东侵，中国开始被卷入西方列强主导的资本主义体系之内，其社会性质发生了变化，由封闭的封建社会转变为半殖民地半封建社会。与此相应，中国传统的治理模式已经无法解决社会剧烈变化所引起的新问题。在此历史背景下，从晚清开始，随着西方政治学著作的引入与介绍①，中国的政治学研究开始发生转变，至民国建立后，随着新式教育在中国的普及，部分大学中开始开设政治学学科，并大量聘用政治学研究者担任教学工作。至此，政治学学术共同体开始形成，并涌现出一批著名的政治学家，如张慰慈、高一涵、钱端升、萧公权、浦薛凤等。就学术发展的时代要求而言，这些政治学家一方面在政治学研究上需要吸收欧美现代政治学方面的理论知识，另一方面则又需要结合中国自身的需要构建符合本国国情的政治学研究方法与体系。在这些政治学家中，张慰慈在政治学方面的研究对当时政治学的发展起到了开拓性的作用。

---

①有学者统计，从1901年至1904年，中国各书社共翻译出版的西方政治学说著作达到66部之多，由此可以看出当时思想界对西方政治学说的重视度。参见宝成关：《西方文化与中国社会——西学东渐史论》，吉林教育出版社1994年版，第410页。

一、政治学研究内容的拓展

民国时期的学术界处于新旧转换时期。当时的中国学者一方面需要借鉴西方现代学术的研究路径，另一方面则又需要吸收本国的传统学术话语，并在其基础上进行现代转化。在政治学研究领域，当时的政治学研究者也面临这样的时代主题。虽然在晚清时期，西方政治学研究方面的书籍已经陆续被翻译、介绍到中国。学者如严复、梁启超、杨廷栋等也开始撰写了政治学方面的相关著作。但是就传播而言，至民国初期，这些书籍只是囿于部分知识分子的圈子之中，并没有大规模扩散到民间社会。民众对于国家、政府、政党、民治等概念虽然经常于报刊上看到，但对其内涵则并不甚了解。作为自由主义政治学家，张慰慈因为一方面受到传统西方政治学研究的训练，另一方面又对中国传统学术有充分的了解，自然承担起对民众进行政治启蒙的责任。他回国后，在撰写大量时论文章的同时，便着手写作《政治概论》一书，并于1924年出版。此书原本是作为当时商务印书馆出版的高级中学教科书使用的，后因内容简洁、态度平允被作为政治常识教科书使用①。在此书中，张慰慈言："政治学的题目是国家——人群的一种组织，同经济学的题目是财产，生物学的题目是生命，代数学的题目是数目一样的。政治学的目的就是研究人与人在这种有政治组织的社会中的一切动作。所谓'政治的'是指一切与国家有关系的种种事实，势力，和现状而言。所以政治学就是科学的国家知识，是一种公民的常识。"②

在这段论述中，可以看出张慰慈是将政治学定义为科学的国家知

①胡适在这部书的序言中言："我的朋友张慰慈博士做的这部政治概论，虽然是预定作高级中学教科书用的，其实是一般国民应该阅读的一部政治常识教科书。慰慈著手编这部书时，便认定'常识'一个标准，所以他这书里处处注重政治生活的训练和政治制度的意义。他的选择去取，都是很有分寸的：取的是必需的政治概念和制度历史。"参见张慰慈：《政治概论》，商务印书馆1926年版，第1页。

②张慰慈：《政治概论》，商务印书馆1926年版，第5页。

识，视为公民所应该了解的常识。从他此后所出版的一系列著作的内容来看，明显带有一种对民众进行政治启蒙的目的。如在1931年出版的《政治学》中，张慰慈言："人民有了公民的常识，有辨别各种制度或政策的能力，并且没有自私自利的心理，对于一切事务全以社会幸福为目的，对于执政人物能继续不断的监督其行动，公公平平的批评其政策，使全体人民能够明白其中一切实在情形，使政治方面各种事务能完全公开，那末，所有人民就能把政治看作很显明的，很浅近的，同时政治上的改革切的也就易于举行了。"①

在这种启蒙的思维下，张慰慈对政治学理论展开了系统性的拓展研究。具体而言，涉及的内容主要集中在国家、政府、政党等方面。

第一，就国家的研究方面而言，在张慰慈之前，学术界已经有了相关的研究。但从内容而言，却缺乏系统性的阐述。如在清光绪二十九年（1903年），梁启超就已经撰写并出版了《政治学新论》一书，其内容涉及中国与欧洲国家之间国体的比较、国家思想的形成与特点等问题。此书启蒙与救亡的色彩浓厚，其目的主要是为了唤醒当时民众的国家意识。如梁启超在此书中言："呜呼，吾不欲多言矣！吾非敢望我同胞将所怀抱之利己主义划除净尽。吾惟望其扩充此主义，巩固此主义，求如何而后能真利己，如何而后能保己之利使永不失则非养成国家思想不能为功也。"②但从此书阐释的内容来看，学理性稍显不足。这种情况也体现在当时的政治学相关研究著作中，如杨廷栋的《政治学》一书，在阐述国家问题时，主要讨论了国家的涵义与国家的性质，而对于国家的起源、国家与政府之间的关系、国家与社会之间的关系等均未作系统性的讲述。而张慰慈则对这些问题做了系统性的研究。概括说来，张慰慈对国家问题的系统性探讨主要涉及两个层面：一是国家的起源与发展问题；二是国家的构成及其性质问题。

首先，就国家的起源与发展问题而言，张慰慈从自由主义的立场出发，摒弃了国家有机体论，认为国家是"人类精神结合的社会，是为满

①张慰慈：《政治学》，商务印书馆1926年版，第4–5页。

②梁启超：《政治学新论》，广智书局1903年版，第51页。

足人类需要兴趣而存在的工具"[①]，并指出血统、宗教、战争、经济等因素在国家起源中所起到的重要作用。值得一提的是，张慰慈提出了国家形成的五个判准，即"（一）政治观念与别的观念渐渐分开了。（二）政治的组织渐渐增加权力了。（三）政治和别的权限也分开了。（四）风俗变成法律，并且由政府强制执行。（五）政治的觉悟心与爱国心也发现了，所以有一种统一的精神"[②]。张慰慈的这五个判准实际上涉及国家形成的三个层面：一是政治权力的产生；二是政治权力被社会普遍接受；三是社会成员对所在团体形成了认同感。

其次，就国家的构成与性质而言，张慰慈认为国家的构成要素有四种，即"（一）有为公共目的而活动的一群人民，（二）占定地球上一定的土地，（三）有表示与执行公共意志的机关，（四）只受一个最高统治权的支配"[③]，概括来说就是人民、土地、政府、主权四种要素。在此基础上，张慰慈从比较的视域区别了国家与社会之间的区别，指出了国家权力的至高性，凸显了国家的性质[④]。在《政治学大纲》一书中，他说道："国家无论对内对外，必有最高无上的权力，没有最高无上的权力，便不能称为国家。社会对内虽然有支配的权力，但总要在国家权力支配之下。若认为有必要干涉的时候，无论那种社会都要受国家指挥命令的。"[⑤]从这段论述中，我们可以发现，张慰慈观念中的国家权力具有三个方面的特征：一是具有权威性，即国家权力在政治过程中具有高度的权威；二是具有主权性，即国家权力具有对内最高性与对外独立性；三是具有约束性，即国家权力对国家中的各项事务具有管控的权力。国家权力的这三方面特征实际上揭示了国家性质，即国家是社会中各种矛盾激化与不可调和的产物。对此，张慰慈展开了讨论，他说道："国家是应人群需要而生的，人群天天发达，家族的能力有许多事办不

①张慰慈：《政治学大纲（外二种）》，安徽师范大学出版社2017年版，第55页。

②张慰慈：《政治学大纲（外二种）》，安徽师范大学出版社2017年版，第64页。

③张慰慈：《政治学大纲（外二种）》，安徽师范大学出版社2017年版，第26页。

④张慰慈言："并且国家这名词又时常与政府民族社会等名词相混。我们且把这些名词的区别略为说一说，更可以表现国家的性质。"参见张慰慈：《政治学大纲（外二种）》，安徽师范大学出版社2017年版，第27页。

⑤张慰慈：《政治学大纲（外二种）》，安徽师范大学出版社2017年版，第27页。

了，宗教的迷信有许多事维持不住，经济的分配有时候不得平均，所以国家的权力才因之扩大。”[①]由此可以看出，张慰慈实际上是从政治学的核心观念即国家权力而展开对国家性质这一问题的分析与阐述的。

第二，在对政府的研究方面，张慰慈也做了大量的开拓性的拓展与分析。此前的相关政治学的著作，大多都是在讨论政体问题时对政府做附带性的研究。而张慰慈则在《政治学大纲》中用了两章来探讨政府问题的各个维面。

首先，在政府的涵义上，张慰慈将其定义为是“国家的机关，是行使国家主权的工具”[②]，并在此基础上指出了政府与国家之间的区别与联系。就区别而言，张慰慈认为，国家是一个抽象的概念，含有人民、土地、组织与主权等要素，而政府则是一个具体的组织，承担着立法、行政、司法等功能。国家在人员构成上由一个政治社会中的全体人员组成，而政府在人员构成上则是由中央与地方政府机关的工作人员组成。两者在内涵与构成方面存在着明显的不同。就联系而言，张慰慈认为，国家的性质通常由政府的构成与行为体现出来，而政府组织的变革事实上也会影响着国家性质的改变。国家与政府之间存在着一种辩证的联系。张慰慈对政府与国家之间关系的这种划分与梳理解决了此前政治学界将国家与政府混为一谈的认知倾向。

其次，在政府的分类上，张慰慈引入了美国政治学家柏哲士（Burgess）的划分标准，即政府从国家与政府的关系角度，可以分为“直接政府”与“代表政府”；从政权的分合角度，可以分为“分权政府”和“集权政府”；从执政者的任期角度，可以分为“世袭的政府”和“选举的政府”；从行政部与立法部的关系角度，可以分为“总统制”和“议会制”[③]。这种划分标准改变了此前学术界单一按照最高权所在的人数多寡而处理政府分类标准的倾向，拓展了政府分类的方法与内容。

最后，在政体的划分上，张慰慈认为，随着时代的发展，民治政体已经成为时代的主流，而现存的西方君主政体与贵族政体在一定意义上

①张慰慈：《政治学大纲（外二种）》，安徽师范大学出版社2017年版，第25页。

②张慰慈：《政治学大纲（外二种）》，安徽师范大学出版社2017年版，第28页。

③参见张慰慈：《政治学大纲（外二种）》，安徽师范大学出版社2017年版，第138-139页。

也含有民治政体的精神。张慰慈举例说道："我们如果拿英国做君主政体的代表，拿美国做民治政体的代表，那么，除了一个元首由于世袭，一个元首由于选举之外，似乎再没有多大的区别。换句话说：就是现在英美的政府只有形式上的差别，几几乎没有精神上的差别。"[①]由此，张慰慈展开了对民治政体内涵问题的探讨。他认为，民治政体的内涵，如果借用杜威（John Dewey）的观点可以总结为四个方面：即政治上的民治主义、民权的民治主义、社会的民治主义、经济的民治主义。政治上的民治主义主要指民权受到宪法的保障；民权的民治主义主要指人民享有言论自由等权利；社会的民治主义主要指人民享有平等的社会权利；经济上的民治主义则主要指人民享有平等的经济权利[②]。

第三，在对政党的研究方面，张慰慈从学理层面上系统地阐释了现代政党理论。政党是现代政治发展到一定阶段的产物，19世纪末期以后，欧美各国基本上已经通过政党进行政治活动。但在当时的中国，政党仍然很少为人所知。即使在张慰慈所处的20世纪初期，中国在推翻帝制，实行政党选举的时候，大多数政党的政治活动都带有一定的随意性和功利性，各谋求私利。有鉴于此，张慰慈对现代政党的概念、产生及其作用进行了规范性的分析。

张慰慈认为，政党"就是由那般操持同一的意见而作一致的行动的人民做组织的团体，其目的是想在宪法的轨道以内操纵政府的权力"[③]。这一定义基本上明确了现代政党三个方面的特征：一是政党是联系政治权力与社会力量的"中介"，即在宪法允许的范围内代表人民影响政治权力的运行；二是政党有明确的目标，即通过参政以掌握政府权力；三是政党是一种制度化的组织，可以统一内部人员的意见，并对外做出一致的行动。政党的产生并不是人为设计的结果，而是政治发展的必然产物。张慰慈指出，影响政党形成的因素主要有两方面：一是政治利益的推动，"因一种实际问题使一国人民分为两派或数派"[④]。二是竞争精神的驱使，即"人

①张慰慈：《政治学大纲(外二种)》，安徽师范大学出版社2017年版，第140页。

②参见张慰慈：《政治学大纲(外二种)》，安徽师范大学出版社2017年版，第140页。

③张慰慈：《政治学大纲(外二种)》，安徽师范大学出版社2017年版，第169页。

④张慰慈：《政治学大纲(外二种)》，安徽师范大学出版社2017年版，第169页。

类是为竞争而好竞争的，总是喜欢胜过他人而达到得胜的目的”[①]。张慰慈的这种观点，实际上是从客观与主观两个维度来诠释政党形成的原因。至于政党的作用，张慰慈总结为三个方面：一是可以将一国内的人民组织起来，有秩序地参与政治生活；二是可以有效地推动民主政体的政治活动，如选举、投票等；三是可以统一党内的各种意见，使“议员依照党纲而表示一致的行动”[②]，以更加有序的方式处理议会内部的事务。在分析政党作用的基础上，张慰慈也指出了政党政治的弊端，在《政治学大纲》一书中，他说道：“所以在没有当权以前，各政党势必用尽心计，种种诈伪的行为，种种欺骗的都做得出。等到当权以后，各党员所注意的是政府中的优美差缺，实行他们的‘分赃制度’，各党魁又只照顾他们自己的地位，自己的私利，把选举时候所宣布的政策与党纲完全弃置不顾。”[③]

事实上，张慰慈的这段阐述正好切中时弊。民国建立后，中国进行了短暂的政党政治。但各个政党往往为了各种政治利益互相倾轧。杜亚泉在1917年7月《东方杂志》第14卷7号中发文感慨：“开国六年，政变三起。至于今日，政变倾轧，成宋世朋党之风。”[④]在这种历史背景下，一部分知识分子对政党政治进行了批判，杜亚泉就是其中典型的代表人物。他对此曾说道：“所望于政党者，勿依据其运动与诱致所得之地位，自认为真正民意之代表，而恋恋于政党内阁之迷梦，以为万世不易之常经。”[⑤]这种批判实际上隐含着当时的知识分子对政党政治的一种失望。

但作为政治学家，与当时反对政党政治的知识分子不同，张慰慈敏锐地意识到政党制度是现代政治制度中不可缺少的重要部分。张慰慈认为，在现代民主政治中，因为代议制度的实行，使得直接民主越来越难以实施。而民众因为有各种政治诉求与主张，因此持有同样政治诉求与

①张慰慈:《政治学大纲(外二种)》,安徽师范大学出版社2017年版,第172页。
②张慰慈:《政治学大纲(外二种)》,安徽师范大学出版社2017年版,第172页。
③张慰慈:《政治学大纲(外二种)》,安徽师范大学出版社2017年版,第172页。
④许纪霖、田建业编:《杜亚泉文存》,上海教育出版社2003年版,第194页。
⑤许纪霖、田建业编:《杜亚泉文存》,上海教育出版社2003年版,第199页。

主张的人民便结合在一起，形成政党，参与政治，以达到其目的[①]。因此，政党政治是现代政治发展过程中出现的不可避免的现象。

二、政治学研究的时代特点

19世纪末至20世纪20年代，按照美国政治学家戴维·伊斯顿（David Easton）的观点，正是西方特别是美国政治学发展的旧制度主义研究阶段，其学术研究的焦点主要集中在两个方面：一是政府的组织结构；二是公法。当时美国政治学研究的风气基本上以政府机构各个部门的职权及其之间的相互关系作为分析的切入点，进而在此基础上研究政治制度的运作。从张慰慈回国后所研究的主题来看，其学术受到了美国政治学研究风气的影响。如1923年至1931年，他相继完成《英国选举制度》（1923年）、《英国政府纲要》（1924年）、《市政制度》（1925年）、《宪法》（1930年）、《政治制度浅说》（1930年）等著作。从这些著作的内容可以发现，张慰慈学术研究具有鲜明的时代特点，主要体现在以下三个方面：

第一，在研究方法上，从制度分析出发展开对政治问题的探讨。此前中国的思想界，对于政治方面的探讨与分析往往侧重于对欧美政治学说的引入与介绍，重视政治理论方面的研究。这种研究路径就其长处而言，可以推动当时政治学研究者的学术视域，引发人们对于现实问题的关注；但是就其短处而言，则无法形成切合本国学术话语的政治分析框

①张慰慈认为，人民“对于外交与内政方面的种种问题，对于教育、赋税等问题都是意见纷歧，有各种各样的主张。他们的目的也许大致相同，都是为国家，为全体人民谋幸福，但达到这目的的方法却种类繁多，万难有一致的主张。凡有同样主张的人民往往就不得不联合起来，组织一个团体，叫做政党，同心协力的进行，以达到他们的共同目的”。参见张慰慈：《政治学大纲（外二种）》，安徽师范大学出版社2017年版，第169页。

架与体系。[①]高一涵在张慰慈的《政治制度浅说》一书的序言中曾对这一现象评价道："我总感觉到近两年来，上海方面出版的著作，大多数偏重在理论方面，至于叙述实际的政治制度的，总是很少。有许多人，一谈起抽象的理论，也说得天花乱坠，可是一问他们这些理论用什么制度才可以实现出来呢？多半是给你一个含糊的回答。"[②]

事实上，张慰慈对当时学术界的这种研究路径也有所反思，在《政治制度浅说》中，他建立了一套完整的由制度作为切入点来分析政治问题的框架与体系。全书共分二十五章，由阐释人民与政府之间的关系入手，在分析政府的起源、职权的基础上，探讨了民主制度中的选举制度、立法制度、考试制度等问题。在第一章中，张慰慈开宗明义地指出政府在整个制度体系中的核心地位，即"现代政府的工作关系人民的生命，自由，财产，与幸福的营求，非常重大。一个人从生在这个世界起，直到老死离了这个世界为止，他一生的状况差不多没有一时一刻不是受这政府影响的"[③]。特别需要指出的是，与西方旧制度主义的研究路径相比，张慰慈在建构其政治分析框架与体系中，并非认为制度单向度地影响制度中人的行为，而是认为制度与制度中的人之间互相影响。因此，如果要构建一个良善的政治制度，需要制度设计者在制度与人两方面进行细致的规划。在1923年7月29日的《努力周报》中，张慰慈言："良好的政治制度的作用在于便利人民监督政治上的种种事务。有了好制度，有了好人民，人民自然很容易去观察政治上的一切事务，什么事都不能被那般官吏或政客所蒙蔽，政府就不能不尽职，政治就不能不完美。"[④]

第二，在研究内容上，由宪法入手展开对政府问题的分析。张慰慈认为，宪法是管理政府的法律，与其他法律相比，宪法在位阶上属于高

①刘杰指出："早期的政治学研究由于过分关注投入于现实政治，缺少对国外政治学发展状况的跟踪，缺少对学术研究领域的整体把握，学科尚未分化。所以从研究的领域来看，比较狭窄，侧重点很少。"参见刘杰：《中国近代政治学的形成研究》，中国政法大学出版社2016年版，第121-122页。

②张慰慈：《政治学大纲(外二种)》，安徽师范大学出版社2017年版，第281页。

③张慰慈：《政治学大纲(外二种)》，安徽师范大学出版社2017年版，第288页。

④李源编：《中国近代思想家文库·张慰慈卷》，中国人民大学出版社2015年版，第89页。

位法，对政府各个机构的职权与关系进行了细致的规定。可以说，宪法对一国政治制度的形成与运作起到至关重要的作用[①]。在1933年出版的《宪法》一书中，张慰慈对宪法的性质、种类、产生、内容以及修改程序进行了细致的研究。在此书中，他特别指出，在一国发生革命，旧政府被推倒以后，革命机关即临时政府在政府重建过程中有两种方法：一是代表人民制定宪法，对政府权力进行明确的界定，前提是在人民同意的基础上。二是可以由临时政府“（一）拟定一种宪法，提交人民投票表决去取；或（二）使人民举出一个制宪委员会，制定永久的宪法；或（三）另行组织一个宪法起草委员会，再由人民决定宪法草案之能否成立”[②]。并认为第二种方法是临时政府应该采取的方法。

如果将张慰慈的这种论点放到当时的历史脉络中，我们就可以发现其意义。1928年南京国民政府北伐，在形式上统一中国后，颁布了一部临时宪法，即《训政纲领》，并宣布军政时期结束，训政时期开始。其目的则是“令国民党对政府的指导成为合法。国民党获授予双重责任，督导人们行使四权——选举、罢免、创制和复决；并监督政府行使五权——行政、立法、司法、监察和考试”[③]。但是从此后国民党的一系列做法来看，权力越来越集中，人民并没有任何权力，新式独裁论在当时也甚嚣尘上，成为一些政客鼓吹专制统治的口号。按照孙中山的原定设计，建国阶段分为三个时期，即军政时期、训政时期、宪政时期。但从当时的政治形势来看，国民党所承诺的宪政建设遥遥无期。作为民国自由主义政治学者，张慰慈自然是倾向于民主政治，故其研究宪法带有反对当时国民党政府政治集权倾向的意味。事实上，早在1926年其所著的《政治概论》一书中，张慰慈即言：“我们必须仔细研究那宪法的内容应当怎样；我们的目的总要使他能够应付现今社会上和经济上的需要，使

①张慰慈言：“在每一个法治的政府，法律的种类是很多的，概括的说起来，可以分为两大类：一是管理政府的法律，又一类是政府管理人民的法。第一种是叫做宪法，第二种是叫做普通法。这许多法律性质不同，重要不等，最高的一种就是宪法。”参见张慰慈：《宪法》，商务印书馆1933年版，第4页。

②张慰慈：《政治学大纲（外二种）》，安徽师范大学出版社2017年版，第267页。

③[美]徐中约：《中国近代史：1600—2000，中国的奋斗》，计秋枫等译，世界图书出版公司2012年版，第406页。

他能够适合于历史习惯和其余一切的状况。我们还得要研究人民的政治能力是怎样一种程度，究竟能够使用什么样一种宪法。我们万不能专去注重理论一方面，把事实一方面的情形丢弃不顾，制定一种我们理想中的宪法，我们所要做的就是根据于我国历史上和社会上的种种情形，再从各国现行制度方面去选择那种较为适用并且在外国已经试验有成效的制度，参杂其间。”①

由此可以看出张慰慈研究宪法的目的与旨趣。在1930年出版的《政治学大纲》一书第十一章“宪法及其产生的方法”中，张慰慈对此明言：依据孙中山“《建国大纲》的程序，我们或者能于最短期限内进入宪政时期，制定将来的宪法，可是现在的训政时期确是一个最危险时代”②。

需要进一步指出的是，在张慰慈的宪法研究中，存在着一个政治学方面的核心问题，即胡适在张慰慈《政治概论》一书的序言中所提出的“民治的政治制度有没有制造良好公民的效力?”③这就涉及民国时期宪政实施的政治效用问题。因为按照张慰慈的观点，所谓宪法即“规定政府的组织和职权，各级政府或一级政府中各机关的分权方法，人民和政府的关系等类的政治根本问题”④。根据历史与现实情况制定良好的宪法，并在此基础上推行民主政治，是解决当时政治与社会问题的必要条件⑤。因此，建立在良好的宪法基础上的民治的政治制度对于良好公民的培养和形成而言也是一种必要条件。其实，早在1923年，张慰慈对这方面的问题曾说道：“所以近来政治改革的方法须从人民和制度两方面

①张慰慈:《政治概论》,商务印书馆1926年,第39-40页。

②张慰慈对此进一步解释道:“到了军事平定以后,一切有形的危险都扫除了,人民的团结力也就消灭,当权的革命份子又自分党派,发生争权夺利的怪现象。在革命时候诚实可靠的人物现在也不免为利欲所引诱,做出种种自私自利的行动。他们甚而至于还觉得他们是有功的人,所以应当享受种种特别权利。他们的亲戚朋友都把持了各处的优差美缺,这都是各国革命史上常见的现象。”参见张慰慈:《政治学大纲(外二种)》,安徽师范大学出版社2017年版,第128页。

③张慰慈:《政治概论》,商务印书馆1926年,第2页。

④张慰慈:《政治概论》,商务印书馆1926年,第42页。

⑤张慰慈言:“现今我国政治中的大问题之一就是宪法问题,就是怎样制定中华民国的成文宪法。但是宪法并不是一种包医百病的万应灵药。”参见张慰慈:《政治概论》,商务印书馆1926年,第39页。

入手，一方面须提高人民的智识，使他们能尽公民的职务；另一方面须采用适当的制度，使人民易于执行他们的职权。这就是我们所应当采取的政治改革目标。”[①]在1930年，张慰慈在《政治学大纲》一书中对这一问题再次进行了阐释，认为：“我们讨论人民政府也得要采取这样的态度，就是，有什么样的状况，用什么样的方法，才能训练人民的政治智识，能使人民的公意确实表示出来，又能使人民真有实力执行他们的政治权力。”[②]

第三，在价值指向上，以民治政体作为重点分析对象，主张实行有限政府。张慰慈认为，民治政体的长处有三个方面：“（一）民治主义把专制政府打破，把治者和被治者的阶级打破，得到人人独立自治的精神。（二）因为人人独立自治的结果，发扬起来人人的政治天才，引起人人的政治兴趣，国家建设在全体人民的基础之上，才不致随当权者的成败为转移。（三）民治主义近来又打破经济上的不平等，使人人都可以免掉经济的压迫。能够独立去发展个人自由的精神。”[③]就思想来源来看，张慰慈对民治政体的学理阐释主要受到美国政治学家布赖斯的影响。他对布赖斯的民治学说甚为推崇，在《现代民治政体》一书的序言中，张慰慈言：“所以布赖斯是最适宜于写现代民治制度这类书的一个学者。他的学问非常渊博，又熟悉过去的和现在的各种事实，明白各处人民的性情风俗，做过几次内阁阁员和大使，他确有极好的机会去研究民治制度的实际情形。《现代民治政体》就是他这几十年的游历和研究的结果。”[④]

针对当时中国的制度建设，张慰慈明显受到其好友胡适“多研究些问题，少谈些主义”的影响，认为先要在学理上仔细研究欧美民主国家在制度上存在的不足之处，然后根据中国的国情，对欧美民治政体进行

①李源编：《中国近代思想家文库·张慰慈卷》，中国人民大学出版社2015年版，第89页。
②张慰慈：《政治学大纲（外二种）》，安徽师范大学出版社2017年版，第155页。
③张慰慈：《政治学大纲（外二种）》，安徽师范大学出版社2017年版，第143页。
④李源编：《中国近代思想家文库·张慰慈卷》，中国人民大学出版社2015年版，第464页。

改良，进而创建一种完善的政治制度[①]。

从上述内容可以看出，张慰慈在政治学研究中受到了当时美国政治学研究的影响，在研究方法上，采用了制度主义的研究路径，即从制度入手，分析制度的功能及其对制度内人民的影响。在研究内容上，由宪法入手展开对政府问题的分析。在价值选择上，则倾向于民治政体，主张实行有限政府。但是，与美国当时的制度主义政治学所持的“制度决定论”[②]不同的是，张慰慈认为，制度与其内部人民之间的关系并非是一种单向度的决定关系，而是存在着相互形塑的特点。总体说来，张慰慈的政治学研究虽然受到美国政治学研究的影响，但是在研究方法上则根据当时中国具体的政治实践推陈出新，形成了自己的研究风格。

【本章由郭敬东（安徽师范大学法学院政治学副教授、博士）撰写。】

①张慰慈言：“我们读了之后，很可以详细明白民治政体的性质，和欧美民治国的实际情形，我们对于这一种政体也不必存一种极大的希望，免得将来有大失望。我们只须细心研究欧美民治国在实际上的缺点，然后再斟酌我们的情形，去改良那种欧美所通行的民治制度，如果大多数国人均能这样去做，我们或者也能规定一种较完善的政治制度。”参见李源编：《中国近代思想家文库·张慰慈卷》，中国人民大学出版社2015年版，第468-469页。

②旧制度主义政治学认为：“优良的政治制度必然会塑造优良的公民美德，公民也必然认同和拥护既定的政治制度，公民在政治过程中是被动的，被教育的。”参见杨光斌：《政治学导论》，中国人民大学出版社2011年版，第17页。

第八章 政治学科学化系谱中的地位

张慰慈是中国现代政治学研究的引路人，是把西方政治学常识与世界政治体制介绍到中国的最早学者之一。但多数学者分析介绍他的学术遗产时，忽略了他在政治学科学化即政治科学领域中的独特贡献。张慰慈绝大部分政治学论著鲜有纯粹从政治哲学的观念角度来推演政治“应当”如何如何等宏大命题，相反，他的政治学论著包括对欧美国家的政治体制研究和市政制度等研究，他对于民国初期中国政治乱象及其初步兴起的城市管理等研究，其间总是充盈着、披露着、贯穿着当时当地有关实际生活中的大量数据与生动案例；凡此种种研究手法与研究理念，都可以看作关于“是什么”的政治学科学化即政治科学研究的重要证据。尽管那时他的研究资料并非来自“第一手”，但是在他那个时代，政治科学与政策科学还没完全产生，仍处于从历史-比较主义末期向着法律-制度主义初期的中间过渡阶段。

一、政治学转折中的“科学机遇”

早在19世纪初，张慰慈赴美国学习，正值以美国主导的政治科学发展处于历史-比较主义与行为主义（Behavioralism）之间的法律-制度主义重要历史阶段。可以说，他适逢社会科学特别是政治学空前大转折时期。1912年至1917年初，张慰慈在美国五年专攻政治学，回国后受聘为北京大学法科担任教授，教授本科学生政治学选读、现代政治、政治学原理等课程，是中国最早一批政治学学者。当时，19世纪与20世纪之交的中国政治学处于采纳马基雅维里（Niccolo Machiavelli）以来在西方逐渐形成的研究方法、概念体系和理论范式，并以民族国家与民主政治为总价值观的政治哲学范式；以京师大学堂（即今北京大学）首设政治学系为例，其政治学教学与研究工作仍以译介欧美日等国政治学著作为主，对于世界政治学常识一味是"拿来主义"的被动式反映，缺乏自己的话语声音。这与张慰慈五年来在美国社会科学特别是政治科学与政策科学空前变化的鲜活环境之中所学所闻大相径庭，只要对他在美五年获得博士学位所处时期进行一番梳理，就能了解把握他的治学之道与智识渊源。他回国执教，向国人介绍具有实证科学等科学化思维倾向的学术方式、研究范式和思维模式，无疑开启了中国政治学科学化即政治科学范式的崭新一页。

第一，经济上是"市场失败"转向"国家干预"的历史前夜。张慰慈在美国学习期间是1912年至1917年，这一时期正是西方自由资本主义走向崩溃的前夕，以"市场失败"为标志，1929年美国经济危机引发了全球资本主义经济危机，此后是"罗斯福新政"崛起，即自由古典资本主义走向国家资本主义时期，其理论支撑是完全不同于以英国亚当·斯密（A. Smiths）《国富论》所主张的"看不见的手"——市场来调节万物，以期达到帕累托最优；而是英国凯恩斯（J.M.Keynes）《就业、利息与货币通论》所主张的国家干预主义思想。这场世界范围的经济危机，产生了极其深远的全面影响，对于包括政治学与政策科学在内的所有社会科学都产生了颠覆性作用。张慰慈在这场人类历史上第一次重大经济危机到来的前十几年，赴美学习并获得了博士学位，传统古典资本主义理念和古典自由主义思想在他心中埋下了"种子"，构成了他学术思想与人生思考的"底色"。他一生中重要的研究论文及著作，基本上都完成于以美国为源点的经济大危机爆发之前，至多止于这场波及一切领域特别是思想领域的资本主义意识形态大危机之时。张慰慈于1931年毅然弃学从政，时间点与这次大危机极值点非常“巧合”；或许从某个方面，可以推测出他对于以英美为代表的古典自由主义传统存有失望的心理。

第二，学术上是政治学科学化第一阶段（历史-比较主义）转向第二阶段（法律-制度主义）的过渡初期。当张慰慈1917年回到中国后，以美国为主导的政治学科学化有了进一步发展，特别是拉斯韦尔（H.D. Lasswell）提出的政治科学思想和紧接其后的政策科学思想，以及伯吉斯（J.W.Burgess）提出以自然科学办法来研究政治学等，政治学科学进程加快了，以量化分析、调查分析、数学模型为主体的政治科学研究方法开始流行起来，即行为主义的政治科学与政策科学兴盛起来。张慰慈在美学习期间尚处于政治科学还没有完全成型但处于萌芽生长的重要时期。他在其论著中很多次提及具有历史-比较主义后期特征的“进化论”，并给予充分肯定。这主要是因为他在美国求学期间，正是历史-比较主义的政治科学研究范式处于最为鼎盛的时期。我们知道，政治科学作为一门独立的学科最早可以追溯到古希腊的亚里士多德，他在政治学学科的开山之作《政治学》一书中，通过对古希腊各城邦的政治制度进行梳理，系统性地对政治的轮廓进行描述与总结，并从政治科学的定义中也总结出一般学科中的“科学”界定方式。历史主义的观点源远流长，可以追溯到古希腊历史学家希罗多德。伴随着罗马将基督教定为国教一直到中世纪结束，基督教文化几乎占据了整个欧洲国家的思想意识领域，政治学坠入经院哲学。工业革命、启蒙运动促成产生了诸如历史-比较主义、法律-制度主义等新型科学思想。历史-比较主义确立于18世纪的意大利学者维柯，他在《新科学》中批判了笛卡尔的唯理性主义，恢复了科学主义的历史地位。而18世纪末19世纪初，历史主义便开始在欧洲的思想领域中占据主流地位，依据历史主义的观点开始发展出诸如浪漫主义、黑格尔主义、进化论等众多思想体系。达尔文的进化论使得人们开始对社会现象演变过程有了新的认知。历史主义的观点为政治科学的发展在分析事物客观性上作出了贡献，促使政治科学研究过程中对研究对象的把握更为全面，从多种角度去分析研究对象，结合特定历史时期的特殊性，在尊重事物规律的前提下，对社会现象进行分析和总结，从而为政治学科学化奠定了坚实的基础。

与此同时，张慰慈留学美国期间也正是政治科学第二波浪潮即法律-制度主义兴起的初期。晚于张慰慈约十年之久，哈佛大学政治学博士、时任清华大学政治学教授的钱端升1926年11月发表《政治学》一文，对政治学科学化的这一波浪潮曾作出注解。张慰慈早于钱端升十年接触到法律-制度主义的政治科学理念。我们知道，法律-制度主义在政治学科学化过程中的作用是毋庸置疑的。法律-制度主义认为，制度是扎根于政体的组织结构或政治经济中的正式或非正式的程序、惯例、规范等，它们包括宪法规则、官僚标准的执行程序等，制度本身就是一个行动主体。法律-制度主义为政治学科学化及自身理论的更新方面提供了极大的帮助，通过对研究对象从历史、制度等多方面的分析，可以使研究本身更全面系统。

第三，实践上是王权“恩赐制”与政党“分赃制”转向政治与行政二分法及其现代文官制度崛起的过渡期。张慰慈虽然在美国获得的政治学博士学位，但从现在我们流行的学科划分来看，在严格意义上他首先是一位公共管理学专家，而非我们当下意义上的政治学家。他在美国艾奥瓦大学的博士论文题目就是《美国市政之委员制与经理制的历史与分析》，他回国后在北京大学就以此为蓝本编辑教材，在北京大学创立了市政科学，同时他于1925年9月整理出版《市政制度》（亚东图书馆），该著由胡适作序。《市政制度》一经出版，即产生了巨大的学术魅力与良好的社会影响。他的所学所著，深刻反映了那个时代英美为代表的公共管理学范式大转折，即由古典公共管理学范式向着科层制范式的深刻转型。总体而言，具有鲜明实践性与操作性的行政管理与社会管理，开始摆脱王权政治与政党政治甚至是宪法政治的绝对控制，沿着现代文官制度的全新轨迹走上了不同于以前任何国家任何世代的现代公共管理学之路。也就是说，包括市政管理在内的现代公共管理，暗含了政治学科学化、实证化与实践化的内在本质特征，从而与纯粹经院哲学与政治哲学分道扬镳、分庭抗礼，并逐步演化出自我运行、完整系统的科学体系。从这个意义来说，张慰慈一经踏上赴美西学的道路，即有幸会际并融入政治学科学化洪流之中，这就奠定了他治学经世治国的政治科学与政策科学基础，浸染着从实证经验出发研究实际政治行政诸体制问题的政治学科学化之本色。

二、政治学研究中的“科学探索”

民国初年，两千多年的封建帝制刚刚结束，正待从头开始民主共和政体。然而，当时政党林立，政见百出，公民不举，民心震荡。尤其严重的是，国体政体紊乱失序，共和路线不待统一，王朝帝制死灰复燃，中国国家政治与社会生活陷入了混乱无序的动荡不安之中。这就是张慰慈1917年回国之后直到1931年从政之前这14年期间倾心治学、以学报国的时代背景与社会环境。他持续从事政治科学与政策科学等方面的研究探索，主要在欧美各国比较政治学、中外政治制度比较政治学、宪法与宪政政治学、市政管理学等方面著书立说、阐发己见，思考探索中国政治道路与中国政治制度发展、中国城市建设与市政管理近代化，亲身参与中国“街头”请愿等政治活动，关注民间社会公民权利等实际问题，这些都无一不展示出他问计民生、思考国是的爱国热忱和科学精神。

（1）他竭力提倡把政治学研究奠定在“科学”基础之上。政治学向来有政治哲学与政治科学等不同的质的规定性。钱端升尽管把政治科学置于政治学科学化的第二波浪潮即法律-制度主义框架之下，但在20世纪20年代他就指出了政治哲学与政治科学有“大别”。政治科学即政治学科学化进程是一个漫长而又复杂的过程，历经19世纪之前较为流行的历史-比较主义研究方法时期，19世纪至20世纪50年代之间兴起的法律-制度主义研究方法时期，最终在20世纪60年代的美国行为主义研究方法时期得以确立；政治科学作为一门独立学科从政治哲学的思辨方法中脱颖而出，始于美国的行为主义思维方式与研究方法广泛流行于政治学领域，并被认为是科学的政治理论，即从经验和事实中抽象出来并接受经验和事实检验的科学化政治学，简称为政治科学。

张慰慈于1912—1917年期间在美国接受的正是这种政治科学的训练，因此他自始至终把政治学定格在“社会科学”“科学研究”领域。在其《政治学大纲》中，“科学”一词就反复出现了130多次。那么，什么是他心目中的“社会科学”“科学研究”呢？他指出，“社会科学是研究人群社会中一切的现象与事实。人民因群聚在一处而发生的现象与事实，及人民对于这种现象与事实所发生的观念与解说，均是社会科学所研究的资料。”[①]他认为，这种以科学方法与科学精神来研究社会科学乃至政治科学，与自然科学的生长与传播有着密切的关联。“所以要想拿科学的方法来研究政治的现象，在科学方法不完备的时代，是很不容易做到的。这就是从前政治学所以不能成为科学的原因。到了十八世纪以后，自然科学的方法大大进步，社会科学也受到这种影响。有许多人对于社会的现象，就拿研究物理化学等自然科学的方法来研究。所以十九世纪欧洲各国，竟成了一个创造社会科学的时代。”[②]张慰慈所从事的政治学研究与公共管理学研究（市政管理），无疑都是我们今天学术界所通用的政治科学与政策科学等范畴。

（2）他认为政治与政治学并非是不着边际谈天说地的玄论，相反，它是人民的“常识”，因为它是密切联系社会实际解决实践问题的一把“钥匙”。张慰慈提倡，“政治既是管理众人的事，那末，‘政治’两个字中包含的事实是人群的现象，是人与人在社会上所发生的关系中的一种。”[③]他引用孙中山的例子来说明政治与政治学是关乎人民切身利益并为人民大众所能理解所能参与的学说。“许多人以为政治是很奥妙很艰深的东西，是通常人不容易明白的。所以中国的军人常常说，‘我们是军人，不懂得政治。’为什么不懂得政治呢？就是因为他们把政治看作是很奥妙很艰深的。殊不知道政治史很浅显很明了的。……‘政治’两个字的意思，浅而言之，政就是众人的事，治就是管理，管理众人的事便是政治。”[④]他特别强调，政治学研究的范畴就是“动作”，也就是社会行为，而非社会观念或思想意识。从这个角度来看，他的政治科学思

①张慰慈:《政治学大纲(外二种)》,安徽师范大学出版社2017年版,第4页。
②张慰慈:《政治学大纲(外二种)》,安徽师范大学出版社2017年版,第15页。
③张慰慈:《政治学大纲(外二种)》,安徽师范大学出版社2017年版,第4页。
④张慰慈:《政治学大纲(外二种)》,安徽师范大学出版社2017年版,第4页。

想已经潜意识地包含了其后20多年才在欧美国家兴起的行为主义政治科学萌芽。“政治学的目的就是研究人与人在这种有政治组织的社会中的一切动作。所谓‘政治的’是指一切与国家有关系的种种事实、势力、与现状而言，所以政治学就是科学的国家智识，是一种公民的常识。”[①]正因为他一直主张政治学是关于人民特别是公民生活质量与社会福祉的科学研究，所以政治科学并不是少数人拿腔作调无病呻吟，更不是照本宣科鹦鹉学舌，而是关乎人民大众的社会活动与社会实践的直接反映。“人民自己又是政治的中心，是造成政治的原料，有怎样的人民，才有怎样的政治。一国政治的良否，全在于人民自己；有了好人民，才有好政治，没有好人民，永远不能有好政治。人民有了公民的常识，有辨别各种制度或政策的能力，并且没有自私自利的心理，对于一切事务全以社会幸福为目的，对于执政人物能继续不断的监督其行动，公公平平的批评其政策，使全体人民能够明白其中一切实在情形，使政治方面各种事务能够完全公开，那末，所有人民能把政治看作很明显的很浅近的，同时，政治上的一切改革也就易于举行了。”[②]张慰慈心目中的政治科学，显然就是当下学界提倡的政治学科学化主张。一切研究特别是政治学研究，如果离开了人民实际生活状况即“是什么”等问题，如果不问计社会实践发展中的种种困境，那么就不能称之为“科学研究”甚至“政治科学”。

（3）他率先探索有关“政治科学”研究的基本要素。张慰慈特别注重从实际问题出发来研究政治现象，即我们今天所称的政治科学，抑或政治学科学化。在他那个时代，尚没有形成今天的“政治科学”“政治学科学化”等学术范畴，因此他根据自身理解，提出了政治科学研究的“科学”要素。“科学有三种性质：第一，科学是假定的真理。第二，科学是进步的东西。第三，科学是现在用的工具。”[③]概括地说，就是我们今天所谓的研究假设、扎根理论及其相对局限性、应用价值。其一，从研究假设来看，任何研究都无法确定未来研究的结论，也就是说，任何

①张慰慈：《政治学大纲（外二种）》，安徽师范大学出版社2017年版，第6页。
②张慰慈：《政治学大纲（外二种）》，安徽师范大学出版社2017年版，第7页。
③张慰慈：《政治学大纲（外二种）》，安徽师范大学出版社2017年版，第10–11页。

研究都有证实与证伪的两种可能性，那种事先即确定无疑的结论不属于科学研究的范畴。他还对如何开展政治科学研究作出了一番逻辑推理，得出了科学研究的基本步骤。“现在科学家求科学律例，至少要用三层工夫：第一层在搜集事实。搜集的方法有二：一，考察事物的自然现象和自然变迁，这叫做观察。二，设定方法，使物变化，看看结果如何，这叫做试验。对于天象历史，用观察的方法；对于理化医药，用试验的方法。但这种事实是杂乱无章的，既不能用之解释物理，又不能用之据往推来，不过古语所说的“知其然”罢了。第二层在暂定假设。把所见的事实连贯起来，假设一理，是真是错，不能预定，不过据此而后可以推论罢了。第三层在实地实验。多求事实，考查他们的结果，看能不能合乎预想的假设；如果处处和预想的假设相合，才可叫做科学律例。”[①]其二，从研究结果来看，即扎根理论有所创新，是他所称的“进步”的知识与理论。张慰慈破天荒地提出真理的相对性这一具有马克思主义认识论的观点，主张社会科学发展的基石与源泉在于飞速变化发展的社会实践，表明包括政治科学在内的所有科学研究，不可能穷尽真理，而必须根据社会实践的不断变化发展，摒弃我们过去科学研究得到的结论，这样才能与时俱进，永葆创新。“宇宙间也许有一种永久不变的真理。但只能认定我们的解释天天朝真理上走，不能说我们的解释就是真理。天地间无论那种学问，初发生的时候，总掺杂许多迷信的解释和错误的见解在内，到了后来，越发进步，才达到知识的解释和比较正当的解释的地步。归总一句话，总是后来的解释，比从前的解释越发精密，越发适用，越发近乎真理。所以科学是一种渐渐进步的东西，不是往复循环，毫无长进的东西。”[②]其三，从理论应用来看，即科学实验解决社会问题的功效，具有“用的工具”特性，即从政治学研究到公共管理学研究的成果转化的实际作用，从政治科学到政策科学的应用价值。不结合社会实践，缺乏实际操作性，就不可能具备政治科学的基本内涵与本质要求。“要想使那种科学在那个时候发生那种功效，必定要看这种科学能不能应付当时的环境，是不是适合当时的需要。周鼎商彝，是周朝商

①张慰慈：《政治学大纲（外二种）》，安徽师范大学出版社2017年版，第10–11页。
②张慰慈：《政治学大纲（外二种）》，安徽师范大学出版社2017年版，第10页。

朝应用的东西，天堂地狱中的苦乐，不是身在天堂地狱外的人应该研究的。我们生在今日，不是生在周朝商朝，要这些周鼎商彝何用？我们生在地球上，并不生在天堂或生在地狱里面，说那些神话鬼话干什么呢？所以我们应该把科学看做现在应用的工具，拿来应付环境，解决事实，并做引导人生行为的指南针。”[①]

（4）他竭力推进政治科学由第二阶段的历史-比较主义范式向着法律-制度主义范式的转型，催化剂便是“科学”与“实验”。首先，他指评了当其时仍然非常活跃的历史-比较主义政治科学传统，认为这种政治科学范式已经不合时宜。“历史家想下判断，必定要拿往事作材料，比较其长短，找出公例。政治学家想下判断，也必要拿往日政治制度作材料，比较其好歹，找出原理。……历史确实是政治学的中心，确实是研究政治学的材料。……不过历史的研究限于过去的现象，要知道从前的现象‘已经怎么样’，政治学的目的是创造现在或将来的现象，要知道现在或将来的现象，‘应该怎么样’。但是‘应该怎么样’是从‘已经怎么样’中试验出来的结果，并不是全凭空想出来的。所以柏哲士（Burgess）说：‘历史而无政治，虽然不是个死尸，也是个跛子。政治而无历史，好像是闭着眼睛，在暗中摸索的人。’这就是历史和政治学的关系。”[②]现在我们知道，即使是最为新潮的行为主义政治学或是具有后现代特征的后行为主义政治学，也必须强调“共时性”与“历时性”的结合，即经验历史与现实经验的共享，才能构建科学的研究范式，政治学也不例外。当时，在张慰慈所处的20世纪初至30年代的学术环境中，正是历史-比较主义的政治科学研究范式走向终结，而法律-制度主义的政治科学研究范式逐步生长的大转型时代；张慰慈敏锐地觉察到这一学术时代变迁的“脉动”，义无反顾地投身到政治科学与时俱进的发展潮流之中。纵观他全部论著，虽然他凡是谈历史时，都有宪法法律的因子，而凡是谈法律-制度主义时，都有英美诸国的宪法演绎。但是，他的主流学术思想，已经完全转入到国家政治必须依赖于宪法制度的科学维度，这一点在他纵论欧美国家甚至中国时政时尤为突出。即使在分

①张慰慈:《政治学大纲(外二种)》,安徽师范大学出版社2017年版,第10页。

②张慰慈:《政治学大纲(外二种)》,安徽师范大学出版社2017年版,第12-13页。

析当时刚刚兴起的社会主义运动特别是世界上第一个社会主义国家苏俄时，他多是从宪法与法律的视角来阐发他关于国家政治道路与政治体制走向的学术观点。

其次，在张慰慈提倡的法律-制度主义框架下的政治科学研究中，多处闪烁着“实验”科学的方法论思想。当然，政治科学研究无法使用自然科学在试验室里的试验办法，但政治学等社会科学仍然可以借鉴自然科学试验的科学原理与科学方法，并从历史上曾经实验过的方法和工具中提炼出新的“试验品”。“凡国家公布一种新法律，发明一种新制度，或决定一种新政策，无一日不在随时试用，随时修正之中。要想判断一切制度、法律或政策的利弊，必定要看试验的结果如何。因为政治学是人生对付政治环境的工具，所以其价值全由效果决定的。凡试验不出什么效果的东西，必定不能影响于政治环境；既然不能影响于政治环境，我们就可以简直说是没有价值的东西。詹姆士（William James）说：‘凡真理都是我们能消化受用的，能考验的，能用旁证证明的，能稽核查实的，如果不能如此，便是假设的。’我们也可以说凡是有真价值的政治学原理原则，都是能试验出其效果的；如果试验不出效果，便是没有价值的。世界上主张改革的政治家，就是天天在试验室中求生活的。今天发明一种政制，如果到了明天不适用，马上就丢弃了，再找出一种新政制来试验。如今各处通行的待议政治、平民政治，所以能收效果，那一件不是从多年试验得来的。由此看来，实验的方法很有几层好处：（一）把政治原理都认作假定的，使有随时修正的机会；（二）认定政治原理的价值，是由其自身效果决定的，凡没有效果的东西，都可认为没有价值。这就是实验方法的用处。”①以上这段话深刻揭示出张慰慈主张政治学要讲求“实验”的思想，这不仅是他有关政治科学的深刻理解，同时也是源于他对于所处时代中国向何处去的深层思考。民国初期，政党林立，政见多端，主义未定。当时中国，能够对于世界政治历史与政治格局有准确精当了解把握的政治学者极为罕见，张慰慈主张用“实验”的办法来探讨中国政治道路向何去、寻找中国政治体制建构良方，是其科学主义、实证思维在其政治抱负中的自然流露。

①张慰慈：《政治学大纲（外二种）》，安徽师范大学出版社2017年版，第17-18页。

三、政治学壁垒中的“科学精神”

二战后，行为主义及其后行为主义研究范式广泛兴起，以美国为主导的政治科学成为主流范式，从根本上改变了政治科学的学科分类，摆脱了历史-比较主义与法律-制度主义等政治学范式的束缚，政治科学开始真正成为一门独立的学科，并一直持续发展到21世纪的今天。张慰慈在美攻读政治学博士学位期间，正是政治学发生深刻转型时期，他在政治学学习研究中特别是回到中国后从持续关注实证经验、注重社会实践与政治参与等政治生活中展开政治科学研究的学术风格与科学品质，无疑构成了其后世界范围内政治科学横空出世中的一道亮丽的“风景线”，也是中国学术界对于政治学科学化浪潮的一份特殊献礼。然而，从张慰慈那个学术时代起直到20世纪50年代初，我国的政治学跟西方国家一样，基本处于法律-制度主义的政治科学发展阶段。然而，1952年我国高等院校系科进行大调整，政治学、法学、社会学等过去西方学界中的“显学”纷纷被取消，这一政治学等学科“空白”状况一直到19世纪70年代末80年代初我国恢复高考制度后才逐步得以复原与改进。但西方政治学发展，已经早在19世纪60年代起就越过法律-制度主义框架下的政治科学发展阶段，进入行为主义及其后行为主义鼎盛时期。总之，中国政治科学发展由于缺乏这个阶段科学方法的探索与训练以及学术成果的积累，因而蒙受的损失是不可弥补的。直到今天，中国政治学科学发展已经拥有量化统计分析和扎根田野调查等多种基本范式，但距离政治科学范式的要求仍然有相当大的差距。当代中国政治学研究，显然面临着诸多观念、方法、范式等方面的壁垒，即使当今时代距离张慰慈所处的19世纪20—30年代有几近百年的漫长时间，但政治学科学化的进程似乎还是有些举步维艰。因此，我们学人济济一堂，追思张慰慈坎坷曲折一生，感念他对于中国政治学所作出的贡献，不能不缅怀他对于中国政治学科学化进程所作出的不可替代的努力，不能不继承他对于中国政治学所留下的宝贵的学术遗产。这些努力与遗产，主要体现在公民为国家之本的人文精神、投身实践献身真理的知行品质、政行合一法治中国的济世风范。

（1）公民为国家之本的人文精神。张慰慈所接受的是欧美国家自由主义传统的学术思想与政治理念，这自然与中国传统儒家学说观念不同，其中最为突出的就是公民为国家之本的人文精神。他认为，人民不仅仅国家的主人，而且是国家政治文化与国家政治制度产生、形成与变化的根源，因此公民文化与公民培养是一国政治最为重要的内核。"人民自己又是政治的中心，是造成政治的原料，有怎样的人民，才有怎样的政治。一国政治的良否，全在于人民自己；有了好人民，才有好政治，没有好人民，永远不能有好政治。人民有了公民的常识，有辨别各种制度或政策的能力，并且没有自私自利的心理，对于一切事务全以社会幸福为目的，对于执政人物能继续不断的监督其行动，公公平平的批评其政策，使全体人民能够明白其中一切实在情形，使政治方面各种事务能够完全公开，那末，所有人民能把政治看作很明显的很浅近的，同时，政治上的一切改革也就易于举行了。"[①]从公民主体观念出发，他自然确立了人文主义的价值观，回到社会契约学说的国家发生学，即国家是为了人类的幸福生活而产生，而非人民是为了国家的强盛而生存。"但我们应当晓得一个社会所以能够阻止起来的主因却是人类的精神。我们虽然可说社会的构造长进有些像有机体，却不可直说社会就是有机体。这种方法是把国家的分子看作无目的、无独立的生命、无自由的意志，好像人民是为国家而生的，不是国家为人民而设的一样。这种观念，在国家工具说大盛的时代，当然没有价值了。"[②]他主张国家仅仅是人民实现自我价值追求人生幸福的一个不可缺失的"工具"，这一思想完全秉承了古希腊亚里士多德以来的政治哲学思想，而在皇权思维帝制梦想仍然甚嚣尘上的民国初年，无疑是一幅强烈的民主催化剂。总之，"人民是国家的根本，没有人民就不能有国家。一块无人居住的土地是

①张慰慈：《政治学大纲（外二种）》，安徽师范大学出版社2017年版，第7页。
②张慰慈：《政治学大纲（外二种）》，安徽师范大学出版社2017年版，第16页。

万不能单独发生历史的结果，人民才是历史的原动力。”[①]从公民是国家主体的观念出发，他自然推演出公民自由结社公民自治的社会观念。在他看来，社会绝不是简单个体的松散拼凑，而是具有某种认同的紧密共同体，“就是人类在家族以外，另有几个范围较大的团体。人群团体的种类繁多，名目不一，不过概括说起来，可以笼统的叫做‘社会’。”[②]在这种社会里，无须国家过多地干涉或渗透，公民自有权利实行自治制度，这是现代文明国家的重要标志。正因为国家是各类共同体的总合，国家是最高的政治共同体，因此一地一时可以没有国家，但不能没有以认同为基础以共同体为本质特征的社会，这就是张慰慈的“公民社会”观念。他主张，“凡人类因为有一种需要与一定的目的而组织的团体，均可以叫做社会。如因血统关系而组织的社会，叫做家族；因宗教关系而组织的团体，叫做教会；因生计关系而组织的社会，叫做组合，或叫做城市。国家也是人类社会中的一种，是由政治关系而组织的。这几种社会在历史上常常互相冲突，各争各的势力。有时候家族社会得势，把宗教政治经济等社会压在家族势力之下，便成了古代宗法的国家。有时候宗教社会得势，把家族政治经济等社会压在宗教势力之下，便成了宗教的国家。有时候经济社会得势，就是国家也常被其所操纵，人民只知有经济势力，不知有政治的势力，欧美各国的经济社会差不多就有这种情形。”[③]

正是从公民结社、社会自治的观念出发，张慰慈把社会的最初形态也是最高形态即现代“城市”这个新型共同体作为他博士论文写作的选题，并提出了“城市政府”的新型范畴，可见他心目中的社会观念在其政治学科学化思维中占据了主要思想。“现今的学者大半多承认城市政府为全国政府的基础。城市政府是顶重要的一种政府。平常人民大概与中央政府或邦政府是没有什么大关系的，每年除了纳税以外，如无特别事故，可以永远不见一个中央的官吏。不过对于城市政府，是完全不同的。……总而言之，城市人民的生活，与城市政府有狠密切的关系。……只有城市人民才能明白他们自己城市的特别情形，特别需要；

①张慰慈：《政治学大纲(外二种)》，安徽师范大学出版社2017年版，第39页。
②张慰慈：《政治学大纲(外二种)》，安徽师范大学出版社2017年版，第5页。
③张慰慈：《政治学大纲(外二种)》，安徽师范大学出版社2017年版，第25页。

才能制定一条法律适合于种种的情形，种种的需要；这就是最新的城市自治约章制度的功用。”[①]

（2）投身实践献身真理的知行品质。张慰慈全职投入学术活动的时间仅仅是1917年至1931年这14年期间，在这不算太长的治学期间，他还广泛参与社会政治活动。例如，他关注国际劳工运动与中国劳工利益。1925年，张慰慈在北洋政府时期，曾作为代表参加过欧洲的国际劳工会议，并针对当时重要的谈判与胡适进行过书信沟通。在此之前，他曾于1920年写下了“美国劳动运动与组织”，提倡“劳动家要和资本家决斗，必须有强有力的团体才有希望。所以此刻的劳动，除了极少数以外，均组织了极大的团体。”[②]正因为他对于美国劳工有实际的调查与了解，所以他得出了“美国为什么没有社会主义”同样的结论，即“美国劳工运动并不十分激烈”[③]。他根据劳工组织是工人自治组织的本质特征，批评了当时北洋政府把国际组织政府化，一味掺和国际劳工联盟、参与国际劳工会议而不主张劳工权利等不入流做法。“中国政府如果明白国际劳工局的性质，如果设法使国际劳工局用几个对于劳工问题素有研究兴趣的学者专任研究中国的劳工问题，那末，国际劳工局的设立，与中国也许能有多少利益，中国每年所化的几十万块钱也不至于白化了。……中国政府总以为这种国际会议是外交上的事务，所以在前六次的国际劳工会议，中国的代表都是外交部派驻在开会地点的国家的中国公使充当的。……中国政府以后如想参与此项会议，积极的进行劳工立法，非注意于下列数事不可：……这是中国代表团的最低限度的条件。如果连此都做不到，那就不如不派，免得政府化了钱还要被外国报纸笑骂。”[④]

张慰慈甚至两次参与过社会性“请愿”活动，即我们现在所指的“街头”政治活动。例如，1920年7月，他与胡适、蒋梦麟、陶履恭（孟和）、王徵、李大钊、高一涵等有感于言论自由受到北洋政府压制，随后发表《争自由的宣言》，七君子一并签名，交由当时《东方杂志》

①李源编：《中国近代思想家文库·张慰慈卷》，中国人民大学出版社2015年版，第34–35页。
②李源编：《中国近代思想家文库·张慰慈卷》，中国人民大学出版社2015年版，第37页。
③李源编：《中国近代思想家文库·张慰慈卷》，中国人民大学出版社2015年版，第48页。
④李源编：《中国近代思想家文库·张慰慈卷》，中国人民大学出版社2015年版，第248–252页。

第十七卷第十六号全文转载，他们提出开放言论机关，既可以“使君子道长小人道消”，又“于国民运动必有裨益”。紧接其后，1920年8月1日，《晨报》发表由李大钊、胡适、蒋梦麟等人撰写的《争自由的宣言》，呼吁言论、出版、集会、结社、书信秘密等基本自由，号召推行“人身保护法”，组织“公民选举监督团”等民权组织；张慰慈也同时参与这次活动并署名发表。这些主张特别是签名公开的政治参与活动，在社会上特别是知识分子中产生了强烈共鸣。如果说这一次的亲身参与政治实践还仅限于公民权利与言论自由，那么两年后张慰慈参与的第2次实践活动就更加“政治化”了。1922年5月7日，胡适创办《努力周刊》，在第2期发表《我们的政治主张》，胡适、张慰慈、梁漱溟、王宠惠、汤尔和等16位学者、政要联合签名，提出“好人政府”主张。好政府的涵义有两点：一是充分运用政治机关为全社会谋福利，二是充分容纳个人自由，护佑公民个性；他们所谓的“好人政府”，就是进行政治改革，建立一个宪政的政府、公开的政府和有计划的政治。不久，张慰慈等主持编刊《努力周刊》，并以此为阵地，发表时评，参与时政，成为活跃在民国初期社会与政论方面的“政治明星”。

（3）政行合一法治中国的济世风范。前述我们已经分析，张慰慈获得了美国政治学博士学位，但他的博士论文《美国市政之委员制与经理制的历史与分析》是关于公共管理学范畴的城市管理即市政制度；该博士论文主要内容于1925年由胡适作序出版。这部著作不仅仅是一部学术著作，在深层次上反映出中国近代化发展进程中的政治与行政不可分割的内在联系。张慰慈选择这个题目来撰写博士论文，显示出他敏锐的社会洞察力、深厚的学术概括力，因为他在纷繁复杂的政治现象中，准确捕捉到了人类社会发展过程中极具代表性与典型性的“象征”——城市——集政治近代化、社会城市化及其管理自治化于一身的新时代“符号”。当其时，中国社会改革中最为时髦的是“乡村实验”和“宗法家族”，“城市”一词在绝大多数中国人中还是一个概念不全的新鲜事物。张慰慈以此为突破口来研究国家政治与社会自治，把政治控制与行政管理两个本来具有不同分工的学科紧密地结合在一起。要知道，19世纪末20世纪初，正是政治行政分开的全新时代，要求公共管理摆脱王权政党的控制，在现代文官制度下开始独立自主地登上权力舞台。因此，张慰慈是反其道而行之，市政制度既要高度自治，在公共管理中开辟出一条不同于以往任何时代的制度与体制，同时市政运行又是政治近代化发展的直接产物，没有西方民主自由权力制衡的民主政治就不可能产生现代城市。张慰慈在当时学术界展开的市政自治制度的研究，处于世界领先水平，他把这一西方学术界的最新成果带回中国，期待开启民智，促进民生，推行法治，展示了他咨政济世的政治抱负。城市兴起与自治，不仅仅是自由资本主义成熟发展的重要符号，更是社会自治、政府善治、政治法治的文明标志。

总之，他注重实证探索实际问题的治学风格，从一开始就与当时中国传统政治学偏重于“应当”如何如何的哲理套路迥然有别。张慰慈所开辟的中国政治学科学化发展方向，对于今天破解当下中国政治学自19世纪50年代后期隔绝欧美传统、承袭苏俄教学科研体制所造成的过度脱离实践导致经院哲学化等困境，以及奋起直追迎头赶上政治科学发展的世界学术潮流、推进中国政治学科学化即政治科学的常态发展，无疑具有正本清源、拨乱反正的正能量作用与意义。

【本章由陶庆（上海师范大学哲学与法政学院教授、博士）、徐如飞（上海师范大学哲学与法政学院硕士研究生）撰写。】

下　篇

开创政治学分支学科的

张慰慈

第九章　市政学的开创性研究

张慰慈是我国最早研究市政问题的政治学者，他在《市政制度》中所建立的分析框架一直为后来的学者所沿用，是中国最早发出城市化先于农村治理呼声的专家学者之一，是中国市政研究的先驱者和开创者。张慰慈提出的人民的城市、城市自治公约、市政文化、市政监督、市政制度建设、市政改革等思想，对于今天我们理解城市化和市政管理仍具有一定启示性意义。

一、《市政制度》专著的开创性地位

（一）中国市政研究的先驱者

张慰慈何时开始市政学的研究，现在已经不可考，但最晚应该不晚于他在美国艾奥瓦大学读博时期。1917年，张慰慈获得政治学博士，他的博士论文题目是《美国市政之委员制与经理制的历史与分析》，由此可以看出，张慰慈在攻读博士学位期间已经开始研究市政问题。1920年，张慰慈在《新青年》上发表《美国城市自治的约章制度》，这是他在国内第一次发表市政研究的论文。从1920年起，张慰慈专注于研究城市问题，并发表了大量介绍国外市政制度和关于国内市政问题的文章。到1925年，他的市政研究基本成熟，将之前陆续发表的文章进行整理拓展，编撰、出版《市政制度》专著。1925年以后，张慰慈逐渐转向政体与宪法研究。

张慰慈的市政思想散见于他的《美国城市自治的约章制度》《市政问题》《欧美城市和国家的关系》《二十年来美国城市政府改革》《市民与市政》《革命以后的德国市政》等论文中。这些论文很大一部分被收入《市政制度》一书。《市政制度》是张慰慈的代表作之一，本章所研究的张慰慈的市政思想，主要依据他的《市政制度》一书。

在民国时期的政治学家群体中，张慰慈的政治学研究起步较早、成果丰富，他是中国最早的一批政治学教授，是五四时期最有影响力的政治学大家，是中国现代政治学研究的开拓者。1925年之前，张慰慈的主要研究领域是市政学，他是中国市政学研究的先驱者和开创者。从历史实践来看，1909年清廷颁布《城镇乡地方自治章程》，拉开了中国近代城市建设的帷幕。20世纪20年代，无论是北方的北洋政府还是南方的广东国民政府，对于城市改造的问题都非常重视，投入了大量的资源和精力进行市政建设。例如，孙科1920年在广州推行市政改革，制定《广州市暂行条例》。再如，济南市在1929年大力推进道路、交通、供水、供热、医疗、卫生等城市公用事业建设，逐步建立起现代市政制度。这就引发了中国市政建设和市政研究的第一个高潮。当时活跃在学术界从事市政研究的学者有张慰慈、董修甲、陆丹林、张锐等人，他们主要翻译、介绍国外的市政研究成果与市政制度，将市政学引入到中国。据统计，从1920年到1937年，国内出版的市政学专著、译著达121种，畅销的教材、专著有张慰慈的《市政制度》（1925年）、董修甲的《市政学纲要》（1927年）、陆丹林的《市政全书》（1928年）、刘迺诚的《比较市政学》（1936年），等等。张慰慈研究市政制度，在当时既紧跟学术前沿，又较好地回应了中国市政建设和管理的时代需求。

与董修甲、陆丹林、刘迺诚等民国时期的其他市政研究学者相比，张慰慈的《市政制度》专著完成最早，他在书中所建立的分析框架，一直为之后的学者所沿用。张慰慈不仅是我国市政研究的先驱，而且是中国最早发出城市化先于农村治理呼声的专家学者之一，与晏阳初、梁漱溟等人极力推动的乡村建设运动形成了鲜明的对照。我国现在推行新型城镇化建设，也许可从张慰慈的市政思想汲取启示，从历史中学习经验教训。

(二)市政学的研究方法

张慰慈认为，“应用的政治学，应该把人看作国家的主体，把一切政治看作人类心理作用的表征，用历史的研究法，把政治现象变迁进步的因果探求出来，抽出进化的原因，找到进化的路线，更把各国各时各种制度各种学说，用比较的方法研究其长短优劣，拿来做我们现在的人研究现在政治现象的政治制度的工具，做指导现在的人应付现在环境的方针。”①纵观张慰慈关于市政问题的研究论文，我们不难判断出张慰慈的市政研究方法以比较研究和历史分析为主。

一是关于比较研究方法。张慰慈在《市政制度》一书中，广泛采用了比较研究的方法，既对欧洲、美国、日本等地区和国家的市政制度进行横向比较，又就同一个国家某项具体的市政制度的历史发展和演变进行纵向比较，寻找他们的不同点和相同点，分析市政制度改革的共同趋向。

以市议会为例，从横向比较的视角看，欧洲的市议会是城市政府最主要的机关，有权制定法律、征税和举债、选举任免市政官员、组织各执行委员会、监督市政府工作等，但欧洲的市议会制定的条例规则有时候须得到上级机关的批准才能生效。美国的市议会职权被削减了很多，但上级机关不能干涉市议会的立法权，唯有市长有权否决市议会的议决案。从纵向比较的视角看，美国的市议会制度最早是抄袭和照搬英国的市议会制度的，在殖民地时期的美国市议会也是拥有立法、收税、选举市长、编列预算、组织专门委员会、监督市政府、任免行政官员等各项实权的，市长往往是市议会的主席。但随着时代的变迁，美国人民觉得三权分立的情况下，市议会不应该同时兼管立法和行政，于是提名专门委员会的委员、任命行政官吏等权力就逐渐从市议会转移到市长手中。

①李源编:《中国近代思想家文库·张慰慈卷》，中国人民大学出版社2015年版，第438页。

再加上人们越来越难以忍受市议会的腐败、低效，同时越来越欢迎市长的高效、负责，所以得到人民支持的市长在与市议会的争夺中获得了更多的职权，例如否决市议会的议案等权力。久而久之，美国的市长就从市议会的一分子，演变为独立于市议会的最重要的城市政府机关。

张慰慈还善于从比较中发现城市治理的发展趋势，他比较了城市政府的委员会和实业公司的董事会。他说："在形式上，委员会制是模仿各大实业公司组织，市民选举一个委员会执行城市事务，如同各公司的股东选择一个董事会执行公司事务一样的。但是在事实上，委员会制并未完全模仿各公司的组织。各大公司的董事会并不直接执行公司事务，他们把一切买卖事务交托给一个经理完全负责。该经理如能办理得当，各董事决不干涉他的一切行动。城市既想采用那实业公司的组织，何不更进一步，使委员会处于公司董事会的地位，另由委员会雇用一个经理执行市政方面的一切事务呢？"[①]从比较中，张慰慈推导出市政制度改革和发展的趋势是由复杂到简单，由同一到多元的结论，这样的结论经得住理论和历史的检验，非常有说服力。

二是关于历史分析的研究方法。我们可以从原因追溯和经验验证两个维度解读历史分析的研究方法。在原因追溯方面，张慰慈侧重从理论推导和实践结果两个方面追溯政治现象背后可能的原因。例如，他在讨论美国市政职权从市议会转移到市长手里的原因时，提出了"两种主动力"的可能原因。他认为，在一方面，人民有一种观念，以为市议会从其性质上着想是一种讨论的或立法的机关，所以依照三权分立的原则，不应当同时执行一切纯粹的行政职权。有了人民这样的观念的支持，市长把持市政权力就显得顺理成章。同时，张慰慈也突出了政治实践的作用，"同时还有一个事实方面的原因。那时候凡市议会所办理的事务总是办得很不好，但市长所办的事往往办得很好。市议会对于各项事务往往迟延不办，并且还不肯负责；市长却把一切事务办得很快，并且又公开的办理，使市民能明白详细的情形。"[②]立法机关和行政机关在政治实践上的效率高低，使得人们逐渐对立法机关失去信用，转而支持行政机

①张慰慈:《市政制度》,亚东图书馆民国十四年版,第344-345页。

②张慰慈:《市政制度》,亚东图书馆民国十四年版,第299页。

关。“所以市议会和市长争权的时候，市议会万非市长的敌手。”日积月累下来，“直到了十九世纪的末了，市长争夺到所有重要的职权，在名义上和在事实上，变成城市政府中的首领。”[①]

在经验验证方面，张慰慈很早就注意到欧美国家的市政管理存在理论与实践背离的现象，或者说法律规定和行政运行实践脱节的现象。因此，他既注重法律文本的解读，又时时对比行政实践而描述市政治理的真实图景。例如，张慰慈在分析英国的市议会时，就注意到了英国市议会“伪行政机关”的有趣现象。在法律规定上，市议会差不多就是英国的城市政府，英国城市所有的职权都由市议会执行。市长是由市议会选举产生的，他常常同时担任市议会的主席，并没有独立的职权。市议会负责制定城市的法律、议决市税率、分配行政经费、任命城市行政官员、监督各专门委员会的行政事务，等等。“城市的行政官须对于委员会负责，那委员会又须对于市议会负责。”[②]仅从法律文本看，英国的市长差不多就是一个“虚位市长”，市长的地位虽然崇高，但并没有多少行政实权。“他是市议会的主席，但不能选派市议会的委员会，也不能任命城市官吏，也不能管理行政部方面的各项事务。市议会的议决案不得他的同意，也能同样的发生效力。”[③]市长通常干的都是一些礼仪性、程序性的工作，但在实际的行政运行过程中，法律规定就被架空了。“但在英国的政治制度方面，理论和事实往往是绝不相同的。市议会虽有处置市政的全权，但市议会往往把其职权委托于各委员会，凡委员会所提议者，市议会总是同意的；各委员会又往往根据城市行政官吏的提议而代为提出于市议会。在事实上着想，英国市政的全权还是在于那般永久的行政官吏手里，一切的责任也都是由他们担负的；各委员会和市议会的职权只是批准他们的提议而已。”[④]

（三）《市政制度》的章节设计与市政思想

《市政制度》1925年9月由上海亚东图书馆出版，胡适作序，1928

①张慰慈：《市政制度》，亚东图书馆民国十四年版，第300页。

②张慰慈：《市政制度》，亚东图书馆民国十四年版，第269页。

③张慰慈：《市政制度》，亚东图书馆民国十四年版，第293页。

④张慰慈：《市政制度》，亚东图书馆民国十四年版，第270页。

年10月再版。全书以18章的篇幅构建其分析框架。第一章 绪论，第二章 城市的发达，第三章　工商业和城市的发达，第四章 城市发达的结果——社会的，第五章 城市发达的结果——政治的，第六章 城市的特点，第七章 城市在历史上的地位，第八章 现代城市的地位，第九章 城市和国家的关系，第十章 欧美各国的市公约，第十一章 城市的选民，第十二章 城市的选举，第十三章 市民的直接立法权，第十四章 城市的政党，第十五 章市议会，第十六章 市长，第十七章 委员会式的城市政府，第十八章 经理式的城市政府。该书在定义“城市是一个人民众多的社会，占据一块确定的，房屋稠密的地方，并有一个有组织的政治机关”[①]，以及现代城市政府通常具有“国家行政机关”和“地方自治机关”双重地位和性质的基础上，全面论述市政制度及市政管理，内容十分丰富，其市政思想可概括为十个方面：

一是人民的城市思想。首先，提出人民是市政治理的出发点和归属点。这是张慰慈市政思想中最重要的内容。他说：“凡一切公共事务的改革，非有全体人民的一致行动，决不能有什么结果，几个人的单独提倡，同时没有得到公众的赞助，永不能发生真实的影响。”[②]“在城市人民的眼光中看起来，人民的势力是最大的势力，群众是他们所最崇拜的上帝。”[③]现代城市是民治的，而民治的主体既不是君主，也不是官吏，而是普通的市民。市民的主体地位主要体现在市议会是城市最高的权力机关，但城市人民是大于城市议会的，城市人民的地位至少与上一级的议会平行。他认为，市民的自治权利应是由宪法和法律保证的，上级政府必须尊重而不能随意干涉城市政府的自治事务。良好的市政必须体现多数人民的意志。如果同时不能表示多数人民的意志，决不能使人民满意，决不能长久的。人民所需要的不单是最良好的政治，最省俭的行政费，他们同时还要有参与政治的权利，使一切政策能合于他们自己的意志。所以，强调良好的市政治理必须考虑多数人民的意志，城市政府的政策必须满足公共利益而不是满足少数利益集团的特殊需要。城市政府

①张慰慈:《市政制度》,亚东图书馆民国十四年版,第3-4页。

②张慰慈:《市政制度》,亚东图书馆民国十四年版,第59页。

③张慰慈:《市政制度》,亚东图书馆民国十四年版,第83页。

应该通过各种路径或采取有效措施，办理城市的事情，包括道路、电力、自来水、煤气、公共交通、电话、公租屋、排水系统、垃圾清理等与市民生活密切相关的各类城市公用事业。

其次，提出人民的智识是城市“善治”的关键因素。他认为，良好的市政，既需要人民的智识，还需要人民的参政热情。“城市自治和市民的政权果然是很重要的，良好的政治制度也是很重要的，但是如果人民没有什么智识，对于市政方面的一切问题什么都不懂，那末，城市无论怎样的自治，市民的政权无论怎样大，政治制度无论怎样良好，决不能发生什么效果，决不能使市政进步。公民智识是好政治的要素；公民智识的普及是达好政治的方法。”[①]因此，市政治理必须重视公民教育，设法提升市民的智识，激励市民参与城市公共事务的热情。

最后，重视人民的自治权利。他认为，人民有权提请制定自治市公约。“制定自治市公约的动议，大概是由城市的立法机关提出的。但人民也能提出动议，如能得到法定人数的同意，他们就可以请求城市立法机关选举市公约委员会。”[②]人民应还有复决的权利。“市民复决权的范围以后又逐渐推广，非但市规约须经市民复决，就是其余那种关于普通市政的法律案，也须经市民复决。……那种法律非经市民表示赞同后，不能发生效力。”[③]人民有权选举市长和行政官吏。早期的市长大多是上级政府任命的，或者是由市议会选举产生的。随着选举权的普及，市长逐渐由任命制改为民选官员。人民还有权征集一定数量选民的同意，投票罢免那些腐败和不称职的官员。参与市政管理既是人民的权利也是人民的义务。“假使想把城市政府变做为市民谋幸福的工具，市民自身一定要有相当的智识，有别辨好政策和坏政策的区别，并且还须有一种政治的兴趣，能够继续不断的监督城市政府的行动。”[④]

二是城市民治的本质思想。张慰慈认为，城市民治的本质是快乐而不是选举。他从个人与环境的关系出发，提出城市的吸引力在于能给人民较之乡间更多的娱乐机会、经济收入、受教育机会、基础设施，等

①张慰慈:《市政制度》,亚东图书馆民国十四年版,第189页。
②张慰慈:《市政制度》,亚东图书馆民国十四年版,第160页。
③张慰慈:《市政制度》,亚东图书馆民国十四年版,第230页。
④张慰慈:《市民与市政》,《晨报七周年纪念增刊》,1925年。

等。“凡各级人民的道德观念和政治标准是被生活环境所影响的，环境方面一有更变，道德观念和政治标准也得因之而更改；环境的更变又只是全体社会的势力所能做到的。”[①]城市环境改革完成后，人民心中就有一种理想的城市，城市就从人民生命和财产的保护者，进化为维持人民生活程度和种种快乐的工具。“我们所希望的城市民治主义是一种快乐生活的民治主义，并不是现今那种机械式的选举权的民治主义。”[②]

为了实现城市民治中的快乐主义，城市政府就必须办好各种公用事业，为市民创造更多的教育、健身、休闲、娱乐、艺术享受的机会。张慰慈认为，城市政府应当为全体人民设备种种有利身体的娱乐，发展他们的智识和体育。张慰慈从“社会福利”的视角，列举了市民应得的若干权利：个人和公共卫生的设备；平衡的市税率；有目的的市教育；保障市民不为商人、房东和雇主所剥削；防止人民或财产方面的种种损害；房屋足够市民居住，房金公道；清洁的、铺平的、晚上光明的街道；种种“公共用具”，如电灯、电话、自来水等的设备完善；公众娱乐的设备；防止种种因死亡、疾病、失业所发生的困苦；公开市政方面的一切计划、政策和结果。这些市民权利是“工具主义”市政观念的体现，即市民要求“城市政府为人民设备种种方法，使他们能利用种种机会，得到最高限度的幸福，满足他们物质上的，精神上的，和美术上的需要。最完备的公共卫生设备，最清洁的自来水，最贱的和最完备的交通设备，最美观的公共建筑都变成市民所应得到的权利”[③]。只有这些权利得到了充分满足，人民在城市中才能生活得更快乐，也才更有动力和热情参与市政治理。

三是市政监督思想。张慰慈认为，官僚的市政没有相当的监督是容易腐败的，因为随着“城市的发达，城市政府中作弊的机会也愈多，而各政客想夺到城市政府职权的志愿也更大”[④]。一些无耻的政客和腐败的官僚被举上台后，就可以利用职权谋取政党或个人的私利而损害市民的福利。因此需要对市政进行持续的监督，并且这种监督能产生积极的

①张慰慈：《市政制度》，亚东图书馆民国十四年版，第57-58页。

②张慰慈：《市政制度》，亚东图书馆民国十四年版，第60页。

③张慰慈：《市民与市政》，《晨报七周年纪念增刊》，1925年。

④张慰慈：《市政制度》，亚东图书馆民国十四年版，第197页。

效果，“良好的选举法，简单的选举票，人民自动的监督，确能减少政客和官僚的为恶机会，使他们不能不依法律的规定。”[①]

第一，市政监督要从源头抓起。他认为，市议会和官员的选举是市政治理的源头。人民应该用好手中的选票，真正把那些德才兼备的人才选举到恰当的职位上来，而不能贪图小利或便利，糊里糊涂地把腐败的政客选上台。“中国政治的腐败，政府的不能称职，也应使我们自己反省。如果我们人民在选举时候，只顾受点贿赂，随随便便把那般没有人格的人举了做议员，平时又不去留心政治，听那般无耻的官僚为所欲为，养成腐败的政治，我们人民那能辞其咎呢?”[②]

第二，市政监督要还权于民。他提出人民监督市政，不仅需要舆论、批评等软手段，而且需要复决、罢免等硬手段。市政监督必须保障公民有制裁政府的手段，例如通过复决权否决糟糕的法律，通过罢免权把腐败的官员撵下台。“政府如果真不能尽职，人民也有方法罢免他们，而另举别人组织政府，万不至于漠不关心，愿意忍受种种痛苦，全没有反抗的能力。”[③]

第三，市政监督要上下结合。城市政府作为介于中央政府和市民之间的中间人，从好的方面说，可以通过尽职工作做到上下同欲、皆大欢喜，从坏的方面说，城市政府也可能欺上瞒下、中饱私囊。因此，市政监督需要由上而下的中央政府监督和由下而上的市民监督相结合。一方面，中央政府由上而下监督。中央政府对城市政府的监督，主要有人事、法律、预算等几种手段。一是人事控制权，市长或行政官吏的任命须得到省长或上级机关的同意。二是法律监督权。城市政府如果要执行法律列举范围之外的某项职权，必须呈请中央政府中有关系之某一部门，该项请求经行政机关审查后，或批准，或否决。三是预算审查权。城市预算案上面所列举的条款，每条须得他的同意后，方能发生效力。另一方面，市民自下而上监督，最重要的是市民智识和信息的公开。

四是城市自治思想。所谓“城市自治”，张慰慈认为，（1）城市有

①张慰慈:《市政制度》,亚东图书馆民国十四年版,第223页。

②张慰慈:《政治改革的目标》,《努力周报》第63期,1923年7月29日。

③张慰慈:《政治改革的目标》,《努力周报》第63期,1923年7月29日。

选举城市官吏的权利；（2）居民有权决定中央立法部所制定的普通法律在各城市之内能否通行；（3）各城市可以依照宪法所规定，制定他们的根本法律（自治市规约），组织他们的政府；（4）有决定城市自治范围的权力。但张慰慈认为，在现今的情形之下，第四种意义上的城市自治实际上是不能通行的。现代城市既作为中央政府的机关，处理所有与全国有关系的事情，又作为地方自治的机关，处理一切纯粹的地方事情。只有关于那种纯粹的城市事务，城市政府才有自治的权力，可以不受中央政府的干涉。但同时城市政府也是中央政府的行政机关，必须接受中央政府的节制和监督，结论是“现在所谓地方自治，所谓城市自治，不过一种有限制的自治，地方或城市只能在中央政府所规定的范围之内，自治他们纯粹的地方或城市事情，这种事情必须与别的地方或别的城市没有什么相干”①。

根据对城市历史的研究，张慰慈提出了现代城市“地方自治机关”的正确定位。他说：“对于那种纯粹地方性质的职务，城市有完全自治的权利；但对于那种与全邦有关系的职务，就是在自治市公约制度之下，邦政府还有干涉的权力。”②为此，城市自治必须处理好城市政府与邦政府的关系问题，本质上即自治权与行政权的界限划分。“一方面把最古的最复杂的城市政体改变成最新的最简单的组织，如近来最时髦的‘城市委员会’和‘城市经理’两个制度；又一方面规定城市和联邦的关系，如自治约章之类。”③

五是市政文化思想。市政文化思想在张慰慈的市政研究中比较突出，他发表的论文《城市在文化史上所占之地位》，也是《市政制度》的第一章内容，从文化史的角度对城市的历史地位予以说明，突出从城市发生和演变的历史来论述城市地位由经济中心、政治中心到文化中心的过渡，认为“文化史最重要的一步是从乡村的生活变化到城市的生活”，而城市生活则在其中扮演了重要角色：“新的经济生活是由城市发生的；新的政治观念，新式的社交形式，新的交换意见方法，也是均由

①张慰慈：《美国城市自治的约章制度》，《新青年》年第7卷第2号，1920年1月1日。
②张慰慈：《市政制度》，亚东图书馆民国十四年版，第119页。
③张慰慈：《美国城市自治的约章制度》，《新青年》第7卷第2号，1920年1月1日。

城市提倡的”，因而城市生活在推进乡村文明到都市文明占有重要地位[①]。所以，他将市政建设与文化的建设联系起来，强调市政建设与发展现代文明的关系，认为“凡一种民族没有建设城市的能力，其文化必不能十分发达”，“文化史上最重要的一步是从乡村的生活变化到城市的生活”，要求人们培养“市政观念”，了解现代城市生活的意义与性质，建设良好的市政。

六是城市党治思想。张慰慈认为，市政治理实际上牵扯到中央的行政权、城市的自治权、政党的领导权和民众的主权四方面的关系。现代政治是政党政治，城市作为现代化的象征，其市政治理自然和政党具有密不可分的联系。政党虽然是由一小撮人主动发起成立的，但真正的政党不是只是代表党魁等一小部分人的利益，而是有更广泛的代表性和更高的利益诉求。随着时间的推移，经济目标和经济政策在政党的党纲中越来越占据中心和主导地位，政党就从“人民的团体”变成了“人民团体的团体”，政党内部的团结力下降，分离和分裂趋势上升。这种政党分肥的方法损害了公共利益，人民不满意无耻政客和腐败官僚的统治，于是推动市政改革，更多的新的政党开始涌现，选举改革减少了政党操纵选举的机会。现代城市中的政党竞争主要围绕行政权和政策话语权的争夺展开，不同政党的竞选人发表演说、相互攻击和开展政策辩论，“但在这样不同的政见和政策的背后，他们却有一个共同的目的，这就是谋国家和全体人民的幸福。”[②]

张慰慈认为，现今政党的政治责任不是只追究几个当事人的具体责任，而是一种整体性、连带性、共担性的责任。政党必须为本党候选人和当选者的言行负责，“如果民选官吏的候选人是由政党提出的，那末，政党就须替他负责，政党把某人提出以后，差不多就变成他的保证人。将来当选以后，他如能办事得力，政党就得人民的信任，如果办事不得力，人民也能责备他所隶属的政党。”[③]

七是城市分类治理思想。张慰慈认为，城市分类最早是为了解决普

①参见张慰慈：《城市在文化史上所占之地位》，《努力周报》第69期，1923年9月9日。

②张慰慈：《市政制度》，亚东图书馆民国十四年版，第240页。

③张慰慈：《市政制度》，亚东图书馆民国十四年版，第247-248页。

通法律不能适用于邦内所有城市的难题而产生的。通常的做法是：按照城市人口的多寡，将同一邦内的所有城市分成不同的等级。凡是在一个等级内的城市，须遵循一种普通的市公约，规定城市的职权、组织及政府。

城市分类还和城市的组织形式密切关联，不同层级和不同类别的城市，应该采用适合本城实际情况和功能定位的政府组织形式。人口数量不大的中小城市，其市政事务通常也比较简单，更适合采用委员会式的城市政府。

八是市政制度建设思想。张慰慈通过比较古今中外各国市政制度之后，认为尽善尽美的市政制度是不存在的，每种类型的市政制度都有其优缺点。所以，必须加强市政制度建设。而良好的市政制度必须：第一，符合人民的意愿，得到大多数人的承认和拥护；第二，简单而且易于操作，“制度愈复杂，其弊端也较多”[①]。所以城市政府组织最重要的原则就是职权必须集中，责任必须确定，民选的官吏万不可过多。

张慰慈既重视制度建设，又重视市民教育，主张制度与人的相互支持。他认为，市政改革必须同时兼顾人和制度两个方面：“所以近来改革政治的方法须从人民和制度两方面入手，一方面须提高人民的智识，使他们能尽公民的职务；又一方面须采用适当的制度，使人民易于执行他们的职权。这就是我们所应当采取的政治改革目标。”[②]但人民对市政的态度及其改革方案是在不断变化的，市政制度改革的后果是难以预料的，市议会作为城市的代议机关，其未来将如何发展仍是不确定的。“人民对于现今那种立法机关早已失去信用，非但在市议会方面是这样的，就是对于各邦立法机关和联邦立法机关也何尝不如此呢？将来究竟发生怎样的结果呢？或者把全权交托行政首领，或者由人民直接立法？这确是很有研究价值的问题。”[③]

九是市政改革思想。市政改革在张慰慈《市政制度》中占有重要分量。他从美国市政改革的实践考察中，提出市政改革应从城市实际出

①张慰慈：《市政制度》，亚东图书馆民国十四年版，第204页。

②张慰慈：《政治改革的目标》，《努力周报》第63期，1923年7月29日。

③张慰慈：《市政制度》，亚东图书馆民国十四年版，第288页。

发，不应该照搬照抄中央政府的组织形式，或者盲目学习借鉴其他国家和城市的做法，而要根据各城市人民的特点进行符合地方实际的改革和创新。同时，张慰慈认为，市政改革必须统筹兼顾，即应当兼顾历史传统、环境变化、人民的意愿与利益诉求。因为市政改革是极其复杂的事情，涉及制度、官吏、公民、行政方法等方方面面的综合改革。“人民如想改良市政，除了改革政府组织之外，同时还得要改革财政和会计的方法，设立官吏考试制度，为任免升迁人员的标准，革除种种舞弊浪费的机会，使各行政机关公开办事，并且鼓励人民对于市政的兴趣。这种种根本的改革决不能因政府的改组而同时实现的。”[①]不仅如此，市政改革通常是缓慢进行、循序渐进的，但在突发事件的驱动下，也有可能发生激烈的、突变式的市政改革。所以，市政改革需要人民具有“公而忘家，国而忘私”的精神，但这需要两个前提条件，“第一，人民的眼光必须放大放远，能看出将来的结果较重于现在的和暂时的结果；第二，人民必须有牺牲个人目前利益的精神，愿意放弃自己的私利，和社会上同样的人民同力合作，达到将来全体福利的目的。”[②]

十是市政专家治理思想。张慰慈认为，现代城市治理的各项事务是极其复杂的，需要由专门的人才执行城市事务，民选的官员应配备市政专家作为自己的助手或下属。“各项职业的人当然都有充当代表的资格，但城市政府的一切事务决不是普通的诚实的公民所能办理的。”[③]以德国为例，德国的市政官员不仅任期长，而且大多是具有专门技术和学问的市政专家。德国的地方自治向来有一个特点，这就是十分注重于那般有专门技术的官吏所执行的职务。这类官吏的数目是很多，他们都把城市行政事务作为终生的事业，其中职位较高的官吏往往是大学的毕业生，各有好几个博士学位。各城市的市长也大都是那般有博士学位的人充当的。市政治理需要市民相信专家，但不能盲从专家。“专家当然也是很重要的，可是我们万不能完全依靠专家，不注意那般普通市民。……专家如果没有相当的有意识的公民帮助，决不能解决种种困难

①张慰慈：《市政制度》，亚东图书馆民国十四年版，第341页。
②张慰慈：《市政制度》，亚东图书馆民国十四年版，第59-60页。
③张慰慈：《市政制度》，亚东图书馆民国十四年版，第340页。

问题。民治制度不能专靠上边几个执政的人员，是全靠底下那般选民维持的。”[①]

专家治理的思想进一步发展，就是经理式的城市政府。城市经理“是一个有经验的和专门技术的人，委员会雇用他，因为他有管理城市事务的特别技能。凡行政一方面的事务完全归经理负责办理”[②]。城市经理是具有特殊才能的优秀人才，其工资应根据市场价值而定，可以超出一般的同级别的公务员的待遇，“经理的责任重大，所以他的薪俸亦非大不可”[③]。但经理人员的选择不一定限于本城居民，只要是有才能、愿意负责的市政专家，都可以被聘任为城市经理。尽管张慰慈承认经理式的城市政府是美国市政改革的最新成果，现实中也取得了较好的实践效果，但他同时也担心，“经理制确是美国市政制度中的一种好方法，但这种方法是否能达到市政改革的目的，还得要看这种制度试验的结果，同时还得要看人民对于这种制度的态度如何。”[④]

（四）市政学研究的特点与价值

从张慰慈的市政研究专著和系列研究论文看，主要有三方面特点：

一是从“具体事实”出发，对市政问题进行研究，而不是根据某种“主义”发表脱离实际、毫无根据的高谈阔论。张慰慈对西方政治学的流派和观点非常娴熟，也善于用既有的成熟理论分析和解决中国的现实问题。例如，他曾运用政治学的知识分析上海的租界问题，认为中国对租界拥有主权，并有权对上海租界行使市政管理权。他详细考证了历史事实，认为照《南京条约》所规定，上海只是一个通商口岸，中国政府准外国人在此通商，在此居住而已，除此之外，外国人并没有得到任何的别种权利。所以凡关于上海的一切行政权及市政方面的事务都应当在中国地方官吏手里，因为中国政府对于上海并未放弃其主权。即使从法理上来讲，在最初的时候，上海租界上的市政是由外国侨民，没有法律上的根据，自动地自行办理的。上海租界的市政管理制度是由英国法国

①张慰慈：《市民与市政》，《晨报七周年纪念增刊》，1925年。
②张慰慈：《市政制度》，亚东图书馆民国十四年版，第345页。
③张慰慈：《市政制度》，亚东图书馆民国十四年版，第366页。
④张慰慈：《市政制度》，亚东图书馆民国十四年版，第370页。

美国领事方共同拟订的规则，“这样的制度却没有正式的法律根据，其唯一的根据只是当初几个外国领事官所规定的几条规则，得到中国政府的默认”[①]。因此，“上海的各国租界有一种特别的性质，与别的通商口岸，如天津，汉口，广州等处的各国租界完全不相同的。……严格的说起来，上海的各国租界并不能算是一种租界，只是外国侨民的居留区域。”[②]租界的主权和土地所有权都还是中国的，上海地方政府自然有权在租界内行使市政管理权。

二是以自由主义为旗帜，坚持自由主义所设定的改良路径。在20世纪的北京大学法科政治系的教授群体中，李大钊、陈启修是马克思主义政治学的代表人物，张慰慈、高一涵是自由主义政治学的代表人物。作为自由主义的政治学者，张慰慈主张对民国时期的政治制度和城市管理制度进行逐步的改良。其改良思想有两个显著的特点：第一，具有一定的前瞻性。例如，1928年8月国民党宣布结束“军政时期”，开始“训政时期”，并于10月通过了《训政纲领》。张慰慈此时在政治上已经完全认同了南京国民政府，但在他的思想逻辑中，必然要从现在的“训政”向不久后的“宪政”转变，因此有必要提前开展宪法研究。1930年，张慰慈出版了《宪法》一书，试图通过“以学议政”的方式提前为以后的“宪政”做必要的准备和谋划。第二，注重制度与人的“同步改良”。在民国的政治学界，改良主义者中有人迷信和鼓吹制度万能，认为政治改革必须要创设一套“民治的政治制度”，人民只有在民治制度之下才能得到政治上的训练，从而进化为好公民。张慰慈不同意这样的看法，认为政治改革既要重视制度建设，又要全面提升国民的政治素质，两个方面同时推进，才能真正实现政治改良的目标。

三是以阶级分析为依托，从市民权利与政府权力互动的视角研究市政制度的变迁。张慰慈不是马克思主义者，但马克思主义的阶级观点对他的市政研究产生了相当深刻的影响。“历史上社会阶级状况的变更与现今社会的组织确有大影响，很值得我们研究的。”[③]在张慰慈看来，农

---

①张慰慈:《上海的租界》,《现代评论》第2卷第33期,1925年7月25日。

②张慰慈:《上海的租界》,《现代评论》第2卷第33期,1925年7月25日。

③张慰慈:《战后的欧洲农民——绿色国际》,《东方杂志》第23卷第13号,1926年7月10日。

民阶级、劳工阶级以及中等阶级的力量对比是影响城市化及城市治理结构变迁的重要因素。他尤其重视中等阶级在城市治理中的地位与作用，“我并不是说中等阶级是社会上最优秀的分子，所以应当永远把持一切权力的；我所要说的，只是在现今的社会组织，中等阶级要算是一个社会中的台柱子。”[①]张慰慈运用阶级分析的方法，认为欧洲中产阶级的利益在第一次世界大战中受到了严重损失，这就催生出了中产阶级的“阶级自觉心”进而形成了中产阶级的阶级意识，然后在阶级自觉心和阶级意识的驱使下发生了“中产阶级运动”，无论是积极的还是消极的中产阶级运动，都是推动市政制度变革的重要力量。张慰慈甚至还提到要研究知识分子（智识阶级）在城市治理中的角色，可惜后来没有就此问题继续开展更加深入的研究。

张慰慈对市政研究主要集中在民国初期，虽然后来研究注意力转移到政治学等方面，但从《市政制度》及其发表的论文可以看出，其市政研究有着重要的学术价值。

一是开启了市政学作为政治学分支学科的独立地位。通常认为，张慰慈的研究专长是市政学和政治学理论，他在这两个领域分别撰写了《市政制度》和《政治学大纲》两本专著。其中，市政学是张慰慈最早专攻的研究领域，胡适对此说得很清楚：“我的朋友张慰慈博士在美国留学时，他的专门研究是市政制度。”[②]“慰慈在美国时曾专治美国最新起的城市制度，后来即用作他的博士论文题目。”[③]从胡适的上述论断可以得出如下两个事实：第一，张慰慈对市政制度的研究最晚不晚于他在美国读博士期间，而张慰慈是1912年到美国留学的，也就是说，张慰慈在1912年前后就开始了对市政学的专门研究，这比与他同时期的大部分市政学研究者都要早，符合我们对张慰慈“中国市政学研究的先驱者”的身份定位。第二，张慰慈在市政学研究领域造诣颇深，得到了包括胡适在内的民国时期著名学者的肯定和赞扬，虽然胡适是张慰慈的好友，但根据胡适的为人，即使是好友，如果政见不同或者研究有瑕疵，胡适

①张慰慈：《俄国革命前后社会阶级状况的变迁》，《东方杂志》第23卷第4号，1926年2月25。

②欧阳哲生编：《胡适文集》(4)，北京大学出版社1998年版，第647页。

③欧阳哲生编：《胡适文集》(3)，北京大学出版社1998年版，第322页。

也会毫不留情地加以批评。但我们在《胡适文集》中基本上找不到胡适对张慰慈市政研究的批判用语，相反，胡适还欣然为张慰慈的《市政制度》专著作序。由此可见，胡适是比较赞赏张慰慈在市政研究领域所取得的积极成果和做出的重大贡献的，同行的肯定进一步证明了张慰慈“中国市政学的开创者”的历史地位。

从《市政制度》的基本架构及其所研究的问题来看，该书在当时的中国政治学界确属填补空白的开创之作，也奠定了张慰慈在中国市政研究领域的鼻祖地位。在中国市政研究的学术史上，张慰慈是一位名副其实的先驱者和开创者。他一方面用政治学的观点、理论和方法研究市政问题，奠定了市政学作为政治学一门分支学科的独立地位，另一方面又将西方市政学的理论与中国城市建设和管理的实践结合起来，引领了市政研究的“中国化”倾向。

二是开创了城市政治学的经典研究范式。从学术史的角度看，中国的市政学研究有两大基本范式：第一，用政治学的观点、理论和方法研究市政问题，可以称之为“城市政治学”范式。张慰慈是城市政治学这一经典范式的开创者。张慰慈的市政学研究，兼有马克思主义和自由主义政治学两家之长，除了运用阶级分析的方法之外，张慰慈还借用了马克思主义“经济决定政治”的科学观念。他从工业和商业的发达来探求城市的起源与发展，在肯定了经济因素的基础性、决定性作用之后，张慰慈还探讨了人口从农村向城市流动等社会的原因，并注重研究城市发达对社会和政治的反作用或者影响。“大凡市政学者往往偏重于城市行政一方面，把全副精力研究各种行政方法。但这一方面的城市问题是浮面的，不澈底的；城市生活方面的各种势力，包括社会的和政治的，才是决定城市进步的标准。所以我们在讨论城市政府组织和城市行政之前，还得先从社会方面和政治方面讨论城市发达的结果，就是城市发达后，人民生活的各方面究竟受到什么样的影响。”[①]第二，用管理学的观点、理论和方法研究市政问题，可以称之为“城市管理学”范式。随着科学管理运动的兴起和技术的进步，越来越多的学者将城市管理看成是一种技术性的活动，在剥离了城市管理的政治属性之后，市政管理的技

①张慰慈：《市政制度》，亚东图书馆民国十四年版，第41页。

术、方法和工具是可以通用的，市政治理越来越向“智慧治理”的方向发展。

五四时期是中国现代学术的创建时期，现代学术体系、学科体系都处于创建之中。一方面是时代需求，现代城市的创建和管理呼唤科学的市政学理论指导；另一方面是个人努力，以张慰慈为代表的一批早期市政学研究者在欧美国家接受了系统的专业的学术训练，同时又能结合当时中国的实际有所取舍和创新，从而共同创建了具有时代特征和适合中国实际的市政学的学科体系和学术体系。由于时代的局限，张慰慈对城市管理的理解更多地进行了政治学角度的解读，而不是管理学角度的研究。在张慰慈看来，市政学就是“城市政治学”，而不是“市政管理学”，这种城市政治学的经典研究范式对于今天的中国城市问题研究仍然有重要的借鉴意义，并被华东政法大学的姚尚建等学者继承和发扬光大。

三是探讨了市政改革的努力方向。在张慰慈看来，任何市政制度都是不完善的，都需要不断地“全面深化改革”。当前，我国正处在高速城市化的进程中，随着城市的发达和扩张，城市规划建设管理中的一些突出问题亟待解决，“城市规划前瞻性、严肃性、强制性和公开性不够，城市建筑贪大、媚洋、求怪等乱象丛生，特色缺失，文化传承堪忧；城市建设盲目追求规模扩张，节约集约程度不高；依法治理城市力度不够，违法建设、大拆大建问题突出，公共产品和服务供给不足，环境污染、交通拥堵等‘城市病’蔓延加重。”①但市政改革不是毫无规划的“乱折腾”，而是要从以下几方面寻找科学的市政改革方向。

第一，任何时候都要牢记和践行“人民的城市”理念。市政建设不应当视为政者的“政绩工程”，而应该是全体市民共建共享的“为民办实事”工程。在规划环节，要“完善社会参与机制，充分发挥专家和公众的力量，加强规划实施的社会监督”。在服务环节，要“坚持共享发展理念，使人民群众在共建共享中有更多获得感”。在城市自治方面，要“大力开展社会主义核心价值观学习教育实践，促进市民形成良好的

①《中共中央国务院关于进一步加强城市规划建设管理工作的若干意见》，http://www.gov.cn/zhengce/2016-02/21/content_5044367.htm。

道德素养和社会风尚，提高企业、社会组织和市民参与城市治理的意识和能力”[①]。从城市空间规划入手，尊重与实现市民权利，减少政府换届引发的“折腾”，建设真正的宜居城市。

第二，适时推进市政改革。目前，我国城市中的突发事件时有发生，从城市内涝到传染病，从食品安全到恐怖袭击，市民的安全感和幸福感仍待提高。为政者不能仅满足于“城市应急管理系统”建设，而是要全方位地推进市政改革。就像美国城市水灾之后的市政改革一样，突发事件可以成为推动我国市政改革的原动力之一。当前我国的城市内涝灾害频繁发生，但却鲜见由内涝事件驱动的市政改革和治理创新，这不能不说是一个遗憾。

第三，充分发挥市政专家的作用。我国的市政专家相比于当前庞大的社会需求，总体数量是不足的，在已有的存量资源配置上，更是存在错配的现象，很多城市的书记、市长对于市政管理是门外汉。中国目前正在重视和努力塑造城市规划建设管理中的城市特色风貌。这就要求我们在市政管理中既要重视加强党的领导，强调一把手负责制，又要突出城市治理过程中专家的作用，在市政专家的参与和指导下改革完善城市管理的体制机制。一方面，改革城市管理体制。“明确中央和省级政府城市管理主管部门，确定管理范围、权力清单和责任主体，理顺各部门职责分工。推进市县两级政府规划建设管理机构改革，推行跨部门综合执法。”另一方面，完善城市治理机制。“进一步强化街道、社区党组织的领导核心作用，以社区服务型党组织建设带动社区居民自治组织、社区社会组织建设。增强社区服务功能，实现政府治理和社会调节、居民自治良性互动。加强信息公开，推进城市治理阳光运行。”[②]

总之，以张慰慈为代表的民国政治学家们，在中国近代城市化的起步阶段就敏锐地预见到城市将成为以后人们生活的中心，将市政学这门学科从欧美引进到中国，初步建立起具有时代特征的传统市政学研究范式，成为中国市政学研究的开创者，为中国市政学的诞生和发展作出了

①《中共中央国务院关于进一步加强城市规划建设管理工作的若干意见》，http://www.gov.cn/zhengce/2016-02/21/content_5044367.htm。

②《中共中央国务院关于进一步加强城市规划建设管理工作的若干意见》，http://www.gov.cn/zhengce/2016-02/21/content_5044367.htm。

历史性的学术贡献。但我们不能故步自封，而是要在前人的基础上继续深化研究，推动传统市政学研究向现代以及未来市政学研究的转型。

二、市政管理思想的启迪性意义

中国步入中等发达国家行列后，那时农村人口将仅占全国人口10%，城镇人口占90%（现在中等发展国家的英国农村人口为1.7%、法国3%、德国2.3%）。中国将从管理农村大国转向管理城市大国。如何实现这样的转型？学习城市管理，完善城市管理。政治学先驱张慰慈先生在1922年至1925年先后发表《市政问题》《二十年美国城市政府改革》《市政制度》《市民与市政》四篇与市政管理相关的论文。在这些论文中，他前瞻性地告诫人们要重视市政管理研究，系统地提出市政职能思想以及实现市政职能的核心要素。张慰慈市政管理思想是一块还待开发的处女地，是一块富矿。梳理、挖掘这些思想对于推动市政管理现代化既有重要的参考价值，又有现实启迪意义。

（一）要重视市政管理的研究

张慰慈提出要重视市政管理研究的思想，主要集中在《二十年来美国城市政府改革》《市民与市政》两篇论文中。这一观点他是基于以下几点认识的：

第一，市政重要已成为学者共识。张慰慈认为从城市政府角度看，一方面要"保护市民的安宁，防御种种扰乱社会秩序的行为，同时还得要从积极方面为市民做各种各样的事，满足市民物质的和精神的需要"[①]。如果一个市政府连保护人民或维持秩序的能力都没有，这种政府也不能算是政府了。这就告诫人们，市政府要去研究如何提升保护人们生命财产安全与满足市民物质与精神需要的能力。否则，市政府存在也就没有必要了。

①李源编：《中国近代思想家文库·张慰慈卷》，中国人民大学出版社2015年版，第253–254页。

张慰慈认为，从市民方面看，市民与城市政府较之中央政府更加来得密切。“普通人民大概与中央政府或者省政府不发生什么多大关系的，每年除了纳税之外，如果不做什么犯法的事或没有特别事故，可以永远不见一个中央官吏。不过市民与城市政府的关系是非常密切的，市民一出门，就看见警察，市民平常一举一动，如有不正常的地方，就有警察来干涉，市民的生活，市民的财产，全靠几个警察来保护。”①还有平民子弟的教育、公共卫生、市民权利的保障等都必须依靠市政的人良好的计划和适当的方法才能有良好的结果。这就是说，市政管理与人们的生活息息相关，须臾不可离开。

第二，市政管理是随着城市发展而形成。张慰慈认为，美国人的老祖宗并不晓得什么叫做城市生活。“当华盛顿做第一期总统的第一年，纽约只有三万三千人民；除纽约之外，只有四个城市的人口超过八千以上的数目。当时城市生活非常简单，所以城市政府的组织就可以随随便便，无须十分完备。到了十九世纪的时候，城市渐渐发达，人民又因有别种较大的和较重要的问题，如开拓西部，黑奴问题，南北战争等，实无余暇去留意城市问题。以后这种种问题逐渐解决了，人民才开始注意到城市一方面。”②比如城市子女教育、城市住房保障、生老病死、交通运输、娱乐、公共设施如何配置等。诸如此类，都提上议事日程。

第三，针对城市的管理出现一系列问题。比如，当时的“北京市道路失修、公共卫生不讲究等等，这是人人都知道的。电灯近来较明亮，然而电表是非运动不可的。自来水管装置是要用户出重价的，并且近来发现自来水内每五十滴含有细菌六百个，且有大肠菌。近来更妙，内务部和市政所争先恐后地卖共产，不但卖地皮过，并且连旧城墙砖也一块块地卖了”③。这些问题是十分迫切，必须通过研究市政管理加以解决。

在我国近百年发展中，特别是近二三十年来，城镇化发展异常迅猛。国家正悄然从农业大国转为现代工业与信息产业大国。农村与城镇人口结构也发生重大变化。据2016年第六次全国人口普查显示：我国居

①李源编：《中国近代思想家文库·张慰慈卷》，中国人民大学出版社2015年版，第253页。

②李源编：《中国近代思想家文库·张慰慈卷》，中国人民大学出版社2015年版，第166页。

③张慰慈：《市政制度》，亚东图书馆民国十四年版，序言第2页。

住城镇的人口为66557万人，占人口49.68%；农村人口是50.32%。这里讲农村人口包括进城务工人员。我国现有进城务工人员存量约2.74亿人。大量进城务工人员当下基本在城镇生活，这样城市人口已经大大超过农村的人口。随着城市人口膨胀，城市规模的扩大，我们还没有充分的思想准备，没有前瞻性预判城镇化发展进程，以至于出现一系列问题，城市教育、医疗、社保、医保、食品安全、城市规划、公共交通、大众娱乐，这些领域市民普遍非议。大桥兴建十几年不到就要重建，适应不了新车流量需要，城建规划一个领导一个样，天长日久都忙于搞基建。城市教育、医保、社保非均等现象严重，大众设施适应不了大众娱乐。再有，我们生活在城市里，天天都要和水、电、气、公交、地铁以及垃圾清理打交道，哪个环节出了问题都没有省心事。城市“三分建，七分管”。道路再宽，交通管不好，仍要拥阻；道路修再多，市容管理没到位，仍会被占道经营挤掉；住宅小区建得再好，物业管理和社区服务跟不上，仍然要出现脏、乱、差。所以，当下城市迅猛发展，其实面临的还是近百年前张慰慈所讲的那些背景与问题。重视市政管理势在必行。

（二）管理公共事务是市政职能

在《市政制度》一文，张慰慈对城市概念下定义，对城市特质作了界定。城市包含三个要素：地理、社会、政治。其中政治要素他是这样表述的：“有一个地方政治机关，管理该地方上的公共事务。”[①]这里讲地方政治机关，不能理解为市政府，而是指议会机关。因为市政府主要是执行事务性机关，它是由一批专业人员组成的。议会机关通过决策，制定委托市行政部门管理公共事务。行政部门管的公共事务，在他看来，完全是几种实实在在的事务。这些实在事务他在《市政问题》作了说明：“保护人民的生命财产，清洁街道，疏浚沟通，验查饮水和各种食物，经营各种公共的事业，办理各种公益的事务，设立人民的休养和娱乐场所等。”[②]张慰慈认为，上述几种事务人人都知道是城市政府所应

①李源编：《中国近代思想家文库·张慰慈卷》，中国人民大学出版社2015年版，第180页。

②李源编：《中国近代思想家文库·张慰慈卷》，中国人民大学出版社2015年版，第81页。

该办理的，是市政管理题中应有之义。

后来，在《市民与市政》篇目中，他对市政职能作了进一步发挥，把公共事务进一步延伸到“社会福利”，并对社会福利因素进行分析，将其划分十一类：个人和公共卫生的设备；平衡的市税率；有目的的市教育；保障市民不为商人、房东和雇主所剥削；防止人民或财产方面的种种损害；房屋足够市民居住，房金公道；清洁的、铺平的、晚上光明的街道；种种“公共用具”，如电灯、电话、自来水等的设备完善；公众娱乐的设备；防止种种因死亡、疾病失业所发生的困苦；公开市政方面的一切计划、政策和结果[①]。

他认为这些社会福利是很细腻的工作，要实实在在去做，而不是只注意作表面文章，不要像马路清洁，只求外面的好看。同时他还认为，不管哪个党派掌权，对社会公共事务管理是共性的。他举了一个美国社会党员当市长后所注意的几点市政：保障公共卫生；推广教育的范围，增加市民的智识；研究种种保障经济的稳固的方法；增加行政效率；节省种种费用。在这几方面，他着力放在公共卫生政策，试图通过这一政策达到消灭贫穷的目的。这项政策其实是将公共卫生这一公共产品供给具体化。

综述可见，张慰慈的市政职能思想是清晰的。市政职能就是管理公共事务项目。这些公共事务项目与民生紧密相联，是共享不排他的公共产品。这些公共产品不管是谁，哪个政党掌管市政，概莫能外，都必须把它当做自己的职责。

市政职能是政府一切活动的逻辑与现实起点。市政所有其他要素都是由职能而衍生的。职能定位错了，该做不做，不该做又去做，势必南辕北辙。

长期以来，我国市政职能定位出现偏差。1949年至1956年生产资料所有制改造结束前，把阶级斗争作为社会主要矛盾，所谓阶级斗争一抓就灵。其实一旦建立无产阶级专政，即刻就应把恢复生产，满足民生，安稳人心作为各级政府职能。1956年到十一届三中全会之前，我们还是继续搞阶级斗争，市政建设几乎停滞下来。十一届三中全会工作重心转

---

①参见李源编：《中国近代思想家文库·张慰慈卷》，中国人民大学出版社2015年版，第254页。

移到经济建设，确立“一个中心，两个基本点”党的基本路线。这时整个政府直接介入微观经济建设，管了通过市场资源配置可以起作用的事。2004年温家宝总理在十届全国人大二次会议上所作的政府工作报告指出，政府要出面履行经济调节、市场监管、社会管理和公共服务职能。从那时起，政府职能才开始逐步转型到公共服务的核心职能。

张慰慈在90多年前提出的市政职能就是公共事务管理，就是公民福利，这些都是市政应做的事，市政是为公民谋幸福的工具。这些思想如果在早些年挖掘出来，我们在政府、市政职能上就会少走一些弯路。

（三）市政管理不能缺少“三要素”

上述已阐明市政府是为市民提供公共服务的，是为市民谋福利的服务工具。在张慰慈看来，要使工具好用，良好的市政不能缺少三种根本的要素：“（一）有智识的市民，（二）适用的市公约，（三）有系统的行政组织。”①

第一要素，有智识的市民，讲的是公民素养。在他看来，要把城市政府变做为市民谋幸福的工具，市民自身一定要有相当素养，“有别辨好政策和坏政策的区别，并且还须有一种政治的兴趣，能够继续不断的监督城市政府的行动”②。这个问题的重要性在他看来就在于：“第一，制度和法律都是死的，没有人去执行，决不能自动的发生什么效果。一群无智识的愚民决不能适用那种最优良的民治制度。第二，市民有自己意志要求表达，但对市政管理什么都不明白，他们的意志也不能在市政府方面发生好的影响。第三，市民必须有高素质，对政治关注，才能到选举场上去投票，去表达他们的意志，选出能代表他们利益的市政官员。第四，市政府有了专家去执行各项事务，同时不能缺少高素质市民。”他举了一个形象的例子来例证这一问题。“一个城市政府有了专家执行各项事务，同时缺少有智识的市民，如同一部机器不灵的汽车用了一个很能干的汽车夫，汽车夫的本领无论怎样大，还是开不了一部机器

①李源编：《中国近代思想家文库·张慰慈卷》，中国人民大学出版社2015年版，第256页。
②李源编：《中国近代思想家文库·张慰慈卷》，中国人民大学出版社2015年版，第256页。

不灵的汽车。”[①]

而在中国城市恰恰缺的就是高素质公民，因为他们都是刚刚从农村转移到城市谋生。“他们所过惯的生活，是一种自由的，放任的，散漫的，和消极的生活。”[②]他们中的大多数人虽住在城市里，至今还脱不了农村的生活习惯，还不能明白城市生活所需要的新习惯是“干涉的政治，严肃的纪律，系统的组织，和消极的做事。”[③]而且在他看来，这类似人民觉悟是来得很快，去得也很快。人民被激怒时，腐败官僚势力是容易推翻的。一时的改革计划也许容易实行，但过了极短时期，等到怒气平息后，种种旧时腐败情形立即可以恢复。

在这里张慰慈将农民的散漫、短期行为、自己无法代表自己的特性刻画得淋漓尽致。

怎样让这些农民转型成为适应市政生活的智识市民呢？农民带着这些特性入城，市政管理绝难搞好。所以，胡适在给张慰慈的书作序时提到，“我们市政建设之所以如此失败，其根本原因是我们虽然住在城市里，但至今还不曾脱离农村生活的习惯。”因为传统农村生活是自给自足，现代城市生活是民主自治的，所以他强调：若不能放弃乡间生活的习惯，就不配住城市，就不配做城市市民，更不配办市政。

怎样让这些农民转型，使他们成为适应市政生活的智识市民呢？这是张慰慈考虑最多的问题之一。

首先，对农民的教育要循序渐进。他认为，对农民的教育并不是件容易的事，想一蹴而就那是办不到的。它需要一个耐心累积的过程。“选民的智识一定要慢慢儿一点一点的灌入，先从最简单的事实入手，然后渐渐儿到较为复杂的事实，并且办理此项事务的人还得要有极大的忍耐性，方能使市民明了市政全部的事务。”[④]

其次，对农民教育要多主体。国家机关、法律机关、媒体机关、私人机构（商会、工会和别种团体）研究机构多管齐下教育农民。

最后，要注重教育方法。“所采用方法不能专靠一种，一定要各种

①李源编:《中国近代思想家文库·张慰慈卷》,中国人民大学出版社2015年版,第261页。
②李源编:《中国近代思想家文库·张慰慈卷》,中国人民大学出版社2015年版,第253页。
③李源编:《中国近代思想家文库·张慰慈卷》,中国人民大学出版社2015年版,第253页。
④李源编:《中国近代思想家文库·张慰慈卷》,中国人民大学出版社2015年版,第258页。

的方法同时并用才好。”[①]比如用什么方法可以使普遍市民懂得城市事务。他认为就是市政公开，让市民都晓得城市种种情况，才有入手改革的方法。凡是关于市政的一切报告都要提供出来，向他们公开，让他们有做主人的感觉。

在城镇化进程中，中国的城市市民大部分是由农民转变来的。“严重的问题是教育农民”[②]，怎样让农民转化成新市民是一个大课题。张慰慈在90多年前就论及对农民教育的问题，这些观点和论述对当下中国现实仍有借鉴意义。

第二要素，适用的市公约。这里讲的市公约是指城市根本法律。具体来说，是用制度方式来规定中央政府与市政府关系、城市职权等问题。城市职权问题不再赘述。这里着力说说中央政府与市政府的关系。要处理这对关系，在张慰慈看来，“要晓得城市政府的性质和中央政府的性质是完全不同的。中央政府有决定政策和执行政策的两种职务，所以必须有两个各别的机关，决定政策的机关是立法部，执行政策的机关是行政部。但是城市政府并没有决定政策的职务，凡城市政府所做的事完全是几种实实在在的事务……”[③]在这里如何处理中央与市政府关系讲得十分清楚。市政府是具体管理本市市政的，中央政府是制定政策、协调各地均衡发展的。二者在功能和职责上有很大的不同。因此城市政府不应该照搬中央政府的模式进行“同构”。也就是说，千万不要以为中央政府有什么机构，市政府就应该有什么机构，形成上面千条针下面千条线的局面。借鉴张慰慈的这一思想，对于我国行政体制改革，“行政异构”，改善中央与市政之间关系都是有助益的。

最后一个要素，行政组织。张慰慈这里讲行政组织重点研究的是组织中领导体制问题。他在《二十年来美国城市政府改革》一文中总结了以往市政腐败的根本原因：一是组织太复杂，各机关易于卸责；二是官吏太多，人民不能详细选择[④]。他以改组后的美国高费司敦城市政府为例，说明采取委员会制改革所带来的行政组织变化。城市政府实行委员

①李源编:《中国近代思想家文库·张慰慈卷》,中国人民大学出版社2015年版,第258页。

②《毛泽东选集》第4卷,人民出版社1991年版,第1477页。

③李源编:《中国近代思想家文库·张慰慈卷》,中国人民大学出版社2015年版,第172-173页。

④参见李源编:《中国近代思想家文库·张慰慈卷》,中国人民大学出版社2015年版,第173页。

会制。以前几十人或几百人所有的职权完全归委员会并掌握在五人组织领导小组里。他们职权非常之大，包括从前市长和市议会所有的权力，例如任命各种城市行政官吏，制定各种法律和规则。权力大、责任明确，办事效率高。人民知道什么人对城市那个部分事务负责，如处置不当，人们就立即可以去责问那个负责的委员；以前，市长可以推到市议员身上，市议员又可以推到别的官吏身上。

在联邦式市政中，市长等于中央政府的大总统；也有两院制的市议会，大半议员是由城内各区域选举出来的；也有三权分立的制度，市长市议会市法庭的职权完全分开。以后民治主义发展，人民又误认民选官吏为防止政府专制的唯一妙法，所以就把各邦的官吏大半改为民选。城市也是这样，把大半官吏改为民选。到了19世纪的末期，美国城市政府的组织就非常复杂，有各种各样的机关，但都不能做什么事，因为各机关的权限不明，责任不分，他们哪能出力做事呢？

民主是一个好东西。好东西不等于都好用，要具体看什么领域。在市政领域就不好用。委员会组织宗旨，是要得到有经验的有专门技术的人管理城市各项事务。但这种人才决不能由人民选举出来。这是因为普通人民的智识有限，他们能选出的人，至多是顶好的好人，能够做他们的代表。至于有特别技术能管理城市事务的人，是另外一种人，决不是普通人民所能辨别出来的。所以在委员会式的组织，各委员本来不是办理行政事务的人，这项人员是由委员会选择任命的。

委员会制的优点就在于把职权集中在几个有责任的委员身上，但从根本上看，职权在五个人手里比五十个人手里更好。那么，在一个人手里岂不比在五个人手里更好，何不爽爽快快地把职权集中在一个人身上，使人民易于知道城市事务究竟是哪一个干的。做得好他们可以称赞他，做得不好他们也容易责罚他，他是无法推到别人身上的，这样委员会的体制自然而然让位给经理制，经理人制应运而生。

经理是委员会雇佣的，他的任期不定，无论何时都可以被罢免。他是一个有经验有特别技能的人，委员会雇他，只因他有管理城市事务特别技能。凡属于行政方面职务完全归经理一人负责。这种市政领导制度得到推广，从1908年1个城市到1923年全国有311个城市。

从联邦制到委员会制再到经理雇佣制的演变过程是克服市政领导体制缺陷过程。在这个过程中张慰慈得出一个结论，合理的市政领导体制一定是职权集中、责任明确的体制。这一思想与威尔逊“巨大权力和不受限制的自由处置权限在我看来似乎是承担责任不可缺少条件”[①]的现实是不谋而合、一脉相承的。

我国市政领导体制存在诸多遗憾。我们市政机关实行民主集中制，但在很多情况下，在实行过程中民主只是摆设，在决议重大问题之前往往是一把手以打招呼、统一思想认识，把问题解决了，最终还是一把手说了算。错了还无法追责，因为是以集体名义，以民主名义作的决策，错了人人有份，法不责众。

诸如此类的问题，影响着城市的建设与发展。我们必须高度重视对市政领导体制的研究，探讨与完善适合我国城市发展需要的市政管理体制，而张慰慈的市政领导体制思想有着一定的启示意义。

（四）市政管理离不开监督

在张慰慈看来，市政管理监督十分必要。他认为，市政没有监督是容易腐败的，这是因为“城市的发达，城市政府作弊的机会也愈来愈多，而各政客夺到城市政府职权的志愿也更大”[②]。因此，城市选举最容易产生种种弊端，一些无耻的政客和腐败的官僚选举上台后，就可以利用职权谋取政党或个人的私利和损害市民的福利。这就需要对市政进行长期持续的监督，并使这种监督能产生效果。“良好的选举法，简单的选举票，人民自动的监督，却能减少政客和官僚的为恶机会。”[③]人们对市政监督不但必要，而且在他看来，人民的权力就体现在对市政的监督上。“假使想把城市政府，变作为人们谋幸福的工具，市民自身一定要有相当的智慧，能辨别好政策和坏政策的区别，并且还需有一种政治的兴趣，能够继续不断地监督城市政府的行动。”[④]这里告诫我们，不但要明了监督必要性，而且人们要有监督担当，要有监督的能力，要有持

①[美]托马斯·伍德罗·威尔逊:《行政学研究》,载《国外政治学》1987年第6期。

②张慰慈:《市政制度》,亚东图书馆民国十四年版,第197页。

③张慰慈:《市政制度》,亚东图书馆民国十四年版,第223页。

④张慰慈:《市民与市政》,《晨报七周年纪念增刊》,1925年。

续监督的精神，只有这样才能实现城市政府为人民谋福利的工具。

为了确保市政监督的效能，他认为：第一，要把住选举关。市政官员的选举是市政治理的源头。人民应该珍惜手中选举权，真正把德才兼备的人才，选举到恰当的职位上来。而不能贪图小利或便利，稀里糊涂地把腐败的政客选上台。“中国政治的腐败，政府的不能称职，也应使我们自己反省。如果我们人民在选举时候，只顾受点贿赂，随随便便把那般没有人格的人选举了做议员，平时又不去留心政治，听那般无耻的官僚为所欲为，养成腐败的政治，我们人民哪能推辞其咎呢？”①

第二，只有使用有效的监督手段，才能还权于民。在张慰慈看来，人民监督市政，不仅需要舆论、批评等软手段，而且需要复决、罢免等硬手段。市政监督必须保障公民有制裁政府的手段。例如，通过复决权否决糟糕的法律，通过罢免权把腐败的官员撵下台。“政府如果真不能尽职，人民也有方法罢免他们而另举别人组织政府，万不至于漠不关心，愿意忍受种种痛苦，全没有反抗的能力。”②张慰慈这一思想与马克思在《法兰西内战》中提到政府官员选举产生，产生后如果发现不称职可以随时罢免的原则一脉相承。

第三，市政监督是系统工程，要上下结合。在张慰慈看来，城市政府是中央政府和市民之间的中间人，它可以通过尽职工作，做到上下同欲，皆大欢喜，但城市政府也可能欺上瞒下，中饱私囊。因此，市政监督需要由上而下的中央政府监督和由下而上的市民监督相结合。

首先是上对下的监督。中央政府对城市政府的监督，主要有人事、法律、预算等几种手段，一是人事控制权，市长或行政官吏的任命须得到省长或者上级机关的同意。以法国为例，在1830年的时候，“市长和副市长还是由省长从市议员中选择呈请，由中央政府任命。1848年革命的时候……市长和副市长是中央政府任命的，不是民选的官吏。”“所以城市的官吏，绝不敢不服从内务部和省长公署的命令。”③

其次是法律监督权。他以英国为例，英国中央各行政机关有权对于

①张慰慈：《市民与市政》，《晨报七周年纪念增刊》，1925年。

②张慰慈：《市民与市政》，《晨报七周年纪念增刊》，1925年。

③张慰慈：《欧美城市和国家的关系》，《北京大学社会学季刊》，1924年。

各城市发布"临时命令"，与法律有同等效力。城市政府如果要执行法律列举范围之外的某项职权，必须呈请中央政府中有关系之某一部门，"该项请求经行政机关审查后获批准，行政机关当即发布行政命令，城市立即可以举办"[①]。

再次是预算审查权。法国省长的权力极大，"城市预算案上面所列举的条款，每条须得他的同意后方能发生效力。关于预算案上收入的条款方面，他能增入新条款，唯关于费用的条款方面，他不得增加新条款。市议会如果不能通过预算案，省长能以命令公布他所拟定的预算案。"[②]

最后是市民自下而上的监督，这里最重要的是市民智识和信息公开。"人民有公民常识，有辨别各种制度或政策好坏的能力，并且没有自私自利的心理，对于一切事务全以社会幸福为理念，对于政府各种机关能继续不断的监督其行动，公公平平的批评其政策，使全体人民能够明白其中一切情形，使政治方面各种事务能完全公开，政治方面的各项改革就易举行了。"[③]

上述可见，张慰慈的市政监督思想是系统而完整的，要防止市政腐败必须有监督，而监督必须得法，抓住要害，把住用人关、财务关，注重系统化监督。

张慰慈的这一思想对我们是有启迪的。我国各级市政制定诸多完善的法律与制度。市政选人任人、财政开支都有具体政策规定，也有一整套自上而下具体的监督机制。但是，公权私用，权钱色交易，用钱买官卖官，跑官要官现象在一定范围内还存在。个别地方选人不凭才干，用人不凭实绩，荐人不凭公认，任职不依程序，一切以价定职，以钱授"衔"，把用人看作是自己的家事一样，用所谓自己的人，在小圈之内点人，宁要奴才，不要人才。在财务开支方面，违反国家八项规定的现象时有发生。

为什么有了制度还这样问题丛生？原因是多方面的，最根本原因是

---

①张慰慈:《欧美城市和国家的关系》,《北京大学社会学季刊》,1924年。

②张慰慈:《欧美城市和国家的关系》,《北京大学社会学季刊》,1924年。

③张慰慈:《政治改革的目标》,《努力周报》第63期,1923年7月29日。

监督缺失，解决这些问题要从监督环节入手。首先，要把住用人监督关。对用人要进行全过程监督，就是要把监督贯穿于干部选拔任用的各个环节，实现监督全覆盖。

用人之初，始于提名，要继续强化对干部初始提名环节的监督，把好用人关口。这个关至少有三个环节值得注意：一是实行任前审核，明确凡是市级党委提拔任用干部讨论决定前，需报上一级组织部门审核。对主要领导岗位（比如市委书记、市长）即将变动调整提拔干部，领导干部身边工作人员及亲属等提拔，受过处分人员提拔，群众公认度差的干部提拔等情况定要从严把握，注意发现和防止用人上不正之风。二是实行组织部门内部审核，规定拟提拔人选在部务会讨论前，由干部监督机构对人选是否存在影响任职问题，是否涉及需要向上级党委组织部门报告事项，是否需要进行经济责任审计或离任检查等情况进行审核，指出明确意见。三是实行任前经济责任审计。对掌管物资、资金等重点岗位人员，拟提拔任用需进行任前审计，并要依据审计结果提出是否存在影响提拔使用问题的意见。对终端结果检测，主要是通过开展对干部选拔任用总体情况、用人主体、新提拔干部公认度等内容的评价，全面检测选人用人结果，实行用人者的提拔使用与其选人用人公信度相挂钩，从而激发用人主体的责任意识。“倒逼”用人主体选拔选人用人工作往往既要看选出了多少好干部，更关注是否选用了不该用的干部，这就是用人上的“非减差效应”。提拔100个干部，发现一个有问题就会对用人评价产生很大影响。通过拟用人“结果”检查用人“过程”，使选人用人不再是“一次性”行为，而是要经过后续检查，从而促使选人用人过程优化，提高选人用人公信度。

全过程监督不要认为就是万事大吉。首先，要防止一些干部一旦进入提名程序就像进了保险箱的心态，防止上任后出现个别干部片面追求经济增长，做表面文章，搞形象工程等。面对那些个别地方存在的表面走程序、背后搞不正之风等问题，要探索及时发现有效监督的好措施。

其次，要把住财务关。要把住收入与支出这个关，靠的是审计监督。市级政府审计监督关键就是要做到审计全覆盖，就是要对市政的公共资金、固有资产、固有资源和领导干部履行经济责任情况实现全覆盖。实现全覆盖要强化组织领导，确保审计工作独立有效开展。各级市政主要领导人都要依法直接领导本级审计机关，及时研究解决审计工作中遇到的突出问题，把审计结果作为相关决策的重要依据。同时，要突出审计重点，狠抓宏观政策落实情况，各项改革措施的跟踪审计，加强对各类风险隐患的审计和预警，强化对“国八条”廉政规定落实情况的跟踪审计，更好地服务改革发展大局。

最后，要注意系统化监督。对市级政府监督原来有一套体系，比如，内部监督的上级对下级监督以及下级对上级的监督、外部监督、群众监督、民主党派监督等，我们除了要坚持这种传统化系统监督体系之外，还要探讨进入新时代系统化监督体系。比如，建立由党统一领导指挥、全面覆盖、权威高效的监督体系，把党内监督同国家机关监督、民主监督、司法监督、群众监督、舆论监督贯通起来，增强监督合力。再比如，人大设立监督咨询委员会实施监督，对纪委和监察委监督的重点有差异，彼此间形成相互交叉监督模式，检察院、监察委、法院三者之间既分工协作，又相互制衡。

通过上述系统化监督可以使市政监督能形成闭环。

（五）市政治理要以人民为中心

张慰慈这里讲的人民是指大多数的城市普通市民。这些市民必须是高素质的人。在他看来，良政的市政，既需要人民的智识，“城市自治和市民的政权果然是重要的。良政的政治制度也是很重要的，但是如果人民没有什么智识，对于市政方面什么都不懂，那么，城市无论怎样人自治，市民的政权无论怎样大，政治制度无论怎样良好，决不能发生什么效果，决不能使市政进步。公民智识是良好政治的要素，公民智识的善即是达到好政治的方法。”[①]这就是说，市政治理要体现以人民为中心。

首先，要有高素质市民作为基础，这样才有良政形成。其次，市政治理以人民为中心，必须体现多数人民的意志，努力增加城市人民的福利。在张慰慈看来，良好的市政治理必须考虑多数人民的意志，城市政府的政

①张慰慈：《市政制度》，亚东图书馆民国十四年版，第189页。

策必须满足公共利益而不是满足少数利益集团的特殊需要。同时，应该努力增加城市人民的福祉。为达此目的，应该采取多种方法经营城市公用事业。私有化，城市政府做主体经营都是可以的。“凡私人能办理较为完善的事业由私人办理，但人民的利益如因市有而能得到较为完备的保障，这些事业都归市由市来办。”[①]这就是说，他赞同混用私有化、公有制或者公私合营的办法，建设城市的道路、电力、自来水、煤气、公共交通、电话、公租房、排水系统、垃圾清理等与市民生活密切相关的各类城市公用事业。最后，市政治理以人民中心必须体现自治权利。张慰慈认为，人民有权提请制定自治市公约。“制定自治市公约的动议，大概是由城市的立法提出的，但人民也能提出动议，如能得到法定人数的统一，他们就可以请求城市立法机关选举市公约委员会。”[②]人民有复决的权利，“市民复决权的范围以后有逐渐推广，非但市公约须经市民复决，就是其余那种关于普通市政的法律案，也须经市民复决……那种法律非经市民表示赞同后，不能发生效力。”[③]

上述张慰慈市政治理要以人民为中心思想的三个方面构成完整的市政治理理念，至今仍然闪烁着时代的光芒。

目前，我国处在城镇化高速发展进程中，在发展中出现了一系列问题：城市规划缺乏前瞻性，城建贪大，特色缺失，文化传承堪忧；城市建设盲目追求规模扩张，节约集约程度不高，依法治理城市力度不够，一天一个思路，违法建设、大拆大建时有发生，公共产品和服务供给不足，环境污染，交通拥堵等“城市病”蔓延加重[④]。这些问题显示出城市治理缺乏以人民为中心的理念。

现在有一些城市的领导者做的是政绩工程，主要是做给上级领导看的，炼的是“花功”，心思没有放在为人民办实事工程上，城市建设重大问题以及未来发展，人民的参与度不够。

解决上述问题，首先，城市领导者要修炼好内功，提升人民参政议

①张慰慈:《革命以后的德国市政》,《东方杂志》第24卷第5号,1927年3月10日。

②张慰慈:《市政制度》,亚东图书馆民国十四年版,第160页。

③张慰慈:《市政制度》,亚东图书馆民国十四年版,第230页。

④《中共中央 国务院关于进一步加强城市规划建设管理工作的若干意见》(2016年2月6日),参见:http://www.gov.cn/zhengce/2016-02/21/content_5044367.htm。

政的能力。从农村转入城市，新市民要尽快融入城市生活，实现身份转变到实质转变，学会做合格城市新市民。其次，要坚持以人民为中心，人民是历史的创造者，是决定历史走向和国家前途命运的根本力量。市政治理中必须坚持人民主体地位，坚持立党为公、执政为民，践行全心全意为人民服务的根本宗旨，把党的群众路线贯彻到治国理政全部活动中，把人民对美好生活的向往作为奋斗目标，依靠人民创造历史伟业。再次，市政治理要注重保障和改善民生。中共十九大报告指出，增进人民福祉是发展的根本目的。必须多谋民生之利，多解民生之忧。在发展中补齐短板，促进社会公平正义，在幼有所育、学有所教、劳有所得、病有所医、老有所养、住有所居、弱有所扶上不断取得新进展，按照十九大精神，保障最直接最现实的利益问题。最后，城市治理应该体现人民自治权利。我国民族自治地区，自治权利得到充分体现。我们应该把这一经验移植到城市治理中，给人民更多的自治权利。这些权利在我们看来至少包括这几点：第一，不同市政的政治、经济和文化特点不同，自治条例和单行条例等地方性自治法规须按法定程序，得上级机关批准后才生效；第二，可根据本地特点和需要，自主地安排和管理本地一些建设事业；第三，依照国家财政体制的规定，属于市财政收入，都由该地区自主安排使用；第四，市政机关可以自主地管理和发展本地区的教育、科学、文化、民生、体育等事业，保护名胜古迹和重要历史文化遗产。

【本章第一部分由孔德斌（扬州大学商学院副教授、博士）撰写；本章第二部分由林修果（福建师范大学公共管理学院教授、博导）、黄东阳（福建师范大学公共管理学院副教授）撰写。】

第十章 国际政治的开拓性研究

作为民国时期重要的政治学家，张慰慈同时还是一位杰出的国际政治理论家。除了在政治体制和市政制度等领域的卓越研究之外，他还积极关注国际政治，发表了大量时政评论文章，对当时的国际局势和国际问题进行深入分析①。20世纪20年代，他先后在《东方杂志》《努力周报》《现代评论》等杂志上，发表了《欧战前后的国际政治——一九一四年至一九二六年间的变更情形》《民族主义与帝国主义》《战后的欧洲劳工阶级》《战后的欧洲中等阶级》《战后的欧洲农民——绿色国际》《多元的主权论》《世界人口与粮食问题》《英国的殖民地》《中国与国际劳工会议》等文章，这些文章大多是"通俗化的学术论文而非单纯的时政评论"②。

张慰慈的国际政治研究范围广泛，涉及第一次世界大战前后的国际

①1932年，张慰慈"弃学从政"之后以及解放后任上海文史馆馆员期间，也有关于国际政治方面的思考和论述，但囿于资料缺乏，故并未涉及。例如据沈飞德记述，张慰慈任上海市文史馆馆员时，曾为《文汇报》写过一篇有关埃及与苏伊士运河的长文，前后连载了20多天。1956年11月13日，文史馆馆员茶话会在上海市文化俱乐部隆重举行，副市长刘述周等领导出席，李青崖副馆长主持，先举行纪念孙中山先生诞辰90周年仪式，然后由馆员张慰慈作"埃及和苏伊士运河历史概况"的专题演讲。参见沈飞德：《张慰慈与文史馆》，http://www.whb.cn/zhuzhan/bihui/20140526/7240.html。

②王向民：《张慰慈：欧美政治学早期代表》，《中国社会科学报》2014年4月24日。

格局、欧洲的战争与革命、全球化与相互依赖、国家主权理论、民族主义与国际关系、殖民主义与帝国主义、俄国革命与国际工人运动、法西斯主义、女权主义理论等诸多主题，形成了许多重要的理论研究成果，对当时国人了解国际政治动向很有裨益。下文撷其精华，分别从国际关系理论研究和国际关系实务分析两个维度着重总结评述其国际政治研究思想。

一、国际关系理论的前沿研究

在国际关系理论方面，张慰慈的研究主要集中在全球化与一体化理论、现实主义的国家实力论、国家主权理论和国际组织理论等方面，这些研究为其分析国际关系实务问题奠定了理论基础。

（一）全球化与一体化理论

张慰慈在“政治观念的变迁”中专门探讨了国际关系观念的变迁[①]，阐述其对国际关系演进历史的总体判断。他指出，国际关系的观念发生了“极大的变迁”，并将国际关系发展史划分为三个阶段。第一个阶段，国际关系观念尚未形成阶段。上古时代国与国没有什么大关系，即使有些关系，也只是一种没有规则的战争罢了。对于不同种族的人民，没有所谓权利和义务。希腊人民规定一种极简单的商法，罗马人民在他们的“普通法”之中，似乎找出几条为各种人民所共有的普通法律，至于现在所谓国际关系，那时候还没有发生。罗马帝国成立后，差不多把欧洲所有的地方完全包括在内，所谓国际关系，自然不能成立。罗马灭亡后，欧洲人民总有一个世界帝国的观念，所以过了许多时候，势均力敌的独立国家总不能发生。第二个阶段，国际关系观念逐步形成阶段。他认为，到了中世纪末期，欧洲才发现几个同等的民族国家，在

①张慰慈关于“国际关系的观念”的论述见于《政治学大纲》第七章“国家的进化”第二节“政治观念的变迁”。参见张慰慈：《政治学大纲（外二种）》，安徽师范大学出版社2017年版，第70页。

平时，在战时，他们的种种关系，必须有个制裁，因之才发生国际关系问题，因之才发现国际公法。张慰慈的判断与国际关系史一般观点相一致，随着民族国家的形成，国家观念开始取代神权观念，近现代意义上的国际关系由此肇始[①]。第三个阶段，国际关系的“新时期”阶段。近代世界交通方便后，地球上所有的国家没有一国不与外国发生种种关系。加以欧美各国在国外设立了许多殖民地、保护国、势力范围等，还有种种学理如势力均等、门罗主义、海牙和会所拟的各种条约和最近设立的国际联盟等。他认为，“这是国际关系间的一个新时期”，但“至于这种趋向的结果是什么样，我们此刻还不能预料”。用我们现在的话语来说，这是一个可以称之为国际化或者全球化的新时期。

关于全球化的起源于何时存在着诸多争论，一种观点认为全球化就是兴起于一战之前的19世纪末，但有学者反对，认为那不是“全球化”，而只是“国际化”。尽管存在概念和内涵上的诸多争论，但两派学者大多承认，随着世界经济一体化的推进，国与国之间日益形成了“一荣俱荣、一损俱损”的相互依赖关系。虽然张慰慈当时并未使用全球化或者一体化这一术语，但他在《欧战前后的国际政治》一文中比较敏锐地对该现象进行了前瞻性的分析。

首先，全球化的根源在于工业革命的发展，“工业制度发展的趋势是包括全世界的，各大国的势力伸张得愈广，愈不能在经济上独立”，“工业革命的进行使从前最大的国家不能在经济上独立，并使全世界各区域在经济方面变成一个单位”[②]。其次，全球化具体表现在“人口的分配”“资本的流动”“货物的交换”“交通的发达”等方面，“为达到最高的经济利益起见”，它们“往往不顾政治方面的疆界，甚而至于破坏各大国经济独立的目标”[③]，使得各国之间在经济方面形成了一种相互依赖关系，一些小国也因为资源或地缘上的重要性，而在国际政治中地位变得更加重要。最后，全球化发展的结果便是“大国地位堕落”和“国际组织的势力增加”[④]。在一战发生前后的五十年之内，处理经济问题的国际组织蓬勃发展，在这

①参见袁明主编：《国际关系史》，北京大学出版社2005年版，第1–5页。
②李源编：《中国近代思想家文库·张慰慈卷》，中国人民大学出版社2015年版，第299、307页。
③李源编：《中国近代思想家文库·张慰慈卷》，中国人民大学出版社2015年版，第300页。
④李源编：《中国近代思想家文库·张慰慈卷》，中国人民大学出版社2015年版，第308页。

类组织中，“大国和小国都是立于同等地位”，这使得“小国的允许或否决也是很重要的”，并且多数表决的原则也在一定程度上避免了组织为少数大国所把持，迫使大国也要“服从多数的公意”[①]。而且一战后众多小国通过加入第一个政治性的国际组织——国际联盟，做了国际联盟的会员国，使其“在国际政治方面的势力确是增加了不少”，由此，“大国和较小国家的区别已经是不十分重要了，再过几年，恐怕欧战以前国家在国际政治方面的根本的和最重要的区别就完全没有存在的价值了”[②]。换言之，全球化导致国家权威的流散，促使国际关系的平等化和多中心化。

此外，他还论述了全球化背景下政治与经济密切互动的关系，“政治上的团结力是发源于经济的需要”，同时，“经济的需要是维持政治组织的一种势力”[③]，但全球化的发展明显存在不均衡的现象，经济方面要快于政治方面，“在经济方面，全世界各处早已发生了种种密切的关系，可是在政治方面，国际间的互相关系还是很散漫的”[④]。上述这些观点实际上都属于国际政治学的分支——国际政治经济学（IPE）的范畴。

（二）现实主义的国家实力论

现实主义（Realism）是一种古老的国际关系理论，其源头可以追溯到古希腊历史学家修昔底德，这种观点强调权力政治，关注民族国家之间的权力均衡以及对国家利益的追求甚过理想化或道德化。与之相对的是“理想主义”（Idealism）国际关系理论。现实主义的基本原则如下：国际体系是无政府状态；主权国家是国际体系的主要行为者；国家是为自身利益行动的理性行为者；国家的主要目标是自身安全与存续；权力，特别是武力，是国家安全最好的保障。

张慰慈上述关于全球化和相互依赖的观点比较接近20世纪70年代兴起的、以美国学者约瑟夫·奈和基欧汉为代表的新自由制度主义国际关系理论，但这并不意味着他对基于国家利益和实力原则的现实主义国

①李源编:《中国近代思想家文库·张慰慈卷》,中国人民大学出版社2015年版,第301页。
②李源编:《中国近代思想家文库·张慰慈卷》,中国人民大学出版社2015年版,第314页。
③李源编:《中国近代思想家文库·张慰慈卷》,中国人民大学出版社2015年版,第299页。
④李源编:《中国近代思想家文库·张慰慈卷》,中国人民大学出版社2015年版,第307页。

际关系理论的贬斥。实际上，张慰慈所持的是一种辩证的观点，即一方面认为国际社会出现了全球化和相互依赖的趋势，但另一方面又并不否认国家利益和国家实力原则在国际政治中的重要性，国际社会盛行的还是弱肉强食的丛林法则，只不过在经济全球化、一体化的作用下，大国的强权政治逻辑受到更多的制约，大国和小国的分野也相对模糊。

张慰慈在分析列强对中国的觊觎和侵略时，就明显体现出他的现实主义思维："十九世纪下半期列强势力侵入中国自然是一件极重大的事实。从人口和物产方面说起来，中国是要算世界上第一个国家，但中国是向来闭关自守，直到了十九世纪时候，从未加入西欧大国的团体之内。中国既没有像日本那样模仿西欧的形式，打了两次胜仗，变成了一个西欧式的大国，又没有像印度那样完全被欧洲征服。但世界政治的重心早已移到远东中国方面，中国问题将来究竟怎样的解决是完全要靠我们中国人的能力和决心。"①他对中国的国际地位和国家实力之衰落尤其痛心疾首："在欧战之前，只有中国的土地，人口和财源还能同各大国单独的比一比，可是中国的地位，中国的实力，却一天不如一天，还比不上欧洲的小国。"②此外，他还结合西欧小国的案例进一步指出，"凡与大国利益发生冲突时候，一切的国际公约都变成了一种废纸，决没有方法能够维持各大国所保障的中立"③。这种"弱国无外交"的观点是典型的现实主义国际关系理论主张。

（三）国家主权理论

张慰慈在《多元的主权论》一文中指出，现今政治哲学方面最重要的争点就是主权论。主权论的学说共有两种：一元说的和多元说的主权论。一元说的主权论，就是普通一般政治学者所早已承认的学说，是把主权看做国家至尊无上的统治权。照一元说的学说，国家是社会中的政治组织，有强制执行其意志的权力。那强制执行的权力就叫做主权，就是政治组织的根本基础④。一元说的主权论倡始于布丹，其后经历了由

①李源编:《中国近代思想家文库·张慰慈卷》,中国人民大学出版社2015年版,第297页。
②李源编:《中国近代思想家文库·张慰慈卷》,中国人民大学出版社2015年版,第299页。
③李源编:《中国近代思想家文库·张慰慈卷》,中国人民大学出版社2015年版,第314页。
④参见李源编:《中国近代思想家文库·张慰慈卷》,中国人民大学出版社2015年版,第84页。

君主主权到人民主权的转变。但由于所谓“人民”决不能包括全体的人民，只不过是中等社会以上的人民罢了，所以一元说的主权受到了一部分人民的攻击。

据张慰慈所言，多元说的主权论以法国的狄格和英国的拉斯基为代表。“他们绝对不承认国家为社会中至尊无上的组织，高出于其余组织之上”。人民对于社会中宗教的、社交的、经济的和文化的各种各样团体，“也和他们对于国家同样的尽心尽力，同样的服从”。接着，他引述了拉斯基的观点：多元说的主权论否认“一元的社会、一元的国家”的观点，认为“国家只不过是人类社会中的一种团体”，“国家的目的不必一定就和社会的目的相适合”，“国家权力的至尊无上完全是一种错误的想像”……实际上，国家主权受到种种限制：“（一）国家只能在其职权的范围以内，不受外界的限制；（二）只有在那种未经人民抗议的职权以内，国家才有最高的执行权力。”[①]总之，一元说和多元说两种主权论的根本分歧在于对国家与社会之间关系的不同定位。

除了上述学理层面的攻击之外，张慰慈指出“还有许多运动从事实方面攻击那种根据于一元说学理所发生的政治制度”。这种种运动的目的，或者是极力提倡社会中各种团体的权利，使之不受国家的侵犯；或者是想把那政治管理权分配于各种职业，使各种职业在一定的范围以内有自治权力；或者再用别种办法，设立一种分权的政治制度。在英国，在法国，现今有种种势力极大的运动，其作用均想从根本上改造现今的政治制度；改造的方法或从组织方面入手，使国内各种职业、各种利益均有派出政治代表的权，分享政治方面的权力，或从职权方面入手，把国家权力范围以内，分出一部分职权，由各地方机关执行[②]。这些运动主要有职业代表制度、行政方面的分权、地区主义和分权主义、基尔特社会主义、工团主义等。

与多元的主权论相一致的是，国家也并非国际社会的唯一行为体，随着全球化的发展，世界舞台上的行为体呈现多元化趋势，正如张慰慈所分析的，随着“国际组织的势力增加”，国际间的关系不再“只是欧

①李源编：《中国近代思想家文库·张慰慈卷》，中国人民大学出版社2015年版，第85–86页。
②参见李源编：《中国近代思想家文库·张慰慈卷》，中国人民大学出版社2015年版，第86页。

洲各国间的关系”[①]，这不仅是由于参与国际政治的大国国家数量增多，甚至一些小国也开始参与到国际事务中来，更为关键的原因在于，随着国际组织等非国家行为体成为国际社会的重要一员，国家间政治开始转变为世界政治。国际行为体的多元化及其相互合作也是当下时兴的全球治理理论题中应有之义。

（四）国际组织理论

近代国际关系发展的一个重要趋势是“层出不穷的国际组织的出现”及其在国际事务中作用的日益凸显[②]。对此趋势，张慰慈也进行了颇为深入的研究。

首先，关于国际组织的一般原理。第一，国际组织的成立原则。世界各国常常为公共的目的与公共的利益正式结成国际的联合。联合的形式多样，性质也不尽相同。从法理上，可分为三种：（一）联合的基础建筑在平等及协作的原则之上，各成员国都保有自己的主权和独立；（二）联合的基础建筑在不平等的原则之上，有几国占优胜的地位，有几国居服从的地位；（三）联合基础建筑在平等的原则之上，各国都有同等的权力，但是却都服从一个中央政府[③]。第二，国际组织的历史溯源。他指出，国际联合的理想至少可以追溯到14世纪初。大概凡有多数独立的国家同时并立，又同时相互交通，便不知不觉的有这种联盟的需要。上古各国孤立，彼此都以自给为主，所以没有共同的利害观念发生；就是到了罗马帝国发生的时代，也不注重国际的观念。因为在普遍的帝国势力之下，只容得帝国的思想，不容得国际的思想。在欧洲中古时代，民族统一的国家还没有完成，所以联盟的问题也不发生。到了中古的末期，独立的国家渐渐组织成功，交通和商业也渐渐发达，所以联盟的思想也渐渐发生了。大概自17世纪以前，所有联盟的动机都由宗教上发生的；到17世纪以后，所有联盟的动机都由战争上或商业上发生的[④]。19世纪中叶，专业性的国际经济组织蓬勃发展。国际组织的勃兴

①李源编：《中国近代思想家文库·张慰慈卷》，中国人民大学出版社2015年版，第307页。

②参见袁明主编：《国际关系史》，北京大学出版社2005年版，第11页。

③参见张慰慈：《政治学大纲（外二种）》，安徽师范大学出版社2017年版，第165页。

④参见张慰慈：《政治学大纲（外二种）》，安徽师范大学出版社2017年，第166页。

也是上述经济全球化发展的结果以及国际行为体多元化的一个体现。

其次，关于国际经济组织的研究。他指出，在欧战发生以前的五十年之内，因为这种新的经济趋向，国际间早已发生一种新式的国际组织，其所讨论的事务并不是普通那种政治问题，却是关于邮政、铁路、航务、卫生和其他一些各国所不能单独解决的经济问题。这类国际组织的议事手续也和国际间政治会议普通所采取的手续有两个根本不同的地方。第一，大国和小国都是立于同等地位，因为关于经济事务，小国的允许或否决也是很重要的，大国如果能得到他们的同意，自然可以得到多少利益。第二，凡在国际间的政治会议中，一切问题都得要各国一致同意才能议决；但在这类的国际经济会议，多数票数就能表决一种议案。关于交通或运输等类问题自然要得各国一致同意才有解决的办法。但同时少数派也晓得在经济方面统一的办法是最有利益的，值得牺牲他们单独的偏见，服从多数的公意。这也是从经验上得到的[①]。接着，他指出，“国际组织的势力增加”是一战后国际体系变迁的一个重要表现。虽说1914年以前的五十年之内，各种国际组织纷纷创立，国际组织的地位也变得日益重要，但大都局限于国际间经济事务的处理，例如国际邮政联合会、国际电信联合会等。不同的是，随着1920年国际联盟的成立，“国际组织的运动总算已经侵入了国际间的政治方面，这是很重要的一种建设计画”[②]。因为国际联盟的成立不仅意味着国际政治行为体多元化步入一个新的阶段，而且透视出“国际关系的中心舞台开始从欧洲向它的两侧转移”[③]的变迁趋势。

最后，他对世界上第一个政治性国际组织——国际联盟进行专门研究[④]。第一，关于国际联盟的成立原则。他指出，国际联盟就是在前述的国际组织“第一种联合原则”上建筑起来的。一方面各成员国都占在平等的地位之上，得保有自己的独立与主权；一方面联盟是一个常设的团体，凡在盟的各国都有永久遵守约章的义务。故国际联盟约章一方面

①参见李源编：《中国近代思想家文库·张慰慈卷》，中国人民大学出版社2015年版，第301页。

②李源编：《中国近代思想家文库·张慰慈卷》，中国人民大学出版社2015年版，第307页。

③袁明主编：《国际关系史》，北京大学出版社2005年版，第6页。

④张慰慈关于国际联盟的分析见于《政治学大纲》第十四章“邦联制与国际联盟”第四节“国际联盟”。参见张慰慈：《政治学大纲(外二种)》，安徽师范大学出版社2017年版，第165–168页。

与临时缔结攻守同盟的条约不同，一方面又与消灭各邦主权的联邦宪法不同。第二，关于国际联盟的特点。他指出，从前联盟的计划虽然各不相同，但有一个共同的要点：就是想设立一个法定的常设机关，以维持国际的和平。不过在一战之前，所有联盟的范围都只以基督教国或欧洲的国家为限，绝没有想把世界所有的国家联合在一块的。从前联盟的目的，只有消极地防止战争；这回联盟的目的却更进一步，想增进人类共同的福利。从前希望国际间势力平均，故取国际制衡主义；现在希望国际间永远和平，故取国际互助主义。所以国际联盟与普通的两国或两国以上的同盟不同。同盟是想联合利害相同的国家，与同盟以外的国家相对抗。联盟却是合全世界国家为一团体，故没有对敌的意义，只有化敌为友的意义。第三，关于国际联盟的性质。倡导建立国际联盟是威尔逊试图将美国的联邦制度推行到国际层面建立一个世界联邦的一种尝试。对此想法，张慰慈评论认为，这涉及成员国的主权问题和国际联盟的性质问题，即国际联盟成立后，对于各国的主权究竟有没有妨碍？国际联盟自身到底是不是一个国家？关于第一个问题，他认为多元的主权论可以解决这一难题，即便不采取这一立场，由于国际联盟约章规定各国保有自由退出联盟的权力，故而对各联盟国的主权也完全没有妨碍。由此观之，国际联盟的约章仍然含有国际条约的性质，与联邦国的宪法大不相同。关于第二个问题，他认为国际联盟的建设以各国为单位，其权力只能影响于各国的政府，不能直接达到各国的国民。由此看来，国际联盟只是国家的联合，并不是联合的国家。所以国际联盟只可算作邦联，不能算作联邦式的国家。威尔逊的话只能说是对国际联盟将来的希望，不是现在国际联盟的正当的解释。

概言之，张慰慈的国际组织理论研究详尽而深刻，尤其是对国际联盟性质的分析精准而恰当，但客观而言，他对国际联盟在国际舞台中的作用寄予了过分的厚望，实与此后国际联盟的作为颇有出入。此外，他还在《中国与国际劳工会议》一文中对国际劳工组织进行了专题分析。有关农民阶级、中等阶级和劳工阶级国际组织的研究详见下文的分析。

内涵："民族是人民心理上的一种态度，是一种精神的团结力"[①]，尽管民族只是种类繁多的人民间精神团结力中的一种，但其在现代历史上的势力与影响，却不是别种精神团结力所能比。根据张慰慈的分析，民族精神之所以能有绝大的势力可以算是两种势力造成的：第一，国家；第二，国家在历史上发生时候的社会状况。国家成立后第一步工作即把其人民的利益与别处人民的利益分别界限。比如现今欧洲那几个国家成立以后，就把那种表示于宗教、学问、法律与风俗的中世纪文化逐渐民族化了。由于国家的法律与行政都是在一定界限以内执行的，所以凡在同一个国家界限以内居住的人民久而久之就会发生一种同情心，使他们与那些在别国法律与行政统治下的人民相分离[②]。

在《欧战前后的国际政治》一文中，张慰慈还区分了三种类型的民族主义。其一，"保守"的民族主义。这种民族主义存在于西欧，西欧是民族主义的发源地。"西欧民族早已在国家的政治区域范围之内，逐渐发生一种团结力，民族团体的范围是完全由政治区域决定的。凡在一个政治区域以内，各种语言不同的人民往往受了政治的影响，团结为一个民族，语言相同的人民又往往分散于几个政治团体之内。西欧政治团体的势力实在是很大，早已把人民间语言的界限打破了。语言不同的人民早已同化于一个政治团体之内，西欧在这几百年的历史上，除了爱尔兰之外，各处并未发生什么民族的问题。"[③]也就是说，西欧民族主义可以说是自发长成的，比较关键的是，西欧民族国家建构与民族主义的兴起几乎是同步进行的，而之所以说西欧民族主义的特点是"保守"，主要是在于它并不寻求语言地图和政治地图的完全吻合。其二，"建设"的民族主义。"在西欧人民所设立的海外殖民地中，民族主义却有一种建设的能力"，海外民族主义与上述西欧民族主义的不同点在于"这一类的民族主义，不像在西欧那样，人民因历史的关系，于一定区域之内，逐渐同化出来的，却是发源于殖民地人民因地理的关系，又因海外新环境的影响，逐渐发展他们的个性，和自治的能力，到了自觉性成熟

①李源编：《中国近代思想家文库·张慰慈卷》，中国人民大学出版社2015年版，第373页。
②李源编：《中国近代思想家文库·张慰慈卷》，中国人民大学出版社2015年版，第374页。
③李源编：《中国近代思想家文库·张慰慈卷》，中国人民大学出版社2015年版，第301页。

时候，他们就有一种新的民族观念，建设一种新国家。”[①]欧洲列强的海外殖民活动在扩充势力的同时反而分散了自己的势力，自己造就将来自己的对敌，海外民族主义的分裂趋势日益明显。但海外民族主义与西欧民族主义都有一个共同的特点，这就是，他们的根据都是地理上的区域，并不是语言的关系。就此而言，这两种民族主义与下述第三种民族主义是完全不同的。其三，“破坏”的民族主义。这是张慰慈对中东欧民族主义特点的概括，因为其“民族主义的根据，并不是历史上固定的政治区域界限，也不是地理上的区域，却是语言的界限……其趋势是要使政治地图适合于语言的地图”[②]。这种民族主义对于民族国家建构是破坏性的，其结果便是造成民族冲突乃至国家的分裂：“假使政治地图是较小于语言的地图，这种民族主义就要打破政治地图的界线，使同一语言的民族合并起来，组织一个大国家。反转来说，假使政治地图是较大于语言的地图，那末，这种民族主义就要破坏政治的组织，使各种语言不同的民族各自独立，分做几个小国家。”[③]这些国家“只是利用武力组织起来的大国家，并不是由人民心悦诚服连合起来的民族国家”，但“人民并没有同化，并没有一种共同的民族性”[④]。这种民族主义的类型学研究，对于探讨民族主义与民族国家建构之间的互动关系，以及民族主义与国际关系的相互影响都颇有启发。

接着，张慰慈比较了西方大国应对民族主义的两种策略。面对日益勃兴的民族主义和民族运动浪潮，英美两国“取消从前那种操纵手段，采用一种合作观念，不像哈布斯堡，霍亨索伦，和罗曼诺夫三个王室始终抵抗民族主义，以致自取灭亡”[⑤]。也就是说，俄德奥采取的更多是操纵、压制和对抗的策略，而英美则采用一种更加宽容、合作的策略和“柔性的政治方法”。事实上，正是民族主义的兴起断送了奥匈帝国[⑥]，在论述奥匈帝国分裂的原因时，张慰慈指出，如果奥匈帝国政府“能够

①李源编:《中国近代思想家文库·张慰慈卷》,中国人民大学出版社2015年版,第302页。
②李源编:《中国近代思想家文库·张慰慈卷》,中国人民大学出版社2015年版,第303页。
③李源编:《中国近代思想家文库·张慰慈卷》,中国人民大学出版社2015年版,第303页。
④李源编:《中国近代思想家文库·张慰慈卷》,中国人民大学出版社2015年版,第304页。
⑤李源编:《中国近代思想家文库·张慰慈卷》,中国人民大学出版社2015年版,第308页。
⑥参见[英]阿兰·瑞安:《论政治》,林华译,中信出版社2016年版,第539页。

采用一种宽容政策，以平等待遇的方法，对待各种语言不同的民族，那末，也未始不能像瑞士一样，使各民族发生一种超过言语团体范围的国家统一观念”①。之所以存在上述两种策略的不同，除了英美两国“因国际环境的改变，自行改变其政策”的原因之外，更重要的原因在于，“自然生长的政治制度有一种伸缩的能力，所以最适宜于现在环境变更最快的时代”②。这一观点一针见血地道出了英美在世界舞台上强大的国内制度根源。其启示在于，我们要擅于进行比较政治制度研究，要注意探究国际政治现象背后的国内制度根源，把国际政治研究与国内政治研究结合起来，因为国际政治和国内政治是相互影响、相互作用的。

（三）殖民主义与帝国主义

张慰慈在《民族主义与帝国主义》一文中，首先阐述了帝国主义的内涵和渊源。所谓帝国主义就是一种侵略政策：凡一个国家，无论是君主国、民治国或共和国，一心一意想把其势力扩充出来，占据其国界范围以外的土地，这类国家都可以叫做帝国主义的国家。追根溯源，现在的帝国主义实际上就是“古代世界帝国观念所遗传下来的一种扩充国家势力的方法，一种侵略别国的政策”③。

其次，张慰慈分析了帝国主义对国际政治的影响。帝国主义是“现代世界政治中最重要最重大的问题，国际间的关系，各国的内政，没有不受到极大的影响的”④。近代欧洲政治史也是一部“帝国主义侵略史”，欧洲列强对外扩张和征服，建立了庞大的殖民帝国，英法俄等十个帝国主义国家所有的殖民地与保护国，占全球面积的一半，全球人口的三分之一直接在帝国主义国家的治权管理之下。假设把曾受到帝国主义侵略的国家都算在内，这些帝国主义国家支配着全世界三分之二的面积和十亿人口。帝国主义的势力已经影响到全世界的各区域。有了帝国主义，那包含全世界各种各样区域的大帝国才能产出；有了帝国主义，那与全世界有关系的外交也就发生。英国已经不是欧洲的民族国家，却

①李源编：《中国近代思想家文库·张慰慈卷》，中国人民大学出版社2015年版，第305页。
②李源编：《中国近代思想家文库·张慰慈卷》，中国人民大学出版社2015年版，第310页。
③李源编：《中国近代思想家文库·张慰慈卷》，中国人民大学出版社2015年版，第376页。
④李源编：《中国近代思想家文库·张慰慈卷》，中国人民大学出版社2015年版，第379页。

是一个普遍于全世界势力的中心点。欧洲的外交家占据了全地球的大舞台，随心所欲的试演种种国际关系的戏剧。往往在欧洲一个国家内部办理的一件外交事务能影响到地球上四方无数人民的运命……这就是所谓世界政治。帝国主义确是世界政治的基础。由此他指出，“最近国际关系历史上的种种联盟与战争”都是“帝国主义的竞斗”的结果，“一九一四年欧洲大战最大的原因也是帝国主义”①，这直接点明了一战乃是一场帝国主义战争的本质。正如孙中山先生的论述，这场战争“不过是一国的帝国主义和别国的帝国主义相冲突的战争，不是野蛮和文明的战争，不是强权与公理的战争。所以战争的结果，仍是一个帝国主义打倒别国帝国主义，留下来的还是帝国主义”②。他进一步分析道：“欧战的结果打倒了一个德国的帝国主义，可是别国帝国主义的势力反而增加了许多。战后各帝国主义竞争的剧烈是从前历史所未曾有过的。”③

最后，评述了帝国主义的未来。张慰慈指出，“欧洲自从中世纪以来，那野心家的世界帝国梦想永未实现，强有力的统一全欧的政治组织永未发生……但那现代的帝国主义者还是执迷不悟，还做他们帝国主义的梦，还用了侵略政策压制各处弱小民族哩。”④欧洲各国以民族主义立国，率先建立了民族主义国家，却在资本的推动下凭借着自身的强大实力，推行殖民主义和帝国主义，“差不多把民族主义国家的民族基础和地理基础根本推翻”⑤。然而，吊诡的是，对帝国主义反戈一击的正是民族主义本身。这与阿兰·瑞安的分析不谋而合：民族主义是殖民者无意中赠予被殖民者的危险礼物。近代帝国主义是民族国家的事业，它倒台的一个原因是帝国主义国家向殖民地人民灌输了不当别国的臣民，要做自己的民族国家的公民的热切愿望⑥。张慰慈指出，“许多独立的小国家能够长期的维持其地位，完全是靠民族主义的力量”⑦。而那些“被

①李源编：《中国近代思想家文库·张慰慈卷》，中国人民大学出版社2015年版，第381-382页。
②李源编：《中国近代思想家文库·张慰慈卷》，中国人民大学出版社2015年版，第378页。
③李源编：《中国近代思想家文库·张慰慈卷》，中国人民大学出版社2015年版，第382-383页。
④李源编：《中国近代思想家文库·张慰慈卷》，中国人民大学出版社2015年版，第378页。
⑤李源编：《中国近代思想家文库·张慰慈卷》，中国人民大学出版社2015年版，第375页。
⑥参见[英]阿兰·瑞安：《论政治》，林华译，中信出版社2016年版，第542、538页。
⑦李源编：《中国近代思想家文库·张慰慈卷》，中国人民大学出版社2015年版，第378页。

帝国主义国家所压迫的民族现在就渐渐儿觉悟起来了，在最近的几年内，各被压迫民族之间充满了民族自决的反抗精神，并且在这最短期内已有可观的成绩”。因此，他坚信“世界被压迫的民族的抵抗力充分养成时，便是帝国主义的末日了”①。例如，土耳其、埃及、印度、伊朗、阿富汗和菲律宾等国，或正在进行民族解放斗争，或已经获得民族独立。

（四）社会阶级和国际运动

关于欧洲社会阶级结构。张慰慈指出，“在现今的民治国家，人民在法律上，在政治方面是平等的，但在经济方面，人民还是不平等的，还是分做各种各样的阶级”。他说，概括而言“上中下三等人民在无论那一种社会中都有的”，但这种分类未免过于含糊，因此，他明确划分为“劳力者”（农民和工人）、“劳心者”（智识阶级和上等阶级）以及居于二者之间的“中等阶级”。张慰慈说，假定我们不能承认“人类的历史只是各阶级互相竞争的历史”这样一种笼统的观念的话，我们大概也得要承认“各社会阶级的状况及其变更确是人类历史中最重要的一部份”。“从历史方面着想，凡大变动发生时候，社会阶级的状况也跟着发生一种大变动，旧阶级打倒了，新阶级发生了。历史上社会阶级状况的更变与现今社会的组织确有大影响，很值得我们研究的。”②由于一战是堪比古罗马帝国灭亡、发现新大陆和工业革命的重大国际事件，因此，他要专门讨论欧战以后欧洲各社会阶级所受到的影响。

关于劳工阶级与国际工人运动。在《战后的欧洲劳工阶级》中，张慰慈分析了当时在欧洲劳工阶级中存在的各种政治团体及思潮。在介绍劳工阶级的历史和兴起背景之后，他指出19世纪中期以后欧洲劳工阶级的地位有了很大的提高，究其原因，“一半也是他们自己奋斗的结果”，随着劳工阶级人数和团结力的逐渐增加，他们逐渐产生了一种“阶级自觉心”，发起劳工运动，争取自己的利益。当时欧洲劳工运动中有工团和工党两种形式的工人阶级组织，工团主要是为工人阶级争取经济方面

①李源编：《中国近代思想家文库·张慰慈卷》，中国人民大学出版社2015年版，第383页。

②李源编：《中国近代思想家文库·张慰慈卷》，中国人民大学出版社2015年版，第285-286页。

的利益，而工党主要是为工人阶级争取政治方面的利益，并且各自组织了自己的国际组织，即国际工团联合会和社会主义国际（第二国际）。一战之前，国际工人运动和社会主义运动风起云涌，但一战发生后，劳工运动受到极大的影响："各国的劳工都能为爱国心所鼓动，尽心竭力的为国家奋斗，把国际观念根本推翻了"，"国际工团联合会和社会主义国际都已无形之中解散了"[①]，也就说，劳工运动的国际主义和阶级利益终究敌不过民族主义和民族利益，这一教训不可谓不深刻。另外，张慰慈还分析了劳工阶级内部所存在的"急进派"和"缓进派"及其冲突，指出1917年俄国革命的胜利加剧了二者之间的分野以及社会主义道路选择之论争。

关于农民阶级与"绿色国际"运动。在《战后的欧洲农民——绿色国际》中，由于工业革命的进行，欧洲各国的重心由乡村转移到了城市，张慰慈认为这是"十九世纪欧洲历史上最重大的变迁"[②]，但由此也产生了城市与乡区之间的利害冲突，因此，农民阶级组织起来捍卫自己的利益。张慰慈总结认为，"现今欧洲各国各种社会阶级都各有各的共同利害关系，所以为达到共同目的起见，往往设立一种国际的组织"，农民阶级也不例外，"农民运动早已超出国家疆界，变成一种国际性质的运动"[③]，即农民阶级组织的"绿色国际"（相对于工人阶级的"赤色国际"和上中等阶级的"白色国际"）。此外，他还分析了农民在欧洲各国风起云涌的共产主义运动中的作用，在欧洲的无产阶级夺取政权的过程中，农民阶级的支持与否起着至关重要的作用。他指出，"俄国革命是城市的无产阶级发动的，可是因为得到农民的赞助，才能成功。"同时，他也提醒道："劳工和农民的联合也只是一种暂时的，决不是永久的结合。城市和乡区的利害冲突不久就使劳工和农民分离了。"[④]

关于中等阶级及其运动。在《战后的欧洲中产阶级》一文中，张慰慈指出，"欧洲中等阶级战后的困苦情形，较之社会上任何那一级人民

①李源编:《中国近代思想家文库·张慰慈卷》,中国人民大学出版社2015年版,第323页。
②李源编:《中国近代思想家文库·张慰慈卷》,中国人民大学出版社2015年版,第288页。
③李源编:《中国近代思想家文库·张慰慈卷》,中国人民大学出版社2015年版,第292页。
④李源编:《中国近代思想家文库·张慰慈卷》,中国人民大学出版社2015年版,第290-291页。

都要超过好几倍……他们确是这次欧战的牺牲品。”[①]他们在俄国，“差不多等于完全毁灭”；在中欧，“也逐渐衰败了”；在西欧，“也差不多要站不住脚跟了”。从中中等阶级获得了深刻的教训：“在现代社会上，非有一种团体的势力，决没有胜利的希望”，于是发生了一种“阶级自觉心”，引发了各种中等阶级运动。张慰慈总结认为，欧洲中等阶级运动可以分为两种：第一种是纯粹中等阶级的，其态度是消极抵抗，例如英国的中等阶级联合会（Middle Classes Union）和法国的公民联合会（Civic Union）；第二种是联合社会上其他阶级，特别是上等阶级，一致积极反抗他们的共同仇敌——激进的无产阶级，例如意大利的法西斯党。中等阶级缘何要自我组织起来，我们可以从张慰慈转引的英国中等阶级联合会发表的《对英国人民的宣言》的一段文字中窥得端倪：“资本家为自卫起见已经有了组织，劳工阶级为增进他们利益起见也有了组织。但在资本与劳工组织中，中等阶级是没有代表，又没有地位，可是中等阶级自身却还没有组织，所以就免不了受资本与劳工两方面的压迫。”[②]关于第一种中等阶级运动的宗旨，张慰慈指出，它们“对于任何方面所发生的不公平行动，无论是资本方面，或是劳工方面，或是政府方面，都一概反对抵抗”[③]。这里，我们很容易联想到二战之后西方国家所普遍发生的新社会运动，其参与者的主体也是中产阶级，其中非常著名的“反全球化运动”，有学者强烈认为这是对其的污名化，“全球正义运动”才是其合适的称谓。而第二种中等阶级运动，“其性质不单是消极防御，专以合法的手续，保护中等阶级的利益，并且还要联合社会上其余的阶级，积极抵抗无产阶级所实行的社会革命”[④]。尽管中等阶级在法西斯党所占的地位是“往往容易被人误会的”，但他明确指出，法西斯主义在发端时“完全是一种中等阶级运动”，而且“假使没有中等阶级的赞助，没有中等阶级的那种热忱”，法西斯主义“决不能在意大利有今天的势力”，“德意志、匈牙利，与欧洲其余各处同样的反革命运动

①李源编：《中国近代思想家文库·张慰慈卷》，中国人民大学出版社2015年版，第328页。
②李源编：《中国近代思想家文库·张慰慈卷》，中国人民大学出版社2015年版，第333页。
③李源编：《中国近代思想家文库·张慰慈卷》，中国人民大学出版社2015年版，第334-335页。
④李源编：《中国近代思想家文库·张慰慈卷》，中国人民大学出版社2015年版，第336页。

都有这种情形”[①]。张慰慈的上述分析的确非常有见地，而且令人警醒，使我们对当前西方国家持续发酵的民粹主义和民族主义现象心存忧虑，因为中产阶级的立场选择尤为关键。

除了上述方面之外，张慰慈的国际政治研究还涉及战争与革命、世界人口与粮食问题、法西斯主义、女权主义理论等国际问题或理论。

三、国际政治研究的显著特色

张慰慈是民国时期杰出的政治学家和重要的治国专家，著有《政治学大纲》《宪法》《市政制度》等开创性的政治学研究著作。与此同时，他“站在中国看世界，站在世界看中国”，在政治学的分支学科——国际政治学方面也进行了卓有成效的研究，展现了民国政治学人的大家风范，其国际政治思想有着鲜明的特色。

一是研究主题非常广泛。张慰慈“站在中国看世界”，对全球化与一体化理论、现实主义的国家实力论、国家主权理论、国际组织理论、一战前后的国际格局变迁、民族主义与国际关系、殖民主义与帝国主义、社会阶级与国际社会运动、战争与革命、世界人口与粮食问题、法西斯主义、女权主义理论等范围广泛的诸多国际关系理论和国际热点问题进行了深入研究，形成了许多重要的理论研究成果，有助于当时国人了解国际政治的动向。

二是研究视角独具特色。研究的视角涉及自由主义、现实主义、国际政治经济学等国际关系理论，但总体而言，张慰慈深受英美政治学传统影响，更多地秉承了“欧美自由主义”的思维方式，秉持的是一种“现实的自由主义”的研究路径。此外，他的文章大多并非纯粹的理论化研究，而是贴近现实、关注实践的经验主义研究。实务分析与理论研究相结合，二者互为表里、相互印证，共同构成了其国际政治研究的思想体系。

---

①李源编:《中国近代思想家文库·张慰慈卷》,中国人民大学出版社2015年版,第338页。

三是研究目的有明显的“资政之意”。张慰慈“站在世界看中国”，自觉地用世界的眼光来观察中国的问题，对中国在世界中的国际地位和“中国向何处去”等迫切的现实问题进行了深入的理论求索。他潜心研究国际政治动向和国际热点问题，旨在“通过介绍欧美各国政治社会的新变化，辅以历史与理论的解释，以期对国内政治有所启发”①。例如，张慰慈用满怀热情的笔调，介绍俄国革命，强调俄国革命对于当时中国社会进行民主实验的重要作用。他有着很强的专家治国情结，认为专家对于时政有着更专业的经验和治国能力，相对于官僚政治和政客议会政治，专家政治是解决诸多问题的关键②。在“学术救国”之外，他甚至还弃文从政，直接参与政治实践，投入“实践救国”的洪流中去。

四是研究方法讲求政治学和国际政治学科的融会贯通。自从国际关系从政治学中分离出来成为一个独立学科之后，政治学学科和国际关系学科之间逐渐局限于彼此孤立的研究范围，产生了理论上的隔阂：前者扎根于国内政治研究，将国家及其政府看作是社会科学分析的基石，忽略了国际政治对国内政治的影响；而后者创立的初衷是为了研究全球或世界体系的发展变化，却仅将视野局限于研究国家间关系，忽略了国内政治和跨国关系的研究。这种学科间的理论隔阂在学术界较为普遍，但与之不同的是，张慰慈比较注重政治学与国际关系学科之间的贯通性研究，从国际政治与国内政治之间的互动视角进行分析研究，得出令人信服的结论。例如他认为，英美等国成为世界大国的根源在于其自然生长的政治制度具有一种伸缩的能力，更加适应于时代的快速变迁；中国和俄国这些专制国家在危急关头时常发生革命的重要原因在于缺乏具有自治能力的中间阶层③。这种“大政治学”的研究倾向大概也是当时一些民国政治学者的共同特点。

五是研究成果有很强的预见性和前瞻性。对于国际关系理论或国际热点问题，张慰慈熟谙于心，许多研究和思考非常敏锐且独到，对当时国际格局、全球化与相互依赖、民族主义与帝国主义、国际组织和国际

①王向民：《张慰慈：欧美政治学早期代表》，《中国社会科学报》2014年4月24日。
②参见李源编：《中国近代思想家文库·张慰慈卷》，中国人民大学出版社2015年版，导言第8页。
③参见李源编：《中国近代思想家文库·张慰慈卷》，中国人民大学出版社2015年版，导言第6页。

社会运动的发展趋势等方面的研判都有很多真知灼见。例如，他比较早就预见了全球化的发展趋势以及国家权威的流散问题，大国强权政治的势衰和世界各国之间的相互依赖趋势；他准确且深入地分析了欧洲社会阶级结构，阐述了中等阶级运动的发展趋势，它们与二战之后西方国家所普遍发生的以中产阶级为主要参与者的新社会运动何其相似。

张慰慈是民国时期重要的政治学家，同时也是一位杰出的国际政治理论家。张慰慈的国际政治思想从内容维度上看，涵盖国际格局、国家主权、民族主义与帝国主义、全球化、国际组织与国际社会运动、战争与革命等诸多国际关系理论或国际热点问题。从研究特色上看，研究主题非常广泛；研究视角秉持“现实的自由主义”理路；研究目的有明显的“资政之意”；研究方法讲求政治理论和国际关系理论的相互贯通；研究结果有着很强的前瞻性和预见性。

总体而言，相较于政治学基础理论的研究，张慰慈对国际政治和国际关系的研究比较单薄和零散，大多散布在时政评论文章之中，但这并不影响他对国际关系理论和国际热点问题的敏锐洞察。他在国际政治研究方面的一些真知灼见，至今仍然熠熠生辉，具有重要的研究价值和启示意义，有待我们继续发掘、整理和总结。

【本章由徐步华（安徽师范大学法学院政治学副教授、博士）撰写。】

第十一章　宪法学研究的积极探索

作为政治学家，张慰慈对宪法的研究是从将其作为政治制度建构入手的。这一研究角度使得宪法理论界关注宪法的规范与事实、理论与实践、变动与稳定的一系列问题。围绕这些问题，其宪法研究主要从对宪法的形式、演进、革命、运作等问题展开。通过对这些问题的研究，张慰慈较为清晰地从现象上揭示了在规范与事实内在张力下的宪法是如何在保持其基本稳定性的前提下，实现其适应性发展的。在此过程中，理论与实践的视阈有效地融合在一起，使得张慰慈的宪法思想既具理论意义，也表现出实践性价值。

一、宪法与政治制度建构

在《英国政府纲要》等文章中谈到宪法的概念时，张慰慈说："所谓宪法就是一国的根本法律，其作用是规定政府的组织与职权，各级政府或一级政府中各机关的分权方法，人民与政府关系等类的政治根本问题。"[①]可以看出，作为政治学家的张慰慈并没有仅仅从法律意义上讨论

①李源编：《中国近代思想家文库·张慰慈卷》，中国人民大学出版社2015年版，第111页。

宪法，而是更倾向于将宪法界定为国家政治制度，在作为政治制度建构的意义上界定现代国家中宪法的基本涵义。无独有偶，同时代的王世杰在谈到宪法的概念时也说："就宪法的实质说，宪法的特性，在于规定国家根本的组织。"①应该说，时论者不约而同从作为国家组织形式的角度界定宪法概念，把国家看作是政治制度建构并非偶然，这一界定方式为张慰慈研究宪法问题提供了特定切入视角，并且具有相当的理论建构意义。也正因为如此，张慰慈在其《政治学大纲》等著作中对于宪法制度的研究给予了特别的关注和重视，开创了现代政治学研究将宪法研究纳入政治制度研究的先例，这既有其学术史研究上拓展政治制度研究领域的价值，也对于从规范到事实研究的政治学研究方法的完善提供了有益的参考，从而为现当代中国政治学的研究提供了一个很好的范例。进而言之，将宪法作为政治制度的基本建构引入分析，不仅可以在某种意义上将宪法的研究带离狭隘的宪法仅作为法的视角，而且会引入制度分析的理论可能，特别是历史性制度分析的可能。

首先，在现代国家建构中，宪法首先是作为一国法律体系中位阶最高的上位法而参与这一体系的整体构成中的："各国宪法无论怎样的不同，这一点总是相同的，既称为宪法，那就是根本的法律，是一种基础，凡法律与政府其他的规定无论怎样的重要，只是基础上部的建筑物……从宪法在法律中的地位上着想，这是极顶的，超过一切法律之上。从宪法与其他法律的关系上着想，这又是最下一层的基础，其他一切法律是靠其维持的，并且又必须依照其基本原则。"②也就是说，宪法在现代国家中首先是作为法而存在。但是，按照马克斯·韦伯的看法，不同于前现代国家，现代国家及其政治呈现出强烈的理性化特征，而这一理性化政治体制是运作于现代法律体系的合理化规约之上的，或者说，正是以宪法为上位法的整个法律体系为现代国家及其政治制度提供了合法性基础。这就意味着，现代政治的结构原则已经不同于建立在神权或强权基础上的传统政治结构原则。"神权说是把国家的基础放在神意上，强权说是把国家的基础放在权力上，都不是使国家根本安固的法子。民约说便不是这样，把国家的基础

①王世杰、钱端升：《比较宪法》，中国政法大学出版社1998年版，第3页。

②张慰慈：《政治学大纲（外二种）》，安徽师范大学出版社2017年版，第255页。

放在人民的意志上，这便是国家起源说的一层进步。”也就是说，在现代政治架构中，基于每个人自愿同意基础上的，通过订立契约有限让渡自身部分权利的民约式政治制度建构方式，才具有不可质疑的合法性，除此之外的政治制度建构方式，不管是神权或强权的，都丧失了其合法性源泉。而每一个人让渡其部分权利的根本目的，只是因为在他们必须融入社会的情况下，每个人都慎重考虑各自的权益因此可得到最大程度的拓展和保护。在此意义上，现代政治制度建构表现出了其理性化的特征，而宪法不过是在这种理性的思虑和选择基础上，人们在相互之间所订立下来的那份最终契约。据此，张慰慈援引各国宪法订立与宪政发展过程证明说：“契约说在政治史上的功绩，真算得顶大。近代国家的组织，和法律的观念，几乎没有不受契约说影响的。国家法律承认人格的价值，自由权利的观念，就是契约说的效果。欧洲各国受这种学说的影响，就把旧国家变为新国家。美洲各邦受这种学说的影响，便把殖民地变为自由独立的国家，法国革命是契约说鼓吹出来的，是更显而易见的事实。”[①]因此，现代国家中的法律体系，特别是作为这一体系基础的宪法，实际上成为政治制度构成和运作的规范化背景。在此意义上，宪法绝不仅是一个国家法律体系中的上位法构成，更是一国政治制度的总体架构，或者说，可以把宪法本身看作是政治制度的有机构成，并且是政治制度的基础性构成。也正是在此意义上，宪法因其作为一国政治制度的基础构成，决定了其必然具有强烈的公法性质，具有最大程度的公共性，从而具备了将较大程度和范围的社会公共性纳入以宪法为基础的理性化的政治制度的轨道中来的能力。

其次，宪法应当是政府的组织法，应当在其条文规定中明确规定政府权力的分配机制，政府的组织方式和职权范围，并从整体上以体制化的形式确立其一国政体的基本结构，并从而确立起国家的基本结构形式。因此，“无论那一国都有一种立宪政府，因为无论那一国的政府总有几种根本宪法原则，或是成文的，或是不成文的，规定该政府的组织与职权。……欧美各立宪政府的共同目的就是要使政府的职权在宪法的轨道内行使……所以立宪政府是依靠宪法轨道执行职权的政府。”[②]按照

①张慰慈：《政治学大纲（外二种）》，安徽师范大学出版社2017年版，第104页。

②张慰慈：《政治学大纲（外二种）》，安徽师范大学出版社2017年版，第147页。

现代政治学的基本理论，一国政治制度架构中的核心问题首先是政府的组织问题，而政府组织中的首要问题又首先是一个权力划分和分配的问题。因此，以宪法形式结构起来的现代政治制度架构首先要解决的问题就是对赋予政府的权力给予明确的规定，并且使之固化为体制化的结构。也正因为如此，从实践上看，处于现代世界中的各国在建国之初，首先面临的就是通过制定一部宪法从而将政府权力予以建制化的问题。因此，张慰慈在其著作中也从历史实践的角度上举例说："从十七世纪下半期起，'宪法'这名词就指那种较为根本的法律，特别是关于政府的组织。美洲殖民地于十八世纪下半期与英国脱离关系，把他们新政府的组织大纲叫做宪法以后，这个名词就有了现今那种确定意义，是指一国政府组织的根本法律，成文的或不成文的。"[①]

同时，以宪法形式确立政府权力范围和职权能力的过程，也是一个确立不同政府部门间权力关系的过程。这一过程既可能是在同一政府层级上不同政府职能部门之间的权限划分问题，也可能是不同政治层级上的分层政府之间的权力关系问题。通过宪法，在前者意义上所规定的政府权限划分问题，在现代政治学中被表述为一个政府的组织结构问题；在后一种意义上所确定的政府之间的稳定权力关系问题，则被表述为一个国家结构问题。例如，就宪法规定国家结构的问题，张慰慈以美国联邦制为典型举例说："美国的联邦制就是把全国的职权分配于各邦及中央政府。分权的界限由合众国全体人民所制定的联邦宪法规定。"[②]无论是政府组织结构还是国家结构问题，都必须通过宪法以明文规定的方式确立下来，从而使不同的政府职能部门之间，政治层级之间的权力边界和权力责任关系必须是清晰明确的，有效避免不同权力主体或者争相行使权力，或者集体推诿不作为的情形出现，从而既能保证政府职责明确，也能提升政府的经济效率、社会效率和政治效率。

再次，宪法还以最为权威的形式明确确立现代主权和民权的基本原则，并进而确立起现代主权与民权之间的基本框架。诚然，在现代政治学说中，民权已经明确取代君权或者神权而成为现代政治合法性的最终

①张慰慈：《政治学大纲（外二种）》，安徽师范大学出版社2017年版，第256页。

②张慰慈：《政治学大纲（外二种）》，安徽师范大学出版社2017年版，第163页。

根据。但这并不是说，一国的国家主权因在宪法法理上所受到这种限制而不再是强大有力的。因为，只有“有了法律的保障，有了法律的限制，民权的范围才能确定，才能扩充……并且也只有在强有力的政府之下，人民才能有范围极大的民权”。现代国家主权与民权关系设计上，现代国家面临的基本难题不过是：“民权既须由强有力的政府来保障，怎样能设立一个强有力的政府，一方面能尽其应尽的义务，一方面那执政者又不能利用他们的职权，增加他们个人的私利，损害被治者全体的幸福?”[①]因此毋宁说，在以现代宪法所确立起来的现代国家中，一方面国家主权必须是强有力的，因而国家可以凭借这种强有力的主权而贯彻其国家意志，履行其国家职能；另一方面民权作为国家主权的合法性基础，必须是国家行使主权、履行职能的目的，或者说，国家行使其主权的过程，也就是履行其职责的过程，在这里，国家的权力能力与责任能力实际上一致的，是同一个问题的两个不同侧面。因此，主权与民权的种种矛盾并非不可化解，问题的关键只在于通过宪法的合理制度设计将主权的权责一致性明确和稳定下来。也正因如此，针对种种对现代国家中主权与民权关系的种种误解，张慰慈说：“这主权论是君主专制时代的出产品。证明君主应当专权的学说。到了后来民权发达，各国政体从君主的改为民治的以后，这主权论的学说似乎是不能适用于新的政治组织，似乎是应当与神权说等同样的归入政治学说的古董堆里，不应当再占现代政治学中重要的地位。但事实上却不然。就在提倡民治主义的政治学，与各民治国的宪法中，我们常看见‘主权’这名词占了极重要的地位。”[②]结合上面的阐述，现代国家中对主权的种种详尽而明确的规定也就是不难理解的了。

最后，宪法作为处在哈贝马斯意义上的“事实与规范之间”的核心制度结构，起着沟通国家与社会，连接合理性与合意性的作用。一方面，国家正是通过理性化的宪法规约着社会，使社会被有效地整合为一个有机整体。在这里，宪法应当是呈现出强烈的公共性和相当程度的稳定性，否则的话，社会便无法达成稳定而一致的有效预期，宪法的规范

①张慰慈:《政治学大纲(外二种)》,安徽师范大学出版社2017年版,第147页。

②张慰慈:《政治学大纲(外二种)》,安徽师范大学出版社2017年版,第114页。

性也便无从落地。因此，“宪法既是一种根本法律，当然不得不有相当的稳固性质。假使一国的宪法是不稳固的，时时可以更改的，那政治与社会方面的进化势必受到极大阻力，普通人民的生活一方面也势必至于受到极大的影响。”[①]另一方面，社会实践过程不断通过宪法将社会事实制度化，从而实现与政治过程的有效对接和社会的合意性表达。因而，在这一层面上宪法又需要与社会实践保持相当程度的同步性，从而不断增强宪法制度化社会事实的弹性和适应能力，否则宪法将成为一潭死水，遑论表达社会合意的问题。因此，将宪法的研究纳入政治学研究的视野，从其作为政治制度建构的意义上来讨论，实际上开拓出了其仅仅被作为上位法所难以呈现的问题域。并且，也正是在这一问题域之中，我们也可以推论说，宪法作为政治制度的基础架构，其本身的稳定性及其良性运作不仅仅是一个理论上满足合理性的要求，更是实践上满足合意性的必需。理论与实践的两个层面表现出一种相互支撑的互释性，也即伽达默尔意义上解释学循环。也就是说，在这里理论与实践的视阈是融合在一起的。

二、宪法的形式与演进

从上述宪法的地位来说，宪法应当是成文的，一部规定明确的成文宪法显然更能提供其所应当具有的稳定性。但是，宪法又是处在“事实与规范之间”的，因此，宪法形式就不仅是一个规范性问题，还是事实问题，确切地按照新制度主义的说法，是一个按照时间顺序展开的事实问题。也即，宪法形式问题典型体现了宪法作为政治制度基础，连接政治与社会现实的特征。因此，宪法形式是一个理论问题，更是一个实践问题，准确地说更是一个实践演进的问题。原因在于，任何实践问题事实上都表现为一系列人类行为过程，表现为这些行为按照一定时间顺序展开的过程，也就是一个实践自身演进或者变迁的过程。可以看出，在

①张慰慈:《政治学大纲(外二种)》,安徽师范大学出版社2017年版,第273页。

这里理论与实践的视阈是融合在一起的。也正因如此，宪法形式问题实际上聚合了一系列相关问题，既包括宪法制度结构问题，也包括以其为起点的宪法制度演进和变迁问题。因此，现实中运行着宪法形式总是表现出强烈的复杂性和相对性。

正因如此，在张慰慈关于宪法的研究中，我们能够明显看到，关于宪法形式的研究占据了其研究的相当大一部分内容，他不惜花大量笔墨在不同的文章中对这一问题进行了反复论述，这与其说是缘于宪法甫入中国时的理论幼稚，倒不如说是张慰慈作为彼时学人所表现出的理论机警与自觉。诚然，限于时代的限制，张慰慈关于宪法形式的研究主要是以介绍为主。不管他是否自觉意识到，在其对宪法形式理论的相关介绍和叙述中，宪法形式本身所固有的理论与实践两个视阈之间的内在紧张关系总是如影随形的，就笔者阅读的狭窄视野所见，他似乎并未对这种内在张力给予明确的理论上的说明。但是，这并不意味着我们不能沿着他所开辟的宪法研究思路，对宪法形式的问题展开进一步的分析。

（一）成文宪法与不成文宪法

在《政治学大纲》一书中，张慰慈在较为全面地总结了英美等国的现行宪法基础上认为，虽然各国宪法多是以成文或确定的文件形式而存在的，或者是以正式的国家机构按照程序制定的，但如果追踪其来源就能发现，各国“历史上各时期的风俗，习惯法的原则，立法机关的法规行政机关的命令，或法庭的判决”显然都构成了各国宪法的法律渊源，现行成文宪法正是由这些不同法律渊源积聚而成。由此，宪法在其形式上自然表现出了成文与不成文的差别。进而，他对两种宪法形式各自界定定义说：“成文宪法就是正式制定的宪法，大部分的条文多由制宪者协定以后，规定在成文的文件之内。这是一种人为的，不是自然生长的宪法；并且还有一种最高的效力，与别种普通法律的性质完全不同，成立的与修改的手续也与普通法律不同。不成文宪法是出源于各时代的风俗与习惯法，法庭的判断等类，是照社会的情形自然发生出来的，并不是人民在一定的时期制定的。这种宪法的起源很不能确定，修改的手续也是很方便的，随时可因风俗习惯而改变而更改，又随时可以用普通的立法手续来改订。”[①]

从上面较为完整地引述张慰慈对宪法形式的界定可以看出，在给出两种宪法形式的定义时，他是有所侧重的，不论从理论还是价值判断上，明显偏重于对不成文宪法的说明，这与前述其对各国宪法的理论渊源的考察是不无关系的。同时，从其对不成文宪法略带褒义的描述可以看出，他已经意识到了这样一个问题，即那些随社会历史发展而“自然”产生和演进着的宪法形式，具有更强的容错和适应能力，表现出更强的生命力，因而在理论和实践上都是更优位的。也是在此意义上，与成文宪法相比较而言，不成文宪法更能清晰地标明宪法的社会历史起源，换句话说，所有的成文宪法究其根本而言，不过是不成文宪法自然演进的结果。

也正因如此，一个理论上可以推断的结果是，现实中实行着的各国宪法，其成文或不成文的形式规定只是相对的，成文与不成文的形式差别“只是一种表面上的区别”：就其作为不成文宪法的自然演进结果而言，成文宪法“不必完全是成文的”，其中必然包含着种种不成文的因素，比如法庭的裁判、风俗习惯等。事实上，“凡是采用成文宪法的国家，必须时时以非正式的手续修改宪法，使之能适合于社会上随时更变的状况。成文宪法之中是万不能免去种种不成文的份子。成文宪法的年岁愈老，不成文的份子也愈多。”[②]另一方面，不成文宪法也往往会有许多成文的规定，不成文宪法在实际的运作中，往往需要不断汲取累积诸多风俗、惯例、法庭裁决，从而不断丰富自身，适应时代与社会之发展。而宪法对这些法律渊源之吸纳也必须以正式规则的方式予以明确固定下来，以条文的形式规定下来，否则则会在宪法之运作与解释中出现种种偏差，出现因风俗、惯例之更替或理解的不确定而带来的宪法解释上的人言人殊的情形[③]。

当然，宪法形式上的相对性并不意味着在现实中运行的各国宪法就是不稳定的。实际上，宪法是否成文的形式差别更多的是从宪法确立的

①张慰慈：《政治学大纲（外二种）》，安徽师范大学出版社2017年版，第120-121页。

②李源编：《中国近代思想家文库·张慰慈卷》，中国人民大学出版社2015年版，第402-403页。

③参见张慰慈：《政治学大纲（外二种）》，安徽师范大学出版社2017年版，第121页。

意义上所言的。并且事实上，“成文宪法与不成文宪法的区别也只是一种表面上的区别，成文宪法不一定是完全成文的，不成文宪法也不一定完全不成文的，成文与不成文的区别只是一种数量上的不同，并不是性质上的差异。”[①]从上面的论述可以看出，在宪法的确立形式上，不论是成文宪法还是不成文宪法，一般都会有明确的法条文本形式，从而保证了宪法的精神和内容的相对稳定。事实上，任何人类社会中行之有效的政治制度形式的稳定，都不是一种一成不变式的静态稳定，而是出于不断演进过程中的动态稳定。根据现代博弈理论和演进理论的相关研究，不论是自然界还是人类社会，大量存在的现实情形并非博弈参与局中各方普遍均衡基础上整体化最优，而恰恰是对称破缺。也就是说，在一个各方都选择优势策略的对称性博弈均衡解中，群体恰恰不是处于均衡状态，对称性在这里迫使整体的博弈状态远离了最优解[②]。这些研究结论可以给我们的有益启示是，从宪法作为制度规约的社会整体来讲，其最佳的均衡稳定状态一定不是稳定在某个静态的最优点上，而是均衡在对称破缺的驱动下不断动态运行的过程中。也正是因为如此，我们也可以有理由推断，不成文宪法的动态稳定应该优于成文宪法。因而，张慰慈在两种宪法形式中表现出的直觉的理论可取性也就是可以理解的了。

事实上，宪法的稳定性问题不仅表现在宪法的确立形式上，更表现在宪法的修改形式上。按照张慰慈的区分，从宪法的修改形式上说，宪法可区分为刚性宪法和柔性宪法两种形式。刚性宪法与柔性宪法的区分不同于依据宪法确立形式的区分，因而也就并不与成文宪法和不成文宪法相对等。因此，柔性宪法可以是成文的，刚性宪法也可能会包含大量的不成文内容。区别只在，柔性宪法的修改程序相对刚性宪法要显得宽松：“其修改的手续却很简单，大致与普通法律的修改手续一样。”而“刚性宪法是与普通法律的界限分得很清楚的，并且也不能像普通法律那样的容易修改”[③]。当然，这还只是区分刚性宪法和柔性宪法的表象性手段，真正要区分出两种不同类型的宪法，我们还必须得考虑到宪法

①张慰慈：《政治学大纲(外二种)》，安徽师范大学出版社2017年版，第259页。

②参见[美]布莱恩·史盖姆斯：《社会契约演化论》，申海波、杨培雷译，上海财经大学出版社2012年版，第79–83页。

③李源编：《中国近代思想家文库·张慰慈卷》，中国人民大学出版社2015年版，第403页。

条文意义的广泛性程度，解释宪法条文机构的权限与实际做法，风俗惯例发展的限制等方面的问题[①]。因此，理论上可以明确区分的刚性宪法和柔性宪法，在与各国宪法实践的对照中可予以明确截然区分的困难还是很大的。

也正因为如此，参照前述宪法在确立形式区分上的相对性，我们也完全有理由认为，刚性宪法与柔性宪法作为宪法修改形式上的区分也是相对的。而且，不论何种修改形式的宪法，其作为政治制度基础架构的稳定性也是必须得到保证的。而这个意义上的稳定却可能不是前述因对称破缺所推动的动态稳定性所能保证的，原因在于，与宪法确立形式的稳定性相比，修改形式的稳定性问题更具制度演进与变迁的内涵，或者说其本身就是“动态性”的，所以，其稳定性无法由另一种动态性提供充分保证。因此，这种意义上的稳定性必须从宪法作为政治制度的制度演进的意义上来加以说明。也正是在此意义上，张慰慈的宪法研究进而为我们较为清晰地勾勒了各国宪法，尤其是英国宪法的演进与变革问题。

（二）宪法的演进

在《宪法》《英国政府纲要》等文本中，张慰慈以英国宪法为典型案例，集中探讨了英国宪法的演进问题。按照他的看法，习惯或者惯例构成了英国宪法中实质上最重要的组成部分，“‘习惯’是英国宪法中最重要的一部份，失去了这一部份，英国宪法决不能有现在那种情形”[②]。这些习惯或惯例，虽然并不是真正意义上的法律，所以并不能由法庭直接执行，但是却与法律有着深刻的“连带关系”。而英国的宪法又有着“汇集的宪法”的特征，也就是那种源出于风俗、习惯和惯例的宪法。随着历史发展的时序不断积累起来的习俗惯例成为宪法习惯，这些宪法习惯按照一定的程序变成宪法的正式条文，即获得了宪法的法律效力[③]。因此，很多情况下，违背了“习惯”，也就是违背了法律。更

①李源编:《中国近代思想家文库·张慰慈卷》,中国人民大学出版社2015年版,第405页。
②李源编:《中国近代思想家文库·张慰慈卷》,中国人民大学出版社2015年版,第112页。
③李源编:《中国近代思想家文库·张慰慈卷》,中国人民大学出版社2015年版,第401页。

重要的是，这些“习惯”并非“历史上的陈迹，确实继续生长的，就在目前，英国宪法还是依照种种新‘习惯’的发生更改其原则”[①]。可见，英国宪法演进的真正动力是由随历史不断发展着的习俗惯例所提供的。

如果将英国宪法的不断演进进程看作是其宪法不断修改的过程的话，那么在这一过程中提供其宪法相对稳定性的机制又是怎样的呢？虽然遍寻张慰慈的相关论述并不能找到其对此问题的深入阐述，但是结合制度主义的相关理论，我们还是能大体推论出这一机制的基本情形。按照制度主义，尤其是历史制度主义的相关理论，宪法作为政治制度的基础架构的意义在于，通过这一制度架构形式，可以将那些参与到宪法演进过程中的诸多变量，例如，博弈者的利益与策略以及他们之间的权力分配关系等问题通盘考虑进来，并进而“将这些因素放在特定的背景之下加以考虑的，即通过对政治形式的构造方式的关注，来阐明这些因素之间的相互关系是如何形成的”[②]。这种通盘考虑的价值不仅在于其理论上的完备性抑或整合性，更重要的意义在于，通过对在发生时间进程中历史性实践的检视，我们可以发现不同的权力、利益关系是如何被整合进同一个社会共同体之中的，而这种整合的理论表现就是博弈状态的均衡解或者事实上的多方权力利益的均衡状态。因此，宪法作为这一社会共同体均衡状态的结果，事实上分享了来自宪法的习俗惯例式演进中，以社会通过历史性实践所确立的稳定性。也正是在此意义上，“‘宪法是生长的，不是制造的’……现今各国的宪法都是活的，不是死的，都能依照社会状况的更变，逐渐更变的。美国第一任总统华盛顿曾经说过几句透彻的话，他说：‘政府的性质是与其他的人类制度一样，要靠时间与习惯确定的。’还有一个著名的英国学者 Lord Brougham 在他的《英国宪法》这本书中也说过：‘凡有价值的宪法一定要生长的，这样的宪法才有根，才能成熟，才能持久。那种模仿或抄袭的宪法如同（笔者注：原文为为同，疑此处有误，据文意改为如同。）着色的

①李源编：《中国近代思想家文库·张慰慈卷》，中国人民大学出版社 2015 年版，第 114 页。

②［美］凯瑟琳·西伦等：《比较政治学中的历史制度主义》，转引自何俊志等：《新制度主义政治学译文精选》，天津人民出版社 2007 年版，第 157 页。

竹竿插在地下，既不能生根，又不能结果，腐烂得很快，不久就得消灭的。’”①

同时，我们也应该看到的是，这种稳定性的制度表现其实就是制度主义者常说的制度路径依赖的问题，或者说，两者其实遵循的是同样的机制。例如，保罗·皮尔逊曾在较充分解释经济学意义上的报酬递增概念基础上，从政治生活的集体性、政治领域中制度的密集性、政治权威权力的非对称性及其政治生活的复杂性和不透明性等方面较为全面阐述了报酬递增观点在政治学中的适用性，从而对时间顺序下政治制度中的路径依赖问题做了较为全面的阐释。按照他的这一阐释，时间顺序下制度演进的路径依赖问题，可以化约为多方政治过程的参与者在权力利益博弈均衡的基础上，不断确立报酬递增和自我强化的制度框架的问题，而这一过程同上述宪法历史性演进其实是同一过程。当然，从制度的路径依赖角度进行的论述，加强了对宪法演进过程中保持自身相对稳定性的理论阐释力度。也就是说，宪法演进过程中出现的对宪法增删、修改并不能对宪法本身的稳定性构成威胁，相反，来自社会共同体的均衡稳定力量和自我强化力量可以充当宪法稳定性的有效保障。同时，回顾前文对宪法修改中的稳定性的论述，可以看到这里也在某种程度上解释了在柔性宪法修改中的宪法稳定性问题。

当然，张慰慈虽然在对英国宪法的论证中，并没有直接对保证英国宪法稳定性的机制做出直接论述，但是，如前文所述，不管他是否意识到了他所阐述的宪法理论中所可能存在的内在张力，他却能够将问题的研究视域引向宪法演进的角度，这对于我们不断推进对这一问题的思考也当然是不无裨益的。事实上，张慰慈在讨论了宪法的演进问题后，接着便以较大篇幅讨论了革命的问题，并且颇有见地地发现了革命作为诺斯意义上的强制性制度变迁过程所具有的悖论性谜题，这也一定程度上验证了他理论上的敏感性。

（三）革命的悖论

在宪法制度变迁形式中，除了制度演进以外，实际上还包含有一种

①张慰慈：《政治学大纲（外二种）》，安徽师范大学出版社2017年版，第272页。

较为激进而剧烈的变迁，即革命的形式。通常认为，革命作为激进式的诺斯意义上的强制性制度变迁过程，往往意味着对旧有制度全面而彻底的变革。在张慰慈对革命的描述中，也以这样的方式界定了革命："所谓革命就是取消一种向来存在的制度，另行设立一种新的制度。"[①]照此意义推论的话，经过革命进程重建起来的新制度，将是对旧有制度的彻底颠覆，或者说，制度的稳定性将荡然无存。然而，悖谬的是，正如革命的英文词revolution字面上所意涵的：革命往往意味的却只是循环。基于这一悖论式思考，张慰慈在讨论革命对宪法制度变迁所带来的影响时说："革命是一种极慢性的社会运动，其发生的时候至少须经过数十百年的酝酿，革命成功后又须经过长期的扰乱局面，才能恢复常态。所以凡经革命后而成立的宪法一定有一段困难万状的历史。"极而言之，甚至于"假定我们要把辛亥革命的原因源源本本写出来，我们差不多就要写二百多年的清朝历史"[②]。对比我们对辛亥革命原因的认识，这不能不说大大超出了我们的常规讲法。

事实上，如果稍微深入思考张慰慈关于宪法制度与革命关系的上述说法，应该说也不是毫无道理可言。按照新制度主义的相关研究，制度变迁实际上会表现为一个"断续性平衡"过程，而并非是稳态性的变迁。在这一过程中，常常充满了意外、错峰与尖峰，呈现出一种回旋断续式均衡面貌："制度在经历了一段长时间的稳定之后，会在某一时期内被危机打断，从而产生突发性的意外制度变迁，自此之后，制度会再次进入静态平衡期。"[③]对照张慰慈的上述描述，宪法制度的革命性变迁过程似乎可以这样来理解，即在经历了革命式的突发性意外制度变迁之后，制度再次进入的静态平衡在某种意义上是对革命前状态的相当程度的回复，并以此确保了革命前后的政治制度和社会实践一定程度的连续性。在此意义上说，革命反而成了一种"极慢性的社会运动"。而造成革命前后回复性平衡的机制在于，"结盟是革命成功的实质核心，它往往具有短时的效果。意识形态疏远与一个共同的对手被无力解决的意识

①张慰慈：《政治学大纲(外二种)》，安徽师范大学出版社2017年版，第125页。

②张慰慈：《政治学大纲(外二种)》，安徽师范大学出版社2017年版，第125页。

③[美]凯瑟琳·西伦等：《比较政治学中的历史制度主义》，转引自何俊志等：《新制度主义政治学译文精选》，天津人民出版社2007年版，第159-160页。

形态差异以及冲突性的偿付需求所替代。一种力量可能会简单地消去另一方，但是更为共同的特征是长时期的不稳定的和激烈的妥协”[①]。而诺斯所言之造成长时期不稳定与激烈妥协的根本原因，也恰在于这种革命后制度对政治社会整体所造成的断裂与冲突，而通常社会弥合这种断裂与冲突所采取的方法，往往是通过对革命前制度的相当程度的回复。在此意义上，变迁绝不仅仅意味的是变化，也更意味的是连续，否则，变迁本身的合理性依据也被自身消弭掉了。如果此论不谬，那么即使在常规看来暴风骤雨式的激烈革命性制度变迁过程中，宪法制度自身的稳定性也是可以得到相当保证的，而张慰慈对革命悖论性的观察也就是不无道理的。

三、良性宪法的制定及其运作

粗略地说，从宪法的不同形式及演进来考察宪法的稳定性，实际上还主要是照顾到了宪法制度的确立及其修改问题，而要较为全面地考察作为政治制度基础架构的宪法稳定性，还要考虑到其运作的问题。这个问题可以拆分为两个层面：宪法制定及其运作。相应的，宪法制度稳定的问题也可以化约为良性宪法的制定和运作的问题。在此问题上，张慰慈也进行了较为充分的研究。

首先，制宪要以适用于当下的社会为目的，不可过于理想化，过于理想化的宪法只能停留在理论上。为了达此目的，制宪者就应该于制宪之前，“仔细研究那宪法的内容应当这样，其目的总要使之能应付社会上的与经济上的需要，总要使之能适合于历史习惯与其余的一切的状况。他们还得要研究人民的政治能力究竟是怎样一种程度，究竟能够使用什么样一种宪法。他们万不能专去注重理论一方面，把事实一方面的

---

①[美]道格拉斯·C.诺斯:《制度、制度变迁与经济绩效》,刘守英译,生活·读书·新知三联书店1994年版,第121页。

情形丢弃不顾，制出一种理想中的宪法。”[①]同时，一部良好的宪法还应该是以社会的基础性公共架构而存在的，也就是说，一部好的宪法的制定及其良性运作，以其所包含的高度公共性为前提。否则，在一个只顾私利的社会中，宪法形同废纸。可见，在张慰慈对良性宪法的设计中，宪法不但应该本身是充分考虑社会实际情况的，而且应该是由强烈的公共性指向的。这是因为，宪法唯有充分考虑社会的现实情形，才能将其制度的基础牢牢扎根在实践的层面上；宪法唯有在有强烈公共性指向的价值关怀下，才能在社会共同体意义上找到最基本的一致认同，这不仅是宪法作为政治制度整体建构基础的必需，更是其自身规范有效性的重要保证。在此意义上，宪法作为在“事实与规范”之间的制度架构意义，以及作为理论与实践视阈融合的制度设置意义才能够充分地体现出来，成为现实中实际运作着的良性宪法。

其次，一部制定良好的宪法还必须在考虑各国实际情况基础上，具备运用上良好的可适用性和广泛的解释力，这就要求宪法在制定过程中必须考虑到种种其在施行中可能会遇到的司法阐释中的问题，预留出较为宽泛而不失疏阔的解释空间。基于这一考虑，张慰慈在其著作中说：“怎样可以算是一种好的成文宪法？这个问题当然是应当依照各国实际上的情形各别解决的。但我们却也能提出几个要件，作为良好成文宪法所不可缺少的要素。这就是（一）意义广阔，（二）文字简单，（三）界限明确。”[②]

所谓意义广阔是说，作为政治制度基础架构的宪法，当然不可避免地会涉及从规定政府职权的范围、政府职务的性质、政府与人民间的关系到人民的基本权利等的广泛性的问题，但是，宪法对这些问题的规定，既应当精准详尽，以免法官在释法、用法的过程中无据可依，又“必须用意义极广阔的条文表示出来，才能使那解释宪法的机关，如最高法院之类，随时依照社会的情形，推广或缩小宪法中各条文的意义。换句话说，就是良好的成文宪法一定要有伸缩的余地。”[③]也就是说，宪

①张慰慈：《政治学大纲（外二种）》，安徽师范大学出版社2017年版，第122页。

②张慰慈：《政治学大纲（外二种）》，安徽师范大学出版社2017年版，第268页。

③张慰慈：《政治学大纲（外二种）》，安徽师范大学出版社2017年版，第268-269页。

法的规定还必须是原则性、概括性的，必须为适应政治社会发展的不同情境预留出足够的空间，以免宪法无法适应不同的社会情境而被搁置，从而成为虚文，也能有效避免频繁的宪法修改，从而使宪法不能保持其最起码的稳定性和延续性。

所谓文字简单是指，宪法的条文表述必须言简意赅而又意义精确，尽最大可能性避免发生文本解读上的重大差异乃至矛盾的解读。事实上，法律阐释学的研究也表明，并非越是规定详尽，文字繁复的法律条文，越能精准地传递立法者的立法用意和精神。相反的，这样的法律条文往往会因为其规定上的巨细无遗，而在事实上超出了立法者的心智考虑所能周全的范围，从而导致“详细的宪法很容易发生文字上的误会，致使各方面发生无意识的争执”的结果，并且“宪法条文愈详细，立法机关愈不负一切责任”[①]，从而使宪法的制定与执行之间出现越大的鸿沟，而这绝不是一部制定和执行良好的宪法所应具有的特征。

所谓界限明确，就是说宪法在满足上述意义广阔、文字简单的基础上，还应在宪法作为上位法与其下位法之间，应当就各自规定的范围和内容有明确的界限，尽可能避免处于不同位阶的法律之间在规定上的叠床架屋，重复规定，乃至是不同法律规定之间的矛盾冲突，从而使法律适用者无所适从。在宪法内部章款条文上，也应当是清晰明确，界限清楚的。既不能发生宪法自身内部法条上的内容叠合，也不能发生其立法原则和精神上的冲突，更应当有效避免宪法立法与司法中的权力不明、界限模糊。

再次，宪法一旦制定并公布实施，就应当具有相当的稳定性，不能随意修改。当然，这并不是否认在宪法的具体实施过程中，随着经济社会发展实际情况的变化，而必须进行适时适当的修改。但是，即使在此种情形下，宪法做了部分的修改，其基本的立法原则和精神却必须相对稳定。也就是说，制定良好的宪法必须既具相当程度的柔性，也必须具有相当的刚性。因此，“凡宪法中修改的条文既不能太偏于刚性方面，亦不能太偏于柔性方面。修改宪法的方法如同各种机器上的调整器一

①张慰慈：《政治学大纲（外二种）》，安徽师范大学出版社2017年版，第269页。

样，其作用是调整这机器的速度，使之不过慢，也不过快。"[①]也就是说，宪法必须有一个保证其基本立法精神的硬核，正是这一硬核保证了宪法的刚性，使其在不断的修改适用中不致会被替换为立法精神迥异的宪法；宪法也需具备一个柔性的外围或者弹性的边界，从而使其能通过调整和伸缩其外围边界的方式，适应法律解释和适用的具体情形，从而保持一种理论与实践交织中的实践理性。

最后，良性的宪法运作还要求人民有对宪法的自觉信仰。一个社会中的人民对宪法的态度，也是检验宪法是否能够良性运作的重要标志。如果该社会中的人民能够自觉地信仰宪法，自觉遵守和维护宪法，制定良好的宪法才能真正发挥作用，取得良好的制度效果。反之，"假使人民存了轻视法律的态度，对于法庭的解释，法庭的判断，不知遵守，时时刻刻只知顾全自己目前的私利，而不计社会全体的幸福，那末，无论怎样完备的宪法只是等于废纸，毫不能发生什么效果。"[②]而在一个社会中，人民对宪法的这种自觉信仰的养成，实际上就是该社会中的意识形态培育的问题。按照诺斯的看法，一个有着稳定而有效的意识形态的政治共同体都能"赢得新团体的忠诚，或随着外部条件变化也可以得到老团体的忠诚"，而且"一种公正的制度只有通过个人积极参与变革制度才能产生"[③]，从而激发出社会中每一个个体对制度运行、维护与改革的自觉积极拥护，也就能产生出对宪法的尊重与信仰。也正是在此意义上，"在有文化的生物群体中，文化会增强那种通过学习而选择的均衡"[④]。一个良性宪法制度有效运行才变得既是可欲的，又是可能的。

【本章由王焕炎（安徽师范大学法学院公共管理系讲师、博士）撰写。】

①张慰慈：《政治学大纲（外二种）》，安徽师范大学出版社2017年版，第276-277页。

②张慰慈：《政治学大纲（外二种）》，安徽师范大学出版社2017年版，第122页。

③[美]道格拉斯·C.诺斯：《经济史上的结构和变迁》，商务印书馆1992年版，第61页。

④[美]布莱恩·史盖姆斯：《社会契约演化论》，申海波、杨培雷译，上海财经大学出版社2012年版，第89页。

第十二章　政治制度研究及比较政治制度领域的开辟

张慰慈是一位真诚的自由主义爱国知识分子，他秉承学术救国的思路开展其学术研究，在民国政治学研究领域做出了杰出的贡献。他在政治制度研究方面着力甚多，论述涉及宪法宪政、政府形式、政党制度、选举政治、城市制度、家庭制度等很多方面。从地域上说，涉及欧洲、美洲的很多国家的政治制度，主要以英国、德国、美国、俄国、巴西等国的政治制度为主；从时代上说，属于长时段研究，从人类社会的原始状态到他生活的民国时期各国政治制度，其中尤以近代政治制度为探讨对象。在政治制度研究中，张慰慈主要采用的是比较研究方法，或是对两种体制进行历时性比较，或是对两个或多个国家进行国别比较，可以说比较方法贯穿于其政治制度研究的方方面面，并形成鲜明的研究价值与特色。张慰慈的政治制度研究使其成为民国时期中国政治学研究的先驱者，在民国政治学研究领域具有举足轻重的地位。但由于历史、时代和学科发展水平的局限，张慰慈在政治制度领域的研究还存在些许缺憾和不足，对有些概念、理论、术语的理解和阐释或多或少带有一丝维护国民党统治的偏见。因为他在政治思想上是认同孙中山三民主义的，在政治态度上是偏向国民政府的，而且在历史观上带有明显的二元史观色彩。

一、政治制度研究及其特色

张慰慈是民国时期中国政治学研究的先驱者，在民国政治学研究领域具有举足轻重的地位。他在政治制度研究方面着力甚多，论述涉及宪法宪政、政府形式、政党制度、选举政治、城市制度、家庭制度等很多方面。他运用多种研究方法研究政治制度，形成鲜明的研究价值与特色。

（一）政治制度研究的方法

张慰慈在《政治学大纲》中总结自己的治学方法："我以为应用的政治学，应该把人看作国家的主体，把一切政治看作人类心理作用的表征，用历史的研究法，把政治现象变迁进步的因果探求出来，抽出进化的原因，找到进化的路线，更把各国各时各种制度各种学说，用比较的方法研究其长短优劣，拿来做我们现在的人研究现在政治现象的政治制度的工具。"[①]这种方法在政治制度研究方面表现得淋漓尽致。

首先，多学科交叉研究与比较研究相结合。张慰慈列举了五种政治学的研究方法，即生物学的方法、比较的方法、实验的方法、历史的方法和心理学的方法。这些方法并非是孤立运用，而是把它们有机结合以分析政治制度的历史及其利弊。"若比较的方法不同历史的方法并用，把特别环境看得太轻，把现有制度看作无根之果，确是一桩很危险的事。"[②]在探讨政府起源时反映得最典型，他列出了西方学术界几种观点，如神权说、契约说、血统说、强权说，并对它们进行比较评述，认为"契约说在政治历史上的功绩，确实是很大。近代政府的组织，与法律的观念，几乎没有不受契约说的影响"[③]。在西方政党制度、政府制

①张慰慈：《政治学大纲（外二种）》，安徽师范大学出版社 2017 年版，第 20–21 页。

②张慰慈：《政治学大纲（外二种）》，安徽师范大学出版社 2017 年版，第 17 页。

③张慰慈：《政治学大纲（外二种）》，安徽师范大学出版社 2017 年版，第 296–297 页。

度的研究中也运用了比较研究方法。因为他在研究政治制度时很关注，“比较的方法就是研究现在的各种制度，或从前的各种制度，拿这些制度做材料，用研究人的判断力，来比较这些制度的长短优劣”①。这种结合能够很好地揭示各种政治制度产生的原因、差异及其不同的影响力。

其次，历史分析与逻辑分析相结合。在介绍每一种制度时，张慰慈注重这种制度形成发展的过程，并注意从中探讨其走向或趋势。“凡研究一种学术，或一种制度，必定要远远的追究其怎样发生的，怎样变化到现在的样子。”②对此，他认为，“我们无论研究那种制度，必定要先明白三种情形：（一）这种制度是怎样发生的？（二）是怎样变到现在的样子？（三）设下这种制度的人到底是什么用意？制度本身到底有什么用处？这都是历史的方法中所研究的事件。”③如介绍选举制度时，先追溯到希腊、罗马时期的直接选举，再分析西方近代代议制各国选举的状况及其差异，进而探讨人权与民主政治的关系。他强调要用历史的态度研究政治制度，“从历史上看来，各种制度似乎是一点一点生长起来的，不是制造出来的。我们对于无论什么政治制度，要想明白其现在的情状和将来的变迁，必定要对这种政治制度从前情状和这样变成现在的情状的种种原因，有个精密的观察，有系统的研究；万不可学那‘断章取义’‘断代为史’的办法。”④但从历史的方法研究政治制度，并不是不要逻辑分析，因为“我们要想研究政治制度，应该观察从前的政治运动和现在民族的政治生活，考求那些政治思想怎样发生，和发生后怎样影响于实际的制度。从这些情形之中找出一个进化的原由，和进化的路线，做现在或将来政治改革的指南针。这就是历史方法的用处”⑤。这种结合能更好体现政治制度研究时结论的合理性。

最后，理论分析与现实案例相结合。张慰慈认为，“政治制度起源的问题实在包含两个问题，一个是最初时代政治制度的起源，又一个是

①张慰慈:《政治学大纲(外二种)》,安徽师范大学出版社2017年版,第16页。
②张慰慈:《政治学大纲(外二种)》,安徽师范大学出版社2017年版,第18页。
③张慰慈:《政治学大纲(外二种)》,安徽师范大学出版社2017年版,第18-19页。
④张慰慈:《政治学大纲(外二种)》,安徽师范大学出版社2017年版,第19页。
⑤张慰慈:《政治学大纲(外二种)》,安徽师范大学出版社2017年版,第19页。

国家的起源。”[①]因此他分析制度时，很注重介绍或分析制度形成的理论背景，结合具体国家的实例进行分析。如他对代议制的看法，他认为，“从历史上着想，代议制度并不是从古代直接民治制度中发展出来的”，“自从古代城市国家的组织消减后，直接民治制度也跟了消减，以后虽偶尔保留在几个范围较小的区域内，但在事实上，永未曾大规模的在任何地方恢复过。”[②]他认为，近代代议政治是英国地域性政治经验的产物。“代议制度是现今欧美政治制度的特点，是日耳曼民族分裂罗马帝国后的出产品。”“可是无论何如，代议制度确是首先在英国实行的，并不是因为英国人民较为自由只因为英王的权力较大较强于别国国王。采用了代议制度原则，英国就于无形之中把一个封建贵族的‘大议会’一步一步的改变为现代的第一个代表人民的国会。”[③]但直接立法制度却是发源自瑞士，再传播到西方其他国家。他还对美国阿玛那地方的共产制度进行了分析，认为共产制度并不只是一种无产阶级专政的制度，也不只是没有钱的人瓜分有钱人的财产的行为。真正的共产主义是一种很高尚的理想，是一种实行公平的制度。但美国的实验并不是发源于马克思学说或列宁的“过激”主义，而是源于耶教圣经[④]。这种结合能更好地反映一种制度的时效性和时代适应性。

（二）政治制度研究的内容

张慰慈的政治制度研究，从地域上说，涉及欧洲、美洲的很多国家的政治制度，主要以英国、德国、美国、俄国、巴西等国的政治制度为主。从时代上说，属于长时段研究，从人类社会的原始状态到他生活的民国时期各国政治制度，其中尤以近代政治制度为探讨对象。从研究重点上说，在1919年前后、1925年前后对苏俄的制度研究比较多，涉及俄国的新宪法、新银行法、土地制度、婚姻制度、遗产制度；在20世纪20年代初对英国的政治制度研究着力尤多，如英国选举制度、英国政府等。他的政治制度研究成果丰富，主要体现在《政治概论》《政治学大

①张慰慈：《政治学大纲（外二种）》，安徽师范大学出版社2017年版，第299页。
②张慰慈：《政治学大纲（外二种）》，安徽师范大学出版社2017年版，第323页。
③张慰慈：《政治学大纲（外二种）》，安徽师范大学出版社2017年版，第323、324–325页。
④参见李源编：《中国近代思想家文库·张慰慈卷》，中国人民大学出版社2015年版，第213页。

纲》《政治制度浅说》等著作以及一些相关论文中。1930年出版政治制度研究的集大成之书——《政治制度浅说》。该书共有25章，分别是第一章 人民与政府，第二章 什么是政府，第三章 政府的起源，第四章 政府的职务，第五章 成文宪法，第六章 专制政府与立宪政府，第七章 直接民治制度与代议制度，第八章 区域代表的制度与职业代表的制度，第九章 政党政府，第十章 选举制度（一），第十一章 选举制度（二），第十二章 选举制度（三），第十三章 人民的罢免权，第十四章 人民的直接立法制度（一），第十五章 人民的直接立法制度（二），第十六章 文官考试制度（一），第十七章 文官考试制度（二），第十八章 现代政府的组织，第十九章 英国式的内阁制，第二十章 欧洲大陆的内阁制，第二十一章 美国式的总统制，第二十二章 瑞士式的委员会制，第二十三章 俄罗斯式的苏维埃制，第二十四章 联邦政府，第二十五章 地方政府。

从其政治制度研究的代表作及一些相关论文来看，他的政治制度研究关注的主要问题大体如下：

1. 人民与政治的关系

张慰慈的政治制度研究从根本上就是探讨人民与政治的关系。这种关系涉及的制度有政府制度、政党制度、代议制度、选举制度等。这其中人民与政府的关系、人民与选举问题是重点。他认为，“凡人类社会愈进化，文化愈复杂，人民依靠政府之处亦愈多，政府在人类事务方面所占的地位亦愈重要。”①现代政府要保障人民的权利，“总而言之，现代政府的工作关系人民的生命，自由，财产，与幸福的营求，非常重大。”②无论什么人总得要知晓政府的性质及其组织。他向往的现代政府应是立宪政府，而立宪政府有两个大柱子，“一个是独立的司法机关，保障人民法律上的权利；一个是职权确定的行政机关。”③这样的政府才能体现政府的职责。

张慰慈强调人民决定政府的状况。“人民是造成政府的原料，有怎

①张慰慈：《政治学大纲（外二种）》，安徽师范大学出版社2017年版，第284页。

②张慰慈：《政治学大纲（外二种）》，安徽师范大学出版社2017年版，第288页。

③张慰慈：《政治学大纲（外二种）》，安徽师范大学出版社2017年版，第317页。

样的人民，才能有怎样的政府。贤人政治的观念也许有些益处，但总免不了‘人存政举，人亡政息’的弊病。理想政治决不能自动的发生效力，也得要人民去执行，方能有结果；并且理想政治也只能影响于人民的主观方面，使他们心目中存了一个进行的标准罢了。”[①]而且作为现代政治生活的重要角色的政党也是“人民的一种团体”[②]。因此，人民对于政治制度的影响十分深远。“人民不好，无论那样的制度都是不行的。共产制度将来是否能够大规范的实行这是一个问题，但无论如何，像现今的那种自私自利的人民，绝对不能实行共产制度的。各种各样制度的成绩都是人为的，共产制度的成就更得要靠人民的牺牲，顾全大局而不顾私利，服从公道而不闹意气，有自治的能力，不争名不争利，同时又能各尽个人的能力，为社会全体人民服务……但没有这样的人民，共产制度就很难有成功的希望。”[③]

张慰慈还发现西方政府的实质以及人民与政府关系的问题比较突出，“现今欧美各国均有了人民政府，这人民政府也不过是统治方法的一种，人民对于这样的统治方法，也是毫不关心的”[④]。他认为，“民治政制所以这样的难以实行，就是因为我们大家是在我们各人的最小世界生长的”，“这样的情形就生出我们现在的人民，不晓得民治制度的真义，一天到晚只计算他们自己的利益”[⑤]。他指出：“这种情形确是很危险的，将来政治制度也许与社会上的实际生活脱离关系，使人民对于政治完全失去兴趣。为救济这样的状况，人民的政治与经济生活实不得不连接起来。”而解决之道是设立“职业代议制度及其连带的经济议会”，并认为是“现代政府解决种种极重要的极复杂的问题第一步”[⑥]。

张慰慈认为，“选举制度是现代政府，特别是代议式政府的根基”，“人民的选举权是解决一切政治竞争的最方便的工具”[⑦]。所以人民与选

①李源编：《中国近代思想家文库·张慰慈卷》，中国人民大学出版社2015年版，第88–89页。

②张慰慈：《政治学大纲（外二种）》，安徽师范大学出版社2017年版，第334页。

③李源编：《中国近代思想家文库·张慰慈卷》，中国人民大学出版社2015年版，第216页。

④李源编：《中国近代思想家文库·张慰慈卷》，中国人民大学出版社2015年版，第467页。

⑤李源编：《中国近代思想家文库·张慰慈卷》，中国人民大学出版社2015年版，第19页。

⑥张慰慈：《政治学大纲（外二种）》，安徽师范大学出版社2017年版，第313页。

⑦张慰慈：《政治学大纲（外二种）》，安徽师范大学出版社2017年版，第342–341页。

举的关系也是他关注的重要问题。现代政治竞争主要是通过民众参与选举决定的，这种政治参与有利于政局稳定。他认为，“在现今那种民治式的立宪政府之下，政治竞争方面所用的武器不是枪弹，是选举票；决定各党派最后胜利的场所不是前敌的战场，是选举场上的投票柜”①。这种选举政治的结果使得英国自从1688年革命以后，这三百多年的历史始终未曾因政治竞争而发生任何的内乱；就是党派最复杂、政争最激烈的法国也没有在过去的五十多年之内因政党方面的冲突而牵动全国政治局面，使人民互相仇杀。

2. 革命与制度变革

近代政治思想与政治制度演进都与各国的革命有直接的关系。“所谓革命就是取消一种向来存在的制度，另行设立一种新的制度。……人类历史上所有重要的革命都是酝酿了百数十年才发生的。”②张慰慈对革命的征兆描述道：一是人民有一种不满意的态度，社会上有一种不安稳的状况，亦即国民心理和社会心理的变化；二是政治制度和政治渠道不能满足人民的需要，但是政治权力和势力尚能够压制民众反抗，亦即政治制度的不敷用；三是政治势力也完全丧失，政治丧失“行动的能力”③。

在张慰慈看来，革命推动了制度变革。因为人民权利的获得与革命密切相关，“从前各国人民没有选举时候，他们愿意为争夺这种政权而革命而流血”④。在英国“经过了几百年的历史，经过了人民一次的革命，无数次的奋斗，杀了一个国王，又驱逐出一个国王，英国才算走上这条立宪政府的大道”⑤。到了1688年革命的时候，“英国国会可以算是一个真真的立法机关”⑥。同样法国革命也推进了新制度的发展，“自从法国革命以后，代议制度的性质就有一种根本上的变更”⑦。他还对俄

①张慰慈：《政治学大纲（外二种）》，安徽师范大学出版社2017年版，第341页。
②李源编：《中国近代思想家文库·张慰慈卷》，中国人民大学出版社2015年版，第384页。
③李源编：《中国近代思想家文库·张慰慈卷》，中国人民大学出版社2015年版，第384页。
④张慰慈：《政治学大纲（外二种）》，安徽师范大学出版社2017年版，第343页。
⑤张慰慈：《政治学大纲（外二种）》，安徽师范大学出版社2017年版，第316页。
⑥张慰慈：《政治学大纲（外二种）》，安徽师范大学出版社2017年版，第326页。
⑦张慰慈：《政治学大纲（外二种）》，安徽师范大学出版社2017年版，第327页。

国十月革命给予高度关注，认为“此次俄国的革命，完全是一种社会革命，他们的宗旨是想把社会上种种不公平不道德的事，完全废弃，重新改造一个新社会。”[①]对十月革命后苏俄废除私有制、遗产继承制度等做法，张慰慈也予以评价。张慰慈认为，废弃承继遗产制度“是一个极好的政治试验场”，并表示“看他这种新法子试验出来结果何如”[②]。他还对俄国婚姻制度给以肯定，特别是私生子的权利问题，批评了外边的一些传言[③]。此外，他也对中国辛亥革命推动共和制度在中国的实践给以一定的肯定。

3.社会环境与制度变革

张慰慈在政治制度研究中，很关注制度形成的时代背景和社会环境，“社会方面的种种状况也与政治制度本身有很大的关系”[④]。这主要体现在小国与直接民权、历史与制度、现实状况与制度选择等问题的论述。他特别注重政治现象所处的环境，“把特别环境看得太轻，把现有制度看作无根之果，确是一桩很危险的事”[⑤]。注重政治制度的发展过程。对古希腊的直接民主，他认为，“这是欧洲古代人民直接执行行政权的民治制度。可是这样的制度也只有在那时候的一切特别状况之下才能适用”。即只能在“社会现象简单，土地的范围狭小，公民的数目约在四五万之间，希腊式的民治观念才能实行”[⑥]。而在现今时代，希腊式的直接民治制度决不能适用于“土地广大，人口众多，问题复杂的国家。自从古代城市国家的组织消灭后，直接民治制度也跟了消灭，以后虽偶尔保留在几个范围较小的区域内，但在事实上，永未曾大规模的在任何地方恢复过。现今欧美各国所通行的代议制度是根据于别种政治状况逐渐变化出来的”[⑦]。他在关注德国制度时曾指出：“在文化这样发达的德国，在民治主义极盛的时期，专制政体怎样可以成在？如要讲明这

①李源编：《中国近代思想家文库·张慰慈卷》，中国人民大学出版社2015年版，第13页。
②李源编：《中国近代思想家文库·张慰慈卷》，中国人民大学出版社2015年版，第14页。
③参见李源编：《中国近代思想家文库·张慰慈卷》，中国人民大学出版社2015年版，第10–11页。
④张慰慈：《政治学大纲（外二种）》，安徽师范大学出版社2017年版，第372页。
⑤李源编：《中国近代思想家文库·张慰慈卷》，中国人民大学出版社2015年版，第17页。
⑥张慰慈：《政治学大纲（外二种）》，安徽师范大学出版社2017年版，第320、321页。
⑦张慰慈：《政治学大纲（外二种）》，安徽师范大学出版社2017年版，第323页。

里面的理由，我们须要晓得德国最复杂的政治，和社会的情形。”①

张慰慈还认为，社会环境的差异既使一个国家内部有分权的必然性，“因国家的土地与人口增加，社会的与经济的生活复杂，人民智识提高并能明了政治方面的一切状况，政府权力就有分立的必要”②，又使各国政治发展道路存在差异，“各国人民的政治能力当然各不相同，同时还各有环境方面种种不同的状况及一种意外的阻碍或帮助，因之这条向立宪政府走的道路有时候好像是很平坦无阻的，有时候好像满是巨山大川，无论怎样是走不过去的”③。他还指出，瑞士的制度选择有其特定环境，“现今世界上却有一个瑞士国保持直接民治制度的精神同时又实行一部分的直接民治原则，但其政治状况实在很可以比得上其他各国。这是因为瑞士的种种情形确有特别的状况”④。在各类因素中，人民和制度的因素至关重要。“近来改革政治的方法须从人民和制度两方面入手，一方面须提高人民的智识，使他们能尽公民的职务；又一方面须采用适当的制度，使人民易于执行他们的职权。”⑤所以，“凡是一种好的制度也得要有一种好的政治习惯帮助，才能发生良好的结果。好的政治制度本身当然也能养成好的政治习惯，可在政治习惯未曾养成以前，无论怎样好的制度决不能在人民的心理方面生根的”⑥。

4.思想与制度演进

思想是制度的基础，制度的产生发展都有其思想理论支持。张慰慈在政治制度研究中，对思想与制度也有一定的探讨。这主要体现在对民治主义与代议制、列宁主义与苏维埃制度等问题的思考上。

民治主义与代议制方面，张慰慈认为，“代议制度是逐渐生长的，并不是在一个确定的时期内设立的，也不是依照什么人的预定计划进行的”⑦。代议政治因为涉及选举，“现今多数政治学者都承认选举是一种

①李源编：《中国近代思想家文库·张慰慈卷》，中国人民大学出版社2015年版，第49页。
②张慰慈：《政治学大纲（外二种）》，安徽师范大学出版社2017年版，第315页。
③张慰慈：《政治学大纲（外二种）》，安徽师范大学出版社2017年版，第315页。
④张慰慈：《政治学大纲（外二种）》，安徽师范大学出版社2017年版，第322页。
⑤李源编：《中国近代思想家文库·张慰慈卷》，中国人民大学出版社2015年版，第89页。
⑥张慰慈：《政治学大纲（外二种）》，安徽师范大学出版社2017年版，第372页。
⑦张慰慈：《政治学大纲（外二种）》，安徽师范大学出版社2017年版，第324页。

公共职务，并承认这个观念较之以选举权为人民天然权利的观念，格外适合于民治主义。”[①]但是张慰慈分析了代议制在不同时期的差异，“从前的代议制度是一种阶级的代议制度。从民治主义发生，各处的阶级制度打破后，阶级的代议制度也就不能成立。阶级主义的观念从根本上打破了。个人主义的观念就立即发生，所以这代议制度也就从代表阶级的机关变成代表全体人民的机关。社会上的人民均是平等自由的，各代表须由人口均等的各选举区域内选择出来。这就是现今各国通行的区域代表制度。”[②]而且他发现在20世纪以来欧洲的政治生活中，也有一些制度背离了民治主义，“我们实不能不承认那职业代议制度的实行与经济议会的设立确是很重要的。就是这一点已经可以证明现代政府实在觉得不能不与一般专家与各项职业团体的代表商议一切事务。可是这类情形却都不十分合于民治主义”，因为“无论是专家或职业团体代表参与政权却都能使他们变为社会上一种特殊的阶级的趋势”[③]。当然，张慰慈也对民治主义、代议制在不同国家的实施状况进行了详细分析，进而分析不同国家的国情与政治制度设计的关系。

列宁主义与苏维埃制度方面，张慰慈分析了苏维埃制度的产生发展，认为“俄罗斯苏维埃制度是一种苏维埃的阶级制度”[④]。苏维埃制度在思想上是反对欧美的民治主义，“俄罗斯所以采用这种苏维埃制度当然也有多少历史上的背境。在六七十年前，俄罗斯社会思想正在发生时候，人民对于西洋式的民治主义就已很显明的反对了。”[⑤]在路径上是通过十月革命而建立的，“差不多在几个月之内，俄罗斯已经变为一个共产主义的国家”[⑥]。1922年苏维埃社会主义共和国联邦成立，苏维埃社会主义共和国联邦的最高机关是联邦苏维埃会议。苏维埃制度在促进新国家建立、人民权利保障以及废除不合理的旧制度方面有积极的作用。但张慰慈也指出：人民的选举权的广泛性不足，“苏维埃俄罗斯把

①张慰慈:《政治学大纲(外二种)》,安徽师范大学出版社2017年版,第342页。
②张慰慈:《政治学大纲(外二种)》,安徽师范大学出版社2017年版,第327页。
③张慰慈:《政治学大纲(外二种)》,安徽师范大学出版社2017年版,第333页。
④张慰慈:《政治学大纲(外二种)》,安徽师范大学出版社2017年版,第430页。
⑤张慰慈:《政治学大纲(外二种)》,安徽师范大学出版社2017年版,第432页。
⑥张慰慈:《政治学大纲(外二种)》,安徽师范大学出版社2017年版,第428页。

选举权限于工人农民与兵士，并以明文规定，凡雇用工人的雇主，或其进款不是从本人的劳工方面得到的，如商人，经纪人，教士之类都不能参与选举。”[①]城乡比例不合理，“从这种分配代表的方法看起来，城市的劳工是一种有特权的阶级，城市代表与农村代表数目比较起来差不多是五与一的比例”[②]。同时“这种制度把人民与执政者两方面隔离的太远”，因为“从农民到人民委员的距离差不多有六七层，执政人员对于人民负责只是一句空话而已”[③]。更重要的是，这一制度的社会基础薄弱，“俄罗斯大部份人民向来没有像西欧人民那样趋向于民治主义，并且他们的情形又是适合于这种小组织的苏维埃制度。俄罗斯的政治经验与习惯可以算是很空洞的，布尔赛维克党就把‘苏维埃’这个字填上去。所以现在有了这俄罗斯式的苏维埃制度”[④]。

（三）政治制度研究的价值

民国时期中国政治学研究出现一批杰出的政治学家，为推进现代中国的政治学体系构建作出了重要贡献，张慰慈是其中的早期代表人物之一。张慰慈的政治制度研究有其重要价值，最直接的就是深化了民国时期对欧美和苏俄政治制度研究，这不仅在政治学学科建设上有重要意义，而且也对当时的大学政治学专业建设有一定的作用。

1. 帮助中国了解域外政治制度

自晚清中国引进西方政治学以后，中国人追求强国进程中，对政治特别是民主政治的追求十分强烈，但在选择性学习外国的过程中，政治思想理论的引进比较多，而一直没有系统地对世界各国的政治制度及其背后的历史文化进行系统介绍与研究，特别是理论与实际相结合的研究更为缺乏，而张慰慈的政治制度研究弥补了这一缺憾。胡适在评价张慰慈《市政制度》一书时说：“不偏重制度的介绍，而兼顾到制度背后的理论与历史”是该书一个特别的长处，因为“单介绍外国的制度，而不懂得这些制度的意义，是没有益处的。制度的意义不全在理论的如何完

---

①张慰慈：《政治学大纲（外二种）》，安徽师范大学出版社2017年版，第346页。

②张慰慈：《政治学大纲（外二种）》，安徽师范大学出版社2017年版，第433页。

③张慰慈：《政治学大纲（外二种）》，安徽师范大学出版社2017年版，第431页。

④张慰慈：《政治学大纲（外二种）》，安徽师范大学出版社2017年版，第432页。

美，而在它的历史的背景，——在它的如何产生。”①张慰慈应是民国前期政治学家中向中国系统介绍外国政治制度的杰出代表人物。

2. 拓展民国政治学研究的新空间

高一涵在为张慰慈《政治制度浅说》一书所作的序中认为，“我总感觉到近两年来，上海方面出版的著作，大多数偏重在理论方面，至于叙述实际的政治制度的，总是很少。有许多人，一谈起抽象的理论，也说得天花乱坠，可是一问他们这些理论用什么制度才可以实际表现出来呢？多半是给你一个含糊的回答”。“这个闷葫芦教我们一时怎么打破！”②张慰慈打破了这个“闷葫芦”。他的政治学研究注重理论与制度的结合，因此影响很大。他的理论主要建构在国家与社会分离的基础上的，如在政府问题上所体现的，“政府的职务虽没有确定的范围，社会上却有一部分的事务是政府所不能干涉的”。他崇尚以西方自由主义，同时结合孙中山三民主义作为政治学（包括政治制度）研究立论的基础。民国十二年（1923年）出版的《政治概论》被胡适称赞书中“处处注重政治生活的训练和政治制度的意义”，是普通公民应该阅读的一部很好的政治学教材。《政治制度浅说》出版时高一涵给以高度评价，“这本书完全以叙述各国实际的政治制度为主，即有理论，也是从实际的政治制度中抽出的理论，绝不是不谈论理的著作，也绝不是专谈理论的著作。我很希望慰慈兄这本小书，收得转移国人研究政治的方向的效果。”③他的研究方法也为深化政治学特别是政治制度研究奠定了坚实的基础。

3. 推动了民国高校相关学科专业建设

张慰慈有关西方城市发展问题的研究，特别是市政制度的研究对民国时期有的高校学科专业建设产生积极影响。智效民根据自己的研究指出：在张慰慈的倡导下，中国政治学界很早就把市政问题作为研究对象，并在大学里设立市政专业。据复旦大学出版社1985年版的《复旦大学志》记载，复旦大学政治学系在1927年就成立了市政组，到1929年

①胡明主编：《胡适精品集：人生有何意义》，光明日报出版社1998年版，第380页。
②张慰慈：《政治学大纲（外二种）》，安徽师范大学出版社2017年版，第281页。
③张慰慈：《政治学大纲（外二种）》，安徽师范大学出版社2017年版，第282页。

成立市政学系，其主要课程有：市政学大纲、美国市政组织、欧洲市政组织、中国市政沿革、中国地方政制，以及市公安、市教育和市卫生等。直到抗日战争爆发后，该校市政系才被迫停办。

还应当承认，张慰慈的政治制度研究奠定了他个人在民国政治学研究的突出地位，对民国时期中国政治学研究保持与当时世界同行领先水平同步也有积极作用。不过在当时动荡的中国，其政治制度研究的政治实践功用却是不足的，尽管他做出了自己的巨大努力。

（四）着力研究政治制度的动因

张慰慈20世纪30年代前被称为是学问家，30年代后为活动家，他着力从事政治学尤其是政治制度的研究，这是由于他对政治学研究意义有深刻的理解，“拿来做怎样应付现代政治环境，解决现在政治问题，创造新政治局势的工具”[①]。也就是说，他研究政治制度有其直接的现实目的性。

第一，针对民初政治秩序的混乱。民国初年中国社会在经历短暂的共和民主尝试之后，随即陷入政治混乱之中，如何为中国谋求出路，是知识分子义不容辞的责任，张慰慈作为当时留学归国政治学人才不可能对此熟视无睹。“我们中国虽则不能算有过民治政体的经验，不过从辛亥以后，人民也算举出过几届的国会议员。国会的短期成绩实在已经可以使我们寒心。”“我们的选民还配不上使唤那神圣不可侵犯的议员”，但国会议员完全受督军军人们控制，做了许多“卑鄙的事务”[②]。1923年，他指出，“这中华民国十二年的历史是我们国民最大的耻辱。我们虽则挂起一块共和国的招牌，其内容却反而不如专制国。这就可以见得政治上的形式是不重要的，我们所当注意的是形式背后的一切势力”[③]。中国如何走上民治的正轨是知识分子十分关心的问题，张慰慈的政治制度研究也因此有非常现实的针对性。

第二，立足五四后中国现实政治发展的需要。五四时期是中国近代

①张慰慈：《政治学大纲（外二种）》，安徽师范大学出版社2017年版，第7页。

②李源编：《中国近代思想家文库·张慰慈卷》，中国人民大学出版社2015年版，第468页。

③李源编：《中国近代思想家文库·张慰慈卷》，中国人民大学出版社2015年版，第87页。

历史发展的一个重要转折点，国际形势对中国产生了深远的影响，国内知识分子议政参政的热情高涨，如何改造中国，知识分子把域外各种主义都介绍到中国，张慰慈也着力研究欧美、苏俄的政治制度，以为中国发展提供新知新制。“就拿我们中国说罢，我们是要算比较很晚才脱离那种独裁的专制政府，直到了二十世纪的初期，一九一一年，才打倒满清政府，光复成功，建设现今的中华民国，可是这民国十八年的历史是我们最困难的时期，专制政府虽已推翻，但我们却还没有走上宪法（政）的轨道，所谓民权及其保障还是说不上谈不到。这可以见得从专制的变为立宪的政府不单是形式上的改变而已，同时还得要人民对于政治态度的改变及其他种种状况的更变，方能养成一种法治的精神，方能使人民与政府都依照确定的轨道执行一切事务。”①针对不公平的社会制度，他指出“不过狠可以使大多数的人细细儿想一想现在社会上的制度，我们还是要维持种种不公平的事，还是想一个法子来改良改良呢?”②从这一角度看，他的学术研究确有改变现状的要求，他日后从政也应有此导因。

第三，借鉴他国经验服务中国。张慰慈认为：“从专制政府到立宪政府，这条路程是很长不容易走。有几个国家的人民走了几百年就走上了，还有几个国家的人民像我们中国却走了几千年还没有走上。”③这表明他的研究真诚希望中国也能走上立宪政治的道路。因此，很注重发挥政治制度研究的借鉴作用。“我们只须细心研究欧美民治国在实际上的缺点，然后再斟酌我们情形，去改良那种欧美所通行的民治制度，如果大多数国人均能这样去做，我们或者也能规定一种较完善的政治制度。”④相对于中国，西方有其比较成功的民主政治历程，苏俄的社会变革也引发张慰慈强烈的研究兴趣，他依据“人类社会的种类是很多的，但从根本上着想，却都是相同的”⑤认识，认为俄国的问题也与中国社会发展有直接的关系，他强调“俄国问题既经与我们中国有最重大的最

①张慰慈:《政治学大纲(外二种)》,安徽师范大学出版社2017年版,第313页。
②李源编:《中国近代思想家文库·张慰慈卷》,中国人民大学出版社2015年版,第9页。
③张慰慈:《政治学大纲(外二种)》,安徽师范大学出版社2017年版,第315页。
④李源编:《中国近代思想家文库·张慰慈卷》,中国人民大学出版社2015年版,第469页。
⑤张慰慈:《政治学大纲(外二种)》,安徽师范大学出版社2017年版,第290页。

密切的关系，那末，非但俄国的外交政策能影响于我们的将来，就是俄国的内政也能直接的或间接的影响于我们的将来”，所以对俄国“万万不能处于旁观的地位。我们总得要时时刻刻的注意他们的行动和政策，我们总得要把苏俄看做我们中国的问题。”[①]因此，我们不难看出他着力于欧美与苏俄的政治制度，其目的就是以期能为中国政治发展做出自己的贡献。

（五）政治制度研究的显著特色

张慰慈政治制度研究关注的主要问题涉及权力分立与制衡、政党制度、代议制度、宪政、政体等国家理论问题，形成了自己鲜明的研究特色，这些特色使其研究具有明确的价值诉求和开拓性创新性。

1.热烈真诚的民主追求

张慰慈对民主有着强烈的追求，他不仅对民治政体有着特别的关注，而且十分强调分权自治的意义。其民主追求特别反映在两个方面：一是强调立宪政府的价值，阐发了立宪政府的特质。张慰慈所向往的那种立宪政府，包含四种特质：“（一）立宪政府是法治的政府，不是人治的政府；（二）被治者或者其一大部份有直接或间接由他们选出的代表，参与政治的权利，这种权利的用意是使他们能表示意志，及监督执政者执行政权；（三）包括在这种自治权之内，各地方区域对于他们地方上的特别事务也有自由决定的权利；（四）末了，人民自由权，财产所有权与使用权方面有一个确定范围，为政府普通立法机关职权所干涉不到的。”[②]他相信，各国都会走向立宪政府，尽管各自的道路有差别。二是重视人民权利，对人权有着独特的理解和认知。张慰慈在《多元主权论》中，分析了一元主权论的特征，指出这种理论“把国家抬高起来，把法律看做人民公共的意志，把主权当作国家的政治基础”，是要以“人民”的名义取代君主实现独裁统治。但是人民却“决不能包括全体人民，只不过是中等社会以上的人民罢了”，为此，他介绍了拉斯基等人的多元主权论，强调各种团体的权利，使之不受国家侵犯，也是为了建立

①李源编：《中国近代思想家文库·张慰慈卷》，中国人民大学出版社2015年版，第224、227页。
②张慰慈：《政治学大纲（外二种）》，安徽师范大学出版社2017年版，第316页。

一种各行各业都有自治权的分权的政治制度。他分析英法等国政治发展趋势，即形成职业代表制度、行政方面的分权、地方分权的趋势、基尔特社会主义、工团主义，其目的是“改造现今的政治制度”①。他强调人民的权利是不能被干涉和侵犯的，“人民的生命，自由与幸福的营求非但不受行政方面的干涉或侵犯，就是人民代表所组织的立法机关也不得有什么宪法轨道范围以外的举动，任意伤害人民的权利。”②对民主追求体现了他民权至上、人民至上的价值观。

2. 深邃宽广的研究眼光

张慰慈的研究眼光是独特的，可以用“深邃宽广”四字加以概括。所谓深邃，主要是用历史眼光，时代眼光看待政治制度的演进、影响及其趋向，即把政治制度研究放在历史和现实情境中，注重历史知识的运用和历史进程的梳理。张慰慈强调，“人类历史只是人民战胜自然环境的历史”③。从政治层面上看，“从独裁的专制政府到现今的那种立宪政府，中间曾经过极长的极复杂的历史，并且各国的情形又各不相同，有几个国家于几百年前早已打倒那独裁的专制政体，早已走上立宪政府这条大路上；还有几个国家直到最近时候才改变政体，从专制的变为立宪的。”④此外，在政党政治、选举制度、代议制度的研究方面都体现了他的历史眼光和时代眼光。这是因为他知道：“无论在什么地方，过去历史对于现代政治总有很大的影响。不懂得历史上的事实，我们就不容易懂得一个现代的政治状况。”⑤所谓宽广，就要用世界的眼光研究政治制度，即从全球角度关注政治制度研究。既关注欧洲国家的政治制度，也关注美洲国家的政治制度；既关注落后国家的政治制度，也关注发达国家的政治制度；既关注资本主义国家的政治制度，也关注社会主义俄国的政治制度。同时，也注意结合中国政治制度的演进。

3. 前瞻现实的问题关切

张慰慈很关注政治发展的现时代问题。当俄国十月革命发生后，他

①李源编：《中国近代思想家文库·张慰慈卷》，中国人民大学出版社2015年版，第85、86页。
②张慰慈：《政治学大纲（外二种）》，安徽师范大学出版社2017年版，第317页。
③张慰慈：《政治学大纲（外二种）》，安徽师范大学出版社2017年版，第313页。
④张慰慈：《政治学大纲（外二种）》，安徽师范大学出版社2017年版，第313页。
⑤张慰慈：《政治学大纲（外二种）》，安徽师范大学出版社2017年版，第304页。

把目光投身苏俄制度研究。当时很多的中国人对苏俄很恐惧和敌视，“大多数的人，听见‘俄国’这两个字，就觉得非常的害怕，因为俄国是‘布尔什维克’主义出产的地方，恐怕这种主义传出来扰乱世界。大家差不多把俄国看作世界人民的公敌。”而对苏俄的实际，“十个人之中恐没有一人能彀懂得明白。”[①]所以他着力关注了俄国的土地制度、宪法、苏维埃制度、遗产制度、家庭婚姻制度，并作出较为全面系统的研究，他希望将俄国发生的事和中国政治发展联系起来。他在研究中不定期否定了有关俄国现实的一些传闻，如他指出：“外边所传说的俄国妇女国有制度，完全是无据之谈。”[②]后来他因为俄国实施新经济政策后认为共产主义在俄国失败，并对苏俄的态度也发生一定的改变。他还对中国当时政治发展给以关注，如当时的地方自治问题、政府与总统关系问题、国会问题等。这种关切某种意义是反映了他对人类社会发展的关注和一种时代情怀。其政治研究的目的是“指导现在的人应付现在环境的方针”[③]。

4.能够作出比较公正客观的学术评价

张慰慈在其学术研究中不妄下结论。如他对政府起源的分析，“我们还不能确确实实的说定政府的来源，无数政治学者研究的结果只给我们不少关于政府起源的学说，每一个学说自然有一派学者极力主张，极力辩护，同时还有别派学者的种种非难与攻击。其中有许多学说完全是想象的，没有事实上的根据；有一部份可以算是类似科学的，因为也会采用一部份的科学方法，根据于一部份的科学的材料，推翻其他学说中种种非科学的谬论；至于那种最合于科学的理论却最不能满足普通一般人的心理。”[④]对制度的实效评价注意辩证分析。“凡是一种好的制度也得要有一种好的政治习惯帮助，才能发生良好的结果。好的政治制度本身当然也能养成好的政治习惯，可是政治习惯未会养成以前，无论怎样好的制度决不能在人民的心理方面生根的。并且社会方面的种种状况也

①李源编:《中国近代思想家文库·张慰慈卷》,中国人民大学出版社2015年版,第5页。

②李源编:《中国近代思想家文库·张慰慈卷》,中国人民大学出版社2015年版,第11页。

③张慰慈:《政治学大纲(外二种)》,安徽师范大学出版社2017年版,第21页。

④张慰慈:《政治学大纲(外二种)》,安徽师范大学出版社2017年版,第294页。

与政治制度本身有很大的关系。”[①]对民治政体的看法也是这样，“绝对的完善制度至今还没有发现过，这民治制度和别种制度比较起来，自然有优点，不过也有弱点”[②]“民治制度并没有改变人类的性情，只不过更改了自私心发现的孔道罢了”[③]。他还认为，在18世纪成为欧美政治学者信条的三权分立学说已经从历史经验和抽象理论上与19世纪以来的社会现实有了很大差异，“各国的政府虽在原则上采用三权分立的制度，在事实上早已把孟德斯鸠原来的观念改变了”[④]。他还特别肯定了瑞士政治制度，认为其“特点很多，在这立法机关一方面很有可以使我们注意的地方。第一，瑞士的立法机关要算是全世界各国国会中最能认真办事的一个。……第二，凡在选举时候，人民仍照常安静，绝不会像别国选举时候那样，发生什么骚扰的行动。第三，在立法机关以内，政党的势力也没有像别国那样大。”[⑤]

5. 勇于开拓的创新精神

张慰慈在政治制度研究中勇于批评不同的学术观点。如对社会有机体学说是没有价值的学术观点，因为这一观点背离人民与国家的关系。他认为，“社会是人类精神的结合，并不是一种有机体”，“这种方法是把国家的分子看作无目的、无独立的生命、无自由的意志，好像人民是为国家而生的，不是国家为人民而设的一样。这种观念，在国家工具说大盛的时代，当然没有价值了。”[⑥]

张慰慈还着力纠正学术界在他看来错误的观点。如对一般人对苏维埃的看法，“从普通人民的眼光中看起来，俄罗斯式的苏维埃政府只是共产主义与无产阶级专政的标记，所以对于苏维埃制度也就往往发生种种错误的见解。可是在事实上，苏维埃与共产主义是绝对不能混作一事的，共产主义是关于经济分配方面的一种学说，苏维埃是一种政治制

①张慰慈：《政治学大纲(外二种)》，安徽师范大学出版社2017年版，第335-336页。
②李源编：《中国近代思想家文库·张慰慈卷》，中国人民大学出版社2015年版，第467页。
③李源编：《中国近代思想家文库·张慰慈卷》，中国人民大学出版社2015年版，第468页。
④张慰慈：《政治学大纲(外二种)》，安徽师范大学出版社2017年版，第221页。
⑤张慰慈：《政治学大纲(外二种)》，安徽师范大学出版社2017年版，第423-424页。
⑥张慰慈：《政治学大纲(外二种)》，安徽师范大学出版社2017年版，第16页。

度，无论在共产主义，或在资本主义的国家，都能实现的。”[①]再如人们对创制权与复决权看法，对创制权与复决权，“现今多数人民都以为这种民权是新近发生的，所以往往就称之为“民治制度的新方法”，但在事实上，“这是一种错误的观念。创制权与复决权并不是新发生的，其历史差不多与民治主义本身同样的久长”[②]。又如他对政党存在合理性的认识。他发现无论政党的组织的会议、政党的领袖、政党的财政、政党的精神，都已受过各方面的痛骂，“政党制度早已受到各方面的攻击”。他还客观地指出欧美各国政党有五种功用：一是使意见相同的人民联合起来，并为共同主张的主义与政策能够实行。二是扩大政治参与。三是积极动员形成“人民的公意”。四是联结使政府中独立的与分散的各部分，使之成为一个很有系统效率极高的组织。五是相互制约。所以政党“是民治政府所不可缺少的要素，也是欧美那种党治政府的实际情形”[③]。

张慰慈同时尝试对一些政治问题提出自己的看法。如一般人都认为革命是激进的现象，但张慰慈认为“革命是一种极慢性的社会现象，其发生的时候须经长期的酝酿，革命成功以后又须经过长期的扰乱局面，才能逐渐的恢复常态”[④]。对不合理的制度，他断定“我们要明白世界上最没有公道的事就是这种神圣不可侵犯的私产制度”[⑤]。他对政党的发展环境也进行了思考，认为“严格的说起来，只有在现今的民治政府中，政党才有发达的机会。在独裁的专制政府之下，政党是很难有发展的希望，就是在那种一派专政或狄克维多Dictatorship党权的政府，如苏维埃的俄罗斯，法西党的意大利等类，也不能有自由的政党生活。在民治式的政府，人民有决定政府政策的权，或选举代表执行此项职权，可是人民对于这种种事务决不能有一致的意见，政党就是源于人民政见的不同”[⑥]。他还区分以党专政与以党治国，指出“假使一个国家，全国

①张慰慈：《政治学大纲（外二种）》，安徽师范大学出版社2017年版，第427页。

②张慰慈：《政治学大纲（外二种）》，安徽师范大学出版社2017年版，第367页。

③张慰慈：《政治学大纲（外二种）》，安徽师范大学出版社2017年版，第335、336页。

④张慰慈：《政治学大纲（外二种）》，安徽师范大学出版社2017年版，第266页。

⑤李源编：《中国近代思想家文库·张慰慈卷》，中国人民大学出版社2015年版，第8–9页。

⑥张慰慈：《政治学大纲（外二种）》，安徽师范大学出版社2017年版，第335页。

只有一党把持一切政权，如苏维埃的俄罗斯或法西党的意大利，这是叫做以党专政并不是以党治国。这是我们所应当注意的。”[①]更难能可贵的是，他努力探求社会心理对政治现象的影响。他认为，“人类生活现象都是心理作用的结果，人类的历史都是心理作用过去的陈迹，国家社会里面一切的制度都是心理作用的产儿，都是用来做达到人生目的的桥梁。所以用心理学的方法解释政治现象和政治制度，就是证明国家是为人类达到目的的工具，人是国家的主体，国家是为人而设的。”[②]

张慰慈是一个真诚的自由主义爱国知识分子，他秉承学术救国的思路开展其学术研究，在民国政治学研究领域做出了杰出的贡献。应当指出的是，他在政治思想上是认同孙中山三民主义的，在政治态度上是偏向国民政府的，在历史观上带有明显的二元史观色彩。

二、比较政治制度领域的开辟

张慰慈作为留学美国的政治学博士、游历欧美的中国学人，对欧美国家发达强盛的制度基础给予极高关注，在他为时不长的研究生涯里，出版和发表了丰厚的比较政治制度研究成果。20世纪30年代初期是张慰慈学术的成熟期与总结期，他不仅翻译了英国知名政治学者詹姆斯·布赖斯的《现代民治政体》，也完成了其系统阐述比较政治制度的著作——《政治制度浅说》，该书的出版开辟了民国政治学研究中的比较政治制度领域，某种程度上“收得转移国人研究政治的方向的效果”[③]。

（一）理论渊源与现实关怀

1. 民治政体：张慰慈比较政治制度研究的理论溯源

从张慰慈的研究成果来看，他从事比较政治制度研究的理论渊源主

①张慰慈：《政治学大纲（外二种）》，安徽师范大学出版社2017年版，第340页。

②张慰慈：《政治学大纲（外二种）》，安徽师范大学出版社2017年版，第20页。

③此为高一涵为《政治制度浅说》所做序中的评价。参见张慰慈：《政治学大纲（外二种）》，安徽师范大学出版社2017年版，第282页。

要来自英国著名的政治学家和政治活动家詹姆斯·布赖斯的《现代民治政体》。张慰慈对布赖斯的《现代民治政体》极度推崇，而他弃学从政的经历正如布赖斯本人的经历。布赖斯本是牛津大学的民法教授，出过几本专著，在英国、欧洲大陆甚至美国都声名鹊起。后来他做了英国内阁阁员、英国驻美大使，并周游世界。布赖斯利用多年的从政经验和游历经历，在书中对法兰西和瑞士、美国和加拿大、澳大利亚和新西兰的民主政体进行了深入分析，对民主体制的内涵、趋势和优劣作了全面论述。他无论到什么地方，总是详细考察各处的政治制度，并出版极有价值的书籍资料。《现代民治政体》就是他几十年从政和游历的成果，故而他能够把一百多年来各种民治制度的状况和成绩“详详细细地考验，完完备备地写了出来”。

张慰慈认为，布赖斯在《现代民治政体》中讨论为什么民治政体的成绩不能像当初所希望的那样好，我们所希望的民治制度究竟是什么？我们读过之后，细心研究欧美民治国在实际上的缺点，然后再斟酌我们的情形，去改良那种欧美所通行的民治制度，如果大多数国人均能这样去做，我们或者也能规定一种比较完善的政治制度①。由此可见，张慰慈研读此书，很大程度上是博采众长、为我所用，这便是当时中国学界先进知识分子的生动写照。

《现代民治政体》作为一本八十多年前的专著，对我们今天的政治学研究仍然有很多值得借鉴的地方。而那时的张慰慈凭借敏锐的政治洞察力和深厚的学术功底以及强烈的问题意识，对这本专著进行翻译，向中国人展示了一系列先进的政治思想。比如，在谈到“民治”这个词时，布赖斯是这么说的：“民治这个名词在近年来是被人用的很广泛的；有用作指示一种社会现象的，也有用作指示一种心理状态的，也有用作指示一种社交的态度的。……其真正的意义的确是指‘用投票表示主权意志的全民统治’。”而民治政体则是“指一种以合格公民之多数的意见为统治之政体，其合格公民必须占住民之大部分，最少四分之三，

①参见[英]詹姆斯·布赖斯：《现代民治政体》，张慰慈等译，吉林人民出版社2001年版，中译者序第7页。

然后人民的实力约能与他们投票的权力相当。”[①]“……投票是否能发生功用，全靠它前面是否有一个成熟的舆论作先驱。那些造就舆论的各种讨论，能够援助爱真理的公民，使他们投一张有意识的票。”“此外，在投票结束或没有选举的时候，舆论能够阻止党见的冲突，防限政治领袖之卤莽的行为，并且可以节制政党政府的滥用职权。”[②]这一系列表述说明了投票和舆论（也即公意）对于政治民主的重要作用所在以及投票和舆论密不可分的原因所在。

张慰慈对于欧美政治制度的了解大部分来源于《现代民治政体》，还有一部分来源于他在美国留学期间的所见所闻与实地考察。归国后，则主要来源于书籍、文献、新闻、报纸等载体。通过翻译《现代民治政体》，张慰慈主张细心研究欧美民治国在实际上的缺点，然后再斟酌我国的情形，去改良那种欧美所通行的民治制度。

2. 民国政治：张慰慈比较政治制度研究的现实关怀

阅读和翻译布赖斯的著作无疑深化了张慰慈关于欧美国家政治制度的理论认知和经验知识，反过来张慰慈对照民国的政治制度无不表示遗憾与失望，因此他通过发表文章和时政评论对民国政治及其政治制度进行了持续和深刻的批判，正所谓“爱之愈深、责之愈切”，这种做法基本上也是民国学人的普遍写照。

对于民国的所谓民治政体，张慰慈指出，“我们中国虽不能算有过民治政体的体验，不过从辛亥以后，人民也算选举出过几届国会议员。国会的短期成绩实在已经可以使我们寒心。我们的国会议员可以不必去替选民雇奶妈子，买雨伞，我国的选民还配不上使唤那神圣不可侵犯的议员，选民还没有那样大的权力和能力。不过我国的议员恐怕还替那般督军军人们做那些比雇奶妈子买雨伞还要卑鄙的事务呢。”[③]可见，张慰慈对“民治”的认知是理智和充分的，民治政体仍然有太多需要完善的地方，不能不顾其实现的客观条件，盲目地套用。而在中国，则有一个

①[英]詹姆斯·布赖斯:《现代民治政体》,张慰慈等译,吉林人民出版社2001年版,中译者序第2页。

②[英]詹姆斯·布赖斯:《现代民治政体》,张慰慈等译,吉林人民出版社2001年版,第160页。

③[英]詹姆斯·布赖斯:《现代民治政体》,张慰慈等译,吉林人民出版社2001年版,中译者序第7页。

更加漫长的历史过程要走。这些思想和论述，对于我们理解民治政体的内涵及其操作性，具有不可低估的作用。

在对当时民国议会表示失望的同时，张慰慈开始思考在民治与党治之间寻求中间道路。他对民治政府的缺陷进行理论与经验分析，从而寻找适合中国的政体形式。张慰慈反对割裂传统的政治实验，但并不等于拒绝一切创新进步，而是主张有步骤有选择，结合国情借鉴外国的传统①。正是基于此，张慰慈对于专家治国的精英政治表达了强烈的兴趣和认同，在分析德国政体的时候，他非常推崇德国式职业代议制和经济议会制度。他认为在议会结构中，最需要配备专家组成的议会，因为他们对于时政有更专业的经验和治国能力。相对于官僚政治和政客议会政治，专家政治是解决诸多问题的关键②。张慰慈认为好的行政机关不一定就是民选的，多数政治应该由专家来治理。利用专门人员立法，制定具体政策，是他政治主张中有鲜明特色的部分。张慰慈在介绍英国政体的文章中，充分肯定英国文官制度中让政务官与事务官分开的制度，认为这样的制度可以有效防止行政首领完全不会处理实际事务的问题③。

在《政治制度浅说》和《政治学大纲》的字里行间，可以发现张慰慈在这一阶段大量出书，有明显的资政之意。1928年开始，胡汉民与蒋介石围绕党权与军权孰高孰低问题展开争夺，张慰慈出版这两本著作，在书中重新梳理孙中山的“训政”理论，分析中国到底应该是要“约法之治”还是“党统治国家”的问题，对于讨论“如何训政”这一问题的意图十分明显。虽然精英治国是民治与党治的现实妥协，但张慰慈在比较了大量欧美政体之后，最为欣赏瑞士委员会制度（合议制），希望中国采用和借鉴。在他看来，这套制度不仅能够像美国那样避免欧洲比例代议制的立法机关与责任内阁制的行政机关那种被政党“扰乱”的乱局，又可以避免美国那种分权政府中立法机关与行政机关的相互扯皮。在他看来，这实在是最理想的政体，不仅效率提高，而且把一个本来四分五裂的联邦制的瑞士整合成一个民众不仅爱国，而且可以实行有效民

①参见李源编：《中国近代思想家文库·张慰慈卷》，中国人民大学出版社2015年版，导言第8页。

②参见李源编：《中国近代思想家文库·张慰慈卷》，中国人民大学出版社2015年版，导言第8页。

③参见李源编：《中国近代思想家文库·张慰慈卷》，中国人民大学出版社2015年版，导言第9页。

治的国家[1]。

张慰慈的观点更接近20世纪30年代的政治学家，主张先进行“训政”，后立宪。张慰慈、萧公权、陈之迈等政治学家与胡适最大的不同在于他们是经验研究者，许多观念都是基于大量的针对政体的实证研究提出的，对于民治问题抱着相对保守的观点，认为民智未开的情况下，有宪法也不会有宪政，此前需要有一个“训政”阶段。而从政治思想出发的胡适，自然与他们不同。这也是张慰慈对于30年代政治学研究的启发意义所在。今天我们重新阅读与理解张慰慈，反而可以找到一个新的视角，深入到自由主义者内部，去把握其对于现实政治问题分析存在的分歧的源头所在[2]。

(二)研究方法与主要内容

纵观张慰慈的著作和论文，不难看出他在对欧美民治国政治制度进行研究时，主要采用了三种研究方法：国别研究、比较研究、专题研究。张慰慈善于用历史主义、经验主义的理念来分析政治现象，并结合国别研究、比较研究的方法解剖各国政治制度。通过选取更有代表性的国家从整体上进行研究，他向我们展示了其他民治国家在制度建设上取得的成功经验。通过对几个国家在某些领域的比较，他给我们自己的制度建设提供了良好借鉴。通过对某个特定领域的政治现象的研究，他给我们展示了一幅生动的政治画面，我们可以从中看到从未看过的现象。需要注意的是，张慰慈在国别研究方面，除了就事论事地研究某一特定国家的政治状况，更多的是以比较的方式来进行更为直观的说明，是在比较研究基础上的国别研究。

1. 国别研究

张慰慈著述的《英国选举制度史》（1923年）和《英国政府纲要》（1924年）是国别研究的典型例子。作为“国会的老祖宗”[3]的英国，在政治制度上的建设和发展方面具有世界意义和重要影响，张慰慈也及时

①参见李源编：《中国近代思想家文库·张慰慈卷》，中国人民大学出版社2015年版，导言第9页。
②参见李源编：《中国近代思想家文库·张慰慈卷》，中国人民大学出版社2015年版，导言第10页。
③张慰慈：《政治学大纲（外二种）》，安徽师范大学出版社2017年版，第323页。

地跟进和关注了英国政制的特征和发展。在这两本著作中，张慰慈主要对英国选举制度的历史、宪法的特点、政府制度的特点、国会的职务、政党制度的特点、司法制度的特点等问题进行研究，对英国的政治状况进行了较深入的研究和评价。即使在今日，这两本书对于了解英国的宪法和政府、政党历史和独特的司法制度都有帮助。

（1）英国选举制度。张慰慈在《英国选举制度史》开篇便点明研究英国选举制度的意义和目的："在代议制的民治政府中，选举团是政府全部的基础。所以各种选举制度和选举方法确是非常之重要，是民治国人民所不能不研究的。著者的目的就想把英国选举制度的历史，和现今的选举方法，详细叙述，使读者能够明白这'选举权'的真确意义……欧美各国选举制度的历史确实可以给我们很多的教训……我们只须详确明白他们的历史，就可以根据他们的经验，再斟酌我们的状况，走一条最近的路程，达到'好政府'的目的。"[①]在英国选举制度中占据重要地位的下议院的权力的树立有一个历史过程，并不是一蹴而就的。1688年革命确定了议会是英国政府中至尊无上的机关。以后到了乔治（George）为国王的时候，议会选举国王的权力又确定了。但在那之后的一百多年内，政府中实在的权力并不在下议院。18世纪初期，实在的政权是在几个贵族手里，他们能利用当时腐败的选举制度，致使真正的人民代表不能选出，他们能用金钱贿赂选民，选出他们的党羽做议员，并能占据议会中多数席位。直到1832年选举改革法规定后，下议院才能真真执行它的政权[②]。

（2）英国的不成文宪法。张慰慈在《英国政府纲要》中，认为英国宪法是一种不成文宪法，可是其中却有许多成文规定。凡风俗或习惯固定以后，往往就得记录下来，规定在法律条文之内。英国宪法也有变为成文的趋势，但英国却永未曾把宪法上的主要部分汇编起来，成为一种成文宪法，所以英国宪法的大部分还是分散于历史上各时期的前例，习惯于法庭的裁决，这是一千几百年政治历史变迁的结果。

依照宪法的情形，英国政府制度有两种根本特点：第一，英国政府

---

①李源编：《中国近代思想家文库·张慰慈卷》，中国人民大学出版社2015年版，第93页。

②参见李源编：《中国近代思想家文库·张慰慈卷》，中国人民大学出版社2015年版，第108页。

是一种单一制的，不是联邦制政府。第二，国会至高无上的大权。国会的权没有限制，所以凡是国会所制定的法律总是合于宪法的，假使法律条文不合于向来的宪法惯例，宪法就算是修改了。但是，国会权力既然是无限制的，但是人民的权利也有保障。第三，英国宪法中有很郑重的宣言，保障个人的自由权利。如备带军器权利、请愿权利、言论自由、集会自由等。凡是人民所希望的各种权利或自由，已在英国根本法律范围有确定保障。第四，国会对于这类权利的保障，虽在法律上，有权随意限制、停止或废止，但除了万不得已时候，习惯与公意的势力很可以阻止国会的自由行动。与之相比，美国人用的方法是在成文的根本法律之内，加入极长的极详细的“权利宣言”。但是成文宪法上的确实保障无论怎样严密，其效果也至多等于英国式的保障，因为人民权利的保障并不在于形式方面的保障，却在于人民公意的一致使政府严格遵守[①]。

（3）英国式内阁制。张慰慈比较欣赏英国的内阁制，认为内阁制是英国对于政治制度方面一种极重大的贡献，并称英国内阁制“发展的最完备，成绩亦最优美”[②]。内阁制政府的特点就是立法机关的地位是至尊无上，超过其他所有的机关；并且立法与行政大权又集中在一个内阁，由其负责执行。国王只是名义上的行政首领，内阁才是事实上的行政首领；事实上的行政首领是对于立法机关或其一院负责直接的与法律方面的责任，并对于人民负间接与最后的责任，同时那名义上的行政首领却处于一种不负责的地位。这样一种集权的机关同时能够免去专权的行为，完全是因为对于国会负责的关系，所以内阁制往往又叫做责任内阁制。内阁的责任有两种：一种是法律方面的，又一种是政治方面的。所以法律方面的责任就是：国王的一切命令至少要有一个行政长官副署，假使这项命令是非法的，行政长官副署以后，就得代负一切法律上的责任。英国内阁制的形成与改革与英国不成文的宪法惯例有着密切关系。英国内阁制的组织既没有法律上的根据，又没有确定的范围，完全是根据于习惯的[③]。内阁制的组织是根据于历史上的情形逐渐变化出来

①参见李源编：《中国近代思想家文库·张慰慈卷》，中国人民大学出版社2015年版，第115–116页。
②张慰慈：《政治学大纲（外二种）》，安徽师范大学出版社2017年版，第400页。
③参见张慰慈：《政治学大纲（外二种）》，安徽师范大学出版社2017年版，第402页。

的，将来也能依照一切情形的变化逐渐于无形之中，不经法律方面的手续，更变其性质。

张慰慈对于内阁制演变进行研究，认为内阁制自英国形成以后，旋即散布到欧洲大陆各国。到了19世纪末期，法国、意大利、西班牙、葡萄牙、荷兰、比利时、瑞典和挪威均已实施内阁制，欧洲自从1917年以后所制定的宪法，除了俄罗斯，匈牙利与土耳其之外，都规定一种内阁式或类似内阁式的制度，德国、波兰、芬兰，腊特维埃（作者注：Latvia，拉脱维亚）、厄司陀尼埃（作者注：Estonia，爱沙尼亚）、立索尼埃（作者注：疑为Lithuania，立陶宛）、奥地利、南斯拉夫与捷克等国纷纷采行内阁制[①]，而在这些国家中，都没有英国的内阁制实施得良好。

2. 比较研究

比较研究方法是政治制度研究中最为普遍和主导的方法，张慰慈在承继布赖斯研究方法的基础上，对比较研究方法的运用达到了新的高度。布赖斯在《现代民治政体》中就曾重点论证了比较研究方法的学理价值和经验意义，他认为：第一，由于人类有相似的感情欲望、相似的思想程序和相似的发展经历，所以政治学才有可能成为一门科学，专门研究人类"共同的天性"。第二，要想从政治现象中获得真正的、确切的、直接的知识，最好的方法是置身于实际政治，或者用观察到的事实去研究历史，从而得出自己的结论。第三，由于自然环境、文化传统和历史发展等原因，政治学研究最容易被偏见所束缚、被党派所支配，或者从不完全的事实中得出完全错误的结论。使用比较研究的方法，不仅能避免这些错误，还可以把各国的特色去掉，在权衡各种制度的基础上，发现哪一种制度能够取得最大成就[②]。受布赖斯的影响，张慰慈在他的大部分文章、著作中，对比了大量的政体与政府结构，从历史经验与具体国家的国情出发，研究一国的政治制度，鲜明地刻着英美经验主义分析方法的烙印。张慰慈曾专门总结过自己的治学方法："我以为应用的政治学，应该把人看做国家的主体，把一切政治看作人类心理作用的表征，用历史的研究法，把政治现象变迁进步的因果探求出来，抽出

①参见张慰慈：《政治学大纲（外二种）》，安徽师范大学出版社2017年版，第406页。

②参见[英]詹姆斯·布赖斯：《现代民治政体》，张慰慈等译，吉林人民出版社2001年版，第14–19页。

进化的原因，找到进化的路线，更把各国各时各种制度各种学说，用比较的方法研究长短优劣，拿来做我们现在的人研究现在政治现象的政治制度的工具，做指导现在的人应付现在环境的方针。”[①]在政治制度研究上，张慰慈主要采用的就是比较研究方法，或是对两种体制进行历时性比较、或是对两个或多个国家进行国别比较，可以说比较方法贯穿于政治制度研究的方方面面。

一是专制政府与立宪政府的比较。从专制政府走向立宪政府是人类政治发展的不懈努力的成果，也是依然停留在专制政府的国家的必然道路。张慰慈总结了专制政府的特点：一个人的独裁统治，或是少数几个人的寡头统治；独裁的意志就是国家法律；独裁或寡头统治总是不稳定，时常出现人存政举、人亡政息的结局。相比较而言，立宪政府是那种依照法律原则行使职权的政府，其政策是根据于被治者全体的幸福而决定的，其人民的生命与权利是由法律规定的，由法律保障的，既不受他人的干涉，亦不容执政者的侵犯。立宪政府所包含的几种特质：首先，立宪政府是法治的政府，不是人治的政府；其次，被治者或者其一大部分有直接或间接由他们选出的代表，参与政治的权利，这种权利的用意是使他们能表示意志及监督执政者执行政权；再次，包括在这种自治权之内，各地方区域对于他们地方上的特别事务也有自由决定的权利；最后，人民自由权、财产所有权与使用权方面有一个确定的范围，为政府普通立法机关职权所干涉不到的[②]。除此之外，立宪政府还有两个重要基础：一个是独立的司法机关，保障人民法律上的权利；一个是职权确定的行政机关，所有行政官吏的职权都是由法律明确规定的，凡法律范围以外的一切命令都不能发生效力，凡一切非法的举动还须受民事的或刑事的处分[③]。通过分析比较英国、美国、欧洲大陆国家的立宪政府发展史后，张慰慈总结认为，从专制政府到立宪政府，这条路很长，不容易走。有几个国家的人民走了几百年就走上了，还有几个国家的人民像我们中国却走了几千年还没有走上。而走向立宪政府的成功之

①李源编：《中国近代思想家文库·张慰慈卷》，中国人民大学出版社2015年版，导言第7页。
②参见张慰慈：《政治学大纲（外二种）》，安徽师范大学出版社2017年版，第316页。
③参见张慰慈：《政治学大纲（外二种）》，安徽师范大学出版社2017年版，第317页。

道便是当一个团体从君主方面争到几种参与政治的权利，同时又得到几种不受政府干涉的特许权利，这类权力与权利往往又规定在一个很郑重的盟约之内，使之有一种永久性与保障，任何方面都不能侵犯[①]。如此，方能认为专制政府的终结、立宪政府的达成。

二是直接民主制度与间接民主制度的比较。直接民主与间接民主是政治学中长盛不衰的热议话题，两者在制度形式上的设计和结果大相径庭，在张慰慈那个时代，两者的术语称之为“直接的民治制度与代议制度”，关于两者究竟孰优孰劣，张慰慈从历史的和比较的角度进行了深刻剖析。西方古代的民治政体是一种直接的民治制度，凡政府一切最高权力是属于公民全体。全体公民的会议就是国会，也就是政府，合行政立法司法机关而为一。公民会议做的许多行政方面的事务，他们用投票方法决定当时各项重要问题。他们非但选举将军与其他行政官吏，并且又指挥军务，接待别国的公使，宣战及媾和，批准条约，管理内务方面与宗教方面的公共典礼，收受公共账目。他们也是立法机关，通过永久的法律。每次会议时候又发表命令，规定国家的大政方针，征收赋税或他种款项。公民会议或其一部分又是司法机关。公民全体组成一个巨大的法庭，受理并裁判一切民刑案件。这是欧洲古代人民直接执行行政权的民治制度。可是这样的制度也只有在那时候的一切特别状况之下才能适用，而并不能适用于现今土地广大、人口众多、问题复杂的国家[②]。现今欧美各国所通行的代议制度是根据于别种政治状况逐渐变化出来的，是日耳曼民族分裂罗马帝国后的出产品。张慰慈考察后总结认为，代议制度是逐渐生长的，并不是在一个确定的时期内设立的，也不是依照什么人的预定计划进行的。代议理论认为，人民要国家事务办理得好，他们也不必一定自己去办理，他们可以选择那有学问经验技术的政治家，交托他们办理，人民自己只须对于他们办理的成绩，表示批评而已。由此产生了代表各阶级的代表，由他们代理办理国家事务。各代表是一个阶级所派出的代表，会同其他阶级的代表，共同表示社会的意志。他并不是社会上一部分人民的代表，会同其他部分人民的代表，共

①参见张慰慈：《政治学大纲（外二种）》，安徽师范大学出版社2017年版，第315-316页。

②参见张慰慈：《政治学大纲（外二种）》，安徽师范大学出版社2017年版，第320-323页。

同讨论与全体利益有关系的事务。他的职权有极严格的限制，处处要听从其所代表的阶级的命令，如有新问题发生也得要随时请示[①]。这样的代议制度更适应人类政治历史发展的内在逻辑和人民参与政治的现实需求。

三是德国联邦制度与美国联邦制度的比较。张慰慈在1919年载于《改造》第3卷第5号的《德国新宪法中的联邦制度》中发表了他对德国联邦制度与美国联邦制度的比较，可归结为以下六方面。

第一，中央政府相对于地方政府的权力。德国：新宪法把划分各邦疆界的权力，完全交给中央政府。中央政府可以用宪法修改案的程式提出议案，把各邦土地的界限重新划分。美国：新邦加入，可由议会以法律通过，但中央政府万不能用修改宪法的手续来增加或减少各邦在上议院的代表数目。美国各邦权利，万不能由中央政府随意减少。

第二，各联邦在国家中的地位。德国：普鲁士在德国联邦中享有特殊地位。普鲁士国王同时做德意志皇帝，普鲁士对于全国重大事宜均有否决特权。各邦权力和势力非常不平等，土地完全根据各邦皇室势力分配。美国：各邦也有种种不平等，但不及德国这样强烈。

第三，政府的职权范围。德国：1867年北部日耳曼联邦成立时，政府的组织是仿照美国的宪法。而当时美国宪法大势是从分权趋向集权，集权主义已经战胜联邦主义。德国新宪法推广了中央政府的职权，中央议会享有比美国更广泛的权力。新宪法差不多把德国所有关于经济方面的事务完全交给中央政府处理。美国：美国政治趋势是集权主义战胜联邦主义。美国土地推广，人口增加后，中央政府的职权就觉得不够，所以中央政府的职权逐渐推广。

第四，中央政府与地方政府职权划分。德国：中央政府职权划分为两类，一类是中央政府专有，另一种是中央政府与地方政府共有。德国政府职权大部分是中央与地方政府共有的。如果地方政府法律与中央政府冲突，地方政府的法律无效。但是德国的制度有一大特点，别的联邦国是没有的：中央政府只规定各种法律的大纲，详细内容由地方政府填补。美国：中央政府的职权很死板、固定，法律不能经由地方政府填补。

①参见张慰慈：《政治学大纲(外二种)》，安徽师范大学出版社2017年版，第323-326页。

第五，中央政府对地方政府的管理方式。德国：分权倾向。中央政府委托地方政府执行中央法律而不另设官吏，中央政府法律完全由地方官吏在各地方执行，对地方政府有一种极高的信任心。不过中央政府对于地方政府还有一种管理权，掌握在法院手中。美国：集权倾向。中央政府在各邦之中设置许多官吏，执行所有中央政府的法律。

第六，中央政府对地方政府的监督。德国：中央政府在得到地方政府同意后，可派出各种委员，监督各地方管理。中央官吏和地方官吏发生政见上的冲突，可通过法律解决。中央政府要直接在各地方执行中央法律，需用本地方的人民来充任。美国：与德国相似。

张慰慈据此得出结论：德国的新宪法把各地方职权范围缩得很小。各地方的独立权，仅限于决定该地方政府组织的权力，而对于这个权力，也有限制。依照新宪法所规定，各地方政府必须采用民治宪法和议会政府，并且选民资格也由中央宪法规定，各地方不能更改。所以在组织方面看来，德国的联邦制度差不多是“只有一个名目而已”①。

四是英美政党制度比较。政党是民治政治中的主要活动主体，从某种意义上说，可以认为“现今的民治政府都可以叫做政党政府”，其实质就是“政党执行政权的政府”②。政党制度主要有两类：两党制与多党制，其中英美两国的两党制最具代表性。英美两国之所以形成两党轮流执政格局，张慰慈认为是英美两国人民以为两党制是一种最自然的政党制度，盖因“两国历史上惯例只有两个政党，往往是一党当权，一党在野，两党轮流执行政权，表示一种很有秩序的状况；英美人民也就觉得这两党制是很有利益的”③。而从英美两国政府体制来看，英美两国虽都为两党制，但政党的形成、地位和作用，以及政治过程却大相径庭。在英国，政党制度是与内阁制度相伴相生，政党是在政府组织以内活动的，政党的组织与政府的组织是混合的。英国的所谓内阁制就是内阁阁员当权的政府。内阁阁员是行政方面的首领，是立法机关中的中心人物，同时又是执政党的领袖。下议院中执行立法权的多数党能使内阁

①李源编：《中国近代思想家文库·张慰慈卷》，中国人民大学出版社2015年版，第23页。

②张慰慈：《政治学大纲（外二种）》，安徽师范大学出版社2017年版，第334页。

③张慰慈：《政治学大纲（外二种）》，安徽师范大学出版社2017年版，第337页。

对其负行政方面的一切责任，并以其实力援助内阁的地位。与内阁及国会多数党处于反对的地位是另一个党，或叫做少数党或叫做反对党，其领袖是时时刻刻等候内阁的推倒，以便出来执行政权。内阁制的政府不单是一个政党政府，并且内阁制如能顺利进行，其主要的条件就是只能有两个大党，不能另有第三党，每一个一定要有能够监督其他一党的势力，同时又必定要有一党能在下议院中占到极大的势力[①]。在张慰慈看来，美国虽则也是两党制的政府，但英国的情形又是极不相同的。在美国，政党是在政府范围和宪法范围以外的。当初制宪时候，国内一般主要人物如华盛顿等都是反对政党派的，他们以为政府职务可以由一般最有名望最有道德学问的人，依照宪法条文执行，总统也可以由各邦举出总统选举人。所以以后政党的发生完全是在法律范围以外的，法律是不承认政党这样的组织，可是政党的存在却更变了美国宪法的精神，更变了美国政府的性质。从政党方面所发生的种种惯例事实差不多变成美国的一种不成文宪法，于无形之中修改了成文宪法的条文，美国总统的选举从间接的变为直接的是因政党的发生而更改的，并且又是一种不成文的规定。直到最近时期，美国各邦才以法律规定各政党的种种行为，使之也受法律的节制，不得像从前那样的任意胡作非为，但法律所规定的只使政党与人民关系方面受得种种的限制，政党本身的一切事务还是可以自由执行的，政党与政府本身还没有发生法律上的关系。比方政党中最重要的首领或职员，如全国执行委员会的主席，还不是政府的官吏，政党的党纲是由私人组织的会议制定的[②]。

3. 专题研究

除了对英国的典型国别研究和系列比较研究之外，张慰慈又按照民治政治的几个重要制度进行了专题研究，其中最为突出的就是选举制度、人民直接立法制度和文官制度的研究。

（1）选举制度的专题研究。在民治立宪政府之下，政治竞争方面所用的武器不是枪弹，是选举票；决定各党派最后胜利的场所不是前敌的战场而是选举场上的投票柜。“人民的选举权是解决一切政治竞争的最

①参见张慰慈：《政治学大纲（外二种）》，安徽师范大学出版社2017年版，第338页。

②参见张慰慈：《政治学大纲（外二种）》，安徽师范大学出版社2017年版，第339页。

方便的工具。”“除了独裁的专制政府之外，任何政府都有一种选举式的制度。”[①]可以说，选举制度是现代政府，特别是代议制式政府的根基。其内容包罗万象，范围广泛，包括选民的资格、选民的注册、选票的格式、投票的方法与程序、选举诉讼的程序及其判决的方法等。

讲到选举的资格，张慰慈进行了历史的分析和归纳，认为什么人是应当有选举权的，什么人是不应当有的，各时期与各国都不相同。在过去的一百年之内，选举权的逐渐推广，从范围很狭的、很不公平的、间接的到普通的、平等的、直接的选举制度要算是民治制度发展的历史上最重要的一章。选举资格方面的种种限制，如宗教的、经济的、社会的、性别的，一种一种地取消，到了现在，各国差不多可以算是实行普通选举制度了。选举制度经过这一百多年的变化，可以算在多数国家已经达到了普通选举的目的。可是所谓普通选举也只是相对的，并不是绝对的。在事实上，就是最民治的国家也有种种规定，限制人民的选举权，大概也只有年岁成熟，道德与智识足够一种相当程度，才能执行这选举职务[②]。

在选民注册问题上，在无论哪一国，只有那种有法定选举资格的人民才能参与选举，并且他们的名字还得列入选民册之内以后，方能投票。所以在选举之前，各选民还得要亲自到注册官处注册，并须报告他的籍贯、年龄、住所、职业等项，确实证明他有法定的选举资格。有时候他还须在名册上签字，以便防止选举时候有冒名顶替的弊病。在注册时候，各大政党大概都有代表在场监督一切事情。凡不合法的注册，均按照刑事法律，施以相当的处罚。由于选民未必是各个人能够热心政治，各个人能够亲自到场注册，所以往往选民册上遗漏的合格选民是很多。因此，有许多国家已经改变方法，把选民注册的事务作为政府的职务，由政府办理，实现了从自主注册到政府登记的转变[③]。

投票方面，主要方法有两种：一种是公开的，又一种是秘密的。假使选民要自由执行其选举权，第一个要件就是保障选举票的秘密。公开

①张慰慈：《政治学大纲（外二种）》，安徽师范大学出版社2017年版，第341页。

②参见张慰慈：《政治学大纲（外二种）》，安徽师范大学出版社2017年版，第344-346页。

③参见张慰慈：《政治学大纲（外二种）》，安徽师范大学出版社2017年版，第356页。

投票方法的弊端已备受诟病，因为选民所选的人既为大家所知道，他们就难免不受那有钱或有势力的人所威逼，不得不服从，不能自由表示意志，所以在18世纪与19世纪时候，有许多国家早已改用一种无记名投票制度，这就是在选举时候，选民须把被选人的姓名写在一张票上，投入票筒内。无记名投票制度通行后，各国又规定了许多详细法律，保守选举票的秘密。澳大利亚，更进一步，改用一种正式选举票制度，这就是由政府预备选举票，由政府官吏在选举场上发给各选民，每人一张，选举票不是一张空白票，凡已经正式决定的或正式提出的各候选人姓名都印在上边，选民得到了这张正式选举票，即走进一间密室，在候选人姓名旁边，画一记号，就算他所举的，然后再将该票折叠起来，投入票筒内。这就叫做澳大利亚式无记名投票制度，是现今各国都采用的制度[①]。

选票分配和计算上，张慰慈紧跟世界政治学前沿，及时了解了选举活动的新动向和新进展。之前所通行的办法，各候选人如能得到多数票，就算是当选，所谓多数票又往往是只超过别人所得的票数，并不是总票的多数。所以在这样状况之下，多数党的候选人可以当选，少数党的候选人永没有当选的机会。因有这种种的不公平情形，政治学者也曾经提出种种的新方法，想革除选举方面的不公平，使每一张选举票能有同等的价值，使少数党也能在国会内占到多少议席，或使各党在国会内的代表，须与各该党候选举时候所得的票数成一比例。这种新方法就叫做少数代表制度或比例代表制度[②]。少数代表制度与比例代表制度的种类很多，其中有一种是叫做海尔（Harl）投票法，另一种称之为D'Hondt System，即名簿投票法（作者注：现称为“汉狄法”），此两种方法都在欧美国家较为流行[③]。

（2）人民直接立法制度的专题研究。人民直接立法制度是人民主权原则的制度保障，根据人民主权原则，规定一种直接立法的方法，使人民能够执行他们最高的权力。该制度的直接权力依据是创制权和复决权，其中，创制权是一种方法，依此方法，选民可以直接制定法律；复

①参见张慰慈：《政治学大纲（外二种）》，安徽师范大学出版社2017年版，第349页。

②参见张慰慈：《政治学大纲（外二种）》，安徽师范大学出版社2017年版，第350-351页。

③参见张慰慈：《政治学大纲（外二种）》，安徽师范大学出版社2017年版，第351-352页。

决权是另一种方法，依此方法，选民可以否决立法机关所通过的法律。所以有人把创制权比作一把剑，人民用那把剑可以砍出一条道路，使他们自己的意见成为法律；复决权比作甲胄，人民用那种甲胄可以抵御违背民意的法律，使之不能成立①。

瑞士是创制权与复决权的发源地，瑞士各邦早已实行各种样式的创制权与复决权。从瑞士的发源地，创制权与复决权才推广到美国及一战后的各国。虽然人民直接立法制度在欧美国家普遍实施，但每个国家实施的程序和效果却不尽相同。张慰慈认为，在世界各民族中，瑞士人民恐怕要算最配执行这种直接立法权。瑞士选民的数目是很少，但智识是很高的，并且创制权与复决权又是本地的出产品，差不多各个人都晓得怎样去应用。但在美国，只因一切的状况不同，所以效果也就不同了。在美国，选民数目非但是很多，并且又散处于一个极大的区域。政府每年制定的法律，数量又多，其内容又甚复杂。所以，直接立法制度在美国并不是很相宜②。

随后，张慰慈又对欧陆国家的人民直接立法制度进行了比较分析，总结认为欧洲各新宪法中所采用的直接立法制度有与瑞士美国相同的，又不完全相同，是他们自己创造的。同时，对德国、腊特维埃、厄司陀尼埃、奥地利、立索尼埃、捷克等国的直接立法制度进行了分析比较。直接立法制度的最大的价值就是使人民对于几个重要的问题表示一种确定的意志，不以政党的意见为他们自己的意见，决定他们所应当采取的态度。但在这一点上，张慰慈比较后认为，欧洲各新国家没有做到，恐怕就是美国也没有做到③。

（3）文官及文官考试制度的专题研究。文官是民治政府运行和公共事务处理的主要力量，文官的遴选关系到民治政府的民治意愿和管理能力。张慰慈在这部分主要以英美两国为例，详细探析了文官和文官考试制度的具体内容。在英美两国基本确立了“文官中立”的原则，所有事务官与政治没有关系的，是专门的人物。他们的任期是永久的，并不是

①参见张慰慈:《政治学大纲(外二种)》,安徽师范大学出版社2017年版,第366页。

②参见张慰慈:《政治学大纲(外二种)》,安徽师范大学出版社2017年版,第372页。

③参见张慰慈:《政治学大纲(外二种)》,安徽师范大学出版社2017年版,第378页。

因当权政党的更换而更换。他们是永远做他们的例行事务，内阁的更换政局的变动，与他们是毫不发生影响的[①]。

而在文官考试制度的理念和设计上，英美两国却存在较大区别。在文官考试制度的设计理念上，英国人总以为考试录取的人一定要有学问有能力，能够从最低级的地位一步一步地升到最高级的地位，至于在考试时候他们是否能明了某种职位的特别性质与职务，那是无关紧要的。英国人的根本观念就是要使人民把政府的职位看作一种职业。所以在英国，很多的大学卒业生都愿意参与文官考试，因为政府职位也是一种很好的终身职业。但美国却不同，美国是一个新发展的国家，凡工商业方面的种种机会是很大很好，人民谋事的机会是很多，发展其才能的方法亦甚多，不必都从政治方面去谋生活了。所以美国的文官考试并没有多大的引诱力，大学卒业生大都不愿意参与这种考试[②]。正因为理念的不同，在考试的具体设计上，英美两国采取完全不同的两种做法，英国文官考试的重大特点，就是考试时候的题目与被考人将来执行的职务没有关系。考试的目的并不是要确定被考者是否有几个专门智识，只是确定被考者的普通常识与普通学问，属于现代常说的“复合型人才”。美国的文官考试并不像英国那种学校式的考试，都是很具体的，很切于实用的，是要试验那般谋官职的人是否有实际的能力，执行其所谋的事务，按现代说法就是“专业型人才”。

（三）简要的评述

作为民国时期重要的政治学者，张慰慈在很长一段时间却被历史和后世学人所遗忘，这既有中国政治历史变迁的原因，也与张慰慈本人弃学从政的传奇经历有关，但客观公允地说，张慰慈在政治学特别是在比较政治制度领域的研究可谓引领潮流，其研究贡献卓著，影响深远。

评价张慰慈在比较政治制度领域的学术贡献，应该将张慰慈置于民国时期的政治学研究的实际中。纵观民国时期的政治学研究，“大多数偏重在理论方面，至于叙述实际的政治制度，总是很少”，然而“谈原

①参见张慰慈：《政治学大纲（外二种）》，安徽师范大学出版社2017年版，第382页。

②参见张慰慈：《政治学大纲（外二种）》，安徽师范大学出版社2017年版，第384、391页。

理不谈制度，结果只有葬送原理”[①]。所以，民国时期的政治制度研究相较于理论方面的探究要薄弱许多。正因为如此，张慰慈将其研究重点转向政治制度研究，开辟了比较政治制度研究领域，某种程度上确实“收得转移国人研究政治的方向的效果”。其中，张慰慈的《英国选举制度史》（商务印书馆1923年）被认为是最早的专题研究性著作[②]。自他的《政治制度浅说》（神州国光社1930年）出版发表后，学界关于比较政治制度的研究成果如雨后春笋逐渐繁盛。其中具有影响的著作按出版次序，大致有：潘楚基编的《各国政治制度》（世界书局1931年）、胡越著的《比较政治》（神州国光社1933年）、刘迺诚的《比较政治制度》（商务印书馆1934年）、沈乃正的《比较政治制度》（中华书局1934年）、樊德芳著的《英国首相制与美国总统制之比较研究》（钟山书局1934年）、杨幼炯和符彪编的《各国政治制度》（中华书局1935年）以及萨孟武著的《各国宪法及其政府》（南方印书馆1944年）[③]。

评价张慰慈在比较政治制度领域的学术贡献，可以从几个具体层面加以分析：首先，从研究目的来看，民国政治学研究带有强烈的适应中国实际政治需求、经世致用的意图，张慰慈也不例外。张慰慈对于欧洲新政体新制度有敏锐的感知力，善于从中寻找优秀的制度介绍给国人，希望为我所用。之所以要编《英国选举制度史》，目的就在于“使读者能够明白这‘选举权’的真确意义，不至于到了投票的时候被一般腐败政客利用他们的权利，或者自命清高，放弃这种重要权利”。他的主张无疑对于启蒙国人、建设民治具有积极的意义。其次，从研究对象来看，民国时期政治制度的研究对象集中在美英法德意日苏这些所谓的“世界七大强国”，对其他国家着墨极少。虽然张慰慈在他的著作中也是以上述强国为主要对象，但他依然对瑞士和东欧、南美等区域也给予关注，并对他们的制度了然于胸，剖析精当，这在当时信息、资料落后的情况下，实属难能可贵。再次，从研究方法来看，民国时期政治制度的研究普遍采用了法律形式主义的以宪法文本为依据的探究路径，少有从

①张慰慈：《政治学大纲(外二种)》，安徽师范大学出版社2017年版，第281页。

②参见陈刚：《民国时期的比较政治研究》，《武汉大学学报》2012年第4期。

③参见陈刚：《民国时期的比较政治研究》，《武汉大学学报》2012年第4期。

经济、社会、文化等视角和理论进行比较分析的成果。张慰慈在这方面算是领袖群伦，在他的著作中大量采用历史的、社会的和文化的视角和方法对各国制度进行比较和分析，引证材料翔实，而且论断公允严谨，得出诸多真知灼见。最后，从研究内容来看，民国时期的政治制度研究注重对不同国家的宏观政治制度架构作静态的勾勒描述和介绍，较少探究中微观制度及其运行。从宏观静态描述介绍的代表有：钱端升先生的《法国的政府》和《德国的政府》、赵蕴琦编的《美国政府大纲》和《法国政府大纲》、丁云孙编的《英国政府大纲》等。不可否认，上述著作对开阔学界和国人的智识具有重要价值，但过多的编译和绍介总不能探究到制度背后的内在机理和运行过程。张慰慈的著作在这方面取得重大突破和进步，他的著作中不仅对政治制度进行全面深入的剖析，也有对具体某项制度的动态运行过程的解析。

张慰慈是现代中国著名的政治学家，应该充分肯定其在比较政治制度领域的开创性贡献。当然，由于历史时代和学科发展水平的局限，张慰慈在比较政治制度领域的研究还存在些许缺憾和不足，对有些概念、理论、术语的理解和阐释或多或少带有一丝维护国民党统治的偏见，但终究瑕不掩瑜。在今天的大环境下，重新发掘张慰慈的闪光之处，不仅为理解民国政治学人的一扇窗户，同时也不乏在现实政治中的借鉴意义①。

【本章第一部分由章征科（安徽师范大学政治学院教授、博导、博士）撰写；本章第二部分由弓联兵（中国海洋大学政治学系副教授、博士）、李易霖（中国海洋大学政治学系硕士研究生）撰写。】

①李源编:《中国近代思想家文库·张慰慈卷》,中国人民大学出版社2015年版,导言第10–11页。

结　语

研究工作总需要作出阶段性的小结，尽可能地表达研究者的基本意见，当然也可以藉以提出需要进一步研究的课题与努力的方向。根据我们现有的认识，大致可以对张慰慈这位历史人物作出几点概括性的结论，但需要说明的是，这种概括性的结论也只是粗线条的，而且其中亦有诸多的问题需要进一步研究。

第一，张慰慈是现代中国有影响的知识分子。张慰慈留学美国之前，在国内主要就读的是新式学堂，这样的求学经历决定了张慰慈乃是现代知识分子身份，而不是那种传统的士大夫阶层。现代知识分子与传统的士大夫有着根本的区别：就接受的教育而言，现代知识分子接受的是现代知识的教育，具有现代知识学基础，比较直接地与社会生活的实际相对接；而传统的士大夫所接受的乃是传统的儒学体系教育，形成的是“经史子集”的学问家基础，并不直接地与现实的社会生活实际相联系。就国家意识而言，现代知识分子主张民主政治，重视个人与国家的关系，具有鲜明的现代民族国家的意识；而传统士大夫乃是封建皇权主义的承继者、支持者、拥护者，坚持传统的封建专制主义的国家观。就参政方式而言，现代知识分子尽管也有不少直接参政，但主要强调思想引领、知识支撑、舆论支持的作用，而传统士大夫乃是“学而优则仕”的产物，直接参政乃是其首选目标，退而求其次才是“讲学议政”、培植社会风尚，希望能够影响社会的走向。当然，现代知识分子乃是一个阶层而不是一个阶级，缺乏本身的独立性，服务于某个阶级也就变成了某个阶级的知识分子。对现代知识分子进行如上的定位，就在于说明张慰慈作为现代知识分子，有着现代社会条件下的读书经历与教书生涯，具有过去的读书人所没有的鲜明特征。张慰慈尽管有着鲜明的政治倾向，但具有十分强烈的爱国主义思想，期盼中华民族的伟大复兴，这不仅在其文章、著作中表现出来，而且在生活上也有所体现。如他的三个儿子分别取名字为“泽群”“泽民”“泽华”，乃可见其爱国主义情怀之一斑。确立张慰慈的“现代中国有影响的知识分子”地位，那就需要从学术上加以研究并给予符合实际的说明。以“知识分子”为研究对象，则必须将“知识分子”与“社会”联系起来。这就必须概要说明张慰慈具有近现代中国社会上一般知识分子所具有的哪些重要的品格，又要说明张慰慈作为现代社会中知识分子的一员，还具有哪些独特性方面。张慰慈生长于近现代中国社会的土壤上，他作为现代知识分子亦根源于近代中国社会的变迁，是近现代中国社会演变的产物，那么，他到底承继了近代中国知识分子哪些优点，又在五四时期历史发展中表现出哪些新的内涵，这些问题如果研究清楚了，自然可以说明“张慰慈是现代中国有影响的知识分子”这个问题。这些年来，“五四知识分子群体”是学术界研究的重要课题，但很少见将张慰慈作为“五四知识分子群体”中的重要成员。可见，这样的课题仍然有巨大的研究空间，不断地增补一些如张慰慈这样重要人物作为研究对象也是必然的要求。

第二，张慰慈是现代中国著名的政治思想家。就中外近现代思想史来看，知识分子未必一定能够成为思想家，但能够成为思想家的，必然首先是知识分子。换言之，研究张慰慈思想家身份必须基于其知识分子这个基本身份，但又不能停留在这个位置，否则也就没有知识分子与思想家的区别了。进一步看，研究张慰慈的思想家身份，要立足于近现代中国社会的实际，将张慰慈置于近现代中国社会变迁的视域之中，具体地说明近代中国社会的经济、政治、文化、社会生活等各个层面，是如何在成就张慰慈思想家身份中发挥其影响，而这种影响的大小又如何，又是通过何种方式影响张慰慈的。显然，这样的研究还没有引起学术界的注意。在社会史视域之下，考察思想家之所以成为思想家，尤其需要注意“时代”与“实践”这两个方面。就时代而言，一方面，时代是思想之母；另一方面，思想又引领时代发展。就实践而论，一方面，实践是思想之源；另一方面，思想又指导实践。由此，要科学地凸显张慰慈在现代中国的著名思想家的地位，固然需要梳理其留存下来的思想文本，分析这些文本的逻辑架构及所表达的话语体系，但还要具体地研究张慰慈与时代的关系、与社会实践的关系。这方面的研究目前才刚刚起步，还有待于进一步深化。值得注意的是，现代思想家不仅需要现代知识基础、时代发展、实践进步等基本条件，同时也需要知识分子本身基于现代知识体系的思想上的创造能力，能够彰显其主体性存在、表达其鲜明的个性特征。就是说，知识分子需要有着关注并研究时代变革的独特品质，需要有着独立的理想追求与高超的思想境界，才能从一般的知识分子身份转化为思想家的角色。基于这个想法，就需要对张慰慈本人的个性特征、心理状态、政治态度、理想追求、人格风貌等加以切实的研究，这样才有可能在张慰慈思想家身份的研究上有所突破。

第三，张慰慈是现代中国杰出的政治学家。从现代中国的政治学史来看，张慰慈是现代中国著名的政治学家，为现代中国政治学体系的发展作出了重要贡献，这一点无可置疑。在现代中国，政治学发展有两大派别，一是马克思主义政治学，一是自由主义政治学，张慰慈显然属于后者的重要代表。由此，需要从中国现代政治学发展史角度，具体地说明张慰慈政治学研究的独特性及其在中国现代政治学史上的地位。张慰慈不仅在政治学研究理论上承继了西方近现代的政治学研究传统，而且在中国的学术条件下加以发扬光大，推进了西方政治学理论在中国的本土化进程。其突出的表现有二：一是建构具有中国色彩的政治学理论体系，这方面以他所著的《政治学大纲》为代表，在学术界有重要的影响；二是在中国开创了政治学的一些重要的分支学科，在市政学、国际政治、宪法学、西方政治制度史等方面皆有重要的开拓，为建构现代中国政治学的学科体系作出了重要贡献。从今后深化研究的角度，就要具体地研究这样几个问题：张慰慈的政治学思想与其他中国的自由主义政治学家的政治学思想相比较，有着怎样的显著特色？张慰慈的政治学思想与中国马克思主义政治学有着怎样的关系？张慰慈自身的政治学理论体系与其所开创的政治学的分支学科之间有着怎样的发展进路、行进路线，又有着怎样的内在逻辑谱系？张慰慈的政治学思想中的主要方面，在今天还有哪些值得批判地继承并加以汲取的？从学术史的角度看，张慰慈的学术思想不只是他提出的具体政治学主张及政治主张（当然这是很重要的方面），还应该包括他在学术研究中的研究理念、治学方法、研究范式、学术视域、学术基础、学术话语体系、师承关系、学术交往关系等。学术界如果能够在这些方面进行系统研究与整体把握，对于进一步凸显张慰慈的政治学家形象也是极为关键的。可见，仅仅是研究"张慰慈是现代中国杰出的政治学家"这样的具体问题，也是有诸多的问题需要进一步加以解决。

第四，张慰慈是现代中国具有特定影响的文化名人。所谓历史人物，不仅是指一定历史事件的主要倡导者、组织者，同时也指思想理论、科学文化的重要代表人物。从学理上说，历史人物已经逝去，留下来的更主要的是表现在文化上、学术上的成果及其影响，故而历史人物在文化上的意义与价值，随着历史的行进将更进一步。张慰慈作为现代中国的历史人物，同时也有着文化名人的地位，值得引起学术界重视。尽管张慰慈在20世纪30年代以后有一段不是很成功的从政经历，但观其一生的主要活动及其学术成就，仍然是知识分子、大学教授、政治学家、文化名人，而不是政治史上的那种政治性人物。张慰慈的知识分子、大学教授、政治学家等身份，比较好理解。那么，为什么说张慰慈还是有特定影响的文化名人呢？张慰慈早年参与《努力周报》的办刊工作，有着报人身份。他是大学教授，还积极写文章尤其学术性文章，并出版了大量的学术专著，在当时是个有影响的文化名人。尽管现在对张慰慈在新中国成立后二十多年的工作状况、生活情况知之不多，但可以断定张慰慈在新中国成立后，主要是从事出版工作，为新中国的文化事业贡献力量。将张慰慈作为文化名人进行研究，就要具体地研究张慰慈成为文化名人的社会历史条件、成为文化名人的主观努力、作为文化名人的具体表征、所进行的重要的文化活动、在文化上学术上的重要贡献等，当然也可以进一步研究张慰慈的传统文化观、西方文化观，以及个人的文化理想、文化建设理念、文化性格等方面，因而可研究的内容很多。这可以说是今后需要着力研究的一个重要方面。充分地认识张慰慈的文化人地位，在学术上、文化上将张慰慈作为文化名人进行个案研究，对于挖掘现代中国的学术与文化的资源，彰显现代中国文化的精神，对于树立文化自信、民族自信、历史自信，显然是有着重要意义的。

张慰慈是现代中国著名的历史人物，值得当今的中国学术界加以具体地研究，以便更好地认识“现代中国”这一特殊的历史。本书在张慰慈研究方面算是第一部专著，但限于学术条件和研究水平，对张慰慈的研究不可能事无巨细、面面俱到，只能是总体中把握主要、有限中体现具体，故而只是将张慰慈主要地作为著名的思想家和杰出的政治学家来加以研究，藉以从总体中凸显张慰慈的历史地位与学术地位。就理论上而言，任何能够称之为历史人物的，皆具有多个具体的面相，并表现为多方面的历史内涵。因而，对于研究工作来说，就需要从多种视角与多个维度加以全面的考量，才有可能比较具体地再现历史人物的形象，凸显其所具有的历史内涵，为社会知识体系的丰富提供应有的新知。这可能是今后的张慰慈研究，应该努力的重要方向。

【本篇结语由吴汉全（南京审计大学马克思主义学院教授、南京航空航天大学马克思主义学院博导）撰写。】

后　记

本书是由安徽师范大学法学院李宗楼教授和南京审计大学马克思主义学院吴汉全教授负责组织研究资料的调查、研究选题和写作大纲的拟定，安徽师范大学、南京审计大学、上海师范大学、中国海洋大学、扬州大学、福建师范大学、安徽省社科院等十多位专家分别撰稿，提交学术会议研讨后，由李宗楼、吴汉全提出初稿修改意见，最后由二位统稿定稿。

张慰慈先生是现代中国政治学研究的开拓者、杰出的政治学家和重要的思想家，他的学术贡献包括受聘于省立安徽大学（安徽师范大学前身）期间出版的最具代表性的几部著作，对中国现代政治学产生重要影响。为尊重历史，传承先辈治学精神和其留下的丰富的思想资源，我们组织课题组对张慰慈的思想和实践开展研究。

在对张慰慈研究和书稿撰写中，得到中国社会科学院政治学研究所原副所长、中国政治学会副会长兼秘书长、博士生导师杨海蛟研究员的热忱鼓励和大力支持；中国政治学会副会长、中国科学社会主义学会副会长、山东大学博士生导师、济南大学包心鉴教授，中国政治学会副秘书长、中国社会科学院政治学研究所韩旭研究员，北京师范大学李涛教授，天津师范大学博士生导师常士訚教授，苏州大学博士生导师乔耀章教授，云南大学公共管理学院院长、博士生导师方盛举教授和夏维勇副教授，南京审计大学叶战备教授等专家，给予充分肯定并提出宝贵意见，在此表示衷心感谢！本选题的提出得到皖南医学院党委书记、安徽师范大学博士生导师王先俊教授积极支持并在百忙中参与撰稿和研讨，安徽师范大学科研处副处长、博士生导师戴兆国教授，安徽师范大学政治学院院长、博士生导师高正礼教授，安徽师范大学法学院王义德教授、周仁标教授，安徽省委党校汪兴福教授，淮南师范学院杭琍教授，中国社会科学网记者、编辑孙志香等专家学者，对我们的研究给予积极鼓励与支持，借此我们深表谢意！

开展张慰慈学术思想研究和本书的出版，得到安徽师范大学法学院大力支持和安徽师范大学法治中国研究院经费资助，特别是安徽师范大学法学院院长、博士生导师彭凤莲教授，院党委马广见书记，副院长周俊强教授，副院长严宏副教授，副院长何源章副教授等同志的鼎力支持，得到安徽师范大学科研处、安徽师范大学出版社领导的关心与支持，在此向他们一并表示诚挚的感谢！

本书是国内研究张慰慈的第一部著作，主要探讨民国时期中国政治学发展的学术成果。同时，本书也是在主要作者吴汉全教授早些年资料整理和研究的基础上，课题组共同协作的集体成果。本书的出版，对中国现代政治学史的研究及这一时期中国政治学人的学术思想研究，有一定的参考与帮助，对我国当代政治学研究以及构建中国特色政治学学科理论具有积极意义。由于我们水平有限以及资料局限，本书难免有不足之处，欢迎学界同仁及读者批评指正。

李宗楼
2017年12月于芜湖花津校区